ÖSTERREICHISCHE AKADEMIE DER WISSENSCHAFTEN
PHILOSOPHISCH-HISTORISCHE KLASSE
SITZUNGSBERICHTE, 568. BAND

VERÖFFENTLICHUNGEN DES INSTITUTS FÜR
REALIENKUNDE DES MITTELALTERS UND DER FRÜHEN NEUZEIT
NR. 13

MENSCH UND OBJEKT IM MITTELALTER UND IN DER FRÜHEN NEUZEIT

LEBEN – ALLTAG – KULTUR

INTERNATIONALER KONGRESS
KREMS AN DER DONAU
27. BIS 30. SEPTEMBER 1988

MIT 35 ABBILDUNGEN

VERLAG DER
ÖSTERREICHISCHEN AKADEMIE DER WISSENSCHAFTEN
WIEN 1990

Vorgelegt von w. M. Heinrich Appelt
in der Sitzung vom 20. Juni 1990

Gedruckt mit Unterstützung durch den Fonds zur Förderung der
wissenschaftlichen Forschung

Redaktion: Gerhard Jaritz
Satz:
Birgit Karl, Ingrid Neumann, Gundi Tarcsay

Umschlagbild:
Österreichischer Meister, Evagationes Spiritus, 1450.
Esztergom (Ungarn), Christliches Museum

ISBN 3-7001-1799-X

Gesamtherstellung: A. Holzhausens Nfg., 1070 Wien

Inhaltsverzeichnis

Civilisation, culture populaire, vie matérielle, vie quotidienne. Confusion et concepts

MARIA SERENA MAZZI

Nous allons parler de culture matérielle, civilisation matérielle, vie matérielle, culture populaire, vie quotidienne et de la spécificité de ces disciplines, des bilans et des perspectives les concernant.

Pour moi, j'aborderai, avant tout le problème de leur définition même, et de l'ensemble des conceptualisations qui devraient être le point de repère de toute recherche concrète. Je n'entreprends certes pas un travail de "sémantique historique" dont je ne serais pas capable et vers lequel je ne me sens pas portée[1]. Il m'est par-dessus tout très difficile de parler de définitions, de chercher à tracer un cadre idéologique et de signaler la confusion qui existe, sans pouvoir me référer aux réflexions et aux apports de caractère théorique et méthodologique qui suivront, et ce d'autant plus que j'appartiens à un secteur culturel, à un climat historiographique qui n'ont guère aidé à l'affirmation et au développement de ces thèmes et moins encore à leur interprétation et à leur discussion. Aussi, la tâche que je me suis fixée, la seule qui me semble possible ici, c'est très modestement de réfléchir, ce qui sera, j'espère, compréhensible, puisque j'ai choisi de considérer comme point de vue privilégié mon expérience de médiéviste italienne, et que je partirai de là pour synthétiser de façon très sommaire, élémentaire même, la parabole accomplie par les études historiques. Des raisons évidentes de familiarité linguistique et de compétence motivent ce choix, avec, en plus, la conviction que la situation italienne, parce qu'impliquée justement de façon toute marginale dans ces domaines de recherche, représente un excellent terrain pour l'illustration et l'observation.

---

[1] Voir, à ce propos, J. Macek, "Pour une sémantique historique", dans: Mélanges en l'honneur de Fernand Braudel II: Méthodologie de l'histoire et des sciences humaines (Toulouse, 1973) 343–352.

Pendant des dizaines d'années, l'historiographie italienne a concentré son attention sur ce que l'on peut appeler, pour commencer à définir au sens large les deux sphères, les "formes symboliques" en négligeant les "techniques d'adaptation au milieu", tradition encore bien vivante aujourd'hui. Une première différence apparaît entre "culture spirituelle" et "culture matérielle". La diffusion et l'influence du positivisme entraînent une double réaction de la part des historiens. D'abord ils commencent à s'intéresser à la question de savoir si l'histoire est ou n'est pas une science. Quelle que soit la réponse, il est implicite qu'un sentiment d'inquiétude et d'insatisfaction quant à la conception de l'histoire comme expression de pures valeurs culturelles et spirituelles commence à se faire jour. Reconnaître l'existence de "phénomènes économiques et sociaux", c'est déjà s'orienter vers une inclusion de l'histoire dans le domaine des sciences. Ensuite, avec un sentiment d'insatisfaction vis-à-vis d'une histoire qui parle par abstractions conceptuelles, éthico-politiques, se manifeste un besoin nouveau de réalité et de concret: ce besoin pousse les historiens vers le quotidien, vers une représentation minutieuse et souvent purement anecdotique des "formes de la vie matérielle". L'apport du marxisme fait accomplir à l'historiographie un pas de plus vers l'étude des phénomènes et des systèmes économiques et sociaux, vers la représentation des "formes d'organisation" qui donnent sa structure à une société du point de vue des systèmes et des rapports de production. Ce n'est que récemment, en gros à partir des années 60, qu'a commencé à se dessiner un nouveau type d'histoire sociale, une histoire moins attentive et parfois même tout à fait fermée aux phénomènes économiques et plus disposée à faire place à tous les aspects de la vie humaine, des plus strictement matériels à ceux qui intéressent l'être social de l'homme, c'est-à-dire son rôle dans ses rapports avec la communauté dont il fait partie, jusqu'aux aspects les plus immatériels touchant aux croyances, aux idées, aux sentiments, aux émotions.

Ainsi l'historiographie italienne est passée, pour ainsi dire, de la "culture spirituelle" à la "culture matérielle", mais cette transformation n'a servi ni à élaborer des concepts ni à définir des limites pour les disciplines. Souvent, au contraire, l'historien a fini par renoncer à son rôle, laissant le champ libre aux archéologues et aux anthropologues en ce qui concerne respectivement la culture matérielle et la culture populaire, tandis que certain thèmes propres à l'une et à l'autre ont été englobés, sans beaucoup réfléchir, dans le vaste domaine de l'histoire sociale. L'histoire de la vie quotidienne n'a connu, par ailleurs, aucun développement, demeurant enveloppé dans le beau flou d'une histoire faite de petits détails, qui se nourrit d'intimité et d'insignifiance, que l'on aborde plus avec sa curiosité et sa sensibilité qu'avec l'acuité investigatrice et la passion de l'historien. Je serais tentée de dire que la parabole italienne décline déjà. Pour l'histoire de la culture/civilisation matérielle et le secteur de la vie quotidienne du moins, les historiens ont en partie raté leur but. Pour n'avoir pas su se donner de statut scientifique valable, ils n'ont produit dans ce domaine qu'une mode éphémère, emprisonnée dans les trompeuses louanges d'une microhistoire trop souvent trahie par de mauvais produits, sans être à même de valoriser les sources, les nouvelles méthodes d'investigation, les recherches d'avant-garde. La valeur incontestable de certaines expériences risque, en outre, d'être annihilée par la réaction, parfois acritique et violente des amateurs d'histoire "traditionelle", qui acceptent à grand-peine et avec une certaine satiété une histoire des structures. C'est pourquoi l'on observe aujourd'hui des signes d'irritation envers cet ensemble de disciplines, qui d'ailleurs n'ont jamais été sérieusement mise en place, et l'on assiste à une vague de retour aux thèmes de la "grande histoire" éthico-politique[2].

J'ai parlé d'une focalisation de l'attention, qui s'est déplacée graduellement des "formes symboliques" aux "formes de la vie matérielle" et de là aux "formes d'organisation". Le rendez-vous manqué pour les historiens italiens c'est en un certain sens celui de l'étude des formes de la vie matérielle et des techniques d'adaptation au milieu, qui dans les expériences de l'Europe de l'Est a produit l'"histoire de la culture matérielle" et en France l'"histoire de la civilisation matérielle", pour ne citer que deux zones où la recherche a été marquée de façon significative. En Italie, un certain degré d'assimilation des théories et des expériences étrangères n'a donné de résultat appréciable que tout récemment[3]. Notre dif-

---

[2] Cf. Cinquant'anni di vita intellettuale italiana (1896–1946) (Napoli, 1950); Vent' anni di storiografia italiana (Milano, 1970); D. Cantimori, Studi di storia (Torino, 1959); Federico Chabod e la "nuova storiografia" italiana, 1919–1959, publié par B. Vigezzi (Milano, 1983).

[3] Cf. M. S. Mazzi, "Civiltà, cultura o vita materiale?", dans: Archeologia Medievale XII (1985) 573–592, en particulier 583–590.

ficulté à conceptualiser, à définir de nouveaux champs d'investigation, à trouver une ligne commune d'intérêt et d'action, a ses racines justement dans ce processus complexe de transformation de la discipline historique, sentie comme discipline professionelle autonome, qui a eu lieu entre 1870 et 1930[4]. Transformation qui a certes abouti à une affirmation de l'idée et de la pratique d'une histoire professionnelle, mais en même temps a dépouillé cette dernière de nombreuses prérogatives l'appauvrissant gravement. Soutenue par l'urgence et l'importance des problématiques débattues à cette époque – la constitution et l'évolution des Etats nationaux, les rapports politiques intérieures, les relations diplomatiques étrangères –, traquée aussi par les nouvelles professions et les nouvelles spécialisations qui revendiquaient leur part dans l'étude de l'homme, l'histoire a fini par autoréduire son champ d'enquête, par se confiner thématiquement. Et elle a essayé, en vain, de dépasser l'étroitesse de ces limites au moyen de deux expédients opposés: la formulation de théories générales et abstraites, de modèles d'ensemble; la reprise en charge d'une série d'intérêts extérieurs aux grands thèmes politico-institutionnels. Cette dernière a eu lieu à travers un émiettement exaspéré en recherches de peu d'importance et de peu de sens tendant à conserver de façon presque souterraine, avec un goût de fouille et d'alignement archéologique, une sorte de "panoplie" documentaire en quête de futurs organisateurs.

Aujourd'hui les historiens revendiquent de nouveau les droits qu'ils avaient cédés au début du siècle, parmi lesquels le droit d'insérer dans la reconstitution historique des aspects de l'humanité et de la vie avaient paru insignifiants, inutiles, redondants par rapport à l'objet de la recherche. C'est aussi pour cette raison qu'il est difficile de se retrouver dans l'enchevêtrement des concepts et des définitions. Tout le débat conceptuel porte l'empreinte personnelle d'anthropologues, de sociologues, de philosophes et d'archéologues. Que l'on commence par quelque bout que ce soit, il faut tenir compte de cette somme de conceptualisations. On peut dire avant tout que l'on a à faire à trois types de problèmes: un problème de mots, un problème de concepts, un problème d'usage des uns et des autres. En outre, ces trois types de problèmes doivent être insérés et examinés dans deux contextes: un contexte

[4] Voir L. Stone, Viaggio nella storia (Bari, 1987) 3–47.

de langages différenciés et de pays ayant une évolution historique différente, un contexte de disciplines différentes présentant des points de tangence dans les secteurs suivants: histoire, archéologie, anthropologie, sociologie, sans oublier l'anthropologie historique et l'histoire anthropologique.

Je tiens à préciser tout de suite qu'il me paraît illusoire de croire qu'on puisse fixer une définition universellement valable. Toutefois il est souhaitable qu'on essaie de fixer un sens conventionnel. Puisque mots et concepts naissent du besoin de s'exprimer, sont des outils propres à traduire une expérience commune, nous devrions nous efforcer de considérer commune, au-delà des langages et de la pratique, l'expérience historiographique, et arriver à une homogénéité des concepts et des définitions. Il y a quelques années, je suggérais dans un article de réfléchir séparément sur les mots "culture" et "civilisation", fruits de complexes stratifications, lentes et articulées, à l'intérieur de zones linguistiques différentes et dans le cadre de secteurs de connaissance différenciés, avant même de prendre en considération les concepts de culture/civilisation matérielle pour contrôler leur identité et leur coïncidence[5]. Sans reprendre les argumentations exposées, je voudrais toutefois revenir sur la différence substantielle entre "culture" et "civilisation"[6].

On sait que le concept de "civilisation est un produit spécifique du siècle des lumières français qui avait servi à désigner un niveau de vie en société à situer au-dessus de l'existence asociale des peuples sauvages et de celle, sociale mais non organisée encore de façon rationnelle, des peuples barbares. Ce niveau de vie était caractérisé par le développement progressif de la raison humaine et par sa maîtrise progressive de la nature. La question du rapport de l'homme avec la nature, de l'affinement des capacités humaines d'adaptation au milieu et de dépassement des obstacles et des limites naturelles, me paraît digne d'une première remarque. N'est-ce pas en partant du milieu et des techniques d'adaptation à celui-ci que l'on construit en France le concept de "civilisation matérielle", à travers l'œuvre de Bloch et de Febvre, pour aboutir à la théorie systématique de Braudel?[7] Pourtant,

---

[5] M. S. Mazzi, Civiltà, cultura o vita materiale, cit.

[6] Voir Ph. Beneton, Histoire de mots: culture et civilisation (Paris, 1975).

[7] Cf. L. Febvre, Civilisation. Evolution d'un mot et d'un groupe d'idées

quand Gurevic, dans ses propositions de formulation théorique de culture et de culture populaire affirme que la "création culturelle du Moyen Age était déterminée à un très haut degré par l'attitude de l'homme envers la nature", ne nous transmet-il pas un double message? A savoir que, si d'un côté une nature qui arrive presque à se fondre avec l'homme influence chacune de ses expressions et caractérise fortement sa vision du monde; de l'autre, dans cette indétermination sans frontières nettes entre règne végétal et humanité, culture signifie aussi compréhension et maîtrise de la nature[8]. "Culture" et "culture populaire" sont-elles, dans ce cas, aussi éloignées et indépendantes de la "culture matérielle"?

C'est là le premier point de confluence que je voudrais relever, en dénonçant aussi le danger d'une équivoque, d'une ambiguïté d'où pourrait procéder l'actuelle dichotomie entre les deux sphères matérielle/immatérielle, entre les deux systèmes de relation, homme/objets, homme/homme. Pensons par exemple à l'idée de Rousseau, d'une histoire possible des peuples sans écriture, traduisible à travers leurs usages vestimentaires et alimentaires, l'organisation de leur vie familiale, les rapports entre les sexes, les croyances et les cérémonies; pensons au concept d'une pluralité de civilisations élaboré par la science anthropologique pour soutenir que les sociétés dites primitives sont dignes d'être étudiées[9]. Alors naîtra le doute que sur l'histoire de la culture/civilisation matérielle pèse l'ombre d'un préjugé. En effet, quand on s'efforce de limiter le terrain de recherche de l'histoire de la culture matérielle au rapport de l'homme avec les objets, en excluant les relations sociales, ou quand on définit l'histoire de la vie/civilisation matérielle une histoire de niveau "élémentaire", d'un "substrat proliférant, végétatif", fait de gestes répétés, de traditions, de succès de vieille date; ou bien quand on accepte que les archéologues revendiquent la primauté dans les recherches parce qu'eux seuls connaissent les techniques de fouille, les caractéristiques des objets, des édifices, ne finit-on pas par tomber dans la vieille erreur selon laquelle

---

(Paris, 1930); J.-M. Pesez, "Storia della cultura materiale", dans: La nuova storia (Milano, 1980) 167–205.

[8] A. Ja. Gurevic, Le categorie della cultura medievale (Torino, 1983); voir idem, Contadini e santi. Problemi della cultura populare nel Medioevo (Torino, 1986).

[9] Voir P. Rossi, Il concetto di cultura (Torino, 1970) et idem, Cultura e antropologia (Torino, 1983).

la culture/civilisation matérielle concerne justement des formes non complexes de vie et l'histoire de l'une ou de l'autre doit nécessairement se limiter à cela? L'impression se confirme si l'on examine, par exemple, ce qu'écrit Michel de Boüard à propos des "zones préhistoriques" de l'histoire, en particulier de l'histoire médiévale et surtout en ce qui concerne, dans ce secteur de recherche, la culture matérielle. "Sur la structure des résidences civiles du Moyen Age, sur l'ameublement intérieur de la maison, les outils de l'artisanat rural, les modalités de la vie quotidienne et de l'alimentation, les sources écrites ne nous disent presque rien: le témoignage des sources iconographiques est tout aussi pauvre, et en outre peu fiable. Par contre, les fouilles archéologiques dirigées et effectuées de façon approfondie peuvent fournir une information abondante."[10]

Et voici que se profile, selon moi, une prèmiere confusion: civilisation, culture ou vie matérielle vues comme un substrat élémentaire, inférieur aux formes complexes d'organisation sociale et économique, d'élaboration des formes symboliques, dont la reconstruction est confiée aux signes, aux persistances et aux traces laissées par les choses, par les objets, par les coutumes et les usages qui, depuis des temps immémoriaux, se sont transmises de génération en génération[11]. Il s'agirait alors, en un sens de quelque chose d'extérieur à l'histoire, d'une chose à laquelle on risque de penser, à la limite, comme à une espèce d'héritage biologique.

Le concept de civilisation introduit par la bourgeoisie intellectuelle française du XVIIIe siècle dépassait le concept antérieur de civilité ou politesse; il innovait en greffant sur celui-ci une valeur dynamique. Si la civilité était un état idéal opposé à l'état de barbarie et modelé sur la société aristocratique, la civilisation devint un processus *in fieri*, à réaliser à travers un progrès de la connaissance guidée par la raison. Le processus de civilisation réunit donc de nombreux éléments de nature économique, sociale, institutionnelle du développement technologique et même des mœurs. Dans ce sens-là, le concept de civilisation contient une notion de mouvement, de progrès étrangère à celui de culture. Je faisais allusion auparavant à la tradition différente concernant les deux termes

[10] M. de Boüard, "L'archeologia medievale nelle recenti esperienze francesi", dans: Quaderni Storici 24 (1973) 749.

[11] Cf. F. Braudel, Capitalismo e civiltà materiale (Torino, 1977) et idem, Scritti sulla storia (Milano, 1976).

et les deux concepts civilisation/culture. Il est tout aussi connu que la transformation des valeurs conceptuelles de cette dernière a eu lieu dans le contexte allemand au cours de la transition du siècle des lumières au monde romantique?[12] Même si, au départ, le mot *Kultur* renvoyait à une idée indistincte de progrès, aussi bien moral ou intellectuel que matériel, peu à peu il a fini par devenir antithétique de *Zivilisation*, en jouant sur l'opposition entre une activité créatrice et une activité purement mécanique.

A propos du sort, du destin des deux termes et des deux concepts, de leur tendance à être identifiés avec l'un ou l'autre par les générations d'intellectuels qui se sont succédé en France (et l'on pourrait ajouter aussi en Angleterre) ou en Allemagne, Norbert Elias soutient qu'il faut en chercher la raison autant dans le développement différent de la bourgeoisie dans l'un ou l'autre pays, que dans la formation d'une classe intellectuelle au destin différent[13]. L'intelligentsia bourgeoise française possédait à fois des arrières solides et influents au point de vu économique et politique, un vaste public de référence, aristocratique et autre, ainsi qu'une affinité de langue, de façons et de goût avec la société de cour. Tandis qu'en Allemagne, l'impuissance prolongée de la bourgeosie, l'unification retardée de la nation et l'isolement même linguistique des intellectuels du XVIIIe siècle finirent par confiner les intérêts dans la sphère des idées et de la pure spiritualité, dans la littérature, la science, la religion, l'art et la philosophie.

En Pologne, le parcours des deux mots rivaux a été plus tourmenté, plus incertain et a fini par arriver – à travers l'apport de la sociologie de la fin du siècle et de l'après-Grande guerre – à un échange hiérarchique significatif entre les deux notions. Culture devient l'ensemble des biens durables, le résultat des efforts collectifs qui se manifestent comme faits sociaux, objectifs, susceptibles d'être propagés. La civilisation représente au contraire le degré le plus haut dans l'évolution générale de l'humanité. Ainsi l'on peut dire l'expérience polonaise commence à suivre une ligne diverse de la française[14].

Il ne faut pas oublier toutefois deux faits importants: d'une

[12] Voir C. Kluckhohn – A. Kroeber, Il concetto di cultura (Bologna, 1982); P. Rossi, Il concetto di cultura, cit.

[13] N. Elias, La civiltà delle buone maniere (Bologna, 1982) 81–144.

[14] Voir M. Serejski, "Les origines et le sort des mots 'civilisation' et 'culture' en Pologne", dans: Annales E.S.C. XVII (1962) 1107–1116; A. Wyrobisz,

part, le développement d'un concept de culture visant à unifier, guidé par l'anthropologie à partir des trente dernières années du siècle passé; d'autre part, l'apport décisif du matérialisme historique. On fait habituellement remonter la naissance du concept de culture en 1871, c'est-à-dire l'année de publication de l'œuvre de Edward Burnett Tylor, *Primitive Culture.* Toutefois, la pensée de Tylor se situe à mi-chemin sur une période d'environ trente ans d'évenéments significatifs au point de vue de l'élaboration de la pensée anthropologique, sociologique et ethnologique; cette période a été marqué par une série de rendez-vous importants, tels la formulation de la théorie de l'histoire et de l'économie par Marx et Engels en 1848 et en 1867, la publication de *Origin of Species* de Darwin en 1859, de *La Cité antique* de Fustel de Coulanges en 1864, de *Principles of Sociology* de Herbert Spencer entre 1876 et 1896 et du *Totemism* de Frazer en 1887. Le trait commun entre ces auteurs est d'avoir adopté un point de vue historico-évolutif qui voit dans l'organisation sociale primitive la phase originelle du développement de l'humanité, avec des caractères semblables chez tous les peuples. Les sociétés primitives, elles aussi, ont une capacité de production culturelle si l'on dépasse le préjugé de leur état asocial. Mais pour pouvoir appliquer le concept de culture au stade primitif de l'évolution humaine, il fallait que ses limites s'élargissent à inclure, à côté du savoir, les croyances religieuses, les manifestations artistiques et littéraires, la morale, les coutumes aussi et, en général, tous les modes de comportement acquis justement en vertu de l'appartenance à un groupe donné et à une société donnée[15].

Nous nous trouvons, de cette façon, à un point de confluence, à un nœud d'interrelations, où, quoique confusément, se trouvent mêlés les vieux et les nouveaux concepts, les expériences de disciplines vieilles et nouvelles. L'anthropologie influence et soutient le cours de l'histoire, guide son orientation vers des intérêts de recherche et des curiosités inédites, repropose à l'attention des genres devenus démodés, comme l'histoire des mœurs, l'histoire

"Storia della cultura materiale in Polonia. Metodo di ricerca, nuova problematica o disciplina scientifica autonoma?", dans: Studi Storici XV (1974) 164–173; J. Pazdur, "Storia ed etnografia nell' esperienza della rivista K.H.K.M. (1953-1974)", dans: Quaderni Storici 31 (1976) 38–53.

[15] Voir C. Kluckhohn – A. Kroeber, Il concetto di cultura, cit.; P. Rossi, Cultura e antropologia, cit.

de la vie quotidienne, l'histoire de la vie privée; en outre elle a modifié les perspectives chronologiques de l'histoire en proposant le dépassement de l'événement traditionnel au profit de l'étude sérielle des faits. Mais surtout elle a ouvert à l'histoire et en première instance un nouveau domaine, celui de la civilisation ou culture matérielle[16]. "Cependant, l'anthropologie ne sépare pas culture matérielle et spirituelle – écrit Lévi Strauss, en analysant une conception proposée par Durkheim et complétée par Mauss – elle s'intéresse non seulement aux signes, mais aussi aux objets et aux techniques", pour rejoindre un niveau où, selon Mauss, "corps, âme et société, tout se mêle". Ainsi l'anthropologie historique, à son tour, réalise un processus d'assimilation entre le matériel et l'immatériel[17]. Burguière propose de définir l'anthropologie historique comme une histoire des habitudes: habitudes physiques, gestuelles, alimentaires, affectives, habitudes mentales, et cela dans le but de rajeunir l'ancienne dénomination "histoire des coutumes"[18].

Toutefois, si cela est valable pour l'expérience historiographique française, c'est moins vrai pour les expériences de l'Europe de l'Est et les vicissitudes de la culture matérielle. Là, la fondation en Union Soviétique de l'Académie d'histoire de la culture matérielle ratifie une prise de position originale et séparée des sciences anthropologiques, introduit le critère d'une discipline autonome ayant quand même une relation privilégiée avec l'histoire[19]. Cependant, en dépit de cette relation privilégiée, la culture matérielle s'est diffusée comme terrain d'élection pour la recherche et la méthode archéologique. Sur la notion de culture a prévalu la notion de matérialité, identifiable avec l'objet, le produit, les restes, les témoignages extralinguistiques, sans parfaite cohérence avec les suggestions de Marx. Si les ethnoanthropologues et les historiens d'une part, et les archéologues de l'autre ont introduit de nouvelles conceptions de la civilisation matérielle et de la culture matérielle, les uns la séparant de l'économie, les

[16] F. Furet – J. Le Goff, "Histoire et ethnologie", dans: Mélanges en l'honneur de Fernand Braudel, cit., II, 227–243, en particulier 233–243.

[17] C. Levi Strauss, "L'antropologia sociale di fronte alla storia", dans: La storia e le altre scienze sociali, publié par F. Braudel (Bari, 1974) 234–250, notamment 241.

[18] A. Burguière, "L'antropologia storica", dans: La nuova storia, cit., 121.

[19] Cf. J.-M. Pesez, Storia della cultura materiale, cit., 169–172.

autres des relations sociales, Marx déplorait au contraire l'absence d'une vue d'ensemble, d'une histoire de l'homme qui ne se partageât pas préalablement en histoire politique et sciences humaines, en excluant celles-ci de son propre champ d'action; "... la production reélle de la vie – disait-il avec regret – apparaît comme quelque chose de préhistorique, tandis que ce qui est historique apparaît comme ce qui est séparé de la vie commune"[20].

Le travail de reconstitution de ces unités de l'histoire de l'homme qui se présente à l'historien consiste donc aussi à comprendre comment la vie, la production matérielle peut s'accorder avec la vie économique et la vie sociale. D'où un autre point sur lequel règne la confusion: il ne s'agit pas de la diversité des thèmes, des sphères de recherche proposées, qui au sens large après tout coïncident expérimentalement, ou de la diversité des sources proposées, historiques ou archéologiques; il s'agit du rapport de l'histoire de la culture matérielle avec l'histoire économique et l'histoire sociale et aussi de son rapport avec l'histoire de la vie quotidienne et l'histoire de la culture populaire. En effet, si l'on n'est pas tout à fait d'accord sur la scission matérialité/immatérialité, il faut voir si on l'est au moins sur le caractère de collectivité à donner à l'histoire de la culture/civilisation matérielle et sur le caractère de répétitivité qui devrait distinguer la vie quotidienne pour qu'elle devienne digne de considération historique plus que de simple curiosité. "La culture matérielle, culture du collectif – comme l'écrivent Bucaille et Pesez – s'oppose avant tout à l'individualité".[21] Son caractère distinctif sera alors, avant tout, non pas la matérialité mais le fait qu'elle représente la culture de la masse de la population, en n'oubliant pas toutefois que la culture matérielle refuserait a priori la subdivision de la masse de la population en classes ou en groupes, et qu'il ne faudrait pas la confondre avec la culture populaire. Considérons un instant, pour l'apprécier, la notion de culture populaire.

De l'aveu de l'un de ses plus illustres interprètes, Aaron Gurevic, le concept de culture populaire est resté mal défini. Il se demande encore lui-même si par culture populaire il faut entendre seulement la culture des masses, des classes sociales opprimées, ou

[20] Cf. A. Carandini, Archeologia e cultura materiale. Lavori senza gloria nell'antichità classica (Bari, 1975) 178–179.

[21] R. Bucaille – J.-M. Pesez, "Cultura materiale", dans: Enciclopedia Einaudi IV (Torino, 1978) 280; 280–285.

bien la culture de tous les analphabètes opposée à celle des gens instruits; ou encore s'il s'agit dans un sens bien plus large d'un filon de la culture appartenant à tous les hommes[22]. Et si Le Goff parle d'une culture savante et d'une culture populaire ou folklorique[23], Schmitt insiste à son tour sur une multipolarité plus que sur une bipolarité de la culture, constituée par une trame de relations et une série de figures intermédiaires[24]. Pour lui, l'existence même d'une culture populaire "doit être rigoureusement mise en question, si l'on entend par là un système autonome distinct de la culture dominante". De toute façon le mot culture conserve dans ces points de vue sa valeur limitée à la sphère des formes symboliques. On en déduira alors que, quoique ayant la même dimension collective, culture matérielle et culture populaire se différencient fortement et que la culture populaire ne comprend pas la culture matérielle. Pourtant, là où Gurevic parle d'usages, de croyances populaires de la vie quotidienne des gens simples, et Schmitt d'une circulation des modèles culturels due aux *clerici vagantes* qui rendent témoignage de la vie des populations avec lesquelles ils entrent en contact, – langue, vêtements, techniques militaires, modes de vie spécifiques, rituels du quotidien –, ne finit-on pas par boucler un cercle qui réunifie en quelque sorte culture matérielle, culture populaire, vie matérielle, vie quotidienne et même histoire des mœurs?[25]

Dès qu'on parle de culture matérielle, en effet, on pense automatiquement au rapport d'usage que l'homme établit avec le bien matériel, pourtant ce rapport n'est pas inné biologiquement. Il nécessite un processus d'apprentissage ou d'adaptation. Selon moi, la transmission de la connaissance des techniques d'usage est, elle aussi, un phénomène de culture. Si nous parlons de culture populaire ou folklorique, pourquoi devons-nous forcément la séparer de la culture matérielle et considérer qu'elle vise uniquement les processus mentaux, cognitifs au niveau de l'abstraction,

---

[22] A. Ja. Gurevic, Contadini e santi, cit., VIII–XI.

[23] J. Le Goff, Tempo della chiesa e tempo del mercante (Torino, 1977) 193–255.

[24] J. C. Schmitt, Religione, folklore e società nell'Occidente medievale (Bari, 1988) 11–12; 31–38.

[25] Cf. ibidem, 24 et A. Ja. Gurevic, Contadini e santi, cit., 152; 357-358. Sur la culture populaire voir aussi P. Boglioni, La culture populaire au Moyen Age (Montréal, 1979) 11–38.

de l'élaboration des idées? Les techniques agraires, l'ensemble des connaissances qui s'acquièrent et se transmettent: le tissage, le travail des métaux, la formation et le développement des techniques commerciales, de navigation, de construction et même l'opération que l'on pourrait considérer comme proprement artistique, c'est-à-dire la peinture, toutes ces activités où l'usage de l'objet est inséparable de la capacité d'usage, ne résument-elles pas aussi en soi le concept de culture populaire là où, comme au Moyen Age en particulier, science et expérimentation sont étroitement liées?

Considérons enfin ces dernières définitions: histoire de la vie quotidienne, histoire de la vie privée et histoire des mœurs. En s'arrêtant simplement sur le titre de quelques-unes des œuvres du passé lointain ou récent, du présent même, on remarquera que les trois notions sont utilisées implicitement comme équivalentes, alors qu'en réalité elles ne le sont pas. Prenons le mot "mœurs", par example, qui semble renvoyer au sens large à tout ce qui est commun chez un peuple à une époque donnée, et se rattache à une idée de fermeté, d'immobilité, d'immuabilité. L'histoire des mœurs serait alors l'histoire des traditions, des usages, des habitudes d'une population, de tout ce qui est durable, sans exclure les aspects éthico-spirituels, les manifestations de la pensée. Mais l'histoire de la vie quotidienne ne peut coïncider dans ce cas avec l'histoire des mœurs, ne fût-ce que pour sa dimension temporelle. Cette dernière est en effet l'histoire de la longue durée, des habitudes codifiées, des usages collectifs qui survivent et se transmettent, tandis que l'histoire de la vie quotidienne c'est l'histoire de la durée très courte, des gestes que l'homme fait au cours de sa journée, en obéissant à une loi biologique et aussi à une loi qui régit l'organisation sociale. La vie quotidienne est sujette à de brusques oscillations: il existe un temps de guerre et un temps de paix; un temps de famine et un temps d'abondance; un temps de travail et un temps de repos et de fête; il existe un temps lié à la succession des saisons et aux phases biologiques de la vie: enfance, maturité, vieillesse. Chaque individu est différent d'un autre dans le rythme même de la vie quotidienne: le moine est différent du guerrier, le paysan du roi, le marchand du serviteur, et aucun d'entre eux ne s'identifie totalement avec les types de sa propre catégorie, par suite de son irréductible originalité.

Si "l'histoire des mœurs" absorbe les oscillations et les irrégularités du quotidien pour nous permettre, là où elle est devenue l'histoire anthropologique braudelienne, de fixer en un temps dilaté et en un espace collectif les images de la constance, la mesure de ce qui se répète, qui caractérisent l'habitude, l'histoire de la vie quotidienne, elle, souligne et perpétue la différence, l'irrégularité, la singularité. Mais elle crée en même temps les prémisses pour que la somme de l'histoire de ces singularités devienne l'histoire de l'ensemble des comportements sociaux. C'est pourquoi la notion de "vie privée" est encore différente. Elle se qualifie immédiatement par son rapport antithétique avec le concept de public. Il s'agit d'une sphère qui concerne la personne dans son espace domestique, à l'intérieur d'une vie familiale distincte de la collectivité, définie par son espace naturel de réunion, la maison. Ainsi le travail ne rentrerait-il pas dans la "vie privée", parce qu'organisé socialement et soumis aux contraintes des rapports de production; l'alimentation non plus, qui se ressent de la production, de la circulation et de la distribution des denrées, mais plutôt les "mœurs alimentaires". La vie privée c'est surtout la relation, ce sont les gestes, les sentiments, qui rattachent l'individu à sa famille[26].

En concluant, je voudrais essayer de relier les fils épars de toutes ces notions et définitions. Civilisation matérielle, culture matérielle, vie matérielle: trois mots et trois concepts ayant en commun un adjectif qui délimite d'une certaine manière leur sphère de compétence aux aspects concrets de la vie, aux rapports des hommes avec les biens matériels dont ils doivent apprendre l'usage et avec le monde naturel qu'ils doivent apprendre à dominer pour leur survie. Ils ont aussi en commun la dimension collective, de masse, que possèderait également la "culture populaire" si elle ne concernait pas exclusivement les formes symboliques, non les matérielles. Vie matérielle et civilisation matérielle ne nient pas *a priori* les rapports entre les hommes. La culture matérielle privilégie au contraire le rapport entre l'homme et l'objet; elle est sentie comme quelque chose qui intéresse la plus grande partie de la population, nombre indistinct, sans divisions en classes ou groupes, ce qui suppose que l'on postule l'existence d'une culture populaire et d'une culture aristocratique. La vie quotidienne ne

---

[26] Cf. G. Duby, "Introduction", dans: La vita privata dal Feudalesimo al Rinascimento, publié par Ph. Ariès – G. Duby (Bari, 1987) 5–10. Sur le concept de vie quotidienne, voir D. Moreno – M. Quaini, "Per una storia della cultura materiale", dans: Quaderni Storici 31 (1976) 5–37, notamment 22; A. Heller, Sociologia della vita quotidiana (Roma, 1975) 21–28.

se fond pas, pour sa part, avec le seul concept de matérialité et n'a pas, comme préalable fondamental la dimension de la collectivité, mais bien au contraire, celle de l'individu, que se reproduit et ce faisant se reproduit socialement. Toutefois, là où elle devient habitude, mœurs, elle exige un temps rallenti, un temps long qui puisse exalter les séries d'événements et non pas l'événement isolé. L'espace de la vie privée est encore différent: non plus la scène sociale mais la scène familiale, réglée non pas par la loi économique ou par la norme juridique, mais pas la "coutume".

Toutes ces subdivisions, toutes ces précautions, ces circonspections, ces circonscriptions de sphères spatiales et temporelles, ces délimitations de secteurs de recherche pourraient, schématiquement parlant, remonter, il me semble, en revenant à notre point de départ, à une conception tripartite de la culture. D'une part les habitudes sociales, les mœurs vues comme l'ensemble des réactions et des activités qui caractérisent le comportement des individus; d'autre part les produits de ces activités; enfin le système de valeurs, toutes les croyances et règles comportementales auxquelles prennent part les membres du groupe social. Et nous pourrions aussi avancer l'hypothèse qu'à chacun des niveaux correspond la scansion civilisation/vie matérielle braudelienne, qui intègre le concept de vie quotidienne, culture matérielle et culture spirituelle, éliminant la division entre savante et populaire. Mais ceci nous amène seulement à souligner une fois de plus une différenciation n'ayant aucune raison d'être au niveau historiographique et qui serait outre qu'absurde, arbitraire, appliquée à la réalité historique. Essayons plutôt de considérer la culture comme l'héritage social d'une population. En tant que telle elle n'est pas prédéterminée et des facteurs liés à la nature biologique de l'homme peuvent peser sur elle. La solution des problèmes que la nature pose à l'homme, à partir de son conditionnement au milieu, les réponses que celui-ci est à même d'organiser constituent quelques-uns des *modes de vie* caractéristiques de la culture d'une population spécifique. Dans ce sens la culture est connaissance, technique, organisation, création, réponse tendant à contrôler des phénomènes naturels, à satisfaire des impulsions biologiques, à permettre la reproduction de l'individu et du groupe. Elle est donc culture matérielle et héritage social, puisqu'elle se transmet de génération en génération par des voies autres que la voie biologique. L'étude des *modes de vie* d'une population donnée implique non seulement leur analyse et leur description, mais aussi l'analyse des motivations probables à la base de leur choix dans un éventail d'alternatives possibles. Cela signifie qu'il existe un autre niveau de réalité et de recherche, celui des *modèles* à savoir du système conventionnel normatif et idéologique auquel l'individu inséré dans tel groupe doit se conformer, se plier, pour la survivance de sa culture: culture qu'il est impensable de scinder du niveau des *modes de vie*, toute culture étant à la fois un ensemble de moyens et de buts.

Considérons l'exemple concret de la typologie de l'habitat dans un lieu donné et à un moment donné. Pour réaliser une opération de reconstruction historique complète, dans un certain sens, nous serions contraints de tenir compte de tous les éléments suivants: modes de vie, modèles, système de valeurs et capacité de transmission du savoir. Dans cette perspective, nous devrions analyser la réponse que telle société a su donner à son propre besoin d'abri tout en évaluant les contraintes du milieu, la disponibilité des matériaux, les connaissances techniques, l'organisation du travail de construction, l'usage et la destination de ces édifices, les conventions auxquelles ils obéissent, les valeurs qu'ils veulent exprimer. Et l'on pourrait aussi prendre comme exemple un des secteurs où l'objet est beaucoup plus évident, mais où l'on sent moins ouvertement le lien aves les institutions et l'organisation sociale: l'histoire de l'habillement. Produits manufacturés, sources iconographiques et inventaires nous restituent avec suffisamment de clarté et d'instantanéité les costumes et les façons du passé; ils nous guident à travers l'évolution de la mode et même dans le labyrinthe des valeurs symboliques. Toutefois, si nous arrêtions à cela, nous n'aurions probablement atteint qu'un niveau de description esthétique et formel, nous aurions fixé des "images ou des éléments moraux", comme dit Barthes, et non le "système de l'habillement"[27]. Alors il faudrait peut-être, dans ce cas, sur base de nombreuses sources, chercher au-delà de l'objet, au-delà du vêtement et découvrir tout l'ensemble socio-économique et normatif-idéologique qui règle, anime et donne sa profondeur à l'histoire de l'habillement. En d'autres mots, il ne suffit pas de montrer en quoi la coupe du vêtement d'un paysan diffère de celle

[27] R. Barthes, "Storia e sociologia del vestiario. Osservazioni metodologiche", dans: La storia e le altre scienze sociale, cit., 136–152.

d'un riche notaire citadin ou d'un chevalier. Il faudra au contraire évaluer aussi la production, le commerce, la disponibilité des éléments qui composent l'habillement, en examiner les prix et les possibilités d'achat; il faudra mettre en relation ces choix avec les rôles sociaux, les influences du goût, la norme en vigueur à tel moment et en tel endroit; ce qui signifie, en pratique, mettre le vêtement en relation avec celui qui le porte, mais aussi avec son mode de vie dans une société organisée, les institutions auxquelles il se conforme.

L'histoire de la culture matérielle, si on l'entend comme histoire d'un système de modes de vie au centre duquel se trouve l'homme dans sa réalité matérielle et sociale, doit donc être capable de recréer les rapports naturels et physiques de l'homme avec son milieu, son travail, son corps, dans une dimension qui est certes celle de la multitude, mais d'une multitude qui représente la somme des individualités et qui, sans créer d'obstacles spécieux de causalité, appréhende cet homme dans son intégralité.

Geschichte der materiellen Kultur des Mittelalters und der Frühneuzeit. Theorie – Methoden – Forschungsbilanz

Andrzej Klonder

Die Problematik des Forschungsgegenstandes der Geschichte der materiellen Kultur (im weiteren GmK) fesselt die Aufmerksamkeit der Historiker seit über einem halben Jahrhundert. In Polen ist Jan Rutkowski als ein Bahnbrecher in diesem Bereich anzusehen. Die Forschungskonzeption der GmK zeichnete er bereits im Jahre 1919 vor und entwickelte sie in der Zwischenkriegszeit weiter. Er hielt die GmK, ähnlich wie die Wirtschaftsgeschichte, für eine selbständige, obwohl in der Forschungspraxis zerstreute Disziplin. Ihren Gegenstand bezeichnete er als einen Komplex von Fragen, die sich auf die materielle Seite der Wirtschaftsgeschichte bezogen. Deren Reichweite präzisierend, schrieb er: "Es geht hier sowohl um die materiellen Gegenstände selbst, welche die menschlichen Bedürfnisse befriedigen, wie um deren Produktion, Umlauf und Konsumtion. Was das erstere betrifft: um die Rohstoffe, aus denen sie hergestellt werden, um die Werkzeuge, Maschinen oder Apparate, mit deren Hilfe sie erzeugt werden; was das zweite anbetrifft: um die Arten der Produktion, also um die Technik selbst; was das dritte anbetrifft: um die Verlagerung dieser Gegenstände ohne Rücksicht auf die unterschiedlichen gesellschaftlichen Formen dieser Verlagerung, wie Handel, Raub, Spenden, Kontributionen; und was das vierte anbetrifft, so geht es um die Variabilität der Gruppierung von Gegenständen in bezug auf deren Konsumtion durch verschiedene gesellschaftliche Gruppen. Die Reichweite dieser Forschungen umfaßt auch die Betrachtung der materiellen Gegenstände vom qualitativen und quantitativen Standpunkt aus, der sich auf die Ausmaße der Produktion, des Umsatzes und der Konsumtion bezieht"[1]. Die GmK

---

[1] J. Rutkowski, Historia gospodarcza a historia kultury materialnej [Wirtschaftsgeschichte und Geschichte der materiellen Kultur]. In: J. Topolski (Hrsg.), Wokół teorii ustroju feudalnego [Zur Theorie der feudalen Gesellschaftsordnung]. Warschau 1982, 513.

ist nach der Auffassung von J. Rutkowski mit anderen Worten die Geschichte der gesamten materiell-technischen Sphäre der Produktion, des Austausches und der Konsumtion, gesehen aus der Perspektive der Befriedigung der menschlichen Bedürfnisse vor dem gesellschaftlichen Hintergrund. Die oben angeführten Festlegungen haben – trotz aller späteren Korrekturen – bis heute ihre Aktualität bewahrt.

Nach dem Zweiten Weltkrieg wurden die Erörterungen über die Theorie der GmK von Wissenschaftlern aufgenommen, die um das Warschauer Institut für Geschichte der materiellen Kultur der Polnischen Akademie der Wissenschaften konzentriert waren. In den fünfziger Jahren erklärte man als Hauptgegenstand des Interesses der GmK "die Entwicklung ... der Arbeitswerkzeuge und der materiellen Produkte, die mit Hilfe dieser Werkzeuge hergestellt werden", sowie "die Einstellung der Menschen zu diesen Werkzeugen und zu den Kräften der Natur, die bei deren Produktion in Anspruch genommen werden"[2]. Auch in der Forschungspraxis drangen Fragen der Produktion in den Vordergrund.

Die folgenden Jahrzehnte brachten eine Rückkehr zu einem Gleichgewicht mit sich und eine Vertiefung der Reflexionen auch über die Problematik der Konsumtion, die nun nicht nur deren Nutzbarmachung, Konsum oder Verbrauch umfaßte, sondern auch die Verarbeitung bestimmter Waren oder Gegenstände (z. B. im Falle der Nahrungsmittel die Herstellung von Speisen und die Erhaltung der Produkte). Im Rahmen der Untersuchung von Wohnung, Kleidung und Nahrung als Bereiche der Konsumtion können wir am besten den Alltag des Mittelalters erkennen. Wir können sowohl die Erforschung des modellhaften, idealen, von den Zeitgenossen geforderten, als auch jene des faktischen Lebensstandards der verschiedenen sozialen Gruppen anstreben, der nicht immer mit den Klassen-, Standes- oder Berufskategorisierungen übereinstimmt. Schließlich können wir versuchen, die Unterschiede im Lebensniveau und in der Lebensart in unterschiedlichen Mikro- und Makroregionen festzustellen. Die Problematik der GmK fordert die direkte Anwendung der komparatistischen Methode, wenn dies der Stand der Forschungen im europäischen Maßstab zuläßt. So wird z. B. die Festlegung des Verbreitungs-

---

[2] K. Majewski, Historia kultury materialnej [Geschichte der materiellen Kultur]. In: Kwartalnik Historii Kultury Materialnej (im weiteren zitiert als KHKM) I (1953) Nr. 1–2, 5.

grads verschiedener Metalle oder auch bestimmter Typen der Kleidung bzw. von Nahrungsmitteln in einem gegebenen Zeitabschnitt in Polen immer eine partielle Leistung bleiben, wenn sie nicht durch einen Vergleich mit der Situation in anderen Ländern oder Teilen Europas ergänzt wird[3].

Die oben dargestellte "polnische" Formel der GmK steht sehr nahe der am umfassendsten von Fernand Braudel repräsentierten Forschungskonzeption zur materiellen Zivilisation. Ihre grundlegende Voraussetzung war es, die in der Welt vor sich gehenden Änderungen der Elemente der Kontinuität (der 'langen Dauer') sowie der zivilisatorischen Unterschiede greifbar zu machen, die beständig trennen, und das besonders in der materiellen Sphäre[4]. J.-M. Pesez wiederum sieht die Hauptaufgabe der GmK im Kennenlernen der Relationen zwischen dem Menschen und den Gegenständen und zählt zu den letzteren sowohl die Immobilien (z. B. das Haus, den unbebauten Raum, das Feld) als auch die Mobilien (Werkzeuge, Waffen, Münzen usw.). Nach meiner Meinung umfaßt diese Anschauung – trotz unterschiedlicher Terminologie – ein (fast) identisches Forschungsfeld, wie es von den polnischen Theoretikern der GmK beschrieben wurde[5].

Die gegenwärtige Interpretation der GmK als ein Forschungsfeld und nicht als ein eigener Wissenschaftszweig findet ihre Widerspiegelung auch in der Organisation der Forschungen. Weiterhin bildet im europäischen Maßstab das seit 1953 in Warschau tätige, die Arbeit von Historikern, Archäologen und Ethnographen integrierende Institut für Geschichte der materiellen Kultur

---

[3] Vgl. die Diskussion in der Sektion für Geschichte der materiellen Kultur auf der IX. Allgemeinen Tagung Polnischer Historiker (Äußerung von M. Dembińska). In: KHKM XII (1964) Nr. 4, 773–774; Wojna, wojsko i militaria w Historii Kultury Materialnej [Krieg, Militär und Militaria in der Geschichte der materiellen Kultur], Sitzung des Redaktionskomitees des KHKM (Äußerung von J. Sztetyłło). In: KHKM XVII (1969) Nr. 3, 583–588; T. Rosłanowski, Stan i perspektywy badań nad historia kultury materialnej średniowiecza [Stand und Perspektiven der Forschungen über die Geschichte der materiellen Kultur des Mittelalters]. In: KHKM XX (1972) Nr. 4, 683–687.

[4] F. Braudel, Civilisation matérielle, économie et capitalisme XVe–XVIIIe siècles. Paris 1979; ders., Espace et Histoire. Paris 1986; ders., Les Hommes et les Choses. Paris 1986.

[5] J.-M. Pesez, Histoire de la culture matérielle. In: J. Le Goff (Hrsg.), La nouvelle histoire. Paris 1979.

der Polnischen Akademie der Wissenschaften eine Ausnahme. Als eine Ephemeride erwies sich die im Jahre 1919 in Sowjetrußland gegründete Akademie der Geschichte der materiellen Kultur. Alsbald in ein Institut mit gleichem Namen umgebildet, überdauerte sie nur bis 1935. Die Akademie wurde ins Leben gerufen, um Forschungen über das gesamte materielle Erbe der Völker Rußlands (sowohl vom Standpunkt der Kunstgeschichte als auch der Archäologie) durchzuführen und um dieses Erbe zu schützen. Sie sollte also ein Mittelding bilden zwischen einem wissenschaftlichen Institut und einem Zentralamt für Denkmalschutz[6]. Auch der Ende der fünfziger und Anfang der sechziger Jahre unternommene ungarische Versuch, ein kleines Forschungskollektiv unter der Leitung von F. Makkay zu bilden[7], um eine Synthese der Geschichte der materiellen Kultur Ungarns vorzubereiten, führte nicht zu den erwarteten Ergebnissen.

In den meisten europäischen Ländern bilden dagegen die Probleme der GmK einen wesentlichen Teil des Interesses zahlreicher verschiedener wissenschaftlicher Institutionen mit einem breiteren Tätigkeitsbereich. In den beiden deutschen Staaten sind der Geschichte der materiellen Kultur jene Forschungen sehr nahe, die im Rahmen der Volkskunde unternommen werden. Besondere Leistungen haben in diesem Bereich z. B. die schon seit sechzig Jahren tätige Volkskundliche Kommission für Westfalen wie auch die Volkskundler, die im Institut für Geschichte der Akademie der Wissenschaften der DDR tätig sind, vollbracht. Letztere sind durch zahlreiche Veröffentlichungen hervorgetreten, unter anderem für das seit dreißig Jahren erscheinende "Jahrbuch für Volkskunde". Charakteristisch ist, daß sich die Wissenschaftler aus der DDR vor allem auf die Problematik der Arbeit, ihrer Methoden und Werkzeuge konzentrierten. Ein klassisches Beispiel solcher Forschungen ist das Werk des verstorbenen Ulrich Bentzien aus Rostock[8].

---

[6] G. F. Soloveva, Novye otkrytija sovetskoj archeologii [Neue Entdeckungen der sowjetischen Archäologie]. In: KHKM XVIII (1970) Nr. 4, 545–548.

[7] J. Pazdur, Badania nad historia kultury materialnej na Wegrzech [Forschungen über die Geschichte der materiellen Kultur in Ungarn]. In: KHKM VII (1960), Nr. 2, 363.

[8] U. Bentzien, Bauernarbeit im Feudalismus. Landwirtschaftliche Arbeitsgeräte und -verfahren in Deutschland von der Mitte des ersten Jahrtausends u. Z. bis um 1800. Berlin 1980.

Die ständig neu auftauchenden Forderungen nach einer interdisziplinären Erforschung einzelner konkreter Probleme aus dem Bereich der GmK oder auch bestimmter Komplexe von Baudenkmälern führen zu gemeinsamen, oft internationalen Forschungsinitiativen, die finanziell und organisatorisch von vielen und verschiedenen Institutionen unterstützt werden. Als eine der interessanteren Initiativen ist z. B. die Entstehung eines – leider nicht mehr bestehenden – Kollektivs an der Universität Paris I und dem Centre de Recherches Historiques an der École im Jahre 1979 anzusehen, das die Forschungen über Bergbau, Hüttenwesen und den Erzabbau im mittelalterlichen Frankreich anregte, organisierte und koordinierte[9]. Das Kollektiv vereinigte Historiker und Archäologen und arbeitete auch mit Mineralogen und Speläologen zusammen. Sowohl die Auswertungen archivalischer Quellen als auch toponomastische, topographische und archäologische Forschungen spielten dabei eine entscheidende Rolle. Seine Tätigkeit wurde von verschiedenen zentralen und regionalen Institutionen finanziert. Das Kollektiv vollführte Forschungen unter anderem in Paris, Burgund sowie im Gebiet von Lyon und der Vogesen. Alle zwei Jahre wurden internationale Symposien organisiert, die solchen Problemen gewidmet waren wie etwa der Anwendung von Stein und Metall im mittelalterlichen Bauwesen oder der Geschichte des Bergbaus und der Verhüttung von Metallerzen.

Eine thematisch engere, jedoch ebenso interessante Initiative wurde in Großbritannien ergriffen. Seit 1975 besteht dort eine Gruppe, die sich mit der mittelalterlichen Keramik befaßt (Medieval Pottery Research Group). Viel Aufmerksamkeit widmet sie den Problemen der computerunterstützten Speicherung der Daten. Sie veröffentlicht die Zeitschrift "Medieval Ceramics". Die Arbeiten dieser Gruppe haben sozusagen eine doppelte Bedeutung: Keramik bildet einen Teil der Objektwelt, die den Menschen des Mittelalters umgab, und ist zugleich in den archäologischen Forschungen eines der Grundelemente der Datierung[10].

Erwähnenswert sind schließlich einige italienische Erfahrungen. Bereits in den siebziger Jahren untersuchte ein archäologi-

---

[9] Die volle Bezeichnung: Équipe d'histoire des mines, des carrières et de la métallurgie dans la France médiévale.

[10] Unter den Leistungen dieser Gruppe erscheint am wertvollsten: Guidelines for the Processing and Publication of Medieval Pottery from Excavations. London 1983.

sches Mitarbeiterteam der Universität Pisa die mittelalterliche Topographie der Stadt; und eine mehrere Personen zählende Gruppe der Universität Turin unternahm den interessanten Versuch, die materiellen Strukturen der lokalen Behörden im mittelalterlichen Piemont (die königlichen Höfe, die Straßen, die Befestigungen) zu rekonstruieren[11]. Die Probleme der GmK fanden besonders lebhaften Widerhall unter den italienischen Archäologen. Ihr Sprachrohr ist das seit 1974 erscheinende Jahrbuch "Archeologia Medievale" mit dem charakteristischen Untertitel "Cultura materiale, insediamenti, territorio". Die Redaktion präsentiert nicht nur die Leistungen der italienischen Forscher, sondern regt auch weitere Arbeiten an, unter anderem die Organisation periodischer Diskussionen oder Seminare (z. B. Rapallo 1979, Pavia 1983).

Offen bleibt die Frage, ob die sich in so unterschiedlichen organisatorischen Formen entwickelnde GmK eigene Forschungswerkzeuge und eigene Arbeitsmethoden erarbeitet hat. Diese Frage kann sowohl bejaht als auch verneint werden. Ich glaube, daß zur spezifischen Arbeit eines Forschers der GmK und insbesondere eines Mediävisten – außer der traditionell zum Arbeitsbereich eines Historikers gehörenden Analyse der schriftlichen Quellen – auch die Notwendigkeit der Anwendung anderer Methoden gehört, unter anderem der archäologischen Methode. Sie ermöglicht es, solche Probleme zu untersuchen wie etwa die räumliche Entwicklung der Dorfsiedlungen und der Städte, das Bauwesen (Holz, Ziegel, Stein) – sowohl im technologischen Aspekt (die Art der Ziegel, Mörtel, Steinmetztechnik) als auch in bezug auf die Nutzung des Handwerksprodukts (dessen Qualität und Technologie der Herstellung) –, die Wehr- und Befestigungssitze oder die Industriebetriebe (z. B. die gegenwärtig in fast ganz Europa untersuchten Überreste der bergmännischen Tätigkeit). Schließlich kann diese Methode – vorsichtig angewandt – die Einschätzung des Lebensniveaus der Stadt- und Dorfbewohner erleichtern, das in hohem Maß durch die Zusammenstellung, die Quantität und die Qualität der benutzten Gegenstände bestimmt ist. Um diese Möglichkeiten zu illustrieren, bediene ich mich eines Beispiels aus Polen. Unter anderen Bedingungen nicht zu realisierende Möglichkeiten der

---

[11] M. Montanari, Problematyka historii kultury materialnej Włoch od starożytności do doby nowożtnej [Die Problematik der Geschichte der materiellen Kultur Italiens von der Antike bis auf die heutige Zeit]. In: KHKM XXV (1977) Nr. 4, 581–583.

archäologischen Erforschung mittelalterlicher Stadtkomplexe eröffneten bei uns die Zerstörungen des letzten Krieges und auch der rasch voranschreitende Wiederaufbau (Abbruch und Aufräumungsarbeiten). Natürlich haben sich diese Möglichkeiten allmählich verringert, aber sie sind noch nicht völlig verschwunden. So laufen z. B. seit einigen Jahren intensive, von Tadeusz Nawrolski geleitete Untersuchungen der zerstörten und bisher nur in geringem Grade rekonstruierten Altstadt von Elbląg (Elbing), einer der wichtigsten Hafenstädte des Deutschordensstaates in Preußen, dem seit 1466 nach Danzig zweitgrößten Hafen des Königreichs Polen. Sie umfassen den Zeitabschnitt vom 13. bis zum 18. Jahrhundert. Mit den Archäologen arbeiten Historiker zusammen. Aufgrund der Ergebnisse der Ausgrabungen und der erhalten gebliebenen Elbinger Archive sind die Wissenschaftler bemüht, Veränderungen der räumlichen Anordnung, der Architektur oder der Eigentumsverhältnisse der einzelnen Parzellen und Straßen in den Griff zu bekommen. Das Endziel ist die Klärung der soziotopographischen Wandlungen der Altstadt von Elbing. Die laufende, arbeitsbedingte Kooperation von Archäologen und Historikern hat auch schon Früchte in Form einer besseren Interpretation der einzelnen Funde mit sich gebracht. Ein Beispiel liefert die Veröffentlichung der Wachstäfelchen, die Mitte des 15. Jahrhunderts von den Schülern der Pfarrschule an der Elbinger St. Nikolaus-Kirche benutzt wurden. Ähnliche Denkmäler sind sehr selten, größere Bestände kennen wir aus Essen und Lübeck[12]. Die Verbindung der Methoden der Archäologie mit der klassischen Arbeit des Historikers ist eine der Grundbedingungen des Erfolgs der Forschungen der GmK. Natürlich ist diese Forderung, in Polen bereits in den fünfziger Jahren realisiert, in Europa heute schon relativ allgemein anerkannt. Sie fand ihre Widerspiegelung unter anderem im Programm zur Erforschung des Alltagslebens in Nordwest-

---

[12] Als umfangreiche Berichte über die Forschungen in Elbing siehe G. und T. Nawrolski, Wstępne wyniki badań archeologicznych Starego Miasta w Elblągu w latach 1980-1982 [Einleitende Ergebnisse der archäologischen Forschungen in der Altstadt von Elbing in den Jahren 1980–1982]. In: KHKM XXXIII (1985) Nr. 4, 383–409; dies., Badania Starego Miasta w Elblągu w latach 1983–1984 [Forschungen in der Altstadt von Elbing in den Jahren 1983–1984]. In: ebd. XXXIV (1986) Nr. 4, 609–648, sowie T. Nawrolski – J. Tandecki, Piętnastowieczne tabliczki woskowe z Elbąga [Mittelalterliche Wachstafeln aus Elbing]. In: ebd. XXXV (1987) Nr. 4, 591–600.

deutschland – dort auch erweitert um die möglichst enge Einbeziehung von Volkskundlern, Linguisten und Kunsthistorikern –, das vor zehn Jahren während eines von der volkskundlichen Kommission für Westfalen organisierten Symposiums präsentiert wurde. Man machte dabei unter anderem auch auf die große Rolle der archäologischen Massenquellen für die Erkenntnis der materiellen Kultur des Mittelalters aufmerksam[13]. Von besonderer Bedeutung für die richtige Interpretation der archäologischen Materialien sind solche schriftliche Quellen wie Testamente, Inventare und Wirtschaftsrechnungen. Ein Beispiel der Arbeiten, welche die Forderung ihrer Inanspruchnahme berücksichtigten, waren die polnisch-französischen Forschungen über das vom 13. bis in die Anfänge des 15. Jahrhunderts existierende burgundische Dorf Dracy. Die archäologischen Daten wurden mit den Informationen von etwa 300 bäuerlichen Nachlaßinventaren des 14. und 15. Jahrhunderts aus dem Gebiet von Burgund in Vergleich gebracht. Die Ergebnisse dieser Arbeit legte F. Piponnier vor einigen Jahren in Krems vor[14]. Es bleibt nur zu bedauern, daß zum Beispiel die tschechoslowakischen Forscher, die seit einigen Jahrzehnten sehr interessante Forschungen zu den Wüstungen in Mähren durchführen, nicht über ähnliche breite Möglichkeiten der gegenseitigen Verifizierung der schriftlichen und archäologischen Quellen verfügen[15]. Hinsichtlich der Quellenlage verfügen auch die polnischen Forscher kaum über solche Möglichkeiten.

Ein anderes Modellbeispiel interdisziplinärer Unternehmungen waren auch die vier Saisonen lang (1972–1975) durchgeführten Arbeiten in Brucato in Sizilien. Der mittelalterliche Bestand umfaßte in dem untersuchten Teil das Schloß und eine Siedlung aus

---

13 G. Wiegelmann (Hrsg.), Geschichte der Alltagskultur (Beiträge zur Volkskultur in Nordwestdeutschland 21) Münster/W. 1980.

14 Siehe F. Piponnier, La qualité de la vie en milieu rural: exemples Bourguignons. In: Bäuerliche Sachkultur des Spätmittelalters (Veröffentlichungen des Instituts für mittelalterliche Realienkunde Österreichs 7 = Sb. Ak. Wien, phil.-hist. Kl. 439) Wien 1984, 277–290.

15 Siehe V. Nekuda, Mährische Wüstungen als Quelle zum spätmittelalterlichen Dorfleben. In: Bäuerliche Sachkultur des Spätmittelalters 203–217; L. Kundera – Z. Merinsky, Przegląd dotychczasowych badań opuszczonych wsi średniowiecznych na Morawach [Übersicht der bisherigen Forschungen über die verlassenen mittelalterlichen Dörfer in Mähren]. In: KHKM XXXIII (1985) Nr. 1–2, 81–89.

der zweiten Hälfte des 13. und der ersten Hälfte des 14. Jahrhunderts. Die Ergebnisse der Forschungen, die von zahlreichen Spezialisten mehrerer französischer und italienischer Institutionen durchgeführt wurden, sind in zwei umfangreichen Bänden veröffentlicht[16]. Sie enthalten u. a. einen von F. Piponnier bearbeiteten Katalog der dort gefundenen Gegenstände. In Übereinstimmung mit den Voraussetzungen der GmK wurden die Gegenstände in folgende Gruppen eingeteilt: 1. Produktion und Gewinnung von Rohstoffen (darunter Landwirtschaft, Viehzucht, Jagd und Fischerei, Handwerk); 2. Konsumtion (darunter Gebäude und Hauseinrichtung, Ernährung, Kleidung); 3. Unterhaltung und Spiel. Der gesamte Bestand der archäologischen Quellen wurde mit den Daten von über 220 sizilianischen Vermögensinventaren aus den Jahren 1440–1460 verglichen. Eine solche Prozedur verdeutlichte die jeweiligen Schwächen der beiden Quellenkategorien: Die Inventare ließen in der Regel Gegenstände von niedrigerem Wert (z. B. die Keramik) außer acht; den Bestand der archäologischen Quellen beeinflußten die für organische Stoffe ungünstigen Erhaltungsbedingungen (z. B. von Textilien). Am Rande sei hinzugefügt, daß die Interpretation der archäologischen Daten und der in der Regel späteren Inventare (16.–17. Jahrhundert)in Polen ähnliche Probleme schafft. So werden in den bürgerlichen Inventaren hölzerne Becher in der Regel nur dann notiert, wenn sie über einen zinnernen (also wertvollen) Deckel verfügen. Um auf Brucato zurückzukommen, wurden bei der Interpretation der dortigen Materialien schließlich zur Erklärung der räumlichen Anordnung der Siedlung und vor allem des Aussehens und der Planung der Behausungen die ethnographischen Daten über Bauernhäuser aus dem 16.–18. Jahrhundert verwertet. Eine somit allseitige Analyse aller Quellenarten ermöglichte unter anderem eine Rekonstruierung der natürlichen Bedingungen, in denen sich Brucato entwickelte, der Bebauung, der Wohnverhältnisse (die funktionelle Einteilung der Wohnung in Bereiche: zur Vorbereitung der Speisen, zur Lagerung der Vorräte usw.) und schließlich des Lebensniveaus der Bewohner.

Natürlich braucht das Postulat der Integration der Methoden verschiedener historischer Wissenschaften nicht immer von großen

[16] J.-M. Pesez (Hrsg.), Brucato. Histoire et archéologie d'un habitat médiéval en Sicile I–II. Rom 1984.

Forschergruppen realisiert zu werden; es sollte im Gegenteil auch im Rahmen der Bedürfnisse und Möglichkeiten in der Arbeit der einzelnen Forscher berücksichtigt werden. Das Beispiel einer gelungenen Verbindung der Arbeit eines Historikers der materiellen Kultur, eines Kunsthistorikers und eines Archäologen ist etwa die im vergangenen Jahr veröffentlichte Arbeit von K. Turska über die Kleidung am Königshof der Jagiellonen im 15. Jahrhundert. Die Verfasserin verwertete außer schriftlichen Quellen (die Grundlage bildeten die Hofrechnungen) die polnische Ikonographie und außerdem archäologische Bestände (unter anderem die erhalten gebliebenen Fragmente von Textilien und Schuhwerk)[17].

Und hier komme ich auf die Frage der Verschiedenartigkeit der Methoden der GmK zurück. Ich glaube, daß es ihre charakteristische Eigenschaft ist, ein komplexes Kennenlernen der vergangenen Epochen anzustreben. Im Falle des Mittelalters zwingt dies (schon mit Hinsicht auf die oft beschränkten Bestände der schriftlichen Quellen) zu einer Verbindung der Methoden und der Gesichtspunkte oder zumindest zu einer Verwertung der Forschungsergebnisse des Historikers, des Kunsthistorikers, des Archäologen, des Ethnologen, um nur die Hauptdisziplinen zu nennen. Es scheint, daß noch vor zwanzig oder dreißig Jahren eine solche Auffassung des Forschungsgegenstandes die GmK von anderen historischen Disziplinen im höheren Grade absonderte als heute. Gerade zur Zeit finden die methodischen Postulate der GmK immer mehr Verständnis bei Wirtschafts-, Kultur-, Kunst- und Militärhistorikern.

Die Forschungsergebnisse der GmK, welche heute relativ allgemein als ein besonderer Problemkreis und eine Forschungsrichtung betrachtet wird, entziehen sich in großem Maße den Versuchen einer Zusammenfassung. Diese Schwierigkeit ergibt sich aus dem fließenden Charakter der Grenzen zwischen der GmK und den verwandten Disziplinen (Ethnographie, Sachforschung, Erforschung des Alltagslebens usw.) sowie aus der damit Hand in Hand gehenden Unterschiedlichkeit der organisatorischen Lösungen, die im Bereich der kulturgeschichtlichen Forschung – darunter auch in bezug auf die materielle Kultur – auftritt. Große Leistungen, die zweifellos im Feld der GmK liegen und die oft aus rein or-

---

[17] K. Turska, Ubiór dworski w Polsce w dobie pierwszych Jagiellonów [Hofkleidung in Polen zur Zeit der ersten Jagiellonen]. Breslau 1987.

ganisatorischen Gründen der Aufmerksamkeit ihrer Forscher entgehen, können z. B. die Museen für sich in Anspruch nehmen. Deren Mitarbeiter widmen ihre Aufmerksamkeit immer häufiger nicht nur den Kunstwerken, sondern auch den Massenobjekten des täglichen Gebrauchs. Von besonderer Bedeutung für die GmK ist die Tätigkeit der Technik- und Industriemuseen sowie jener, die sich dem Handwerk, dem Dorf, den Möbeln etc. widmen. Für die GmK wichtige Errungenschaften erreichen auch verschiedene (regionale, nationale, internationale) Organisationen, die die Forschungen zur Geschichte der einzelnen Bereiche des Handwerks oder der Industrie koordinieren (des Bergbaus, der Glasherstellung, der Textilindustrie). Eine größere Anzahl von Beispielen könnte genannt werden. In den Forschungen zur GmK des Mittelalters spielt auch die jüngst in Europa sehr populär gewordene Industriearchäologie eine gewisse Rolle, die sich allerdings hauptsächlich mit späteren Epochen befaßt.

Das Wissen über die materielle Kultur des Mittelalters ist beachtlich, aber verstreut. Es existieren nur wenige Versuche einer Synthese. Die Problematik der GmK im Maßstab eines Landes präsentiert die vom Institut für Geschichte der materiellen Kultur der Polnischen Akademie der Wissenschaften in Warschau bearbeitete "Geschichte der materiellen Kultur Polens im Abriß". Ihre sich auf das Mittelalter beziehenden Bände widmen sich sowohl der natürlichen Umwelt, der Gewinnung von Rohstoffen, der landwirtschaftlichen und handwerklichen Produktion als auch der Konsumtion der materiellen Güter. Die Konzeption des Werkes spiegelt die breiteste Definition der GmK wider[18]. In Frankreich war das Interesse für die GmK vor allem im Kreis der École lebendig. F. Braudel schrieb den ersten, der materiellen Kultur des 15.–18. Jahrhundert gewidmeten Band des großen Werkes "Civilisation matérielle et capitalisme". Der Verfasser analysiert die Fragen der GmK im Weltmaßstab, er vermerkt (und überschätzt manchmal sogar) deren Einfluß auf die gesellschaftlichen und politischen Strukturen. In bezug auf die vier Getreidearten, den Reis und den Mais konstatierte er, daß jede dieser

---

[18] W. Hensel – J. Pazdur (Hrsg.), Historia kultury materialnej Polski w zarysie [Geschichte der materiellen Kultur Polens im Abriß], Bd. I: Vom 7. bis zum 12. Jahrhundert, hrsg. von M. Dembińska – Z. Podwińska; Bd. II: Vom 13. bis zum 15. Jahrhundert, hrsg. von A. Rutkowska-Płachcińska. Breslau–Warschau–Krakau–Danzig 1978.

Pflanzen einen anderen Bereich der Zusammenarbeit und der gegenseitigen Abhängigkeit von Menschen erzwingt (die Dominanz von Reis zwingt z. B. in großen Räumen zur planmäßigen Wasserwirtschaft). Braudel postuliert ein Europa der Butter und des Öls sowie ein solches des Biers und des Weins. Jede dieser Kulturen beeinflußte das wirtschaftliche und gesellschaftliche Leben und sogar die Physiologie der europäischen Nationen[19].

Die GmK des Mittelalters nimmt als ein bestimmtes Feld und zugleich Programm der Forschungen bereits einen wesentlichen Platz in der europäischen Geschichtsforschung ein. Diesbezügliche Studien erscheinen, obwohl sich dies nicht immer in den Titeln der Veröffentlichungen widerspiegelt, in verschiedenen Ländern Europas.

Ebenso wichtig wie die Forschungen zur GmK selbst ist es, anderen Fachrichtungen, z. B. Wirtschaftshistorikern, die Bedeutung der GmK bewußt zu machen. Seit über zwanzig Jahren werden die Fragen der GmK in größerem oder geringerem Umfang in Konferenzen präsentiert, die das Institut für Wirtschaftsgeschichte 'Francesco Datini' in Prato organisiert. So war unter anderem das Treffen im Jahre 1986 dem Bergbau, dem Hüttenwesen und der Anwendung von Metall in Europa vom 13. bis zum 18. Jahrhundert gewidmet. Im gleichen Jahr wurden die Probleme der GmK – neben anderen – auch auf dem Kongreß für Wirtschaftsgeschichte in Bern besprochen. Ich persönlich glaube, daß gerade in der engen Verknüpfung einerseits mit der Archäologie und andererseits vor allem mit der Wirtschafts- und Sozialgeschichte die Zukunft der GmK zu sehen ist. Man sollte dabei jedoch der Absteckung präziser Grenzen zwischen diesen Fachrichtungen nicht allzu viel Mühe und Zeit widmen. Die Ergebnisse der Zusammenarbeit dagegen können sehr interessant sein. Neben dem Werk von F. Braudel kann auch die Leistung einer ganzen Generation von Wirtschaftshistorikern ein Beispiel liefern, die ihre wissenschaftliche Arbeit in den fünfziger Jahren aufnahmen. Ihr Werk ist das "Lexikon der Wirtschaftsgeschichte Polens"[20], in dem die Problematik der GmK (auch des Mittelalters), neben zahlreichen einge-

---

[19] Braudel, Civilisation matérielle, passim.

[20] A. Mączak (Hrsg.), Encyklopedia Historii ospodarczej Polski do 1945 roku [Lexikon der Wirtschaftsgeschichte Polens bis 1945]. Warschau 1981.

henden Stichworten, auch in dem umfangreichen Artikel "Materielle Lebensbedingungen" dargestellt wurde.

Natürlich sollten die Historiker der materiellen Kultur, wenn sie weiterhin das Interesse ihrer Kollegen aus anderen Fachrichtungen der Geschichtswissenschaft in Anspruch nehmen wollen, in ihren Arbeiten – wo immer dies der Quellenbestand erlaubt – die eigenen Untersuchungen möglichst eng mit den Problemen des wirtschaftlichen und gesellschaftlichen Lebens verknüpfen. So kann man z. B. die Analyse der Vermögensinventare verschiedener gesellschaftlicher Gruppen auf die Rekonstruktion der Objektwelt beschränken, die den Adeligen (Ritter) oder Stadtbürger umgaben (was durchaus seine Berechtigung hat), man kann aber auch weiter gehen, indem man in der Objektwelt nach einer Widerspiegelung der Standes- und Milieueinteilungen sucht, der Erscheinungen von Armut, Wohlstand und Luxus, des Einflusses des Konsumtionsmodells auf die wirtschaftliche Entwicklung (Import, lokale Produktion, Preise). Derartige Studien würden sicher einen wertvollen Beitrag zur Lösung der immer noch wenig erforschten Frage des Lebensniveaus der einzelnen gesellschaftlichen Gruppen, Regionen oder Länder Europas leisten. Dies wäre meines Erachtens eine ebenso frappante Forschungsaufgabe für Mediävisten wie auch für Historiker der Neuzeit, für Historiker der materiellen Kultur oder für Wirtschafts- und Sozialhistoriker.

Culture matérielle et archéologie médiévale

JEAN-MARIE PESEZ

Qu'il soit besoin de théoriser à son propos, comme nous y invite encore ce colloque, signifie probablement que l'histoire de la Culture Matérielle n'a pas vraiment construit son objet, que sa légitimité n'apparaît pas clairement. J'ai personnellement peu de goût pour la théorisation: je m'y suis essayé une fois, à propos de la Culture Matérielle précisément[1]. Rien de ce que j'ai lu depuis ne m'a amené à modifier mes propositions que je reprendrai donc brièvement.

J'ai écrit qu'il n'y avait pas de la Culture Matérielle une définition lapidaire, mais finalement j'en avais trouvé une, chez Fernand Braudel qui disait de la vie matérielle "ce sont les hommes et les choses, les choses et les hommes". Cela me paraît tout dire et répondre parfaitement au nom de l'institution qui nous a invités: *Institut für Realienkunde.* A ceci près que F. Braudel dans sa formule se garde d'oublier l'homme, le véritable objet de l'histoire. Cela revient à désigner comme thème de notre recherche, les rapports de l'homme à l'objet, c'est-à-dire une part des infrastructures, une part seulement, à l'exclusion des rapports entre les hommes, le social, l'économique ou pour s'exprimer autrement la production sans les rapports de production. Quant au champ couvert par la Culture Matérielle et donc les secteurs de recherche concernés, c'est aux archéologues polonais que j'ai demandé de me le préciser.

Ils ont, eux aussi, défini l'histoire de la Culture Matérielle comme "l'ensemble des groupes d'activité humaine qui répondent à une finalité consciente et possèdent un caractère utilitaire, réalisé en des objets matériels" (Gasiorowski)[2]. Les débats qu'ils ont eus

---

[1] R. Bucaille – J.-M. Pesez, "Cultura Materiale", dans: Enciclopedia Einaudi 4 (Turin, 1978) 271–305.

[2] Stanisław Jan Gasiorowski, "Le problème de la classification ergologique et la relation de l'art à la culture matérielle", dans: Pisma wibrane [Œuvres choisies]. Wrocław, Varsovie, Cracovie, 1969, 23–79.

sur ce sujet ont finalement circonscrit le champ d'étude à trois ou quatre composantes. Ainsi pour Jerzy Kulczyski[3] l'objet de l'histoire de la Culture Matérielle c'est:

1. les moyens de production tirés de la nature, comme aussi les conditions naturelles de la vie et les modifications infligées par l'homme au milieu naturel;
2. les forces de production, soit les outils ... l'homme lui-même, son expérience et l'organisation technique de l'homme au travail;
3. les produits matériels obtenus, soit: les outils de la production en tant qu'objets fabriqués et les produits destinés à la consommation.

De cette analyse complexe et que j'ai abrégée, il est aisé d'extraire quelques mots-clés, nature/homme/techniques et outils/consommation.

A mes yeux, les choses sont claires et la notion comme le secteur de recherches me paraissent bien circonscrits. En particulier, la culture matérielle se trouve assez bien distinguée de notions qui la recoupent sans se confondre avec elle, comme celle de "genre de vie" et de "vie quotidienne". Le genre de vie, longtemps cher aux géographes me paraît, sauf erreur, inclure l'organisation sociale et des pratiques culturelles qui ne sont pas du domaine de la culture matérielle; la notion souffre aussi sans doute de s'être appliquée de préférence à des groupes humains archaïques. La vie quotidienne de même ne se limite pas aux aspects matériels du quotidien: elle tend aussi à prendre pour objet l'individu et un micro-événementiel d'un nouveau genre, alors que culture implique la collectivité, opposée à l'individu, et la répétition opposée à l'événement. Cela dit, Culture Matérielle et Vie quotidienne se rencontrent souvent – ici-même, par exemple – et on peut travailler ensemble, sur les mêmes objets, même en se référant à des notions différentes.

Je suis plus réservé devant les détournements, les captations dont l'histoire de la Culture Matérielle fait l'objet de la part de l'histoire économique et sociale: ils lui font perdre son autonomie; ils la soumettent à un autre niveau de faits jugé plus

---

[3] J. Kulczycki, "Założenia teoretyczne historii Kultury materialnej" [Fondements théoriques de l'histoire de la culture matérielle], dans: Kwartalnik Historii Kultury Materialnej III, 3 (1955) 519–561.

digne de l'attention du chercheur, ils l'infériorisent et en même temps, souvent, ils en font l'otage d'un raisonnement inspiré par une idéologie. Quand l'histoire se voit assigner pour mission de rendre compte du changement social, la Culture Matérielle n'offre d'intérêt que dans l'exacte mesure où elle se trouve impliquée dans l'évolution des sociétés, soit qu'elle en subisse les effets, soit qu'elle apparaisse à l'origine des mutations. Déjà, Fernand Braudel voyait dans la vie matérielle le niveau *inférieur* d'une construction dont l'étage supérieur était constitué par l'économique, et Jacques Le Goff le louait d'avoir subordonné son étude à un phénomène *proprement historique*, le capitalisme, ce qui revient à dire que la culture matérielle n'est pas un objet de connaissances proprement historique.

Il est bien évident que les faits matériels n'ont pas d'intérêt hors du cadre de la société et que leur étude ne se conçoit pas isolée des faits sociaux, non plus d'ailleurs que des mentalités. Mais à l'inverse, peut-on imaginer une étude de société, hors de son contexte matériel? Délimiter un champ d'étude particulier ne revient pas à nier l'indissociable homogénéité des faits culturels, des faits humains. C'est seulement une commodité, ou plutôt une nécessité que de découper le réel pour mieux l'appréhender. Et l'histoire de la Culture Matérielle est nécessaire, parce que son objet existe, parce qu'enfin il est très largement méconnu. Et cette histoire matérielle doit être autonome parce que la faire dépendre d'un autre domaine de la connaissance, comme les rapports sociaux, c'est l'appauvrir, l'amputer de tous les faits dont le retentissement sur le social n'apparaît pas immédiatement. C'est décider prématurément de ce qui est important et de ce qui ne l'est pas, avant même que les faits soient établis.

On ne peut certes interdire à l'historien des sociétés de s'intéresser aux faits matériels pour y trouver des relations avec les phénomènes qu'il étudie et on ne peut non plus interdire à l'historien de la Culture Matérielle de s'échapper parfois vers d'autres horizons. Mais comment ne pas voir qu'on risque d'aller trop vite en la besogne, qu'il y a un déséquilibre entre l'état des connaissances entre une histoire socio-économique à l'œuvre depuis un demi siècle, et une histoire matérielle qui se cherche encore, qui n'a pas encore construit ses matériaux.

Aussi bien, les ponts jetés entre les deux paraissent fragiles, surtout quand il s'agit de relations de cause à effet. Le déterminisme du milieu naturel n'est plus crédible; le possibilisme lui-même n'a pas bonne presse; et les relations aperçues entre fait technique et fait social sont susceptibles d'interprétations tellement contradictoires qu'elles s'en trouvent mises en question. On n'a sans doute pas fini d'épiloguer sur le moulin à eau; même son efficacité économique a été mise en doute: il libère du temps, mais le temps manquait-il au paysan? On voit bien qu'il a quelque chose à faire avec le système de la seigneurie (sans même employer le terme de mode de production féodal) mais dans quel sens s'opèrent les influences? Le développement des forces productives transforme-t-il les rapports sociaux ou est-ce l'inverse? Il est à craindre que la réponse ne soit pas dictée par les faits mais par un a-priori, par l'idéologie, en réalité. En tout état de cause, ne faut-il pas d'abord s'interroger sur ce qu'est le moulin, sur les techniques auxquelles il fait appel, sur les relations qui peuvent exister entre le moulin et la céréaliculture, c'est-à-dire la place qu'elle tient dans la production agricole, les types de céréales cultivées, la place aussi des céréales dans l'alimentation et la forme sous laquelle elles sont consommées. Encore, le moulin à eau commence-t-il à être assez bien connu, mais la question de la charrue n'est pas encore bien débrouillée, ni celle de la herse, et hors du domaine agricole, combien de faits restent mal cernés, aussi bien dans leurs aspects qualitatifs que quantitatifs, et de ces faits dont les incidences dans le domaine économique et social ne sont sans doute pas moins importants, pensons par exemple au métier horizontal à pédales. Le préalable d'une histoire de la Culture Matérielle paraît s'imposer et encore une fois, son développement ne gagnera rien à être orienté par les questions que peuvent lui poser les sciences sociales. La vie matérielle est un complexe aux composantes multiples: on ne peut sans appauvrir la problématique décider d'avance de celles qui comptent. J'approuve pour ma part l'attitude d'E. Le Roy Ladurie en face de l'histoire du climat qu'il a voulu écrire en dehors de toute intrusion de l'humain, "un climat étudié historiquement pour lui-même et non plus seulement pour ses incidences humaines ou écologiques"[4]. Avant de rechercher dans le réchauffement ou dans la dégradation climatique, les causes d'un essor agricole ou d'une crise, il fallait, il faut encore, établir les faits, et c'est en

[4] Emmanuel Le Roy Ladurie, Histoire du climat depuis l'an mil (Paris, 1967).

soi, un objet de recherche suffisant. La richesse des faits matériels fonde la légitimité d'une histoire qui leur soit consacrée.

Dans le combat pour l'histoire de la Culture Matérielle, les *archéologues* ont été au premier rang: l'Académie d'histoire de la Culture Matérielle instituée par Lénine en 1919 reprenait les attributions de la Commission Archéologique du régime tsariste. Le premier directeur de l'Institut du même nom, en Pologne, était un archéologue, Kazimiercz Majewski, et c'est encore un archéologue, Witołd Hensel qui le dirige aujourd'hui. En Italie la théorie de la Culture Matérielle se trouve chez l'archéologue Andrea Carandini et dans la revue *Archeologia Medievale.* A cette prépondérance des archéologues, il y a une excellente raison, que j'ai déjà exprimée:[5] tout à la fois l'archéologie s'avère une voie privilégiée pour approcher la Culture Matérielle et celle-ci apparaît comme le meilleur objectif que puisse se fixer la recherche archéologique.

Ce que met au jour la fouille, ce sont des objets, des *artefacts* qui portent la marque des techniques qui les ont fabriquées et les outils eux-mêmes. L'archéologie est en quelque sorte la science des objets et par là rejoint l'une des définitions qu'on a donnée de la Culture Matérielle. Mais la fouille procure aussi les rebuts et donc les témoins de la *consommation*, elle exhume des squelettes, derniers vestiges des *hommes* du passé, elle apporte avec les pollens, les macro-restes, les sédiments, des données sur *le milieu naturel et l'eco-système.* Techniques, consommation, l'homme, la nature: tout le programme de l'histoire de la Culture Matérielle est rempli.

D'un autre côté, si les faits purement matériels ne sont pas les seules données qu'on puisse attendre de l'archéologie, ce sont quand même les plus nombreux, les plus massifs. Et personnellement, je suis toujours un peu surpris de voir mis en avant dans les problématiques de l'archéologie urbaine, des objectifs un peu flous et en tout cas d'un accès difficile comme le processus historique ou – idée un peu plus tangible quand même – l'urbanisation, alors qu'à l'évidence ce que donne d'abord et en masse les fouilles de

---

[5] J.-M. Pesez, "Histoire de la culture matérielle", dans: La Nouvelle Histoire (ss. la dir. de J. Le Goff, R. Chartier, J. Revel) Paris, 1978, 98–130 [ed. italienne: Storia della cultura materiale. La Nuova Storia, a cura di J. Le Goff (Milan, 1980 à 1983) 167–205].

villes ce sont des objets et des rebuts divers accumulés et conservés dans les dépotoirs.

Il y a plus. L'archéologie n'est certes pas incapable d'aborder les aspects sociaux, d'enrichir l'histoire économique, voire même d'informer des événements. Mais elle le fait moins aisément, et par la médiation d'interprétations toujours un peu fragiles et qui, sans que ce soit toujours explicité, doivent beaucoup à l'histoire, à l'ethnologie, à la sociologie: il lui arrive bien souvent d'enfoncer des portes ouvertes, alors que dans le domaine de la Culture Matérielle, elle travaille sur un terrain solide, où les données sont irréfutables parce que brutes, et si ses apports ne sont pas toujours neufs, ils le sont quand même très souvent.

On peut même dire que l'archéologie rencontre ici un risque, celui d'une réification de la civilisation. J'ai déjà rappelé l'inquiétude de Sir Mortimer Wheeler devant la tendance à passer de la culture de la hache de bataille à une sorte de personnalisation de la hache de bataille. Et il est bien vrai que l'archéologie met au jour une culture *hyper-matérielle*, avec le risque de fausser les proportions. Il n'y a guère de chance de voir le médiéviste dégager une culture du vase "pégau", mais si on laisse faire les spécialistes, la céramologie ne tardera pas à se constituer en science autonome; déjà dans les études des archéologues, la céramique tient une place démesurément envahissante, tout à fait disproportionée avec le rôle somme toute modeste que jouaient les vases de terre cuite dans la vie matérielle du Moyen Age.

Cela dit, il s'en faut que l'histoire de la Culture Matérielle s'écrive à partir des seules sources archéologiques. Prenons l'exemple des techniques agricoles au Moyen Age. La contribution de l'archéologie n'est pas insignifiante, mais elle reste mesurée. Les trouvailles d'outils agricoles sont rares, un peu moins en Europe centrale et orientale qu'en Occident; à cela s'ajoutent des structures, celles par exemple qui assurent la conservation des grains, et certes, sans l'archéologie, l'importance des silos enterrés aurait été sous-estimée voire ignorée; il faut bien sûr aussi mentionner les champs fossiles, mais ces découvertes restent liées à des conditions particulières qui ne concernent, en général, que les marges de l'Europe céréalière, les rivages de la Mer du Nord essentiellement. Au total, l'archéologie précise la forme de l'outillage et ses techniques de fabrication; par les découvertes de socs, de coutres, de traces de labour, elle enrichit notablement le dossier complexe de la charrue; celui de la faux se nourrit également des trouvailles archéologiques. Mais finalement, l'archéologie confirme surtout ce qu'on savait déjà et notamment que l'outillage a peu évolué depuis l'Antiquité. Et s'il s'agit de la charrue, l'iconographie et avec elle, la linguistique avaient déjà posé de précieux jalons sur le parcours historique de l'instrument aratoire, et, en fait, notre connaissance de l'outillage agricole au Moyen Age continue à dépendre largement des études iconographiques, les seules, ou à peu près, à informer des instruments en bois et en vannerie, les seules en tout cas à restituer les gestes, à nous montrer par exemple le moissonneur coupant les gerbes sous l'épi ou au contraire, plus rarement, au ras du sol. Et ce sont les images qui ont enseigné l'une des innovations les plus décisives, celles que représentent le collier d'épaules et le palonnier.

Il faut aller plus loin et convenir que l'archéologie livrée à elle seule ne nous permettrait pas d'imaginer le formidable essor agricole qu'a connu le Moyen Age. C'est que les techniques agricoles ne résident pas tout entières dans l'équipement. L'outillage est impuissant à rendre compte de l'extension des surfaces cultivées, de l'accroissement des rendements et de l'essor de la production. Les témoins matériels ne parlent ni de la multiplication des façons culturales, ni de la sélection des semences, ni de la rotation des cultures et bien sûr pas non plus de sa forme la plus achevée, l'assolement triennal. Pour tout cela, la connaissance dépend des textes, des inventaires domaniaux, des terriers, des comptes, des actes notariés ... C'est dans la documentation écrite qu'on lit le calendrier des travaux de la terre, les achats de grain, les récoltes en grains d'hiver et en blés de printemps ou en légumineuses, les achats de semences, l'organisation des terroirs en soles.

Mais l'archéologie n'a pas dit son dernier mot. Bien au contraire, il semble que c'est d'elle qu'on doive désormais attendre de nouvelles avancées, d'elle ou du moins des sciences qu'elle mobilise et qui sont des sciences de la nature. Une recherche comme celle qui est conduite autour de la fouille du site sub-lacustre de Charavines dans les Alpes[6] met en œuvre pour l'étude du milieu et de son hominisation des disciplines comme la sédimentologie, la pédologie, l'ichtyologie, la palynologie, la phytosociologie, la

[6] Les fouilles de Charavines, ss. la dir. de M. Colardelle – E. Verdel (Dossiers Histoire et Archéologie 129) juillet-août 1988.

paléocarpologie ... et ce n'est pas vain étalage pluridisciplinaire ou sophistication gratuite. On sait bien désormais ce qu'on peut attendre de l'intervention des sciences naturelles grâce aux recherches encore ponctuelles mais qui se multiplient notamment en Angleterre, en Allemagne, en Suisse, aux Pays-Bas: c'est l'évolution des sols, leur modification sous l'effet des pratiques agricoles, c'est l'extension des terroirs cultivés, c'est l'histoire des haies et du bocage, la part de la cueillette dans les réserves alimentaires, les associations végétales qui traduisent les techniques agricoles, ce sont surtout les espèces cultivées et les animaux élevés. Déjà, les greniers brûlés, les silos, les tourbières, les dépotoirs apportent des matériaux en masse qui commencent d'être analysés. Déjà on sait que l'orge et le seigle dans les pays slaves, au haut Moyen Age, l'emportaient sur le millet qui passait pour avoir été la céréale dominante, que dans ces mêmes pays, le seigle a fait disparaîte le froment. Pour l'Occident on commence à réaliser que les céréales pauvres, millet, épeautre, engrain tenaient une place importante encore à la fin du Moyen Age, que l'orge n'a pas été aussi tôt qu'on le pensait, réservé à l'alimentation animale; et le sarrasin qu'on croyait ignoré avant la deuxième moitié du XVe s. est maintenant atesté à des époques plus anciennes.

Il serait tout-à-fait trivial de rappeler la complémentarité des sources, documents, images, données des fouilles mais par vocation, l'archéologie apparaît plus que les autres méthodes historiques orientée vers la culture matérielle: il lui revient d'entraîner le mouvement.

J'avais d'abord envisagé un certain type de réponse au souhait exprimé par les organisateurs de ce colloque, et j'avais pensé esquisser un bilan des progrès récents accomplis par l'histoire de la vie materielle au Moyen Age. L'absence de grandes synthèses, résolument orientées vers ce type de recherches ne me facilitait pas la tâche. L'ouvrage de Witold Hensel, consacré à la Culture Matérielle des Slaves au haut Moyen Age, qui en est à sa 8e édition et qui a été constamment enrichi de données nouvelles, est une exception[7]. Les informations existent bien sûr, mais elles sont dispersées dans quantité d'articles au de publications de congrès, et à cet égard, il me fallait au moins saluer la publication régulière

[7] Witold Hensel, Slowiászczyzna wczesnośredniowieczna [Les Slaves au haut Moyen Age] (Varsovie, 1987).

depuis quelques années des colloques de Krems. J'aurais été amené aussi à mentionner les *Rotterdam Papers* assez largement consacrés aux objets médiévaux, ainsi que les *Berichte van de R. O. B.*, la revue de l'institut d'Amersfoort, où les études sur les techniques médiévales, sur les armes, sur les chaussures, sur les sols ne sont pas rares. Les revues consacrées à l'Archéologie Médiévale en Angleterre, Allemagne, France, Italie, même si l'esprit qui les anime est rarement celui dont je me réclame (à l'exception toutefois d'*Archeologia Medievale)* auraient dû être utilisées pour un bilan complet. De même encore des publications plus spécialisées, comme *Tools and Tillage*, où l'on trouve les plus récentes et les plus novatrices des recherches sur les techniques agricoles du Moyen Age. Des monographies quand elles dépassent le simple niveau de la publication de fouille auraient mérité d'être signalées, comme le remarquable ouvrage d'Heidinga sur le site de Kootwijk et la Veluwe[8].

J'ai renoncé à présenter ce bilan: l'entreprise dépassait mes possibilités. Mon information personnelle est très incomplète notamment à l'égard de la production des pays germaniques. Je ne suis pas beaucoup plus à l'aise, en réalité, pour apporter un autre type de réponse qui consisterait à m'en tenir aux recherches qui se réclament expressément de l'histoire de la Culture Matérielle. Le déséquilibre entre la production des pays de l'Est et celle de l'Occident lui enlèverait beaucoup de son intérêt.

La notion de Culture Matérielle ne s'est pas imposée partout: c'est une évidence. Elle se heurte à des réticences du fait de sa connotation marxiste qui l'a fait au contraire accueillir avec faveur par certains. La question, pourtant devrait être: est-elle utile ou non?

Il me semble qu'elle est utile partout où il n'existe pas un autre terme consacré pour désigner le même contenu, le même champ de recherches. Peut-être même serait-elle utile même dans ce cas, s'il est vrai que Culture Matérielle a l'avantage d'offrir une plus grande précision et en même temps de couvrir un espace plus vaste, en incluant la nature et l'homme physique. C'est cependant un exercice difficile que d'examiner si là ou la notion est reçue elle a fait progresser les connaissances.

---

[8] H. A. Heidinga, Medieval Settlement and Economy, North of the Lower Rhine (Assen–Maastricht, 1987).

Il me semble quand même qu'on peut dire qu'en France, le livre que Fernand Braudel a intitulé *Civilisation matérielle et capitalisme*[9] a beaucoup fait pour la promotion des recherches, avant même qu'il l'ait repris dans *Civilisation matérielle, économie et capitalisme*[10]. Et cela, même si la démographie historique n'avait pas attendu cet ouvrage pour prendre un extraordinaire développement, même si Fernand Braudel lui-même avait bien avant, orienté des enquêtes sur l'alimentation. Est-ce qu'une collection comme l'Histoire de la vie privée[11] dont le propos est sans doute différent, mais qui fait une large place au cadre de vie, pouvait se concevoir avant que Fernand Braudel n'ait fondé la légitimité, la dignité d'une histoire matérielle, n'ait affirmé la place qui doit être faite aux gestes de la vie de tous les jours, au genre de vie des masses, mis sur le devant de la scène? Je note même avec intérêt que la culture matérielle a fait en France une timide apparition dans les programmes des concours avec une question d'agrégation sur "sociétés et cadres de vie".

J'ai conscience qu'on pourra me reprocher d'annexer à la Culture Matérielle des recherches qui ne s'en réclament pas. Malgré tout, il m'apparaît que la science historique en France dès avant le livre Braudel peut-être, mais sûrement pas avant l'Ecole des Annales, a commencé de renouer avec les études d'un Quicherat, d'un Delisle, d'un Douet d'Arcq, d'un Victor Gay ou plus exactement qu'elle a hissé au rang d'objet historique des thèmes rangés au niveau des curiosités érudites. Même si des réticences s'expriment encore à l'égard d'une recherche totalement désintéressée, je veux dire sans qu'elle soit commandée par l'investigation sociale et économique, je ne crois pas qu'on refuse à l'histoire de l'alimentation, à celle du vêtement, à celle de la maison, le statut de recherche scientifique.

Mais je voudrais insister sur un autre exemple, celui de l'Italie où grâce à Carandini, grâce à l'équipe éditoriale de la revue *Archeologia Medievale*, au *Notizario di Archeologia Medievale*, l'histoire de la Culture Matérielle a conquis droit de cité. Elle a exercé en Italie une influence décisive sur l'archéologie et en particu-

---

9 Fernand Braudel, Civilisation matérielle et capitalisme (Paris, 1967).

10 Civilisation matérielle, économie et capitalisme. XVe–XVIIIe siècle. I. Les structures du quotidien: le possible et l'impossible (Paris, 1979).

11 Histoire de la vie privée (ss. la dir. de Philippe Aries et de Georges Duby) II. De l'Europe féodale à la Renaissance (Paris, 1985).

ulier sur le développement de l'archéologie médiévale. Elle a eu le mérite de faire échapper la recherche archéologique à la domination de l'histoire de l'art et de ses problématiques; du moins a-t-elle commencé de le faire. Elle a orienté la recherche vers d'autres types de vestiges que les monuments, vers les sites ruraux, artisanaux, vers la fouille de quartiers urbains. Elle a dignifié en quelque sorte le mobilier archéologique le plus commun, les structures les plus modestes, bref les trouvailles les plus massives qu'une fouille peut procurer et que la méthode stratigraphique invitait à ne plus négliger. Car la chance, sans doute, de l'histoire de la Culture Matérielle a été de se rencontrer avec la diffusion de nouvelles méthodes, avec l'affirmation d'une archéologie réellement scientifique, échappant au simple dégagement des structures et à la collecte des beaux objets. Nécessaires à l'établissement d'une chronologie des strates, à la caractérisation d'une phase d'occupation, les objets devenaient en eux-mêmes des signes importants, des témoins dignes d'étude, sans considération de leur caractère esthétique. D'autres méthodes sont venues, celles de l'archéologie extensive qui invitaient à prendre en compte les terroirs, les sols, les cultures, disons le paysage dans sa dimension historique[12]. Et c'était d'autres thèmes de l'histoire de la Culture Matérielle qui se trouvaient concernés.

Les intentions, les principes ont été exprimés dans des éditoriaux ou dans des articles d'*Archeologia Medievale* où en 1975 on écrivait: "L'archéologie médiévale, en tant qu'histoire ou interprétation historique s'identifie avec l'histoire de la Culture Matérielle, c'est-à-dire l'histoire du travail et des conditions du travail ou de la production matérielle". De même la rencontre ou table-ronde de San Marino di Bentivoglio en 1976 annonçait *une refondation de l'archéologie post-classique: l'histoire de la Culture Matérielle*[13]. Les publications ont suivi, comme celle du n° 31 des *Quaderni Storici*, dédié à la Culture Matérielle, comme celle du colloque de Cuneo pour une histoire des maisons rurales, publié en 1980[14]. Et il suffit de consulter le bulletin d'information appelé

---

[12] Cf. Structures de l'habitat et occupation du sol dans les pays méditerranées: les méthodes et l'apport de l'archéologie extensive (Rome–Madrid, 1988).

[13] Cf. Jean-Michel Poisson, "Problemi, tendenze e prospettive dell'archeologia medievale in Italie", dans: Società e Storia 1979, 4, 129–150.

[14] Archeologia Medievale VII (1980).

Notiziario di Archeologia Medievale[15] pour prendre conscience du travail en cours. On notera au passage, que le *Notiziario* a pour sous-titre: *Échanges d'informations pour l'histoire de la Culture Matérielle.*

Sans aucun doute, l'histoire de la Culture Matérielle a fondé l'archéologie médievale en Italie où elle ne bénéficiait pas d'une tradition.

On ne manquera sans doute pas d'observer que dans d'autres pays, où son apparation n'est guère plus récente, l'archéologie médiévale connaît un développement comparable, sans pour autant se placer sous le signe de l'histoire de la Culture Matérielle. C'est vrai en France, où mon équipe est une des rares, peut-être la seule, à se réclamer ouvertement de l'histoire de la Culture Matérielle. Cependant le mot et la notion progressent: ils font leur apparation notamment dans des recherches où ils sont, effectivement, concernés au premier chef, dans l'archéologie du village et dans les enquêtes archéologiques qui se multiplient sur les mines et les installations métallurgiques. Pour le reste, on assigne encore à l'archéologie soit des objectifs traditionnels, soit des missions limitées et on place les fouilles sous des rubriques qui désignent en fait des types de sites, *constructions et habitats civils, constructions et habitats ecclésiastiques, constructions et habitats fortifiés, nécropoles,* etc. ..., sans trop s'aviser qu'une même recherche peut concerner un village, un cimetière, un château et une église présents sur le même site. Il est aussi remarquable que les premiers congrès d'archéologie médiévale aient été consacrés, l'un à la céramique, l'autre aux "mondes normands", celui-ci autour du millénaire de la mort de Guillaume le Conquérant: il a, heureusement, échappé à la célébration événementielle; mais l'inflation des études céramologiques a de quoi surprendre, même si on tient compte du rôle majeur joué par les terres cuites dans les interprétations de l'archéologue. On admettra aussi qu'elles constituent d'assez bons témoins des échanges voire des aires culturelles. Mais elles sont rarement envisagées sous l'angle de la fonction, rarement replacées dans le contexte de l'équipement domestique, de sorte que la céramologie tend à se constituer en discipline autonome, se suffisant à elle-même, coupant les produits du milieu culturel et à la limite, oubliant l'homme dans ses per-

---

[15] Publié par l'Istituto di Storia della Cultura Materiale de Gênes.

spectives. Je tiens que la notion de Culture Matérielle serait bien utile aux céramologues comme aux archéologues en général.

A côté des vases en terre cuite, les fouilles urbaines qui connaissent un essor extraordinaire dans le cadre de l'archéologie de sauvetage, rencontrent dans les dépotoirs, les latrines, les fossés, des mobiliers aussi variés qu'abondants: ces structures en creux qui transforment en gruyère les sols urbains sont de formidables réservoirs d'*artefacts* comme de vestiges osseux et botaniques: objets en verre, outils, instruments divers, peignes, éléments de jeux, chaussures, etc. On a le sentiment, pourtant, que ces trouvailles embarrassent les chercheurs autant qu'elles les ravissent. Ils ne savent trop comment en aborder l'étude. Ils sont tentés de les traiter, comme on le fait pour les céramiques. Il est significatif que dans les publications, on classe ces *artefacts* selon le matériau dont ils sont faits: bronze, fer, pierre, os.... Viennent ensuite des exercises d'organisation typologique, fondée d'ailleurs sur l'observation des caractères externes, les dimensions, la morphologie, au mieux les techniques de fabrication. Les typologies sont sans doute nécessaires, mais leur intérêt paraît assez limité si elles doivent se borner, comme c'est presque toujours le cas, à établir des chronologies. On retrouve donc l'obsession qui domine la céramologie et l'objet, finalement, n'est plus considéré que comme un élément de datation, comme un outil de la recherche archéologique. Et je doute que l'historien, non archéologue, qui compulse les pages d'une publication archéologique trouve quelque profit à la lecture des longues descriptions techniques qu'on lui offre.

Je tiens donc que la notion de Culture Matérielle serait bien nécessaire à l'archéologue: elle lui ferait prendre conscience de l'intérêt, de l'importance de l'objet, de la construction, du dispositif qu'il met au jour, de leur valeur de signe, de leur rôle de témoin culturel. L'objet cesserait d'être isolé pour s'intégrer dans un ensemble, un ensemble où interviendraient les techniques qui l'ont produit, les principes selon lesquels il agit, les actes qu'il implique, les besoins qu'il satisfait, les moyens qu'il suppose, voire les défauts et les inconvénients qu'il présente, un ensemble structuré par les fonctions, par le niveau technique, par les associations nécessaires qui lient entre elles les pratiques et les techniques. Le gril et le pot à cuire ne renvoient pas au même type de cuisine, ni les greniers sur pilotis et les granges aux mêmes techniques de conservation des grains; les billons étroits répondent à des plantes sarclées; le foyer ouvert au centre de la pièce évoque des couvertures végétales et des toits descendant presque au sol; les âtres et les sièges à ras de terre impliquent des attitudes particulières. François Sigaut propose même de lier l'avoine aux labours tranchés de la charrue, et au hersage des semences, celui-ci au labours à plat et à l'emploi du cheval, dont, par ailleurs, l'avoine constitue l'aliment le plus favorable[16]. Certaines de ces corrélations paraîtront douteuses: rien n'interdit de les discuter, mais il est bon de les évoquer d'abord. D'autres seront tenues pour triviales: est-ce une raison pour les taire si elles parlent des conditions de vie, des conditions de travail, si elles parlent de l'homme en fin de compte?

Certes, ces relations ne sont pas si faciles à dégager. C'est ce qui fait la difficulté d'une entreprise comme celle que j'ai tentée quand j'ai voulu clore la publication de la fouille d'un site sicilien par une synthèse sur la Culture Matérielle[17]. On peut espérer d'une recherche plus attentive aux objets, au sens très large que nous donnons à ce mot, qu'elle dégage dans l'avenir d'autres corrélations aptes à structurer la Culture Matérielle, on peut espérer qu'on parviendra à dégager les nécessités qui lient les uns aux autres les faits que nous étudions. A tout le moins, dès à présent, la Culture Matérielle, par ses catégories, par ses thèmes aide à organiser la description.

Voilà le grand mot lâché: la description. C'est là que le bât blesse. L'historien répugne à la description qui est par essence statique, alors qu'il conçoit sa mission d'une tout autre façon: rendre compte des évolutions, dessiner et expliquer le changement social lui paraît la raison d'être de l'histoire. Et l'histoire de la Culture Matérielle, surtout quand elle est servie par l'archéologie, ne lui parle que d'objets, d'associations d'objets, d'objets qu'elle décrit *hic et nunc*. Il ne lui est bien sûr pas interdit de parler évolution et changements et c'est à ce moment-là que l'historien la récupère, mais d'abord elle décrit. Mais que décrit-elle? Elle décrit ou pour s'exprimer avec plus d'élégance, elle *écrit le vécu*. Mon collègue François Sigaut a dit quelque part: "Il s'agit seulement de prendre

---

[16] F. Sigaut, Formes et évolution des techniques. Rapport au Congrès d'Histoire économique du Budapest (août 1982).

[17] Brucato. Histoire et archéologie d'un habitat médiéval en Sicile (ss. la dir. de J.-M. Pesez) Rome, 1984.

au sérieux le fait que les hommes doivent manger tous les jours et aussi s'abriter, se vêtir etc. et que la façon dont ils s'y prennent en tel lieu ou à telle époque forme l'essentiel de la structure de leur société". Je dirais plutôt pour ma part: l'essentiel de leur condition. L'histoire de la Culture Matérielle n'a pas d'autre objet que la condition humaine.

Geschichte des mittelalterlichen Alltags. Theorie – Methoden – Bilanz der Forschung

Robert Delort

Das mir übertragene Thema ist eines der interessantesten, aber auch eines der umfangreichsten: Um alle Entwicklungen auch nur anzuschneiden, müßte man nicht nur die Gesamtheit des menschlichen Wissens am Ende des 20. Jahrhunderts auf den Plan rufen, sondern auch alle Ergebnisse aus den letzten zehn bis fünfzehn Jahrhunderten. Außerdem müßte ich laufend auf Bereiche zurückkommen, die auch in anderen Beiträgen zur Sprache kommen, da alles, was im Laufe dieses Kongresses gesagt wurde, grundsätzlich den mittelalterlichen Alltag betrifft.

Mit Rücksicht auf mögliche Überschneidungen werde ich versuchen, diesen großen Bereich ein wenig einzuschränken, um den *Alltag* genauer behandeln zu können. Wenn es hierbei darum geht, Theorien und Methoden zu erläutern und eine Bilanz zu ziehen, möchte auch ich mich vorerst zu der Aussage bekennen: Die Geschichte des mittelalterlichen *Alltags* ist die Geschichte des Lebensraums, der Lebenswelt, der Lebenskreise, der Lebensbereiche, der Lebensbedingungen, der Lebensformen, der Lebensart, des Lebensstils, der Lebensführung und vieler weiterer mit derartigen Komposita umschriebener Aspekte. Sie bedeuten *das* mittelalterliche Leben in seinen grundsätzlichen Äußerungen und somit das *Alltägliche.*

Auch wenn sich mein Beitrag auf Untersuchungen und Bilanzen bezieht, wird er vor allem theoretisch sein und zum Teil auf neuzeitlichen Beispielen beruhen. Aber schon einleitend und noch vor jeglicher Begriffsbestimmung des *Alltags* besteht genügend Übereinstimmung, um ein erstes Problem zu erörtern.

Wie wir wissen, ist es eine Folge des jüngsten Zustandes unserer westlichen Welt, daß – besonders unter dem Eindruck der Fließbandarbeit und alarmiert durch die Ausbeutung der Natur – nicht nur das Bewußtsein der Allgemeinheit, sondern auch von Spezialisten wachgerüttelt worden ist, um zu erfahren, wie Menschen in der Vergangenheit (und somit natürlich auch im Mittelalter, in dem sich unsere Zivilisation formiert hat) sich wärmten, sich kleideten, was sie aßen und tranken, warum sie beteten, was sie dachten, wie sie von Tag zu Tag lebten etc.

Unter entsprechender Modifikation prähistorischer Methoden und Fragestellungen hat die Archäologie die ersten sicheren Antworten hierauf geliefert. So wissen wir nun, daß vor allem die *Objekte* die unwiderlegbare Ausgangsbasis für das Studium des Alltäglichen sind – die im Boden hinterlassenen oder auf dem Boden vom Menschen hervorgerufenen Spuren sowie die Monumente und ihr Dekor. Diese Erkenntnis erfordert eine völlig neue Klassifizierung und eine zuvor kaum beachtete Lesart der klassischen Quellen, als welche bis dahin die schriftliche Überlieferung, die Malerei und die graphischen Dokumente gegolten haben. Für diese Gruppe von Quellen gilt, daß sie beschreiben oder ganz allgemein in Erinnerung rufen, was die Autoren für wichtig gehalten haben, um es für die nächsten Jahrhunderte festzuhalten. Mit anderen Worten, sie geben nicht die *alltäglichen* Banalitäten wieder, sondern das Außergewöhnliche, Einmalige, eben den *Nicht-Alltag*, etwas, das sich im Laufe der Zeit nie auf die gleiche Weise am selben Ort wiederholt.

Wenn es um eine Begriffserklärung geht, beginne ich am besten mit dem Begriff des *Alltags*. Dabei geht es mir aber nicht um Erörterungen über Beständigkeit, Dauer, Tradition, Routine, Repetititives und dergleichen. Vielmehr scheint mir die Wortbedeutung selbst schon für sich zu sprechen: *All*, das bedeutet ein Ganzes, eine wiederholbare Totalität ('die Tage, die sich gleichen') und *Tag*, das ist die Zeit – vom Menschen meßbar und abschätzbar, zugleich aber auch von der Natur vorgegeben wie das Aufgehen der Sonne, das Erscheinen des Lichtes, die Wärme, die Gegensätze der Nacht (Schlaf und Erholung des Menschen), genauso aber auch die Bewegung der Erde, ihr Lauf um die Sonne, das Kürzer- und Längerwerden der Tage, die Jahreszeiten, Zeit, Raum, Umwelt, Lebenswelt etc. Diese letzten beiden Begriffe erklären die vorangegangenen und verweisen auf die untrennbare Einheit, die in Form von *Alltag* zwischen den Naturerscheinungen und dem Menschen besteht, dem sie widerfahren und der sie wahrnimmt. Das sind grundsätzlich die Beziehungen zwischen dem Biologischen in der Zeit und im natürlichen Raum – im Laufe der vielen Tage, die sich im großen und ganzen ähneln – und natürlich die Beziehungen zwischen dem Menschen und dem Nicht-Menschlichen.

Neben diesen Interessensgebieten der neueren Forschung, auf die wir noch näher eingehen werden, sei zunächst ein vergleichender Blick auf die 'klassischen' Themen geworfen, mit denen sich die Geschichtsschreibung des 19. und frühen 20. Jahrhunderts detailreich beschäftigt hat (A. Schultz genauso wie Ch. V. Langlois, F. Funck-Brentano, J. Evans, J. Huizinga etc.) und welche neueste Studien in ihren Fragestellungen noch verdeutlicht und verfeinert haben. P. Borscheid hat sie in einer überschauenden Aufzählung in Erinnerung gerufen: "Wenn der Teil des Volkes, der keine geschriebenen und materiellen Zeugnisse hinterlassen hat, eine Geschichte hat, und wenn diese Geschichte der Zivilisation einen Sinn geben kann, dann findet man diese Geschichte in der Art seiner Kleidung, Ernährung, der Organisation seines Familienlebens, der Beziehung zwischen den Geschlechtern, dem Glauben und den Sitten, die allesamt Zeugnis ablegen vom jeweiligen Grad der Humanisierung des Menschen. Die Alltagsgeschichte könnte sich daher mehr noch als bisher an der vor allem in Frankreich betriebenen Mentalitätsgeschichte orientieren, die versucht, wie etwa Marc Bloch in der 'Feudalgesellschaft', das komplexe Beziehungsgeflecht von Traditionen, Mythen, Wirtschaftsstruktur und gesellschaftlichem Wandel zu rekonstruieren und dabei von den verschiedensten Blickwinkeln aus das geistige Klima der Zeit, die kollektiven Vorstellungen, fundamentale Reaktionen wie Furcht, Solidarität oder Feindschaft, die Rechtsformen, die sozialen Gewohnheiten sowie die Grundhaltungen und Gesinnungen der Gesellschaft zu analysieren."

Wenn ich die Aufzählung der klassisch gewordenen Themen für das Mittelalter (wie auch für andere Epochen) strukturieren und vervollständigen sollte, würde ich den ersten Akzent auf jenen Platz legen, den die *Arbeit*, die *Mühe* in der westlichen Welt einnimmt. "Du wirst Dein Brot im Schweiße Deines Angesichts verdienen": Dies ist doch das Amt und die Mission der Nachfolger Adams auf Erden. Die auf solche Weise errungene Nahrung umfaßt – abgesehen vom Sammeln, von der Jagd, vom Fischfang, von der Viehzucht, vom Ackerbau, von der Küche, von den Utensilien – auch das Handwerk, die Bearbeitung von Holz und Knochen, die Herstellung von Glas, Leder, Wolle, Metall und Keramik. Und gleichermaßen umfaßt sie auch Haus, Möbel, die Konzentration mehrerer Häuser – erbaut und gruppiert im Hinblick auf die Ausführung verschiedener Arbeiten, oder um 'Missionen' zu erfüllen: Bauernhäuser, Burgen, Schlösser, Paläste, Kirchen, Klöster, Pfarrhäuser, Bischofssitze, Städte. Die Arbeit und alles, was damit zusammenhängt, ist natürlich auch der Mittelpunkt der sozialen Beziehungen. Dazu gehören Schutz um den Preis von Abhängigkeit, täglich kontrollierte Hierarchie verbunden mit gegenseitigen Dienstleistungen, Festsetzen der Preise, Einrichtungen für Handel und Tausch sowie Besitztum, Eigentum, juristische Beziehungen. Weiters gehört dazu auch die Formulierung von moralischen Pflichten und ethischen Werten und schließlich die Kultur der Geistlichen, der Mönche, der Ritter, der Gläubigen sowie die Weitergabe dieser Kultur und ihrer Traditionen durch die Erziehung oder das Erlernen von lang und täglich bewährten Methoden.

Ich könnte ausführlich über die grundlegende Struktur der Familie im weitesten Sinne reden – etwa Eltern, Mann und Frau, Kinder, Jugend, Alter, Geschlechtsleben, Liebe, Feste, Vergnügungen, Spiele oder Sport, Geburt, Hochzeit, Sterben. Ähnlich wichtig erschiene die außergewöhnliche Bedeutung der Bevölkerungszahlen. Aber ich will mich nur auf sehr wenige der zahlreichen Aspekte beschränken, die in der neuesten Forschung von Bedeutung sind: der familiäre Gemeinschaftsgeist, das Privatleben und das biologische Leben des menschlichen Körpers.

Der mittelalterliche Alltag spielt sich im Inneren von *diagonalen* Solidaritäten ab. Dies ist besonders klar in den Städten zu erkennen, doch bestehen darin durchaus Analogien zum ländlichen oder zum herrschaftlichen Milieu. Daß sich die Stadtgemeinschaften am Ende des Mittelalters nicht aufgelöst haben, ist wahrscheinlich sogar genau eine Folge dieser verflochtenen Raster, die alle Einwohner umfaßten, vom Mächtigsten und Reichsten bis zum Einfachsten und Ärmsten. Jeder Stadtbewohner – gleichgültig welcher Standeszugehörigkeit – erhält ein Stückchen Verantwortung, einen Funken menschlicher Würde, Gleichheit, sogar Macht, weil er entweder einer Korporation angehört (z. B. einer Zunft, einem Gesellenverein oder einer sonstigen Gemeinschaft) oder sich in die Lehenspyramide oder in eine andere Hierarchie einfügen kann. Ein Kürschnerknecht z. B. ist teilweise solidarisch mit den Kürschner-, Schneider- und Winzergesellen, wenn es darum geht, durch einen Streik die eigene Situation zu behaupten oder zu verbessern. Gleichzeitig ist er auch dem Herrn, in dessen Diensten er steht, solidarisch verpflichtet, oder dem Zunftherrn, wenn es heißt, die Berufsprivilegien zu verteidigen. Er trägt ebenso gut neben einem Reichen wie neben einem Armen das Reliquiar seines Viertelheiligen. Unter seinen Brüdern, seinen Vettern oder den Angehörigen seiner Frau kann ein Reicher oder Mächtiger sein, der ihm im Notfall hilft. Aber dieser Reiche braucht auch ihn, um seine Macht zu erweitern usw.

Der Alltag war wohl nicht so 'grau', wie wir es mitunter denken, und wenn wir uns die konzentrischen und radialen Raster des Herrensystems vergegenwärtigen – wobei wir nicht vergessen dürfen, daß die 'Herren' ihrerseits in (horizontalen, vertikalen oder diagonalen) Rastern verstrickt sind –, so können wir diese Aussage etwa am Beispiel der Kleiderordnung noch in mehrfacher Hinsicht differenzieren:

Die Reglementierung des Kleidungswesens gibt zunächst Aufschluß über den Herrn sowie die konzentrischen und nachgeordneten Gruppen seiner persönlichen Umgebung (wie kleidet er sich selbst, seine Dame, seine Kinder, seine nächsten Angehörigen und alle, die in enger Verbindung zu ihm stehen). Sie gibt aber auch über einen weiteren Personenkreis Aufschluß (wie kleidet er seine Freunde, Bannerträger, Ritter, Adelsdamen, Edelknappen, die Geistlichen, das geistliche Personal, die Weltlichen, die Krieger, aus welchen Stoffen bestehen die Livreen seiner Amtleute). Je nach der gesellschaftlichen Bedeutung des Herrn kann die von ihm eingekleidete Gefolgschaft von zehn bis zu Hunderten und Tausenden von Personen betragen. Als weitere Aspekte sind zu nennen: Kleidung als Geschenk, Kleidung als Vergütung, Kleidung als Belohnung und schließlich Kleidung als Almosen. Und unabhängig von ihrer eigenen sozialen Stellung nehmen die hier aufgezählten 'Eingekleideten' in den Augen der Öffentlichkeit neben dem Herrn eine Art von Vorrangstellung ein, und augenscheinlich gehören alle teilweise zu seiner Familie.

Diese Frage nach der Kleidung ist im 'öffentlichen' Alltagsleben offensichtlich sehr bedeutend. Die Kleidung ist aber auch ein grundsätzliches Element des Privatlebens und als solches ein noch ganz junges Arbeitsgebiet der Alltagsforschung. Das Privatleben ist jener Bereich, in dem man eben das äußerliche Kleid ablegt, das vor dem Druck der Mitmenschen und des öffentlichen Lebens schützt. Hier kann man es sich 'bequem' machen, in 'heimlicher' Intimität mit sich selbst sein, aber auch mit seiner Frau, mit seiner Geliebten oder mit seiner Familie, mit dieser (von außen her gesehen) so komplexen Gruppe, in der oft die Dame des Hauses herrscht, wo es Intrigen der Diener gegen den Herrn geben kann, wo die Jungen mit den Alten (in Eintracht oder Konflikt) leben, wo sich mitunter eben 'die Kehrseite der Medaille' zeigt. In das Mittelalter fällt die Präzisierung und Vervielfältigung dieses Lebensbereichs, der sich außerhalb des Wohnbereichs und immer außerhalb der öffentlichen Gewalt wieder neu herstellt, und zwar in der Arbeit, im Laden, in der Werkstatt, in der Universität, im Refektorium, aber auch an Vergnügungsorten wie in den Weinstuben, im Garten, in der Ecke eines Klosters etc. Die verschiedenen Autoren, auf die sich der vorliegende Beitrag zum Teil stützt, wissen oder versuchen anzudeuten, wie diese berühmte 'Mauer' verläuft, die im Alltagsleben gleichermaßen den Individualismus und das öffentliche Leben begrenzt. Die Forschungen für die Bereiche der Stadt, des Adels und der Geistlichkeit sind derzeit weiter fortgeschritten als jene bezüglich der Bauernwelt.

Ein anderer Aspekt des Privatlebens mit sehr weitreichenden Wirkungslinien ist der menschliche Körper. Doch auch er hat in der Forschung bisher nur wenig Interesse erweckt. Er ist einerseits Objekt von Krankheiten, Strapazen oder Unfällen, auch Objekt der Hygiene, der Kosmetik oder der Eitelkeit (etwa sichtbar im Wirken der Haarkünstler, deren Frisuren mit dem Geschlecht, dem Alter, den Klassen, den Regionen und den Jahrhunderten wechseln). Davon zu unterscheiden ist die Geschichte des nackten Körpers, der man von Isidor von Sevilla bis zur romanischen oder spätgotischen Ikonographie folgen kann. Wenn auch der physische, biologische und psychologische Körper schwierig zu erforschen ist, so sind solche Forschungen nichtsdestoweniger unerläßlich, da ja der Körper im Mittelpunkt des sinnlichen Lebensbereichs steht und den einen Mittelpunkt des *Alltags* bildet.

Hier stellt sich nun sofort die Frage, wie der Mensch im Mittelalter wohl seine Sinne gebrauchte und wie er seine Wahrnehmungen deutete. In welchem Verhältnis steht wirkliches *Sehen* von Formen und Farben zu wissenschaftlichen und symbolischen Berichten oder auch zu Alter, Regionen oder Epochen? Was bedeutet das Wahrnehmen der *Gerüche* und das Identifizieren natürlicher Riechstoffe im Hinblick auf Kosmetik oder Kochrezepte? Welcher *Geschmack* urteilt über die Bestimmung von sauer, bitter, salzig, süß oder auch von Wohlgeschmack? Und wie stand es um das Hören? Wem erschienen welche Töne angenehm oder unausstehlich im Stimmengewirr des Alltags? Wurde Ungewöhnliches akzeptiert, gesucht oder vermieden? Wie stand es mit dem Gesang einer Lerche, eines Mönchschors, mit den Liedern des Guillaume le Maréchal, mit dem Geräusch eines galoppierenden Schlachtrosses, eines umstürzenden Baumes, einer Steinsäge, mit dem Quaken von Fröschen in den herrschaftlichen Teichen oder mit einem weit entfernten Heulen? All diese akustischen Wahrnehmungen – riefen sie Reaktionen hervor, die einer Menschengruppe gemeinsam waren und die wir begreifen können? Was die Forschung im Bereich des Tastsinnes, der Sinnlichkeit oder des Feingefühls im allgemeinen betrifft, so warten wir noch immer auf die neueste Geschichte des Alltags.

Einerseits trägt der menschliche Körper die Natur in sich, andererseits umgibt sie ihn. Folglich gehört auch die Begegnung des Körpers mit der sinnlich wahrgenommenen Welt, mit der Umgebung, mit der Umwelt (die man auch Natur nennt), untrennbar zum Wesen des Alltags. Reaktionen darauf sind nicht nur das Wahrnehmen, das Erkennen und das Fühlen dieser Natur, sondern auch die Sensation des Verschieden-Seins, der Schock des Kampfes gegen das Nicht-Menschliche oder die Anstrengung zu dessen Bezähmung (Tugendlehre).

Ohne inhaltlich näher auf sie einzugehen, möchte ich doch auf unzählige neue, teils noch unpublizierte Arbeiten aufmerksam machen, die über längere Zeitspannen hinweg die natürlichen Bedingungen des mittelalterlichen Alltags und ihren Einfluß auf den Alltag untersuchen. Vorweg ein Beispiel unter vielen, um die tiefgreifende Bedeutung solcher Arbeiten zu demonstrieren. Im Jahre 1987 erschien eine Studie über das Klima, *wie es die Menschen erlebt haben.* Demnach registriert das alltägliche Bewußtsein der Betroffenen ein ganz bestimmtes Repertoire von klimatischen Einflüssen: Schnee, Regen, Hitze, das Blühen der Blumen, gute und schlechte Ernten, Heuschreckenschwärme, Mäuseplagen etc. Damit ist die Brücke zu jenen wissenschaftlichen Arbeiten verstärkt worden, die sich mit dem Klima beschäftigen, *wie es war* (mit Messung der Charakteristiken von Temperatur, Wasserstand, Sonneneinstrahlung etc.). Noch in den Kinderschuhen steckt hingegen die Untersuchung eines ganz anderen Umweltfaktors, nämlich der zeitgenössisch-mittelalterlichen Verschiebungen der Meeresufer und ihrer Konsequenzen für den Menschen. Solche Schwankungen können hervorgerufen werden durch die Bewegungen des

Untergrundes oder des Meeres, durch Einschläge von Meteoriten oder durch Anschwemmungen von Flüssen, aber auch durch das Eingreifen des Menschen, der sie verändert, sich damit abfindet oder sich darin einrichtet. Die heftigen oder langsamen Bewegungen der Erdkruste sind ebenfalls Gründe für Veränderungen des Alltäglichen.

Besonders gut wahrnehmbar sind diese Veränderungen im biologischen Bereich. Die Lebenshaltung des Menschen wird ja stark von den jeweils landläufigen Pflanzen geprägt. Dies gilt nicht nur für Nutz-, Heil- und magische Pflanzen, sondern auch für die Schönheit und den Duft ihrer Blüten, für die Erhabenheit von Bäumen und die Anordnung von Wäldern, ebenso für die vorherrschenden Essenzen der Laubwälder (Linden, Ulmen, Eichen, Buchen etc.) oder der Nadelwälder (Tannen, Fichten, Kiefern etc.) sowie für die Vielzahl der Unterhölzer und der in ihnen auftretenden Lebewesen.

Es ist sicher, daß die zur täglichen Umwelt gehörenden Mikroorganismen Krankheiten, Allergien oder Vergiftungen hervorrufen können. Weniger hinterhältig und unmittelbarer wahrnehmbar, andererseits wichtiger oder mitunter auch gefährlicher ist die Tierwelt – seien es Wirbeltiere oder Wirbellose, seien sie wild oder gezähmt. Gleichgültig, ob man Jagd oder Fischfang nun der Ernährung oder des Profits wegen, als Sport oder zur Abwehr von Schädlingen betreibt – diese Tätigkeiten bereichern den Alltag um Hering oder Lachs, Schlangen oder Wölfe, Bären oder Kaninchen aus herrschaftlichen Gehegen, aber auch um gezüchtete Tiere wie Bienen oder Karpfen sowie um gezähmte Tiere wie Rinder, Pferde, Schweine oder Hunde. Andere ernährungs- oder alltagsrelevante Produkte bzw. Vorrichtungen und Tätigkeiten sind Wachs, Honig, Milch, Käse, Butter, Speck, Fleisch, Eier bzw. Arbeit, Pflug und Sattel sowie vielfältige Hilfen für Reisen, für die Wache, für die Verteidigung oder gegen die Einsamkeit. Vielleicht werden uns schon in den nächsten Jahren spezielle Untersuchungen über den Platz der einzelnen Tiere im mittelalterlichen Alltag unterrichten.

Was die Bilanz der Forschung und die Alltagstheorie betrifft, sei noch darauf hingewiesen, daß man dem *Alltag* durch einen Vergleich mit dem *Nicht-Alltag* keinen schlechten Dienst erweist. Folgende Aspekte sind in diesem *Nicht-Alltag* inbegriffen: das Dynamische, das Einzige, der Moment, das Ereignis, die Tatsachen, die Subjektivität, das Bedächtige, das Einzelne, der freie Wille, die Nebenerscheinungen, die Ströme in den organisierten menschlichen Gemeinschaften, die Eile in der Politik, im Krieg, in den Revolutionen, in der Wissenschaft und im menschlichen Geist. Doch es würde die Begriffe entstellen, wollte man dem dynamischen, auf Neuerungen sinnenden *Nicht-Alltag* den traditionsverhafteten 'grauen' *Alltag* gegenüberstellen. Der Alltag, in einer langen Zeitspanne verankert, erlaubt den Nicht-Alltag, ohne aber das Erschauern über dauernde Veränderungen zu vergessen.

Sicherlich wäre jetzt genauso ausführlich über die Methoden zu sprechen, die je nach benutzten Quellen verschieden ausfallen, doch kann diesbezüglich auf die anderen Beiträge dieses Bandes verwiesen werden. Unerläßlich erscheint es aber, auf die Widersprüche und Gefahren einer Geschichtsschreibung des mittelalterlichen Alltags hinzuweisen.

Selbstverständlich versuchen die Historiker der Gegenwart, ihre aktuellen Interessen und Besorgnisse in die Vergangenheit zu projizieren. Diese mehr oder weniger bewußten Absichten sind nur dann fruchtbar, wenn von vornherein ausgeschlossen ist, daß sie bloß Teilantworten auf unsere Fragestellungen geben. Ein Beispiel: Seit dem 19. Jahrhundert gehört die Arbeiterbewegung, seit der Mitte des 20. Jahrhunderts die Umweltproblematik (Ökologie) zu unseren Interessensgebieten, was uns erfreulicherweise die Arbeit, die arbeitenden Menschen und die außermenschliche Natur im mittelalterlichen Alltag näher bringt. Dabei erscheint es aber unzulässig, kritiklos und ohne vorherige Nuancierung Begriffe aus der modernen Welt anzuwenden: etwa Klasse, Klassenkampf, Kleinbürger, Verlagssystem, Mehrprodukt oder sogar Selbstkostenpreis etc. Diesbezüglich sollte wohl die Regel gelten, das heute gültige Referenzsystem nur im Hinblick auf die Fragen, nicht aber auch für die Deutung oder Wertung von Vergangenem zu gebrauchen.

Das Problem ist nicht so einfach bzw. nicht so leicht zu vereinfachen, wie es den Anschein hat. Greifen wir ganz willkürlich die Begriffe Fortschritt und Glück heraus oder Adjektive wie dunkel und kalt, feucht und trocken. In der Zoologie bedeutet 'Fortschritt' die Entwicklung von den einzelligen Lebewesen bis zum Menschen als 'Krone der Schöpfung'. Im Widerspruch dazu ist der Mensch in vieler Hinsicht aber weit davon entfernt, der Beste zu sein. Das gilt für seine Muskulatur, sein Skelett, seine Sinne, seine Lebenskraft und erst recht für sein soziales System.

Daher verbleibt fürs erste nur das menschliche Gehirn oder die Fähigkeit zur Sprache, um das Postulat der 'Krone' zu rechtfertigen. Doch werden wir auch diesbezüglich zu Relativierungen gezwungen sein, nachdem neueste Untersuchungen zeigen, daß die Gehirne von Schwertwalen und Delphinen Ultraschallwellen empfangen können.

Viele weitere Postulate, die wir der Geschichte unterstellen und die auf analoge Weise wie 'Fortschritt' im Alltagsleben etabliert sind, kommen erst aus dem Geist der heutigen Konsumgesellschaft. Man kann versuchen, den Begriff 'Fortschritt' – wie dies in Krems schon geschehen ist – im Rahmen der mittelalterlichen Mentalität näher zu beschreiben: Fortschritt in einem Leben der Reinheit oder der Strenge, Fortschritt im Aneignen des Wissens oder des Reichtums, Fortschritt in der Hierarchie. Doch wie soll man über Fortschritt in der Technologie sprechen, die für uns die große, scheinbar objektive – und doch anfechtbare – Referenz ist? Was alles macht etwa den Unterschied aus zwischen einem Ochsen, der den Pflug zieht, und einem Traktor? Das klingt auf den ersten Blick vielleicht wie ein Paradoxon, läßt sich aber leicht zu einer Argumentationskette ausbauen. Wenn man sich nämlich fragt, was denn daran den Fortschritt ausmacht, gelangt man auch zur Frage, ob es überhaupt einen Fortschritt gibt: Der Ochse ernährt sich selbst, arbeitet etwa zehn Jahre in gleichmäßigen, mit dem Naturell des Ackermannes übereinstimmenden Schritten, und sein Verkaufserlös liegt über dem Ankaufspreis. Bei der Arbeitskuh, für die analog das Gleiche gilt, kommt noch der Ertrag an Kälbern und an Milch dazu. Beim Traktor hingegen muß man einerseits für die Unkosten des Kaufs aufkommen. Andererseits muß man schon Hunderte von Arbeitsstunden einkalkulieren, ehe er überhaupt auf dem Markt ist (Konstruktion, Gewinnung der Rohstoffe, Produktion, Marketing, Auslieferung). Dazu kommen die Kosten für Erhaltung und Betrieb (wobei auch der Aufwand für die Gewinnung und Verteilung des Treibstoffes in Rechnung zu stellen ist). Und die Wertverminderung bis zum Verkauf ist gewaltig, wenn das Gerät nicht überhaupt (unter neuerlichem Aufwand) verschrottet wird. Aber nicht genug damit. Wie unbequem ist doch der Traktor im Gebrauch: Ungesunde Erschütterungen rütteln den Körper des Fahrers ständig durch, dieser muß seinen Kopf bis zur Genickstarre wenden, um die Genauigkeit der Ackerfurchen zu kontrollieren. Zu allem Überfluß kommen dazu noch die Absatzschwierigkeiten des Ernteertrages, aus dem Bedürfnisse zu bestreiten sind, die es im Mittelalter unter Umständen noch gar nicht gegeben hat.

Begriffe wie 'Wohlergehen' oder 'Glück' sind noch schwerer abzuschätzen. Ebenso ist es grundsätzlich naiv, vom 'grauen' Alltag bzw. von einer Alltagsmisere zu sprechen oder – wenn wir uns im christlichen Abendland bewegen – von 'Dienern' oder 'Sklaven'.

Die brüderliche oder familiäre Geborgenheit kann sehr warmherzig sein, der Glaube an ein Leben nach dem Tod erleichtert das Verkraften von Sorgen und Mangel, erlaubt vielleicht sogar eine Freude des Entsagens und der Opferbereitschaft, wofür die alles umfassende Liebe nach franziskanischem Muster das beste Zeugnis ist. Und die Standhaftigkeit, der Reichtum des Privatlebens oder der Verinnerlichung erweisen sich als überlegen, wenn man davon ausgeht, daß dieser 'Zwang' wohl empfunden, aber – in einer Welt, für die Freiheit und Gleichheit noch inhaltslose Begriffe darstellen – stillschweigend akzeptiert wurde.

Als letztes Beispiel sei die scheinbar objektive Feststellung "Die Bauernhäuser waren dunkel, kalt und feucht" diskutiert. Aber: Suchte das Mittelalter überhaupt das Licht? Hat man damals die Kälte in derselben Art und Weise empfunden wie wir, die wir durch exakt bemessene Kalorien und durch künstliche Klimaanlagen unsere Reflexe eingeschläfert haben? Hat nicht vielmehr das ständige Tragen von eng am Körper anliegender, schützender Kleidung die Menschen im Kampf gegen Kälte oder Feuchtigkeit abgehärtet und sie anders empfinden lassen?

Viele aktuelle Geschichtsdarstellungen können sich nicht vollständig von einem Bezug auf das Mittelalter befreien. Darin liegt ein positiver Aspekt, wenn dies – selbst in der jeweiligen Perspektive – in Form einer Gegenüberstellung zu unserer Epoche erfolgt. Aber der negative Aspekt dabei ist, daß dies häufig genauso naiv in subjektiver Weise geschieht.

Eine andere, heimtückischere und grundlegende Gefahr betrifft die Art, wie man *Geschichte des Alltags* schreiben sollte. Auch hier sei wiederholt, daß eine solche Geschichte die große Masse der Bevölkerung betrifft, die sich unzählige Male wiederholenden Tatsachen, die allgemeinen (= mit größtmöglicher Objektivität herausgefilterten) Bedingungen, die Dauer, die Routine, die ewig wiederholte Reproduktion etc. Diese Geschichtsauffassung schließt das 'pittoreske Detail' (das aufgrund seiner Einmaligkeit überliefert wird) vollständig aus, und sie widmet sich dem informellen Mosaik der 'Neuerungen' und den 'Anekdoten' nur dann, wenn viele ihrer Beispiele untereinander gleichartig sind oder denselben Sinn haben, wenn sie also besonders *typisch* sind. Derartige Geschichtsschreibung muß logisch sein, muß Modelle ausarbeiten, Theorien aufstellen, Prozentsätze enthalten, weiters Preistabellen, Zyklen im Ackerbau, astronomische Gegebenheiten sowie unwiderlegbare Tatsachen, die man leicht generalisieren könnte.

Die Konsequenz daraus ist, daß von den bisher gebräuchlichen Methoden diejenigen zu verwerfen sind, die auf Pointilismus beruhen. Um die meistens 'detailhungrigen' Leser zu befriedigen, kann Anekdotenhaftes höchstens dann toleriert werden, wenn seine Berücksichtigung methodisch abgesichert und einwandfrei begründet wird.

Daran kann man ermessen, welch außergewöhnliche Schwierigkeiten und große Gefahren etwa eine Geschichte des *privaten* Alltags enthält. Jedes Privatleben und jeder persönliche Lebensbereich ist original und einmalig. Doch um damit Geschichte zu machen, muß man versuchen, über das Besondere hinauszugehen, zum allgemeinen Rahmen vorzudringen, die *wiederholbaren* Haltungen näher kennenzulernen. Wer versucht, die sehr fruchtbaren ethnographischen oder soziologischen Methoden anzuwenden, ohne aber die vielfältigen neuen, auf statistischer Basis erlangten Forschungsergebnisse zum ausgehenden Mittelalter zu beachten, würde nur *die*, aber nicht *das* Privatleben erforschen.

Vielzahl, Maß, Prozente, Proportionen sind aus sehr vielen Quellen zu gewinnen, darunter aus archäologischen Zeugnissen, Rechnungen etc. Zahlenreihen aus Archiven, chemisch-physikalische Werte, Belege über Mineralien, Pflanzen oder Tiere: alle derartigen Materialien sind ohne Einschränkungen verwendbar, vorausgesetzt, sie werden nicht als Beispiele eingestreut, sondern mit statistischer Genauigkeit behandelt.

Das statistische Handwerkszeug eignet sich für die Frage nach dem Realitätsgehalt von schriftlichen und bildlichen Quellen. Als erster Schritt genügt eine kritische Erhebung sachlicher Merkmale – etwa daß die in Texten beschriebenen oder auf Abbildungen wiedergegebenen Kleider von Herrschern oder Adeligen z. B. überwiegend blau oder leuchtend rot sind, daß sie einen Besatz von Hermelin oder Biberpelz aufweisen, daß die Hunde langbeinig, struppig oder kleinwüchsig und wesentlich zahlreicher erscheinen als Katzen, daß in den Randleisten von Stundenbüchern Tausende Vögel und Blumen eine bestimmte Verteilung der Arten repräsentieren etc. Eine solche erste Evidenz muß sorgfältig verglichen werden mit den unwiderlegbaren Ergebnissen etwa der Analyse von Knochenfunden, von Blütenstaub oder von Rechnungen, die Kleidung bewerten oder beschreiben. Ein solcher Vergleich wird augenfällige Widersprüche ausweisen. Ein Grund hierfür liegt darin, daß Texte, Bilder und Legenden traditionelle Details nicht in realistischer, sondern in stilisierter Form reflektieren, um eine nachhaltige Vorstellung hervorzurufen oder weiterzugeben. So ist z. B. der 'königliche' Hermelin des 14. und 15. Jahrhunderts, der in der literarischen und in der bildlichen Überlieferung so zahlreich aufscheint, ein bedeutendes Zeichen, als solches aber auch ein Mythos, dem keine Realität entspricht. Der König von Frankreich kleidete sich nämlich – je nach Zeitstellung – mit Buntwerk, Marder-, Lamm-, Zobel- oder Luchspelz, aber nur selten mit Hermelin. Nur nach Ludwig XIV. deckt sich die Realität für kurze Zeit mit diesem Mythos. Bis dahin gehört Hermelin zur Kleidung der Damen, der Bürger sowie fallweise des deutschen, italienischen, englischen und manchmal auch des französischen Adels, wobei aber der Bezug auf jenen Mythos fehlt, da die angeführten Kreise von ihm nicht betroffen waren.

Zusammenfassend kann festgestellt werden, daß die hier dargelegten Überlegungen im allgemeinen wie im Detail die Methoden, Theorien und Bilanzen der Erforschung des mittelalterlichen Alltags betreffen. *Alltag* scheint mir das Permanente, Generelle, Traditionelle, Wiederholbare zu sein. Diese Umschreibungen verdeutlichen, daß *Alltag* einen sehr großen Bereich umfaßt: nicht nur die menschliche Tätigkeit in der Dauer, nicht nur die Strukturen der menschlichen Gesellschaft, sondern auch den gesamten außermenschlichen Rahmen, das natürliche, biologische oder abiotische Milieu, das der Mensch verändert oder akzeptiert.

Es ist offensichtlich unmöglich, das so universell aufgefaßte *Alltägliche* mit dem Mosaik von Details oder mit Anekdoten auszuloten (und mögen sie noch so interessant erscheinen), weil solche Belege das Außergewöhnliche, das Nicht-Banale evozieren, während im Bereich des Banalen das Nicht-Gesagte dominiert. Auch die Möglichkeiten der Quellenauswertung sind unterschiedlich zu beurteilen: Eine Beschreibung kann niemals ohne den Versuch einer empirisch abgesicherten Erklärung sein. Sicherlich sollte man sich auch zur facettenreichen Vielfalt der Quellen bekennen, denen man nur ihren angemessenen Stellenwert einzuräumen braucht. Damit aber die empirische Beweisführung überzeugend ausfällt, müssen die Untersuchungen letztlich auch in die Tiefe führen. Dazu sind Aussagen notwendig, die man verallgemeinern, in Zahlen umsetzen und einer statistischen Auswertung unterwerfen kann. Und sie dürfen selbst über eine lange Zeitspanne hinweg, also auch bei tausendfacher Wiederholung, nur geringfügig variieren.

Geschichte des mittelalterlichen Alltags. Theorie – Methoden – Bilanz der Forschung[1]

Hans-Werner Goetz

Alltagsgeschichte ist kein klar umgrenzter oder umgrenzbarer Gegenstand. Zu unterschiedlich sind die Auffassungen, zu groß die Überschneidungen mit anderen Disziplinen, gerade auch mit denen, die im Mittelpunkt dieses Bandes stehen: mit Volkskultur und materieller Kultur wie natürlich auch mit der hiesigen Realienkunde[2]. Im folgenden verstehe ich Alltagsgeschichte nicht als übergreifendes Sammelbecken all jener Disziplinen, die sich mit dem Alltag vergangener Zeiten befassen – auch diese Position gibt es –, sondern als den Beitrag der Geschichtswissenschaft zur Alltagsforschung, erarbeitet mit historischen Methoden anhand "historischer" Quellen. Damit hebt sie sich trotz aller Überschneidungen bereits von der materiellen Kultur als archäologischer Wissenschaft ab[3]. Von der Volkskultur[4], einem Begriff, der aus der Volkskunde stammt, ihr in den letzten Jahren aber zunehmend auch von Historikern streitig gemacht wird[5],

---

[1] Die hier vorgetragenen Gedanken wurden in einem an der Ruhr-Universität Bochum im Sommersemester 1988 abgehaltenen Hauptseminar vorbereitet und diskutiert. Ich danke allen Seminarteilnehmern für ihre Mitarbeit. Eine Reihe von Verbesserungen und Ergänzungen gegenüber der Vortragsfassung verdanke ich der Diskussion und Gesprächen mit Tagungsteilnehmern.

[2] Die hier vorgenommenen Abgrenzungen sind vorläufig und subjektiv. Das Verhältnis ist letztlich erst zu klären, wenn alle Disziplinen eine Standortbestimmung vorgenommen haben. Dieser Aufgabe diente der Kremser Kongreß.

[3] Vgl. dazu Jean-Marie Pesez, Histoire de la culture matérielle. In: Jacques Le Goff – Roger Chartier – Jacques Revel (Hrsg.), La nouvelle histoire. Paris 1978, 98–130.

[4] Vgl. Pierre Boglioni (Hrsg.), La culture populaire au moyen âge: thèmes et problèmes. Montréal 1979, 11–37; Günther Wiegelmann (Hrsg.), Geschichte der Alltagskultur. Aufgaben und neue Ansätze. Münster/W. 1980.

[5] Vgl. Norbert Schindler, Spuren in die Geschichte der "anderen" Zivilisation. Probleme und Perspektiven einer historischen Volkskulturforschung. In: ders. – Richard van Dülmen (Hrsg.), Volkskultur. Zur Wiederentdeckung

grenzt sie sich ab, da sie sich einerseits nicht auf das "Volk" beschränkt und die Kultur andererseits nicht *nur* durch den Alltag geprägt ist[6]; in eine umfassend verstandene Volkskultur als "Summe der materiellen und geistigen Hervorbringungen einer Gesellschaft"[7] aber würde sich die Alltagsgeschichte als deren historische Perspektive einordnen. Einer "Realienkunde" schließlich, die, als quellenkundlich ausgerichtete kulturgeschichtliche Erforschung aller gegenständlichen Zeugnisse einschließlich schriftlicher und bildlicher Quellen, alle drei Disziplinen zusammenfassen möchte[8], liefert die Alltagsgeschichte ebenfalls das historische Element; sie kann, je nach Verständnis, aber auch darüber hinausgehen, insofern sie sich durchaus nicht auf die Grundlage der "Realien" beschränken muß. Innerhistorisch überschneiden sich die Gegenstände der Alltagsgeschichte großenteils mit denen der

---

des vergessenen Alltags (16.–20. Jahrhundert). Frankfurt/M. 1984, 13–77. Für eine Verbindung von Volkskunde und Alltagsgeschichte plädiert Ruth-E. Mohrmann, Regionale Kultur und Alltagsgeschichte. Möglichkeiten, Grenzen und Aufgaben der Volkskunde. In: Historische Methode und regionale Kultur. Karl-S. Kramer zum 70. Geburtstag. Berlin–Vilzeck 1987, 53–76. Im übrigen zählt auch "Alltag" zu den Grundbegriffen der Volkskunde; vgl. Utz Jeggle, Alltag. In: Grundzüge der Volkskunde. Darmstadt 1978, 81–126.

6 Diese Unterscheidung wird freilich hinfällig, wenn man mit Dehne (Anm. 11) und anderen "Kultur" und "Lebensweise" gleichsetzt.

7 So Peter Dinzelbacher, Volkskultur und Hochkultur im Spätmittelalter. In: ders. - Hans Dieter Mück (Hrsg.), Volkskultur des europäischen Spätmittelalters. Stuttgart 1987, 1–14 (hier S. 2). Manchmal wird Volkskultur aber auch auf die Mentalitätsgeschichte des Volkes bezogen; so bei Aaron J. Gurjewitsch, Mittelalterliche Volkskultur. München 1987.

8 Zu den Zielsetzungen des Kremser Instituts für mittelalterliche Realienkunde Österreichs vgl. Harry Kühnel, Realienkunde des Mittelalters und der frühen Neuzeit. Versuch einer Darstellung - Erfordernis der Gegenwart. In: Jahrbuch für Landeskunde von Niederösterreich 37 (= Festschrift Karl Lechner) Wien 1967, 215–247; ders., Ziele der Erforschung der Sachkultur des Mittelalters. In: Rotterdam Papers 4 (1982) 119–130; Helmut Hundsbichler, Wege zum Alltag des Mittelalters. Arbeitsweise und Forschungsziele des Instituts für mittelalterliche Realienkunde Österreichs. In: Schede medievali 3 (1982) 356–362. Der mißdeutige Begriff hat anfangs zu Mißverständnissen geführt, die inzwischen aber als geklärt gelten dürften. Selbst ein Mitglied des Kremser Instituts hat inzwischen eingeräumt, daß der vieldiskutierte Begriff "Realienkunde" kein Musterbeispiel an begrifflicher Prägnanz ist; vgl. Helmut Hundsbichler, Realienkunde zwischen 'Kulturgeschichte' und 'Geschichte des Alltags'. In: Medium Aevum Quotidianum. Newsletter 9 (1987) 34–42.

Kulturgeschichte (die ihrerseits wieder verschieden weit aufgefaßt werden kann)[9]. In gewisser Weise ließe sich Alltagsgeschichte als die moderne, hierzulande auf dem Umweg über das westliche Ausland wiederentdeckte Form der Kulturgeschichte bezeichnen[10], die sich von der alten Kultur- und Sittengeschichte, die wegen ihrer mangelnden Kritikfähigkeit zumindest in Deutschland in Verruf geraten war, ebenso abhebt wie von der umfassenden Kulturgeschichte Lamprechts (als "vergleichender Geschichte der sozialpsychischen Entwicklungsfaktoren"). Diese Modernität gilt es im folgenden herauszuarbeiten.

Meine Aufgabe in diesem Rahmen sehe ich also darin, den Beitrag des heutigen Historikers an der Erforschung des menschlichen Alltags kritisch zu durchleuchten und geschichtstheoretische Ansätze und forschungspraktische Beispiele der Alltagsgeschichte miteinander zu vergleichen, um eine Standortbestimmung des Fachs vorzunehmen. Ohne sie fehlte der Alltagsgeschichte die innere Konsistenz, fehlten klare Fragestellungen und Erkenntnisziele, ist sie in der Gefahr, sich in einer Anekdotensammlung zu erschöpfen. (Eine solche kann durchaus reizvoll sein, ist aber nicht Wissenschaft, sondern Literatur.) Die im folgenden vorgetragenen Gedanken sind als ein Diskussionsanstoß gedacht. Sie sind nicht mit dem Anspruch verfaßt, die gesamte Alltagsgeschichte darauf festzulegen, wohl aber der Überzeugung entsprungen, daß ihr *ein* Konzept zugrundeliegen muß.

Da die theoretische Reflexion des Fachs seitens der Mediävistik immer noch in den Anfängen steckt, nehme ich die kontrovers geführte Diskussion der Neuzeit- und Zeithistoriker[11] der

---

9 Am umfassendsten ist das kulturgeschichtliche Verständnis erläutert bei Karl Lamprecht, Was ist Kulturgeschichte? Beitrag zu einer empirischen Historik. In: Deutsche Zeitschrift für Geschichtswissenschaft 7 (NF 1) 1896/97, 75–150. – Zur Tradition der Kulturgeschichte in Österreich und ihrer allmählichen Hinwendung zu einer Alltagsgeschichte vgl. Kühnel, Realienkunde (Anm. 8).

10 Den Begriff "Alltagsgeschichte" hält in diesem Sinn für überflüssig: Hartmut Boockmann, Dreimal Kulturgeschichte, Alltagsgeschichte, Geschichte der materiellen Kultur. In: Zeitschrift für historische Forschung 13 (1986) 201–215.

11 Ich stütze meinen Überblick auf die folgenden, im wesentlichen oft bereits vermittelnden Beiträge: Klaus Bergmann – Susanne Thurn, Alltag. In: Klaus Bergmann u. a. (Hrsg.), Handbuch der Geschichtsdidaktik 1. Düsseldorf

letzten Jahre zu Hilfe, soweit sie für die Mittelalterforschung rele-

[3]1985 239–242; Peter Steinbach, Alltagsleben und Landesgeschichte. In: Hessisches Jahrbuch für Landesgeschichte 29 (1979) 225–305; ders., Neue Wege der regionalhistorisch orientierten Alltagsgeschichte. In: ebd. 30 (1980) 312–336; Lutz Niethammer, Anmerkungen zur Alltagsgeschichte (1980). In: Klaus Bergmann – Rolf Schörken (Hrsg.), Geschichte im Alltag – Alltag in der Geschichte (Geschichtsdidaktik. Studien, Materialien 7) Düsseldorf 1982, 11–29; Jürgen Kocka, Klassen oder Kultur? Durchbrüche und Sackgassen in der Arbeitergeschichte. In: Merkur 36 (1982) 955–965; Martin Broszat, Plädoyer für Alltagsgeschichte. Eine Replik auf Jürgen Kocka. In: ebd. 1244–1248; Peter Borscheid, Plädoyer für eine Geschichte des Alltäglichen. In: ders. – Hans J. Teuteberg (Hrsg.), Ehe, Liebe, Tod (Studien zur Geschichte des Alltags 1) Münster/W. 1983, 1–14; Klaus Tenfelde, Schwierigkeiten mit dem Alltag. In: Geschichte und Gesellschaft 10 (1984) 376–394; Hubert Ch. Ehalt, Geschichte von unten. In: ders. (Hrsg.), Geschichte von unten. Fragestellungen, Methoden und Projekte einer Geschichte des Alltags (Kulturstudien 1) Wien–Köln–Graz 1984, 11–39; Detlev H. Peukert, Arbeiteralltag – Mode oder Methode? In: Heiko Haumann (Hrsg.), Arbeiteralltag in Stadt und Land. Neue Wege der Geschichtsschreibung (Argument Sonderband 94) Berlin 1982, 8–39; ders., Ist die Neuere Alltagsgeschichte theoriefeindlich? In: Herta Nagl-Docekal – Franz Wimmer (Hrsg.), Neue Ansätze in der Geschichtswissenschaft (Conceptus-Studien 1) Wien 1984, 7–17; Ludwig Nagl, Thesen zum Verhältnis von Alltagsgeschichte und Theorie. In: ebd. 18–23; Reinhard Sieder, Zur Theoriebedürftigkeit der neuen Alltagsgeschichte. In: ebd. 24–41; Rainer Wirtz, Kommentar zu Reinhard Sieder: Zur Theoriebedürftigkeit der neuen Alltagsgeschichte. In: ebd. 42–47; Detlev Peukert, Neuere Alltagsgeschichte und Historische Anthropologie. In: Hans Süssmuth (Hrsg.), Historische Anthropologie. Der Mensch in der Geschichte. Göttingen 1984, 57–72; Jürgen Kocka, Historisch-anthropologische Fragestellungen – ein Defizit der Historischen Sozialwissenschaft? In: ebd. 73–83; Hans-Ulrich Wehler, Königsweg zu neuen Ufern oder Irrgarten der Illusionen? Die westdeutsche Alltagsgeschichte: Geschichten "von innen" und "von unten". In: P. J. Brüggemeier – J. Kocka (Hrsg.), Geschichte "von innen" und "von unten". Kontroversen um die Alltagsgeschichte. Hagen 1985, 17–47; Peter Borscheid, Alltagsgeschichte – Modetorheit oder neues Tor zur Vergangenheit? In: Wolfgang Schieder – Volker Sellin (Hrsg.), Sozialgeschichte in Deutschland III: Soziales Verhalten und soziale Aktionsformen in der Geschichte. Göttingen 1987, 78–100; Winfried Schulze, Mikrohistorie versus Makrohistorie? Anmerkungen zu einem aktuellen Thema. In: Christian Meier – Jörn Rüsen (Hrsg.), Historische Methode (Theorie der Geschichte. Beiträge zur Historik 5) München 1988, 319–341. Eine Bilanz der Diskussion versucht: Peter Steinbach, Geschichte des Alltags – Alltagsgeschichte. Erkenntnisinteresse, Möglichkeiten und Grenzen eines "neuen" Zugangs zur Geschichte. In: Neue politische Literatur 31 (1986) 249–273. Eine bemerkenswerte Analyse des Streits hat Gustav Seibt in

vant ist[12]. Die wichtigsten Streitpunkte, die ohnehin die Alltagsgeschichte aller Zeiten und Räume berühren, betreffen:

1. die Begriffe "Alltag" und "Alltagsgeschichte",

---

einem Radiovortrag (Der Alltag: ein Geschichtsbild aus Episoden ohne Struktur? Sender Freies Berlin 3, 16. 5. 88) vorgelegt, der hier auch einen Generationskonflikt vermutet. Methodisch kaum mehr weiterführend sind die Beiträge in: Ursula A. J. Becher – Klaus Bergmann (Hrsg.), Geschichte – Nutzen oder Nachteil für das Leben? Düsseldorf 1986, 59 ff. ("Alltag und über den Alltag hinaus"). Vgl. auch Alf Lüdtke (Hrsg.), Alltagsgeschichte. Zur Rekonstruktion historischer Erfahrungen und Lebensweisen. Frankfurt 1989. – In der DDR ist die Theoriediskussion um eine Alltagsgeschichte im wesentlichen erst durch das Standardwerk von Jürgen Kuczynski, Geschichte des Alltags des deutschen Volkes, 1600–1945, 6 Bde. Berlin 1980–1985, ausgelöst worden (vgl. die Diskussion um den Einfluß der Werktätigen mit Wolfgang Heise. In: Weimarer Beiträge 28 (1982) 157–170 und Kuczynskis 6. Ergänzungsband). Trotz mancher Abgrenzung sind die grundsätzlichen Übereinstimmungen mit der westdeutschen Theorie aber auffällig; vgl. den ausführlichen Überblick über die BRD-Diskussion von Harald Dehne, Aller Tage Leben. Zu neuen Forschungsansätzen im Beziehungsfeld von Alltag, Lebensweise und Kultur der Arbeiterklasse. In: Jahrbuch für Volkskunde und Kulturgeschichte 28 (NF 13) 1985, 9–48 (der als Außenstehender übrigens den Streit zwischen "Historischer Sozialwissenschaft" und Alltagsgeschichte bezeichnend zu relativieren vermag!); Helga Köpstein, Realienkunde – materielle Kultur – Alltagsleben in Byzanz. Zu Termini und Forschungsgegenstand. In: Medium Aevum Quotidianum. Newsletter 9 (1987) 6–25.

12 Theoretische Reflexionen zur mittelalterlichen Alltagsgeschichte stammen vor allem aus dem Kremser Institut (sind aber auch hier erst im Laufe der Jahre bewußter geworden); vgl. die in Anm. 8 genannten Arbeiten. Wichtige Beiträge bieten ferner die mehr theoretisch ausgerichteten Veröffentlichungen des Instituts für mittelalterliche Realienkunde Österreichs: Bd. 1: Die Funktion der schriftlichen Quelle in der Sachkulturforschung (= Sb. Ak. Wien, phil.-hist. Kl. 304/1) Wien 1976; Bd. 4: Europäische Sachkultur des Mittelalters (= Sb. Ak. Wien, phil.-hist. Kl. 374) Wien 1980; Bd. 6: Die Erforschung von Alltag und Sachkultur des Mittelalters. Methode – Ziel – Verwirklichung (= Sb. Ak. Wien, phil.-hist. Kl. 433) Wien 1984; Bd. 8: Alltag und Fortschritt im Mittelalter (= Sb. Ak. Wien, phil.-hist. Kl. 470) Wien 1986. Daneben gibt es nur wenige theoretische Äußerungen; vgl. Jacques Le Goff, Geschichtswissenschaft und Erforschung des Alltags (1977). In: ders., Für ein anderes Mittelalter. Zeit, Arbeit und Kultur im Europa des 5. bis 15. Jahrhunderts. Frankfurt/M.–Berlin–Wien 1984, 175–189; Hans-Werner Goetz, Alltag im Mittelalter. Methodische Überlegungen anläßlich einer Neuerscheinung. In: Archiv für Kulturgeschichte 67 (1985) 207–225; Boockmann (Anm. 10).

2. deren Gegenstand,
3. ihren Standort im Spektrum der Wissenschaften, besonders innerhalb der Geschichtswissenschaft,
4. die Relevanz und Aussagekraft ihrer Ergebnisse,
5. ihre Methoden und
6. Darstellungsmöglichkeiten.

Einig sind sich Befürworter und Gegner der Alltagsgeschichte immerhin darin – und das wird sich im Laufe der Untersuchung noch einmal beweisen –, daß die Alltagsgeschichte ein extrem komplizierter Gegenstand ist, der zu den anspruchsvollsten Bereichen moderner Geschichtswissenschaften zählt[13].

I. Theorie und Methoden

1. Der Begriff: Was sind "Alltag" und "Alltagsgeschichte"?

"Alltag", "Leben", "Sachkultur" werden häufig unreflektiert parallel verwendet. Eine Reflexion setzte zunächst von philosophischer und soziologischer[14], also von gegenwartsorientierter Seite ein, brachte aber auch hier keine Einheitlichkeit hervor. In einem wegweisenden Aufsatz konnte Norbert Elias[15] aufzeigen, daß "Alltag" nicht nur völlig uneinheitlich, sondern zudem als Gegenbegriff zu einem seinerseits gar nicht thematisierten Konzept verwendet wird: als "Alltag" in Abhebung vom Festtag, als "Routine" im Gegensatz zu außergewöhnlichen Gesellschaftsbereichen, als "Arbeit" in Abgrenzung von bürgerlichen Lebensbereichen[16], als Leben der Masse im Unterschied zum Leben der Hochgestellten, als alltäglicher Ereignisbereich an Stelle der "großen", "politischen" Ereignisse, als Privatleben gegenüber dem öffentlich-beruflichen

---

[13] Vgl. Peukert, Ist die Neuere Alltagsgeschichte theoriefeindlich? (Anm. 11) 12; Steinbach, Alltagsleben (Anm. 11) 232.

[14] Vgl. Henri Lefèbvre, Das Alltagsleben in der modernen Welt. Frankfurt/M. 1972; Agnes Heller, Das Alltagsleben. Versuch einer Erklärung der individuellen Reproduktion. Frankfurt/M. 1978; Kurt Hammerich – Michael Klein (Hrsg.), Materialien zur Soziologie des Alltags (Kölner Zeitschrift für Soziologie und Sozialpsychologie, Sonderheft 20) Opladen 1978; Hans Gerd Prodoehl, Theorie des Alltags (Soziologische Schriften 39) Berlin 1983.

[15] Norbert Elias, Zum Begriff des Alltags. In: Hammerich – Klein, Materialien zur Soziologie (Anm. 14) 22–29.

[16] Gemeint ist hier offensichtlich die Welt der Arbeiter; denkbar wären auch andere Gegensätze wie zur nicht-werktätigen Bevölkerung oder zur Freizeit.

Leben[17]. Elias' Leistung besteht nicht in der Klärung des Alltagsbegriffs, sondern in dem Bewußtmachen der Existenz einer Begriffsvielfalt, die es zwar verhindert, eine allgemeingültige Definition zu finden, die alle Elemente einschließen würde[18], aber doch jedem, der sich mit diesem Gegenstand beschäftigt, ein vorheriges Nachdenken über *seinen* Alltagsbegriff abverlangt (was freilich längst nicht immer befolgt wird).

Wir stehen hier gewissermaßen vor einem Dilemma: Eine (negative) Begriffsbestimmung mit Hilfe von Gegenbegriffen, die Elias als üblich aufzeigt, bleibt unbefriedigend, weil sie jeweils nur eine partielle Abgrenzung erlaubt und nur einen Ausschnitt des Alltags – in den obigen Beispielen zudem nicht immer zutreffend (wie beim Festtag) – erfaßt. Auf der anderen Seite aber bedeutet jede positiv gewendete Definition eben wegen der vielfältigen Aspekte eine Verkürzung:

- In der von marxistischer Seite entwickelten Bestimmung des Alltags als "individueller Reproduktion", d. h. als Bestätigung der gesamtgesellschaftlichen Produktionsverhältnisse durch den einzelnen, vermißt man einen Handlungsspielraum des Individuums[19].
- Umgekehrt vernachlässigt die westliche, inzwischen mehrfach aufgegriffene Definition des Alltags als "Lebenswelt, ... in der sich Menschen tagtäglich oder regelmäßig in Aktionen, Interaktionen und Reaktionen mit der von ihnen vorgefundenen Wirklichkeit auseinandersetzen, um in ihr zu überleben, zu leben und sie ihren Bedürfnissen anzuverwandeln"[20], die passive Komponente des menschlichen Geprägtseins von der Umwelt; außerdem *ist* Alltag nicht die Lebenswelt, er vollzieht sich in ihr.

---

[17] Weitere, bei Elias aufgeführte Gegensatzpaare sind für den Historiker uninteressant.

[18] Vgl. Steinbach, Neue Wege (Anm. 11) 314.

[19] Den Alltag in diesem Sinne mit Prodoehl (Anm. 14) 208, als "das zur Reproduktion des gesellschaftlichen Gesamtsystems und zur Sicherung der Reproduktionsfähigkeit der Individuen notwendige gesellschaftlich-individuelle Medium der Konfliktreduktion" zu bezeichnen, bedeutet – neben einem Mangel an Verständlichkeit – die unangemessene, einseitige Reduzierung des Alltags auf die Kategorie des Konflikts, der im Alltag außerdem nicht gelöst, sondern auf einer anderen Ebene ausgetragen wird.

[20] Bergmann – Thurn (Anm. 11) 239.

- Den Alltag aber als "das menschliche Leben selbst"[21], Alltagsgeschichte als "Geschichte von unten" oder "von innen" oder auch als "Realienkunde" zu bezeichnen, bietet nicht mehr als Schlagworte, die ihrerseits einer näheren Bestimmung bedürfen[22].

Solche "Schwierigkeiten mit dem Alltag" (Tenfelde) müssen dennoch nicht zur Resignation führen. Daß es den "Alltag an sich" nicht gibt (Wehler), kann kein Hindernis für eine Alltagsgeschichte sein; auch eine "Geschichte an sich" gibt es nicht, ohne daß man deshalb die ganze Geschichtswissenschaft für absurd halten muß:[23] Wie unscharf der Begriff "Alltag" auch sein mag, das Alltägliche ist eine historische Kategorie und daher entsprechend zu erforschen. Wie jede theoriegeleitete Geschichte ist aber auch die historische Konzeption des Alltags ein geschichtswissenschaftliches Konstrukt, das jeweils zeitspezifisch expliziert werden muß. Der Begriff wird deshalb durchaus nicht überflüssig, wie man sowohl auf neuzeitlicher (Tenfelde) wie auf mediävistischer Seite (Boockmann) gemeint hat, denn man müßte ihn sonst durch einen anderen (ebensowenig eindeutigen) Begriff ersetzen[24]. Es kommt vielmehr darauf an, den Alltag (jeweils für sich) zu definieren und ihn als Gegenstand der Alltagsgeschichte heutigen Bedürfnissen entsprechend einzugrenzen.

---

[21] So Goetz (Anm. 12) 216: Alltagsgeschichte als historische Beschreibung des konkreten Ablaufs oder besser Vollzugs des menschlichen Lebens mit seinen Bedingungen und Besonderheiten.

[22] Eine Umschreibung der Alltagsgeschichte mit "alle(n) Aspekte(n) menschlicher Existenz" (so Heinrich Appelt, Mittelalterliche Realienkunde Österreichs als Forschungsaufgabe. In: Europäische Sachkultur, wie Anm. 12, 7–12) ist, wenn man "Existenz" nicht nur als Synonym für "Leben" versteht, zu weit gegriffen, da das alle Wissenschaft einschließen würde.

[23] Daß Alltagsgeschichte nie zu einer Geschichte *des* Alltags gelangen kann, wie Wehler (Anm. 11, 42) ihr vorwirft, kann kein wirklicher Einwand sein, da er letztlich jede Geschichtswissenschaft trifft.

[24] Klaus Tenfelde (in diesem Band S. 445–452) ist prinzipiell zuzustimmen, daß der Alltag potentiell unabgrenzbar ist. Ich meine aber, daß dies auf vergleichbare Begriffe wie Verfassung, Gesellschaft, Mentalität usw. ebenso zutrifft und uns nicht von der Aufgabe entbindet, ihn methodisch abzugrenzen.

2. Der Gegenstand: Womit beschäftigt sich die Alltagsgeschichte?

Von den vielen Möglichkeiten und Vorschlägen zum Inhalt der Alltagsgeschichte scheinen mir zwei besonders wesentlich:

1) Einmal umfaßt der Alltag jene Bereiche im Leben des Menschen, die – trotz aller individuellen Einmaligkeit – eine gewisse Regelmäßigkeit aufweisen[25]. Dazu gehören unzweifelhaft auch Standardinhalte der alten Kulturgeschichte wie Wohnen, Essen, Kleiden, Arbeiten, Spielen, Lieben, Zeitvertreib, Geselligkeit, Hygiene, Familienleben oder der Lebenslauf selbst[26]. Das Kriterium der Regelmäßigkeit ist dabei relativ zu sehen und schließt Feiertage und Höhepunkte, die in gewissem Rhythmus wiederkehren, ein[27]; es ist ferner nicht nur auf den einzelnen Menschen, sondern auf die Gesellschaft zu beziehen; so zählt etwa die Hochzeit nicht zum Alltag des einzelnen, ist gleichwohl aber typischer Bestandteil all jener Gesellschaften, in denen die meisten Menschen heiraten. Die umstrittene Frage einer Abgrenzung von Alltag und Fest scheint mir auf diese Weise am einfachsten gelöst.
2) Zum anderen betrachtet die anthropozentrisch ausgerichtete Alltagsgeschichte zwar, wie so häufig hervorgehoben, den Menschen, jedoch in den strukturellen Bedingungen, in die er hineingestellt ist, nämlich einmal vor dem Hintergrund der (mentalen) Vorstellungswelt, zum anderen der ihn umgebenden (jeweiligen) Lebenswelt (als zusammenfassendem Begriff für den Lebensraum und die Lebensverhältnisse)[28], und zwar

[25] Diesen Aspekt machen Gerhard Jaritz, Das 'Neue' im 'Alltag' des Spätmittelalters: Annahme – Zurückweisung – Förderung. In: Alltag und Fortschritt (Anm. 12) 83 ("Alltag als Verwirklichung routinisierten Verhaltens") und Helmut Hundsbichler, Realienkunde (Anm. 8) 42 ("das Verhalten von Menschen, das routinemäßig oder routinisiert zutage tritt") zur Grundlage ihrer Alltagsdefinition. Dabei bleibt zu ergänzen, daß sich der Alltag auch nicht auf das menschliche Verhalten beschränkt.

[26] Alltagsgeschichte gewinnt hier eine anthropologische Dimension, ohne zur Historischen Anthropologie zu werden.

[27] Dabei ist natürlich auch die hohe Zahl mittelalterlicher Festtage zu bedenken. Das Fest als integralen Bestandteil des Alltags behandelt auch Klaus Guth, Alltag und Fest. Aspekte und Probleme gegenwärtiger Festkulturforschung. In: Schweizerisches Archiv für Volkskunde 81 (1985) 59–78.

[28] Der von Edmund Husserl geprägte Begriff zur Bezeichnung der dem Menschen vorgegebenen Erfahrungswelt, in der er aktiv werden kann, ist inzwi-

der natürlichen (vorgegebenen)[29] wie auch der kulturellen (vom Menschen geschaffenen politischen, sozio-ökonomischen und rechtlich-normativen) Umwelt, und hier wiederum – und das ist wichtig für die Diskussion – sowohl der vom einzelnen (im privaten Bereich) mitgestalteten[30] wie vor allem aber auch der von anderen geschaffenen und dem einzelnen vorgegebenen Lebenswelt[31] (vgl. Abb. 1 und 2).

Eine solche Beschreibung hat Konsequenzen für das Verständnis von Alltagsgeschichte:

- In solcher Ausrichtung kann der Alltag gar nicht losgelöst von den materiellen und geistigen Strukturen gesehen werden, die die Lebensbedingungen oder Lebensverhältnisse prägen und sich im alltäglichen Leben konkretisieren, von hier aber auch

schen vielfach aufgegriffen worden. Mehr auf die passiv vorgegebene Wirklichkeit heben Alfred Schütz – Thomas Luckmann, Strukturen der Lebenswelt (Soziologische Texte 82) Neuwied–Darmstadt 1975, 23, ab.

29 Diesen Aspekt des Nicht-Menschlichen betont Robert Delort (in diesem Band S. 53–66).

30 Alltagsgeschichte ist demnach auch nicht einfach eine "Geschichte der Ohnmächtigen" (vgl. Tenfelde, Anm. 11, 377 f.); ohnmächtig ist der einzelne vielleicht im Hinblick auf die hohe Politik und die Strukturen, aber gerade nicht oder nur bedingt in bezug auf seinen Alltag; jedenfalls bleiben ihm hier durchaus Gestaltungsmöglichkeiten. Macht und Ohnmacht sind gemeinhistorische Kategorien; Alltagsgeschichte muß also *auch* erforschen, wozu der Mensch (jeweils) mächtig ist.

31 Diese Wechselwirkung ist ein wesentliches Ergebnis der soziologischen Diskussion um den Alltagsbegriff. Dehne (Anm. 11) 39 spricht vom Alltag als dem konkreten Vermittlungsbereich zwischen dem Reproduktionsprozeß der Gesellschaft und der Reproduktion der Individuen. Insofern greift die Definition von Heiko Steuer, Lebenszuschnitt und Lebensstandard städtischer Bevölkerung um 1200. In: Zur Lebensweise in der Stadt um 1200. Ergebnisse der Mittelalter-Archäologie (Zeitschrift für Archäologie des Mittelalters. Beiheft 4) Köln 1986, 9–16 (hier S. 9), Alltagsleben (Lebensrealität) sei die Beschreibung des Menschen in seiner selbst geschaffenen Umwelt, zu kurz, wenngleich sie – zumal in bezug auf die Stadt – den weitaus wichtigeren Aspekt darstellt. Von daher kann sich Alltagsgeschichte auch nicht auf das menschliche Handeln beschränken; Alltagsgeschichte ist, wie jede Geschichte, Handeln *und* Leiden. Sie ist auch nicht *nur* Auseinandersetzung mit der Lebenswelt, nicht nur Reaktion, weil viele Vorgänge sich eher unbewußt abspielen. Borscheid, Alltagsgeschichte (Anm. 11) 95 sieht den Alltag (mit Agnes Heller) durch menschliche Produkte, Sitten und Sprache geprägt, doch ist auch eine solche Auswahl weder vollständig noch spezifisch alltagsgeschichtlich.

ihren Ausgang nehmen können. Alltagsgeschichte bedeutet trotz ihrer Rückwendung zum Menschen demnach *keine* Abkehr von der Strukturgeschichte, zumal es natürlich auch Alltagsstrukturen gibt, die zu erforschen wären. (Der mittelalterliche Bauer zum Beispiel hatte kaum die Wahl, ob er frei oder hörig war, dieser oder jener Herrschaft angehörte, sein Feld einmal oder zweimal jährlich bestellte usw.; selbst individuell bestimmbare Bereiche wie die Kleidung unterlagen den Erfordernissen, der Mode und dem Angebot)[32]. Vorstellungs- und Lebenswelt sind nicht originäre Gegenstände der Alltagsgeschichte, sondern längst im Rahmen der Geschichtswissenschaft bearbeitet; die Alltagsgeschichte muß sie aber gebührend berücksichtigen, weil sie den Alltag weitgehend bestimmen. Andernfalls bliebe dieser von den geschichtsimmanenten Wirkkräften isoliert und damit weitgehend belanglos.

– Alltagsgeschichte betrachtet sodann durchaus auch das Private und Persönliche, muß es aber in sein politisch-öffentliches, soziales, wirtschaftliches, rechtliches, religiöses und kulturelles Umfeld einordnen; sie liegt im Schnittpunkt gesellschaftlicher Verhältnisse und menschlicher Bedürfnisse[33]. Alltagsgeschichte ist beispielsweise von grundauf verschieden von einer politischen Geschichte im traditionellen Sinn, aber doch alles andere als eine unpolitische oder entpolitisierte Geschichte (Niethammer) oder eine Sozialgeschichte ohne Politik (Sieder); sie umfaßt vielmehr sowohl den Einfluß, den der Staat auf den einzelnen ausübt, wie auch dessen politische Einstellung und Betätigung, die Wechselwirkung zwischen staatlichem und privatem Bereich, zwischen Apparat und Individuum. Indem sie beobachtet, wie sich der einzelne in der

[32] Diese Bedingtheit des mittelalterlichen Alltags wird heute weithin anerkannt, so in nahezu allen in Anm. 11 genannten Aufsätzen. Von mediävistischer Seite vgl. neben Goetz (Anm. 12) 216 vor allem Kühnel, Alltag im Spätmittelalter (Anm. 61) 7 ("Vielfalt der Lebensäußerungen und -ausformungen in ihrem unmittelbaren Konnex mit den wirtschaftlichen und sozialen Strukturen"); ders., Ziele der Erforschung (Anm. 8) 128. In Inhaltsaufzählungen des Kremser Instituts (z. B. ders., Realienkunde, wie Anm. 8, 238) werden die Bereiche Verfassung, Wirtschaft, Geistesgeschichte daher in die Realienkunde integriert.

[33] So Steinbach, Geschichte des Alltags (Anm. 11) 257 (nach Hammerich-Klein).

Gesellschaft zurechtfindet, verleiht sie der Sozialgeschichte einen neuen Aspekt.

- Alltagsgeschichte betrachtet also durchaus auch das Individuum und den Einzelfall, jedoch nicht um ihrer selbst willen, sondern als Fallbeispiel oder Medium, soweit sie sich nämlich als repräsentativ und für bestimmte Gruppen oder Aussagebereiche typisch erweisen, im materiellen ebenso wie im geistig-mentalen Bereich. (Das individuelle Einzelschicksal ist im Mittelalter ohnehin nur in Ausnahmefällen zugänglich). Alltagsgeschichte ist eine Geschichte der Normalität und damit der Masse der Bevölkerung[34]. Ihr fehlt eine einheitliche Bezugsperson; sie ist weder "Königsgeschichte" noch bloß die Geschichte des "kleinen Mannes", auch wenn dieser zweifellos im Brennpunkt des heutigen Interesses steht. Ihr Objekt ist der "Durchschnittsmensch" als strukturgeschichtlich-abstrahierter Typus, der für eine Vielzahl von Individuen steht[35]. Dabei versteht es sich von selbst, daß das Typische überhaupt erst in der Vielzahl von Einzelschicksalen faßbar wird. Auch von daher ist der Alltagsgeschichte, trotz ihres Angewiesenseins auf Einzelschicksale, eine strukturgeschichtliche Betrachtungsweise keineswegs fremd.
- Die Masse aber, auf die die Alltagsgeschichte blickt, ist nicht *nur* eine aus traditioneller Sicht "geschichtslose" Masse, weil nämlich *alle* Menschen in die Geschichte eingebunden sind und alle Menschen einen Alltag haben. Alltagsgeschichte kann sich daher weder auf die Elite der historisch-politischen Persönlichkeiten beschränken noch umgekehrt *nur* dem "kleinen Mann" zuwenden, wie das heute häufig, kaum allerdings in bezug auf das Mittelalter, geschieht: "Alltag" ist eine historische Kategorie, die sich nicht grundsätzlich schichtenspezifisch differenzieren läßt und muß im Mittelalter zum Beispiel den Alltag der Geistlichen, Mönche, Adligen, Bauern, Städter (Kaufleute, Handwerker, städtische Unterschichten)

---

[34] Sie ist folglich *nicht* Biographie, obwohl der Lebenslauf eines Menschen eine wichtige Erkenntnisquelle bietet.

[35] Vgl. Goetz, Leben im Mittelalter (Anm. 61) 14 f.; Sieder (Anm. 11) 31 f. (Die Vielzahl individueller Lebens- und Sichtweisen wird in Verlaufs- und Handlungstypen, Deutungsmustern und typischen Alltagssituationen zusammengefaßt); Steinbach, Geschichte (Anm. 11) 266 (Geschichte vieler Mikrokosmen).

und Randgruppen gesondert behandeln, ohne darüber Gemeinsamkeiten zu vernachlässigen. Die vielbeschworene "Geschichte von unten" ist tatsächlich nur ein – zweifellos ausgesprochen bedeutender – Ausschnitt der Alltagsgeschichte[36], und zwar sowohl, was den Gegenstand ("untere Schichten"), als auch, was die Perpektive betrifft (die sog. "Geschichte von innen" als mentalitätsgeschichtlicher Erfahrungs- und Wahrnehmungshorizont seitens der Betroffenen)[37]. Beide Aspekte bilden einen höchst gewichtigen Ausschnitt, dessen Erforschung im Mittelalter freilich durch die Quellenlage Grenzen gesetzt sind, zumal die Sichtweise der "Ungebildeten" *(illiterati)* hier nur indirekt aus Quellen erkennbar wird, die andere geschrieben haben. Die "Sicht der Betroffenen" aber *ist* weder schon Alltagsgeschichte – das ist ein Irrtum mancher interviewsüchtiger Alltagshistoriker der neuesten Geschichte –, sondern vom Historiker erst kritisch zu einer solchen zu verarbeiten, noch ist sie auf den Alltag beschränkt: Der mentalitätsgeschichtliche Aspekt ist *nicht* spezifisch alltagsgeschichtlich, wenngleich die Mentalität im Alltag eine wichtige Rolle spielt. Die Alltagsgeschichte verfolgt in dieser Hinsicht also mindestens drei Perspektiven, die noch miteinander vereinbart werden müssen: das aktive Gestalten, das passive Erleben und das geistige Wahrnehmen und Werten der je eigenen Umwelt durch den einzelnen wie durch bestimmte Gruppen.

Im übrigen ist die soziale nur *eine* mögliche Differenzierung; sie ist zu ergänzen durch eine solche nach (üblicherweise in der Geschichtswissenschaft) Zeit und Raum, aber auch nach Alter, Geschlecht, Herkunft, Bildung, Beruf, Konfession und anderem mehr. Die hier zurechtgerückten Streitpunkte berühren sich bereits eng mit der Frage, welchen Standort man der Alltagsgeschichte im Spektrum der (Geschichts-)Wissenschaft zubilligt. Auch hier sind daher Modifizierungen zu erwarten.

---

[36] Auf die Mehrdeutigkeit des Begriffs macht Peter Burke (in diesem Band S. 184) aufmerksam.

[37] Ehalt (Anm. 11) 22, spricht von einer "subjektbezogenen Lebensweltanalyse".

3. Der Standort: Wo ist die Alltagsgeschichte wissenschaftstheoretisch anzusiedeln?

Der in der neuzeitlichen Historie zentrale Streit um eine Abkehr der Alltagsgeschichte von der strukturorientierten Historischen Sozialwissenschaft ist für das Mittelalter schon deshalb nicht so akut, weil diese einerseits nie in demselben Maße wie in der Neuzeit Fuß gefaßt hat, mittelalterliche Geschichte andererseits aber schon von der Quellenlage her seit langem *auch* strukturgeschichtlich dargestellt wird. Nach den vorangegangenen Bemerkungen über den Gegenstand der Alltagsgeschichte wird die Frage einer Zuordnung zur Ereignis- *oder* Strukturgeschichte gegenstandslos, weil der Alltag – wie alle Geschichte – sowohl ereignis- wie strukturbestimmt ist, und zwar sowohl auf der geschichtstheoretischen Ebene, auf der die Strukturen als die überindividuellen historischen Triebkräfte verstanden werden, als auch auf der darstellerischen, auf das Typische hin generalisierenden Ebene: In beiden Fällen erscheint die Alltagsstruktur gleichsam als (typische) Summe der alltäglichen Ereignisse. Daraus folgt aber zugleich, daß die Alltagsgeschichte nicht eine eigene (dritte) Ebene neben Struktur- und Ereignisgeschichte bilden kann (wie ich sie seinerzeit für eine Vorstellungsgeschichte postuliert habe)[38]. Gleichwohl vermag die Alltagsgeschichte – mehr als die einseitig festgelegte "Historische Sozialwissenschaft" – von dem ihr eigenen Gegenstand her zwischen beiden Ebenen zu vermitteln, eben weil sie beiden zugänglich ist.

Noch unentschieden ist die Frage, ob die Alltagsgeschichte eine historische Teildisziplin (wie Verfassungs-, Wirtschafts-, Sozial- oder Kirchengeschichte usw.) oder aber eine eigene Perspektive (als alltagsgeschichtliche Sicht der gesamten Geschichte – Niethammer) darstellt[39]. Auch sie relativiert sich, wenn man bedenkt, daß beide Möglichkeiten sich durchaus nicht ausschließen

---

[38] Hans-Werner Goetz, "Vorstellungsgeschichte": Menschliche Vorstellungen und Meinungen als Dimension der Vergangenheit. Bemerkungen zu einem jüngeren Arbeitsfeld der Geschichtswissenschaft als Beitrag zu einer Methodik der Quellenauswertung. In: Archiv für Kulturgeschichte 61 (1979) 253–271. Dort ist der Standort der Wahrnehmungsform objektiver Lebensbedingungen zu suchen, nicht aber, trotz aller Berührungen, in der Alltagsgeschichte (so Ehalt 22 ff.).

[39] Zur Kritik vgl. Kocka, Anthropologie (Anm. 11) 77 f. Derselbe Streit rankte sich im übrigen um die alte Kulturgeschichte, wenn Lamprecht dar-

müssen, daß die Gesellschaft beispielsweise sowohl sektoral (als traditionelle Sozialgeschichte) wie auch perspektivisch (als "Gesellschaftsgeschichte") im Sinne einer Geschichtsschreibung unter sozialen Aspekten betrachtet werden kann:[40]

– Die Alltagsgeschichte ist in dem Maße eine historische Teildisziplin, wie man den Alltag trotz aller naturgemäßen Überschneidungen als einen eigenen Sektor der Vergangenheit betrachten kann, und dafür gibt es gute Gründe[41]. (Solche Überschneidungen gibt es auch zwischen Verfassungs- und Rechts-, Verfassungs- und Sozial- oder Sozial- und Wirtschaftsgeschichte).

– Alltagsgeschichte stellt aber auch eine anderweitig nicht voll erfaßbare Perspektive dar, unter der man die gesamte Geschichte betrachten kann, nämlich die Perspektive des Alltäglichen im Unterschied zu *den* Ereignissen, die man im alltäglichen Sprachgebrauch als "historisch" (im Sinne von epochemachend) zu bezeichnen pflegt. In diesem übergreifenden Sinn ist sie eben angewiesen auf die Hilfe zahlreicher Nachbarwissenschaften. Alltagsgeschichte bietet allerdings nur *eine* mögliche von mehreren Perspektiven, die mit ihrem spezifischen Beitrag zur Gesamtgeschichte einen Anspruch auf allseitige Anerkennung, nicht aber auf eine Höherbewertung und Überordnung hat. Entscheidend bei einer solchen Standortbestimmung ist nämlich – und hier liegt der eigentliche Streitpunkt –, daß die Alltagsgeschichte selbst-

unter einen zusammenfassenden Begriff für die kollektivistischen Tendenzen in der Geschichtswissenschaft verstehen wollte. Eine solche Streitfrage um die Abgrenzung scheint typisch deutsch und kommt in Frankreich etwa gar nicht erst auf. Jean Verdon, Les mentalités et la notion de progrès dans la vie quotidienne au Moyen Age. In: Alltag und Fortschritt (Anm. 12) 45–53, versteht den Alltag (zu Recht) als integralen Bestandteil der Gesamtheit des Lebens.

40 Die begriffliche Unterscheidung macht Karl Bosl, Gesellschaftsgeschichte – Sozialgeschichte. Modellfall Mittelalter. In: Festschrift Friedrich Hausmann. Graz 1977, 39–57.

41 Sie wäre dabei zwischen Sozial-, Kultur- und Mentalitätsgeschichte anzusiedeln, zwischen denen sie vermittelt, ohne mit ihnen identisch zu werden. Alltagsgeschichte ist daher wohl mehr als eine neue Variante der Sozialgeschichte (so Borscheid, Alltagsgeschichte, Anm. 11, 94). Die Sozialgeschichte bietet mehr als die Alltagsgeschichte, insofern sie die soziale Schichtung untersucht, aber auch weniger, da die Lebenswelt nicht *nur* sozial bestimmt ist; die Kulturgeschichte bietet weniger, indem sie soziale und Umwelteinflüsse ausklammert, mehr, indem Kultur sich nicht auf Alltagskultur beschränkt.

verständlich weder die beste noch die einzig sinnvolle historische Betrachtungsweise bildet und daß sie traditionelle Sichtweisen weder infragestellen noch gar ersetzen kann[42].

Andererseits regen die Einwände, die (etwa von Wehler und Kocka) gegen eine Alltagsgeschichte vorgebracht worden sind, zu einem methodischeren Vorgehen an, können aber kaum die Alltagsgeschichte schlechthin in Frage stellen: Eine "nostalgische Idyllisierung", um eines der benutzten polemischen Schlagworte aufzugreifen, wird vermieden, sobald der Alltag in seine Bedingungen eingeordnet wird; der mittelalterliche Alltag war ohnehin alles andere als idyllisch; eine "Sozialromantik" bietet die Alltagsgeschichte dann nicht, wenn man sie nicht auf die Unterschichten beschränkt (und im Mittelalter schwerlich bei hart arbeitenden Bauern und verseuchten Städten)[43]; ein "linker Neohistorismus" mag Kennzeichen einiger Historiker sein, kaum aber *der* Alltagsgeschichte in obiger Beschreibung; der Vorwurf eines "präsentistischen Zugriffs" trifft nicht nur die Alltagsgeschichte (und relativiert sich in der Mediävistik ohnehin leicht), eine "populistische Verflachung" schließlich gilt es zu vermeiden.

Eine andere Frage ist es, ob Alltagsgeschichte vielleicht zufällig gerade aktuell ist oder ob sie gegenwärtiger Geschichtsanschauung und heutigen gesellschaftspolitischen Interessen in besonderem Maße entspricht, ob sie einen Perspektivenwechsel von der "Gesellschafts- zur Lebensweltanalyse" symbolisiert[44]. Man hat immer wieder gefragt, ob es sich bei der Alltagsgeschichte um eine Modeerscheinung handelt, ob sie als "Mode oder Methode" (Peukert), "Modetorheit oder neues Tor zur Vergangenheit" (Borscheid) anzusehen ist. Der zeitweilige Boom und das Interesse der Verleger und Kritiker können einen solchen Eindruck durchaus erwecken, sie sind sicherlich auch bedingt durch die Traditionsunterbrechung der Kulturgeschichte in Deutschland, die einen gewissen Nachholbedarf bewirkt hat. Darüber hinaus aber hat die Alltagsgeschichte einen berechtigten Anspruch auf Anerkennung im Spektrum einer breit ausgerichteten Geschichtswis-

---

[42] Hier hat man sie anfangs überschätzt, für das Mittelalter ist ein solcher Anspruch, soweit ich sehe, aber auch noch nicht erhoben worden.

[43] Insofern ist Alltagsgeschichte nicht *nur* "grüne" Geschichtsschreibung, sondern durchaus auch ein Gegengewicht dazu.

[44] Vgl. Dehne (Anm. 11) 14. Die Frage bedürfte einer eigenen Untersuchung, so daß hier nur wenige Anmerkungen möglich sind.

senschaft, die weder, wie im 19. Jahrhundert, vorwiegend politische, noch, wie im Mittelalter, moralische Lehren vermitteln will, und in einer Gesellschaft, in der potentiell alle Menschen am System beteiligt und daher, sicherlich in einem bescheidenen Rahmen, geschichtsmächtig sind. Sie ist wünschenswert, weil der Alltag heute wieder geschichtswürdig geworden ist, und sie ist notwendig, weil er geschichtlich, nämlich abhängig von den jeweiligen Zeitverhältnissen und damit zeitbedingt veränderlich ist. Aus der Entdeckung, daß der Alltag des Menschen geschichtlich ist, *muß* eine bleibende Dimension im Spektrum historischer Forschung erwachsen. Insofern ist Alltagsgeschichte verbunden mit einem Perspektivenwechsel auf unsere eigene Lebenswelt (Niethammer), die weiterhin natürlich mehr umschließt als den Alltag. In diesem Rahmen ist ihre Leistung zu suchen.

4. Die Aussagekraft: Was kann eine Alltagsgeschichte leisten?

Die Leistung der Alltagsgeschichte kann und darf sich nicht auf die wenigen Möglichkeiten beschränken, die selbst Kritiker ihr einräumen, nämlich durch Illustration und Konkretisierung der herkömmlichen Geschichtsschreibung Interesse bei Laien und Anfängern für die Geschichte zu wecken (obwohl das gern so "verkauft" wird). Das Argument der besseren Vertrautheit des Rezipienten mit dem Alltag – die deshalb auch als didaktisches Rezept empfohlen wird – trifft für das uns fremde Mittelalter ohnehin nicht zu; gerade hier muß Alltag noch weit stärker in die Strukturen eingeordnet werden als in der Zeitgeschichte. (Anschaulich aber sollte jede Geschichtsschreibung sein, und eine Geschichtswissenschaft, die nicht in der Lage ist, Interesse zu wecken, hat einen guten Teil ihrer Relevanz verfehlt.) Die Leistung der Alltagsgeschichte kann sich auch nicht darin erschöpfen, daß sie als "Kommunikative Wissenschaft" eine besondere Dreiecksbeziehung zwischen früherem Subjekt, Historiker und heutigem Subjekt schafft (Niethammer), denn auch das gilt letztlich für die gesamte Geschichtswissenschaft; sie ist nicht *nur* empirische Vertiefung theoretischer Erklärungsdefizite (Niethammer), da sie beide Ebenen, Empirie und Theorie, miteinander verbinden muß. Allenfalls kann sie durch mikrohistorische Analyse einen Beitrag zur Makrohistorie liefern (Schulze) (wobei Mikrohistorie und Alltagsgeschichte aber keineswegs identisch sind, weil der Alltag *auch* eine makrohistorische Dimension besitzt). Kaum ein Bereich ist im übrigen so wenig empirisch und mikrohistorisch belegbar wie der mittelalterliche Alltag, "Montaillou" bildet eben doch einen Sonderfall.

Die Möglichkeiten der Alltagsgeschichte liegen in erster Linie vielmehr in dem vorhin beschriebenen, anderweitig nicht voll erfaßbaren, sektoralen wie perspektivischen Beitrag zur Gesamtgeschichte, die sich nicht nur mit Staatspolitik und nicht nur mit sozioökonomischen Strukturen befaßt: Alltagsgeschichte öffnet (unter welchem Namen auch immer) den Blick für etwas, das sonst verschüttet bliebe, indem sie ältere Ansätze der Kulturgeschichte wieder aufgreift, unter modernen Fragestellungen behandelt und in das mittlerweile gewandelte Geschichtsbild einordnet. In diesem Sinne hält Alltagsgeschichte Lehren für das Denken und Handeln *aller* Menschen gerade in der alltäglichen Normalität bereit, die uns alle angeht und am unmittelbarsten berührt. Indem sie darüber hinaus dank ihrer gewandelten Perspektive die Strukturen nicht als letztes Erkenntnisziel, sondern in ihrer Rückwirkung auf den einzelnen Menschen und die Wechselbeziehung zwischen Alltag und Lebenswelt analysiert und damit sowohl die Kluft (Broszat) als vor allem auch die Verbindungslinien zwischen privatem und öffentlichem Bereich ermittelt[45], kann sie aber auch ihrerseits das von ihr zunächst einmal aufgegriffene Bild der strukturellen Geschichte kontrollieren und erweitern. Ihre größte Gefahr liegt wohl darin, sich (wie teilweise die ältere Kulturgeschichte) in der Banalität zu verlieren[46]. Sie muß daher immer wieder die Relevanzfrage stellen (und relevant ist das, woraus wir lernen können), und sie muß vor allem – und nur dann kann sie die geforderte Leistung erbringen – mit modernen, wissenschaftlichen Methoden arbeiten.

5. Die Methode: Wie muß eine moderne Alltagsgeschichte vorgehen?

Alltagsgeschichte hat keine eigene Methode (auch das ist behauptet worden), sie ist vielmehr der historischen Methode bzw. den Methoden der Geschichtswissenschaft verpflichtet, die sie aber

---

[45] Damit entfiele Kockas Einwand (Anm. 11, 79 f.), die Alltagsgeschichte sei unfähig, die großen Strukturen zu begreifen. Diese zu erarbeiten, ist allerdings auch nicht ihre Aufgabe; hier bleibt sie auf die vorhandenen traditionellen Ansätze angewiesen.

[46] Vgl. Borscheid, Plädoyer (Anm. 11) 4 f.

auch anwenden muß, um wissenschaftlich zu sein. (Das ist beileibe nicht immer berücksichtigt worden. Gerade Kulturgeschichte hat oft den fälschlichen Eindruck erweckt, als brauche man sie nicht zu erforschen, sondern könne sie gleich darstellen). In der Methodendiskussion der neuzeitlichen Alltagsgeschichte geht es einmal um den Zugang (vom eigenen über den historischen zurück zum eigenen Alltag), der der "Heimat"- und Regionalgeschichte neuen Auftrieb beschert (die aber nur *ein* Ansatz sein kann), dann um die Erschließung der für das Mittelalter irrelevanten "oral history" als neuer Quelle und schließlich und vor allem um den Vorwurf der Theorieferne. Hier dürfte sich bei allen ernstzunehmenden Alltagshistorikern inzwischen die einhellige Meinung herausgebildet haben, daß es eine Alltagsgeschichte ohne Theorie nicht gibt, eine Ansicht, die uneingeschränkt auch für das Mittelalter gilt, ja hier eigentlich eine noch größere Bedeutung dadurch gewinnt, daß der mittelalterliche Alltag quellenmäßig so schwer zugänglich ist und daher (quellenkonforme) Erklärungen und Zusammenhänge wie auch eine verallgemeinernde Typisierung abnötigt. Theorie ist dabei in zweierlei Hinsicht gefordert: als geschichtstheoretische Reflexion der Disziplin und als Anwendung theoretischer Erklärungsmodelle[47]. Theorien sind – und das ist hier vorausgesetzt – dann nötig, wenn die alltäglichen Zustände nicht nur (traditionell) beschrieben, sondern auch in ihrer Historizität erklärt und begründet werden sollen.

Über diese Fragen hinaus ist die Methodendiskussion in der mittelalterlichen Alltagsgeschichte teilweise schon weiter gediehen:

Einmal ist in Krems, von der "Realien"kunde ausgehend, das Verhältnis zwischen Mensch und Objekt (das Kongreßthema), das zugleich ein Verhältnis zwischen Mensch und Quelle ist, eingehender reflektiert worden. Gerhard Jaritz hat das Thema am praktischen Beispiel der Seelgerätsstiftungen diskutiert[48] und ein theoretisches Modell einer gegenseitigen Abhängigkeit von Mensch

---

[47] Man muß nicht die gesamte Alltagsgeschichte *einer* Theorie unterstellen, wie es Peukert in bezug auf Habermas' "Theorie des Kommunikativen Handelns" vorschlägt.

[48] Gerhard Jaritz, Seelenheil und Sachkultur. Gedanken zur Beziehung Mensch – Objekt im späten Mittelalter. In: Europäische Sachkultur (Anm. 12) 57–81.

und Situation auf der einen, Objekt und Qualität auf der anderen Seite entworfen[49], das dann hinreichend ist, wenn Mensch und "Situation" in diesem Schema in ihrem lebens- und vorstellungsweltlichen Rahmen mit ideellen, normativen (Staat, Recht, Moral, Konventionen), strukturellen (sozioökonomischen) und materiellen Faktoren eingeordnet werden (vgl. Abb. 3).

Zweitens ist der Alltag als geschichtliches Phänomen entwicklungsgeschichtlich zu sehen. Das zu betonen ist wichtig, da gerade beim Alltag (wie bei der Mentalität) gern so etwas wie eine "longue durée" vorausgesetzt wird[50]. Wieweit Kategorien wie Kontinuität und Wandel auch den Alltag bestimmen, ist auf dem zweiten Kremser Round-Table ausführlich diskutiert worden[51].

Drittens erfordert die Überschneidung der Disziplinen eine interdisziplinäre Zusammenarbeit zwischen Geschichte, Rechtsgeschichte, Archäologie, Literatur- und Sprachwissenschaften, Musik- und Kunstgeschichte, historischer Geographie und Volkskunde (sowie anderen), deren jeweiliger Beitrag im 6. Kremser Band vorgestellt worden ist[52]. Alltagsgeschichte bleibt auf die Hilfe anderer Disziplinen angewiesen[53].

Viertens schließlich – und das ist die wichtigste Voraussetzung – ist eine methodisch saubere Quellenkritik zu fordern (ein als Forde-

49 Ders., Mittelalterliche Realienkunde: Quellenbefund und Quelleninterpretation. In: Erforschung von Alltag (wie Anm. 12) 33–44.

50 Jean Verdon (Anm. 39) stellt fest, daß der Alltagswandel dem Mentalitätswandel vorausgeht. Vgl. auch Heinz-Dieter Heimann, Über Alltag und Ansehen der Frau im späten Mittelalter – oder: Vom Lob der Frau im Angesicht der Hexe. In: Frau und spätmittelalterlicher Alltag (Anm. 71) 244 ff.

51 Alltag und Fortschritt (Anm. 12). Der mißverständliche Begriff "Fortschritt", eigentlich als Wandel verstanden, hat die Diskussion der Tagung belastet. Nennenswert für die Theoriediskussion sind vor allem die Aufsätze von Helmut Hundsbichler, "Innovation" und "Kontinuität" als Determinanten von Alltag und Fortschritt, ebd. 65–81; und Gerhard Jaritz, Das 'Neue' im 'Alltag' des Spätmittelalters (Anm. 25) 83–93, der sich mit der menschlichen Reaktion auf den Wandel beschäftigt.

52 Die Erforschung von Alltag (Anm. 12).

53 Dabei ist zu differenzieren zwischen historischen Disziplinen (wie Sozial-, Wirtschafts- und Technikgeschichte), deren Ergebnisse sie inhaltlich rezipiert, und nicht-historischen, die darüber hinaus eigene Methoden bieten und zudem der Geschichte ferner stehende Quellen bearbeiten.

rung banaler, aber keineswegs allgemein praktizierter Grundsatz): Alltagsgeschichte kann *nicht* einfach aus den Quellen dargestellt werden; ihre Ergebnisse müssen vielmehr durch eine vorherige Quellenkritik der Gattung wie der Einzelquelle abgesichert werden, weil nämlich zwischen der modernen Fragestellung und der Intention des Quellenautors eine gewaltige Diskrepanz besteht: Keine Quelle des Mittelalters *wollte* den Alltag dokumentieren, kaum eine stellt ihn wirklich vor. Wer Alltagsgeschichte betreibt, stellt also Fragen, die die Quellen unmittelbar gar nicht beantworten, und ist schon von daher zu sorgfältigem Arbeiten und Theorieeinsatz gezwungen. Mittelalterliche Quellen zur Alltagsgeschichte sind mit mindestens drei Merkmalen behaftet:

1) Sie berichten unabsichtlich, weil sie eigentlich etwas anderes aussagen wollen[54].
2) Sie berichten aus diesem Grunde höchst unvollständig und bieten lediglich mosaikartige Ausschnitte des Alltags, die sich nur in wenigen Partien zu einer Art Bild zusammenfügen lassen.
3) Sie geben zunächst nicht die Alltagswirklichkeit wieder, weil sie oft
   a) die Norm zugrunde legen (und das gerade in "alltagsträchtigen" Quellen wie Rechten, Predigten und Bußbüchern),
   b) aus didaktisch-moralischem Zweck heraus Ideale verkünden (gerade auch in Literatur und Kunst, die eventuell ein Gegenbild des Alltags bieten), und
   c) nicht am Normalen, sondern an den Höhepunkten und Ausnahmen interessiert sind, die es zu erinnern gilt (das trifft im übrigen auch auf Kunstgegenstände, Dichtung

[54] In den seltensten Fällen sind unabsichtlich Alltagssitutationen überliefert; Gerhard Jaritz (in: Alltag im Spätmittelalter 172) wertet in dieser Weise beispielsweise überzeugend den Fund von Schreibtafeln mit Schreibübungen aus, während das literarische Bild des "unterjochten Ehemanns" (ebd. 186) ironisch gemeint ist und erst als Realität erwiesen werden müßte. Nach der Droysen-Bernheimschen, hier wenig hilfreichen Einteilung der Quellen in "Tradition" und "Überreste" wären die Quellen zur Alltagsgeschichte sämtlich "Überreste", weil sie den Alltag nämlich unabsichtlich dokumentieren, doch zugleich sämtlich zur "Tradition" zu zählen, weil sie wenig objektiv mit bestimmten Absichten verfaßt sind.

und sogar archäologisches Fundmaterial zu, das weithin Prunkgegenstände bietet).

Gerhard Jaritz hat hier ein Unterscheidungsmodell nach Realität, vermeintlicher Realität, Norm, Ideal und Fiktion geschaffen[55] (wobei diese Kriterien sich aber nicht ganz eindeutig voneinander abgrenzen) (vgl. Abb. 4). Die Informationen der Quellen zum mittelalterlichen Alltag sind also in sich noch nicht alltagsgeschichtlich, sondern müssen erst entsprechend ausgedeutet werden und bedürfen gerade deshalb des Historikers, der gewissermaßen drei Fragen stellen muß:

a) Was will die Quelle *eigentlich* aussagen?
b) Was sagt sie über den Alltag?
c) Was bedeutet die Aussage vor dem Hintergrund ihrer eigentlichen Intention?

Viele bisherige Darstellungen beschränken sich auf die zweite Frage. Hinzu kommt, daß gerade die Alltagsgeschichte auf den von der Quellenlage her unvermeidlichen Suche nach "neuen" Quellen auf bisher weitgehend vernachlässigte oder aber nicht primär in der Kompetenz des Historikers befindliche Zeugnisse stößt, für die eine entsprechende quellenkundliche Erarbeitung erst noch zu leisten ist. Gerade hier ist die Alltagsgeschichte auf die Hilfe anderer Wissenschaften angewiesen; für das Fundmaterial auf die Archäologie, für das Brauchtum auf die Volkskunde, für Kunstgegenstände auf die Kunstgeschichte, für die Dichtung auf die Literaturgeschichte und für die Begrifflichkeit auf die Sprachgeschichte, die sich zwar gründlich mit "ihren" Quellen befassen, denen aber umgekehrt oft historische (zumindest alltagsgeschichtliche) Fragestellungen fremd sind und die gleichfalls entsprechend unkritisch verfahren. Dank des Einbezugs der materiellen Kultur bietet zum Beispiel die Archäologie ein reichhaltiges Quellenmaterial. Gerade in archäologischen Veröffentlichungen zur Alltagsgeschichte gewinnt man aber oft den Eindruck, als ob die Realien an sich schon der Alltag wären, Ofenkacheln etwa schon *die* Wohnkultur, Trinkgeschirr *das* Nahrungswesen repräsentieren[56].

---

[55] Gerhard Jaritz (wie Anm. 49) 37. Zur Unterscheidung realitätsnah – realitätsfern vgl. Hundsbichler, Wege zum Alltag (Anm. 8) 361.

[56] Vgl. etwa Barbara Scholkmann, Bodenfunde als Zeugnisse des täglichen Lebens in Dorf, Burg und Stadt – Ein Beitrag zur Erforschung des Alltags in der Stauferzeit. In: Alltag in der Stauferzeit (Vorträge der 9. Göppinger

Das bedeutet, daß diese Wissenschaften erst einmal eine entsprechende Quellenkritik (aus ihrer Sicht) erarbeiten müssen – sehr hilfreich sind in diesem Zusammenhang etwa die methodischen Überlegungen Helga Schüpperts zur mittelalterlichen Dichtung[57] –, daß dieselben Quellen darüber hinaus aber, auf dieser Grundlage, noch einmal vom Historiker kritisch auf die Alltagsgeschichte hin überprüft werden müssen, der hier Hilfe braucht, die Verantwortung aber nicht einfach auf andere abwälzen darf.

6. Die Darstellung: Wie läßt sich Alltagsgeschichte vermitteln?

Es wäre vermessen, nun normativ eine Darstellungsform zu entwickeln, die alle hier aufgestellten Prinzipien berücksichtigen kann: Alltagsgeschichte besitzt – wie jede andere Geschichtsschreibung auch – keine ihr eigene oder einzig angemessene Form der Darstellung. Aus den obigen Bemerkungen folgt aber zwangsläufig, daß Alltagsgeschichte nicht nur erzählen und beschreiben darf, sondern auch strukturieren und erklären muß[58]. Dazu bieten sich sicherlich verschiedene Möglichkeiten, die vielleicht etwas deutlicher werden, wenn wir in einem zweiten Abschnitt nun vor dem erarbeiteten theoretischen Hintergrund eine Art Bilanz der mittelalterlichen Alltagsgeschichtsschreibung ziehen. Dabei kann es sich naturgemäß nicht um eine rezensionsartige Besprechung einzelner Werke, sondern nur um einen summarischen Überblick unter theoretischen und methodischen Gesichtspunkten handeln.

Staufertage) Göppingen 1984, 15–40; vgl. auch verschiedene Beiträge in: Zur Lebensweise in der Stadt (Anm. 31); Walter Janssen, Aus dem täglichen Leben der Franken (Rheinisches Landesmuseum Bonn. Kleine Museumshefte 5) Düsseldorf 1967; Spiegel des täglichen Lebens. Archäologische Funde des Mittelalters in Köln (Kölnisches Stadtmuseum) Köln 1982; Jürg Tauber, Alltag und Fest auf der Burg im Spiegel der archäologischen Sachquellen. In: Josef Fleckenstein (Hrsg.), Das ritterliche Turnier im Mittelalter. Beiträge zu einer vergleichenden Formen- und Verhaltensgeschichte des Rittertums. Göttingen 1985, 588–623.

57 Helga Schüppert, Didaktik als Quelle für adeliges Alltagsleben? In: Adelige Sachkultur (Anm. 71) 218–257. Zu beachten ist aber auch die Einschätzung von Wolfgang Herles, Alltag und Literatur – Literatur und Fortschritt. In: Alltag und Fortschritt (Anm. 12) 151–160, daß Literatur überhaupt nie Alltagsgeschichte, sondern stets nur eine Möglichkeitsgeschichte biete.

58 Vgl. Steinbach, Alltagsleben (Anm. 11) 304.

II. Bilanz der mittelalterlichen Alltagsgeschichtsschreibung

Auf den ersten Blick bietet sich ein vielfältiges Bild: Auf deutschsprachiger Seite stehen quellenorientierte Darstellungen wie Arno Borsts "Lebensformen im Mittelalter"[59] neben "Kulturkoloriten" (Otto Borst)[60] oder stärker strukturgeschichtlich angelegten Büchern[61]; strukturgeschichtlich ist auch die französische Alltagsgeschichtsschreibung ausgerichtet[62], während in England kulturgeschichtliche Arbeiten überwiegen[63]. Die Vielfalt der Formen (und das unterschiedliche Verständnis des Alltags) machen eine Abgrenzung nicht immer leicht, zumal die Titel manchmal nur bedingt das Thema treffen und manche Bücher zwar nicht Alltagsgeschichte, wohl aber einen Beitrag zur Lebenswelt bieten[64]

---

[59] Arno Borst, Lebensformen im Mittelalter. Frankfurt/M.–Berlin 1973. Eine reine Quellensammlung bietet: George Gordon Coulton, Life in the Middle Ages, 4 Bde. Cambridge 1967. Vgl. bereits Johannes Bühler, Klosterleben im deutschen Mittelalter nach zeitgenössischen Aufzeichnungen. Leipzig ²1923 (jetzt als Insel-Taschenbuch, Frankfurt/M. 1989).

[60] Otto Borst, Alltagsleben im Mittelalter. Frankfurt/M. 1983.

[61] Harry Kühnel (Hrsg.), Alltag im Spätmittelalter. Graz–Wien–Köln 1984, ³1986; Hans-Werner Goetz, Leben im Mittelalter vom 7. bis zum 13. Jahrhundert. München 1986.

[62] Aus der Vielzahl der Bände der Reihe "La vie quotidienne" vgl. etwa Pierre Riché, La vie quotidienne dans l'Empire carolingien. Paris 1973 (dt. Die Welt der Karolinger. Stuttgart 1981) und Edmond Pognon, La vie quotidienne en l'an mille. Paris 1981; ferner Robert Delort, La vie au moyen âge. Lausanne–Paris 1982; ders., Le Moyen Age. Histoire illustrée de la vie quotidienne. Lausanne 1972.

[63] Vgl. Louis Francis Salzman, English Life in the Middle Ages. Oxford 1926 (ND 1960); John Joseph Bagley, Life in Medieval England. London–New York ⁶1971. Ähnliches gilt für die Schweiz; vgl. Dietrich W. H. Schwarz, Sachgüter und Lebensformen. Einführung in die materielle Kulturgeschichte des Mittelalters und der Neuzeit (Grundlagen der Germanistik 11) Berlin 1970; ders., Die Kultur der Schweiz (Handbuch der Kulturgeschichte) Frankfurt/M. 1967.

[64] Vgl. etwa Bernd Herrmann (Hrsg.), Mensch und Umwelt im Mittelalter. Stuttgart 1986; Ulf Dirlmeier, Untersuchungen zu Einkommensverhältnissen und Lebenshaltungskosten in oberdeutschen Städten des Spätmittelalters (Mitte 14. bis Anfang 16. Jahrhundert) (Abh. Ak. Heidelberg, phil.-hist. Kl. 1978, 1) Heidelberg 1978; ders., Zu den materiellen Lebensbedingungen in den deutschen Städten des Spätmittelalters. In: ders. – Gerhard Fouquet (Hrsg.),

oder alltagsgeschichtliche Kapitel enthalten[65]. Dreierlei aber haben nahezu alle Bände (aller Länder) gemeinsam:

- Einmal arbeiten sie fast durchweg beschreibend,
- zum anderen wenden sie sich vorzugsweise an ein breites Publikum (bei dem sie vielleicht mehr Interesse erwarten dürfen als bei der Fachwelt!), manchmal auch als Jugendbuch[66], und tragen daher entsprechend pauschale ("Alltag/Leben im Mittelalter") oder auch "reißerische" Titel (wie Werner Meyers "Hirsebrei und Hellebarde"[67], Brunner–Daims "Ritter, Knappen, Edelfrauen"[68] – das übrigens weder von Knappen noch nennenswert von Edelfrauen handelt – oder Brunner–Jaritz' "Landherr, Bauer, Ackerknecht"[69]), für die zum guten Teil wohl die Verlage verantwortlich sind.
- Schließlich handelt es sich mit wenigen Ausnahmen[70] nicht um monographische Forschungen zur Alltagsgeschichte, sondern entweder um Sammelbände (wie die Veröffentlichungen des Instituts für Realienkunde[71] – nur hier wurden bisher auch Forschungsergebnisse vorgelegt –) oder aber, im Regel-

---

Lebensbedingungen im Mittelalter in Deutschland (HiMoN-Sammelband 2) Siegen 1985, 1–50.

[65] Vgl. Emmanuel LeRoy Ladurie, Montaillou. Ein Dorf vor dem Inquisitor 1294 bis 1324. Frankfurt/M.–Berlin–Wien 1980; Werner Rösener, Bauern im Mittelalter. München 1985.

[66] Heinrich Pleticha, Ritter, Bürger, Bauersmann. Das Leben im Mittelalter. Würzburg 1985.

[67] Werner Meyer, Hirsebrei und Hellebarde. Auf den Spuren des mittelalterlichen Lebens in der Schweiz. Olten 1985.

[68] Karl Brunner – Falko Daim, Ritter, Knappen, Edelfrauen. Ideologie und Realität des Rittertums im Mittelalter. Wien–Köln–Graz 1981.

[69] Karl Brunner – Gerhard Jaritz, Landherr – Bauer – Ackerknecht. Der Bauer im Mittelalter: Klischee und Wirklichkeit. Wien–Köln–Graz 1985.

[70] Vgl. etwa Claudia Opitz, Frauenalltag im Mittelalter. Biographien des 13. und 14. Jahrhunderts (Ergebnisse der Frauenforschung 5) Weinheim–Basel 1985.

[71] Vgl. Anm. 12; ferner Bd. 2: Das Leben in der Stadt des Spätmittelalters (= Sb. Ak. Wien, phil.-hist. Kl. 325) Wien 1977; Bd. 3: Klösterliche Sachkultur des Spätmittelalters (= Sb. Ak. Wien, phil.-hist. Kl. 367) Wien 1980; Bd. 5: Adelige Sachkultur des Mittelalters (= Sb. Ak. Wien, phil.-hist. Kl. 400) Wien 1982; Bd. 7: Bäuerliche Sachkultur des Spätmittelalters (= Sb. Ak. Wien, phil.-hist. Kl. 439) Wien 1984; Bd. 9: Frau und spätmittelalterlicher Alltag (= Sb. Ak. Wien, phil.-hist. Kl. 473) Wien 1986.

fall, um Überblicke, die das ganze oder halbe Mittelalter[72], einzelne Epochen[73], Räume[74], Lebenskreise[75] oder alltagsgeschichtliche Themen behandeln[76]. Solche Überblickswerke, die offensichtlich auf Interesse bei Schreibern und Lesern stoßen, erfüllen einen wichtigen Zweck, indem sie das Spek-

---

[72] Vgl. Delort (Anm. 62); O. Borst (Anm. 60); Kühnel (Anm. 61); Goetz (Anm. 61); Cord Meckseper – Elisabeth Schraut (Hrsg.), Mentalität und Alltag im Spätmittelalter. Göttingen 1985; Roger Linskens, Wat'n leven! 6 Bde. Antwerpen–Amsterdam 1976–1980.

[73] Riché (Anm. 62); Pognon (Anm. 62); Alltag in der Stauferzeit (Schriften zur staufischen Geschichte und Kunst 8) Göppingen 1984.

[74] Meyer (Anm. 67); Harry Kühnel, Das Alltagsleben in Österreich zur Babenbergerzeit. In: Erich Zöllner (Hrsg.), Das babenbergische Österreich 976–1246 (Schriften des Instituts für Österreichkunde 33) Wien 1978, 98–118; Norbert Ohler, Alltag im Marburger Raum zur Zeit der hl. Elisabeth. In: Archiv für Kulturgeschichte 67 (1985) 1–40; Ernst Englisch – Gerhard Jaritz, Das tägliche Leben im spätmittelalterlichen Niederösterreich (Wissenschaftliche Schriftenreihe Niederösterreich 19–21) St. Pölten–Wien 1976; Adriaan von Müller, Edelmann ..., Bürger, Bauer, Bettelmann. Berlin im Mittelalter. Berlin 1979.

[75] Brunner – Daim (Anm. 68); Brunner – Jaritz (Anm. 69); vgl. die Veröffentlichungen des Kremser Instituts (Anm. 71); Joseph and Frances Gies, Life in a Medieval City. Londen 1969; dies., Life in a Medieval Castle. London 1975; Michel Pastoureau, La vie quotidienne en France et en Angleterre au temps des chevaliers de la table ronde (XIIe–XIIIe siècle). Paris 1976; Léo Moulin, La vie quotidienne des religieux au Moyen Age, X^{e}–XVe siècle. Paris 1978; Aus dem Alltag der mittelalterlichen Stadt (Hefte des Focke-Museums 62) Bremen 1983; Harry Kühnel, Das Alltagsleben im Hause der spätmittelalterlichen Stadt. In: Alfred Haverkamp (Hrsg.), Haus und Familie in der spätmittelalterlichen Stadt (Städteforschung A 18) Köln–Wien 1984, 37–65; ders., Alltagleben in der spätmittelalterlichen Stadt. In: Die alte Stadt 14 (1987) 117–125; Werner Rösener, Bäuerliches Alltagsleben im Hochmittelalter am Oberrhein. In: Ortenau 66 (1986) 156–173; Zur Lebensweise in der Stadt (Anm. 31); eine Art Wirtschaftsgeschichte aus der familiären Sicht einer Kaufmannsfamilie bietet Franz Irsigler, Der Alltag einer hansischen Kaufmannsfamilie im Spiegel der Veckinchusen-Briefe. In: Hansische Geschichtsblätter 103 (1985) 75–99.

[76] Opitz (Anm. 70); Norbert Ohler, Reisen im Mittelalter. München–Zürich 1986; Irmgard Birtsch – Trude Ehlert – Xenja von Ertzdorff (Hrsg.), Essen und Trinken in Mittelalter und Neuzeit. Sigmaringen 1987; Terminologie und Typologie mittelalterlicher Sachgüter: Das Beispiel der Kleidung (Veröffentlichungen des Instituts für mittelalterliche Realienkunde Österreichs 10 = Sb. Ak. Wien, phil.-hist. Kl. 511) Wien 1988.

trum alltagsgeschichtlicher Themen und möglicher Aussagen vor Augen führen, sind gleichwohl aber zumindest in der Gefahr, die vorhin abgehandelten theoretischen und methodischen Postulate zu vernachlässigen (vielleicht auch bewußt sich einem solchen Anspruch zu entziehen), da sie sich einer wissenschaftlichen Kritik nur bedingt stellen (und den geforderten Ansprüchen teilweise auch gar nicht genügen *wollen*). Dann allerdings erweisen sie der Alltagsgeschichte keinen großen Dienst (entsprechende Neuzeitarbeiten haben die Kritik ja erst provoziert).

Insgesamt stellt man im Hinblick auf die obigen Forderungen mit wenigen Ausnahmen einen erschreckenden Mangel an theoretischer Reflexion des doch schwierigen und umstrittenen Gegenstandes sowie seiner Leistungen und Grenzen fest; die Darstellung wird damit natürlich nicht theorielos, sondern liefert implizit ein eigenes, teils akzeptables, teils merkwürdiges Verständnis von Alltag mit. Eine theoretische Grundlegung scheint zudem typisch deutsch. Zumal in westeuropäischen Darstellungen fehlt sie auch deshalb, weil der Gegenstand, in England im Sinne der Kulturgeschichte, in Frankreich in der Verknüpfung mit Lebenswelt und Mentalität, nie strittig geworden ist.

Dabei weisen viele Alltagsgeschichten durchaus ansprechende (obgleich nicht immer explizit vorgestellte) Konzepte auf. Arno Borst etwa (der selbst gar keine Alltagsgeschichte schreiben will) liefert dieser das wohl grundlegende Konzept sozialanthropologischer "Lebensformen" als "geschichtlich eingeübte(r) soziale(r) Verhaltensweisen" (vitaler Bedürfnisse, ethischer Werte, sozialer Konventionen). Borst irrt aber, wenn er solche Lebensformen als *das* mittelalterliche Alternativkonzept zur modernen Institution begreift, da die Institutionen (in Form von Königtum, Kirche, Grundherrschaft oder Stadt) auch im Mittelalter eine nicht zu unterschätzende Rolle gespielt haben und daher *neben* den schichtenspezifischen Lebensformen zu berücksichtigen sind, zumal erst sie die Beziehungen zwischen den Schichten deutlich zu machen vermögen. Ich greife nur noch zwei eigenständige Beispiele heraus: Der im wesentlichen an der Stadt orientierte Band des Kremser Instituts behandelt, aufeinander abgestimmt, vier unterschiedliche Aspekte des spätmittelalterlichen Alltags: den sozial-religiös-normativen Hintergund (Kühnel), den Lebenslauf (Jaritz), die Lebensbedürfnisse (Hundsbichler) und – als Zugeständnis an die wichtigsten Quellen – die Bedeutung der Kunst (Vavra). Der Sammelband von Meckseper–Schraut wiederum verfolgt – an einzelnen Lebenskreisen – ein Konzept der Gegensätze, die den Alltag bestimmen: Beim Rittertum (Werner Goez) ist es der Gegensatz zwischen steigenden Ansprüchen und sinkenden Einnahmen[77], bei den Kaufleuten (Franz Irsigler) zwischen Profit und Gewissen, bei den Bauern (Heide Wunder) zwischen Quellenbild und Realität, bei den Handwerkern (Juliane Kümmell) zwischen Alltag und Fest. (Nur die beiden ersten Gegensätze sind freilich standesspezifisch, die anderen ließen sich auch auf andere Schichten übertragen). Ein solches Konzept erfaßt natürlich nicht den ganzen Alltag, bietet aber einen interessanten und anregenden Ansatz, der zudem die Verbindung von Alltag und Mentalität betont.

Was den Gegenstand anbelangt (I. 2), so bieten die (für das Mittelalter kaum anders denkbare) generalisierende Strukturierung der Darstellung und die schichten- bzw. lebenskreisspezifische Differenzierung, die, wenn nicht überall, so doch weithin berücksichtigt und oft sogar der Gliederung zugrundegelegt ist[78], das geringste Problem. Es liegt an der Quellenlage, wenn der Alltag von Bauern und Frauen dabei noch unterbelichtet ist. (Die entsprechenden Kremser Tagungsbände bieten infolgedessen tatsächlich hervorragende Beiträge zur Bauern- und Frauengeschichte, aber verhältnismäßig wenig konkrete Ergebnisse zum Alltag). In diesen Bänden, die viele inhaltliche Details des mittelalterlichen Alltags zutagegefördert haben, zieht sich zudem das Bemühen, die Vielzahl der Quellenarten (z. B. Altarstiftungen, Inventare, Reiseberichte, Schadensersatzlisten, Predigten, Briefsammlungen, Geschichtsschreibung, Kalenderbilder, Grabmäler etc.) für die Alltagsgeschichte zu entdecken und vorzustellen, gleichsam wie ein roter Faden durch die Beiträge – und die Phase der Quellensuche ist noch nicht abgeschlossen –, während die untersuchten Themen zumeist im rein kulturgeschichtlichen Bereich (des Wohnens, Kleidens, Kochens, Essens, Badens, Musizierens usw.) verharren.

Auch eine Einordnung des Alltags in die Lebenswelt und

---

[77] Hier findet der Niedergang des Rittertums eine Erklärung aus ganz anderer Perspektive.

[78] Vgl. Pleticha, O. Borst, Delort, Riché, Pognon, Meckseper – Schraut, Goetz sowie die Kremser Bände (Anm. 71) zu Stadt, Kloster, Adel und Bauern.

Mentalität, die im ersten Teil gewissermaßen als inhaltlicher Angelpunkt einer modernen Alltagsgeschichte vorgestellt wurde und deren wissenschaftliches Selbstverständnis weitgehend bestimmt, ist in erstaunlich vielen Alltagsgeschichten berücksichtigt[79], indem das materielle und geistige "Milieu" (Klima, Raum, Bevölkerung, Gesellschaftsordnung, Weltbild, Verhalten, Frömmigkeit) der Alltagsgeschichte im engeren, oft schichtenspezifischen Sinn oder dem Lebenslauf (Jaritz) und der Alltagskultur (Hundsbichler) vorangestellt wird[80]. Dadurch wird einerseits eine völlige Abkoppelung des Alltags von den ihn bedingenden Strukturen vermieden; andererseits aber wird diese Wechselbeziehung zwischen Mensch und Struktur, Alltag und Lebenswelt, Lebensbedingung und Lebensgestaltung, Alltagswirklichkeit und deren Wahrnehmung – zu Recht – vorausgesetzt, werden diese Faktoren durch die darstellerische Trennung zweier Ebenen aber nicht unmittelbar aufeinander bezogen und in ihrer Wechselwirkung analysiert[81].

Von den methodischen Anliegen (I. 5) ist die Interdisziplinarität in Krems – doch eigentlich nur hier – konsequent verwirklicht, sie beschränkt sich aber noch auf das gemeinsame Tagungsgespräch und die Diskussion und hat bislang noch kaum zu einer wirklichen Kooperation am gemeinsamen Gegenstand geführt. Der Alltagswandel ist hier, wie erwähnt, theoretisch reflektiert, aber noch kaum konkret herausgearbeitet worden. Vielen Überblickswerken fehlt, gerade vor dem Wissen der Entwicklung und unterschiedlichen Ausgestaltung des Alltags, noch eine hinreichende zeitliche (wie bei Delort) oder räumliche Differenzierung (wie bei Goetz), wie auch eine solche zwischen Norm und Wirklichkeit, die bereits das zentrale Quellenproblem berührt. Die

---

79 Richtungsweisend für methodisches Vorgehen sind die in der Einleitung von Kühnel (Anm. 61) niedergelegten Prinzipien.

80 Etwa bei Delort, Riché, Pognon (hier wie bei Delort nimmt dieser Teil die Hälfte des Bandes ein), Kühnel, Goetz. In "Bedingungen" (*condicio humana*) und soziale Lebenskreise (*societas humana*) gliedert schon Arno Borst seine "Lebensformen", und auch Le Roy Laduries Einteilung in die "Ökologie" und die "Archäologie" von Montaillou erinnert an dieses Schema. Die Kremser Sammelbände (über Kloster-, Adel-, Bauern- und Frauenalltag) stellen jeweils einen strukturgeschichtlichen Überblick voran. Der Sammelband von Bernd Herrmann (Anm. 64) ist ganz der Umweltgeschichte gewidmet.

81 Eine darstellerische (allerdings noch sehr verallgemeinernde) Verknüpfung von Sachkultur und Lebensform versucht Schwarz (Anm. 63).

Repräsentativität der zwangsläufig exemplarisch herangezogenen Beispiele, die (nach ungenannten Kriterien) ausgewählt, manchmal aber auch singulär sind, ist nur dort zu vermuten, wo die Aussagen – wie im Kremser Band und so nur im Spätmittelalter möglich – durch eine entsprechende Vielzahl an Quellenbelegen gestützt werden (Harry Kühnel warnt zu Recht vor der Verallgemeinerung von Einzelquellen). Andererseits vermag eine solche "thick description"[82] natürlich noch nicht eine notwendige Quellenkritik zu ersetzen, für die die erforderliche Sensibilität erst allmählich entwickelt worden ist.

Eine explizite Quellenkritik, die zunächst die (anders gelagerten) Intentionen der Quellen sicherstellte, ist sicher nur bei der Beschränkung auf eine Quelle oder Quellengruppe möglich, wird hier jedoch – auch und gerade bei der Entdeckung "neuer Quellen" – oft noch vermißt[83]. Größere Überblicke können das schon aus Gründen der Lesbarkeit kaum leisten, lassen oft genug aber Zweifel aufkommen, ob eine solche Quellenkritik der Darstellung überhaupt vorausgegangen ist. Noch immer jedenfalls werden Aussagen verschiedener Quellen und Quellengruppen wahllos nebeneinandergestellt, deren Inhalte und Vorurteile unreflektiert übernommen und liefern so entweder ein an Normen orientiertes Wunsch- oder gar Idealbild oder aber ein einseitig verzerrtes Klischeebild des mittelalterlichen Alltags, das es gerade zu vermeiden gälte (so etwa wenn man die Schilderung im "Helmbrecht" als Bauern- und Ritteralltag mißversteht[84] oder die

[82] Der Begriff stammt von Clifford Geertz, The Interpretation of Culture. Selected Essays. New York 1973 (2–30: Thick Description: Towards an Interpretative Theory of Culture) und ist ebenso oft aufgegriffen wie mißverstanden worden, da Geertz darunter eigentlich theoretisch-narrative Mischformen des Argumentierens versteht. Zur seriellen Auswertung klösterlicher Speiseabrechnungen vgl. jetzt Gerhard Jaritz, Quantitative Methoden in der Alltagsgeschichte des Mittelalters. In: "Qualität und Quantität". Zur Praxis der Methoden der Historischen Sozialwissenschaft. Frankfurt/M.–New York 1988, 85–108.

[83] Rühmliche Ausnahmen bilden die Monographie von Claudia Opitz (Anm. 70) und der Aufsatz von Helga Schüppert, Frauenbild und Frauenalltag in der Predigtliteratur. In: Frau und spätmittelalterlicher Alltag (Anm. 71) 103–156, sowie der Beitrag von Gerhard Jaritz, Österreichische Bürgertestamente als Quelle zur Erforschung städtischer Lebensformen des Spätmittelalters. In: Jahrbuch für Geschichte des Feudalismus 8 (1984) 249–264.

[84] Vgl. Otto Borst (Anm. 60) 141 ff. Vorbildlich in dieser Hinsicht Heide

spätmittelalterliche Religiosität einseitig als "Glaube ohne Vernunft" wertet[85]; ein "Leben vom Tode her" charakterisiert spätmittelalterliche Todesvorstellungen, erfaßt aber nicht die typisch mittelalterliche Weltlichkeit der Religion). Die durchaus vorhandenen methodischen Ansätze warten bisher also noch auf eine breite Anwendung. Auch dafür scheint mir der angesprochene Mangel an theoretischer Reflexion verantwortlich zu sein, denn er verhindert, daß die inhaltlichen Aussagen der Alltagsgeschichte nicht nur in ihrer Tragfähigkeit, sondern auch in ihrer Leistung für das gesamte Geschichtsbild überdacht werden.

Daß die Lebensweltanalyse als zentraler Gegenstand der Alltagsgeschichte sich zunächst nur an thematisch begrenzten Detailuntersuchungen sinnvoll abhandeln läßt, versteht sich von selbst. Bisher stehen Überblicke und Detailuntersuchungen noch unvermittelt nebeneinander, sind erstere in vielem noch zu wenig durch Forschungen abgestützt, erlauben letztere aber auch noch kein neues, gesichertes Gesamtbild. Nicht zufällig fehlt den Kremser Tagungsbänden, in denen noch am meisten eigene Forschung spürbar wird, eine Zusammenfassung; zu unterschiedlich sind die teils thematisch, teils regional oder lokal, teils quellenorientierten Ansätze der einzelnen Beiträge, als daß sich aus einem Vergleich schon der Alltag einzelner Lebenskreise resümieren, geschweige denn ein Vergleich der Schichten untereinander ziehen ließe. Eine sinnvolle inhaltliche Bilanz des mittelalterlichen Alltags ist heute – und damit auch an dieser Stelle – noch nicht möglich, so daß wir auf die sicher oft unzureichenden Überblicke angewiesen bleiben, die den Alltag mehr oder weniger befriedigend beschreiben, nicht jedoch erklären; die Frage, wieweit der Mensch ihn selbst zu gestalten vermochte, ist noch nicht angerissen; sie wäre zentral für die Thematik der Mensch-Objekt-Beziehungen. Weitere, untereinander abgestimmte Forschungen sind nötig, bevor sich ein neues (besser abgestütztes) Gesamtbild erstellen läßt.

Wunder, Der dumme und der schlaue Bauer. In: Mentalität und Alltag (Anm. 72) 34–52, die die Lebensrealität der Bauern eben aus dem Gegenbild der Quellen zu erfassen sucht.

85 So Otto Borst (Anm. 60) 563 ff. Das spiegelt zwar die inzwischen fest tradierten und nicht mehr hinterfragten Formen des religiösen Alltags wider – das wäre aber gar nicht nur typisch spätmittelalterlich –, übersieht jedoch das Ringen gerade dieser Zeit um eine tiefe und "vernünftige" Religiosität.

III. Fazit

Abschließend seien die wichtigsten Ergebnisse und Folgerungen aus der (noch groben) Übersicht zusammengefaßt:

1. – Die moderne Wissenschaft braucht die Alltagsforschung, weil der Alltag die unmittelbare und in gewissen Aspekten wichtigste Lebenskategorie bildet.
   – Die Alltagsforschung aber braucht eine Alltagsgeschichte (und damit den Historiker), weil der Alltag geschichtlich, nämlich zeitbedingt veränderlich und entsprechend in seine Bedingungen einzuordnen und weil die Einbeziehung des Alltäglichen unserem breiten, auf *alle* Menschen gerichteten Geschichtsbild angemessen ist.
   – Die Geschichtswissenschaft wiederum braucht eine Alltagsgeschichte, weil nur sie die Wechselbeziehungen zwischen dem Menschen und seiner strukturellen Lebenswelt analysieren kann.
   – Daß auch andere Disziplinen an der Erforschung des Alltags arbeiten, kann nur fruchtbar sein und muß nicht zu einer kleinlichen Abgrenzung führen. Entscheidend ist vielmehr, daß der Alltag *auch* – in doppeltem Sinne – historisch betrachtet wird: als Bestandteil einer sich dauernd wandelnden Vergangenheit und mit geschichtswissenschaftlichen Methoden.

2. Um diese Aufgabe zu erfüllen, muß die (noch längst nicht überall anerkannte) mittelalterliche Alltagsgeschichte sowohl ihre Relevanz als auch ihre Wissenschaftlichkeit unter Beweis stellen. Die moderne mittelalterliche Alltagsgeschichte sollte sich von der vielfach verwandten, älteren Kulturgeschichte in mindestens viererlei Hinsicht unterscheiden: durch
   - eine veränderte Fragestellung: der Alltag als Beziehung zwischen Mensch und Objekt, vor allem aber zwischen Mensch und Lebenswelt,
   - eine veränderte, stärker sozial- und strukturgeschichtliche Betrachtungsweise,
   - eine kritisch-wissenschaftliche Methode und
   - den Anspruch, den Alltag nicht nur beschreiben, sondern auch erklären zu wollen.

3. Gemessen an diesen, aus der Diskussion um die neuzeitliche Alltagsgeschichte erwachsenen Kriterien weisen die zah-

lenmäßig schon recht beachtlichen, inhaltlich breit gestreuten Arbeiten zur mittelalterlichen Alltagsgeschichte noch methodische Defizite auf. Das liegt sowohl an mangelnden Vorbildern wie an dem Vorherrschen breiterer Überblicke in der bisherigen ersten Phase der Alltagsgeschichte. Sie haben ihren Zweck erfüllt, indem sie Fachwelt und Öffentlichkeit auf das hierzulande lange vernachlässigte Arbeitsfeld aufmerksam gemacht, eine vorläufige Gesamtschau, aber auch Angriffsflächen für eine konstruktive Kritik geboten haben. Erst wenn sie sich ihrer Ziele und Leistungen bewußt wird, kann die mittelalterliche Alltagsgeschichte ihre inhaltlichen Ergebnisse aber in ein Gesamtbild einordnen und ihren Standort behaupten. Bisher hat die Alltagsgeschichte einseitig von den Ergebnissen der strukturorientierten Geschichtsforschung profitiert. Erst wenn sie die Wechselbeziehungen zwischen Mensch und Lebenswelt erklärt, wird sie auch ihrerseits in der Lage sein, einen grundlegenden Beitrag zum allgemeinen Geschichtsbild zu leisten, der über das Wissen um einen sektoralen Ausschnitt hinausgeht.

Die zweite, kommende Phase der mittelalterlichen Alltagsgeschichte wird gezielten Detailuntersuchungen gehören müssen. Sie sind vor dem Hintergrund einer theoretischen Standortbestimmung vorzunehmen, wie sie hier versucht wurde. Dabei bin ich mir durchaus der Problematik einer Umsetzung der Theorie in die Forschungspraxis bewußt, die das Konzept wieder modifizieren wird. Ein besser abgestütztes Gesamtbild des Alltags im Rahmen der Geschichte aus einer Alltagsgeschichts*forschung* zu entwickeln, bleibt eine Aufgabe der Zukunft.

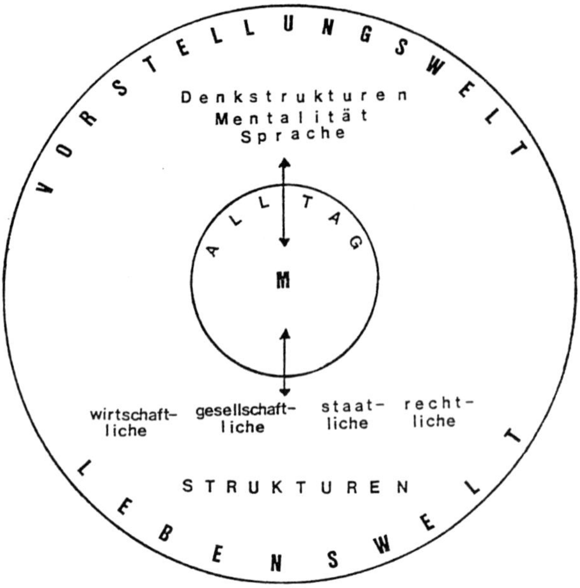

Abb. 1: Mensch – Alltag – Geschichte (M = Mensch)

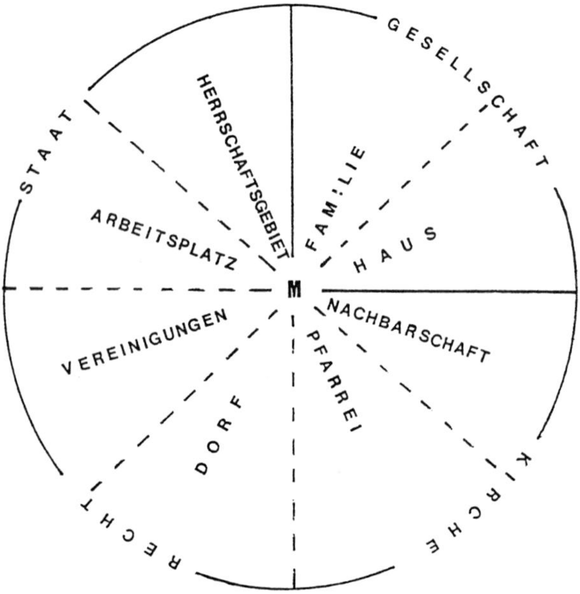

Abb. 2: Die Lebenswelt des Menschen (M = Mensch)

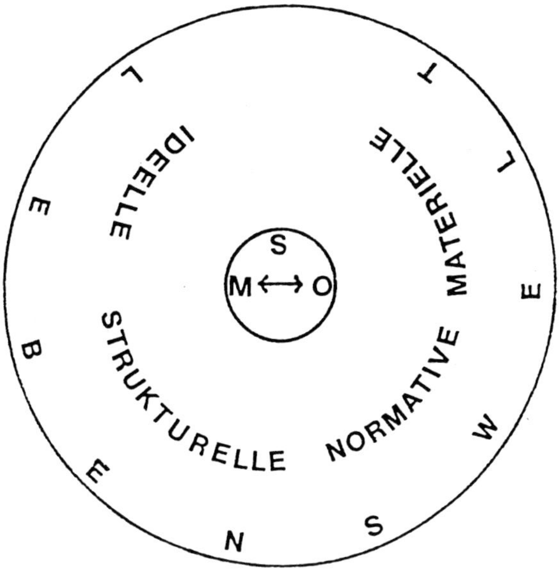

Abb. 3: Mensch-Objekt-Beziehung im lebensweltlichen Kontext
[M = Mensch, O = Objekt (mit bestimmten Qualitäten), S = Situation]

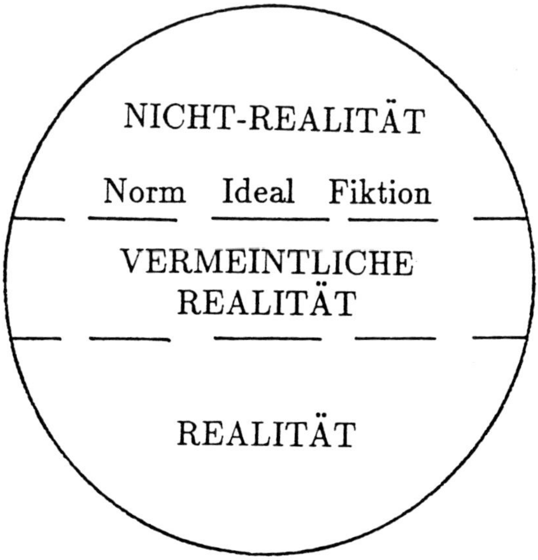

Abb. 4: Realitätsgehalt der Quellen (nach Jaritz)

Alltagsgeschichte im Aufbau. Theoretische Ansätze und praktische Erfahrungen in der DDR

JAN PETERS

1. ALLTAGSPRÄMISSEN IN DER DDR

Unter Alltagsgeschichte verstehe ich die konkret subjektbezogenen Vorgänge historischer Lebensbewältigung. Sie kann als ein Aspekt des Beziehungsgefüges von objektivierter und subjektiv erfahrener historischer Wirklichkeit verstanden werden. Alltagsgeschichte untersucht Motivationen und Möglichkeiten, Verstehen und Verhalten des Einzelnen und der Gruppe, sie befragt wirkliche Menschen nach ihrer Lebenswirklichkeit, zielt also auf Lebensgeschichte.

Für ein derartiges Alltagsverständnis waren die Voraussetzungen in den Vor- und Anfangsjahren der DDR nicht gegeben. Zuerst mußte eine Auseinandersetzung mit den verhängnisvollen historischen Fehlentwicklungen und deren Verursachern geführt werden, gleichzeitig auch eine Umorientierung von der Herrschafts- zur Volksgeschichte erfolgen, und erst viel später reifte die Zeit für ein mehr komplexes Geschichtsbild heran. Mit der Gewichtsverlagerung des Historiker-Interesses auf die Geschichte des deutschen *Volkes*, dem historische Handlungsfähigkeit dezidiert zugesprochen wurde, waren gute Zugänge zum *Menschen* in der Geschichte eröffnet. Jedoch erwies sich das Subjektive im verengten Marxismusverständnis als ein suspektes Ding. Auch wurde die geschichtsbildende Kraft Werktätiger eher pauschal proklamiert als konkret im subjektiven Bemühen um Lebensbewältigung aufgespürt und in ihrer Widersprüchlichkeit begriffen. Anfangs, den neuen wissenschaftlichen Umgang mit der Geschichte entdeckend (aber auch den Stalinschen Vereinfachungen und Konstruktionen von fetischisierten Gesetzmäßigkeiten erliegend)[1], übersahen wir

[1] Dietrich Mühlberg, Zum Stand kulturgeschichtlicher Proletariatsforschung in der DDR. In: Friedhelm Boll (Hrsg.), Arbeiterkulturen zwischen Alltag und Politik. Beiträge zum europäischen Vergleich in der Zwischenkriegszeit. Wien–München–Zürich 1986, 72.

wohl auch die Gefahr, "daß man auf diese Art die gesamte wirkliche Welt ersäufen kann in der Welt der Abstraktionen"[2]. So blieben wichtige Blickrichtungen ausgespart und Erklärungspotentiale ungenutzt. Es bedurfte erst neuer Entwicklungsetappen, Entdeckungen und Vorstöße, schließlich auch neuer wissenschaftspolitischer Ansätze in den siebziger Jahren, um mit der Sozialgeschichte auch der Alltagsgeschichte die Tür wenigstens etwas zu *öffnen* und damit der historischen Subjektivität eine Chance zu geben.

Natürlich läßt sich auf zahlreiche Forschungen verweisen, die schon lange vor diesem Zeitpunkt als sozialhistorisch, vielleicht sogar als alltagshistorisch qualifiziert werden können. Sie stammen meist aus volkskundlichen und mediävistischen Federn, nicht zuletzt auch von Wirtschaftshistorikern, für die vor allem der Name Jürgen Kuczynski steht. Mir geht es hier jedoch nicht um die historiographische Vorgeschichte und auch nicht darum, mehr oder weniger großzügig (und vielleicht auch unangemessen selbstzufrieden) nachträglich in eine neue Forschungs- und Blickrichtung Bisheriges einzugliedern, sondern ich habe jene gegenstands- und theoriebewußte, relativ eigenständige Herangehensweise im Auge, die erst neuerdings die Sozial- und Alltagsgeschichte auszeichnet.

Ablehnung, Abwarten und vorsichtige Annäherung – so etwa könnte man die Erfahrungen bei der Bewältigung des Alltagshistoriker-Alltags mit ihrem wissenschaftlichen Umfeld in der DDR charakterisieren. Kulturwissenschaftler und Volkskundler (letztere mit der Historisierung ihrer Disziplin) waren schon 1972 durch ihren "Abriß" zur Kultur und Lebensweise vorgestoßen und damit der Alltagsproblematik nähergerückt[3]. Theorie und Positionsbestimmung von Kulturgeschichte, Lebensweise und Alltagsgeschichte gingen vor allem auf Anstöße der Kulturwissenschaftler zurück[4]. Der Legitimationsvorgang der Alltagsgeschichtsar-

---

2 Karl Marx, Das Elend der Philosophie. In: Marx – Engels, Werke 4. Berlin 1977, 128.

3 Zur Geschichte der Kultur und Lebensweise der werktätigen Klassen und Schichten des deutschen Volkes vom 11. Jahrhundert bis 1945. Ein Abriß. Deutsche Historiker-Gesellschaft (Wissenschaftliche Mitteilungen I–III) Berlin 1972.

4 Siehe Dietrich Mühlberg, Kulturtheoretische Anmerkungen zum Bedürfnis nach Kulturgeschichtsschreibung. In: Weimarer Beiträge 23 (1977) H. 2, 78–94; Irene Dölling, Individuum und Kultur. Berlin 1986.

beit in der DDR erreichte mit dem Grundsatzbeitrag des Kulturwissenschaftlers/Volkskundlers Harald Dehne über "Aller Tage Leben" 1985 im Jahrbuch für Volkskunde und Kulturgeschichte ein wichtiges Etappenziel[5]. Einige Historiker standen bemerkenswert abseits von diesem Vorgang, andere ganz und gar nicht. Während in der Zeitschrift für Geschichtswissenschaft 1979/80 in Auseinandersetzung mit entsprechenden Konzepten in der BRD Gesellschafts-, Sozial- und Alltagsgeschichte ganz allgemein als mit dem Marxismus unverträglich erschienen[6], hatte Hartmut Zwahr einen sozialhistorischen Arbeitskreis gegründet und seine bekannte Arbeit über das Leipziger Proletariat veröffentlicht[7], war Jürgen Kuczynskis erster Alltagsband erschienen[8] und führten neue agrarhistorische Museen bereits historische Alltagswirklichkeit vor.

Schon gleich nach dem Kriege begann, ohne eigentliches sozialgeschichtliches Konzept, die Erforschung von Lage und Entwicklung insbesondere der Arbeiter. Diese empirisch und politisch akzentuierte Sozialgeschichte fand ihre Heimstatt vor allem bei den Wirtschaftshistorikern. Allerdings drückten diese die Sozialgeschichte so heftig an ihre Brust, daß dieser die Luft allmählich auszugehen drohte: Wirtschaftsgeschichtsschreibung umfasse immer auch die Sozialgeschichte, die also keine spezielle Geschichtsdisziplin sein könne[9]. Da ein sozialgeschichtliches Konzept überflüssig schien und da dazu noch Soziologie und historische Anthropologie in der DDR mit Verzug in Gang kamen,

---

[5] Harald Dehne, Aller Tage Leben. Zu neuen Forschungsansätzen im Beziehungsfeld von Alltag, Lebensweise und Kultur der Arbeiterklasse. In: Jahrbuch für Volkskunde und Kulturgeschichte 28 (1985) 9–48.

[6] Konrad Irmschler – Gerhard Lozek, Historismus und Sozialgeschichte. In: Zeitschrift für Geschichtswissenschaft 27 (1979) 195–208; Konrad Irmschler, Zum "historisch-sozialwissenschaftlichen" Konzept einer bürgerlichen Gesellschaftsgeschichte in der Historiographie der BRD. In: ebd. 28 (1980) 1135–1147.

[7] Hartmut Zwahr, Zur Konstituierung des Proletariats als Klasse. Strukturuntersuchungen über das Leipziger Proletariat während der industriellen Revolution. Berlin 1978.

[8] Jürgen Kuczynski, Geschichte des Alltags des deutschen Volkes. Studien 1. Berlin 1980.

[9] Jürgen Kuczynski, Was ist Sozialgeschichte? (Rez.). In: Jahrbuch für Wirtschaftsgeschichte (1974) T. III, 254; zuletzt: ders., Ich bin der Meinung. Bemerkungen zur Kritik. Halle–Leipzig 1982, 135 f.; Hans Mottek, Wirtschafts-

verlief diese Forschung im Grunde ohne ein dem Gegenstand angemessenes theoretisches Selbstverständnis. Auf die Qualität der Resultate läßt das nicht unbedingt schließen, aber es bleibt aus all diesen Gründen ein Theorie-Defizit zu registrieren, für die Sozialgeschichte, wie auch für die Alltagsgeschichte selbst.

An sich ist dieser Umstand erstaunlich, denn von der Theorie her müßte Alltagsgeschichte geradezu sehnsuchtsvoll herbeigewünscht werden, da sie die Lücke "Subjektivität" im historischen Prozeß, der ja im marxistischen Verständnis als einheitliches und komplexes Kontinuum verstanden wird, ausfüllen könnte. Trotz der prinzipiell ausgesprochenen Akzeptanz durch den Rat für Geschichtswissenschaft 1984 stoßen Sozialgeschichte und Alltagsgeschichte auf verschiedene Durchsetzungsprobleme und die Auffassungen über die Grenzen und den Erkenntniswert dieses Forschungsgegenstandes gehen noch weit auseinander[10]. Dennoch nähern wir uns jetzt wahrscheinlich einem neuen Abschnitt marxistischen Selbstverständnisses, der der Alltags- und Lebensgeschichte nicht nur verbal sondern auch wirklich in der Forschung zum Durchbruch verhelfen, bisherige Diskontinuitäten überwinden und die relative Autonomie der Alltagsgeschichte (bei vielfacher Zuordnung) befördern wird. Da die traditionelle arbeitsteilige Forschungspraxis dem neuen Alltagsverständnis von der Komplexität des Geschichtsbildes nicht mehr so recht entspricht, steht doch wohl eine neue Kooperationspraxis an, die dem Stellenwert der subjektiven Dimension eines komplexen Geschichtsbildes wirklich gerecht wird. Mir scheint, nur so kann der Alltagsgeschichte, die sich weniger noch als andere Forschungsrichtungen institutionalisieren läßt, der Weg geebnet werden.

Das wachsende Interesse an der Alltags- und Lebensgeschichte in der DDR, das eine so erstaunliche Parallelität zu entsprechenden Entwicklungen in gesellschaftlich ganz anders strukturierten Ländern aufweist, muß hier wie dort neben (schwerer erkennbaren) gesellschaftlichen auch (von diesen abgeleitete) wissenschaftsimmanente Gründe haben[11]. Sie lassen sich weder voneinander

---

und Sozialgeschichte – politische Ökonomie – Sozialökonomie. In: Jahrbuch für Wirtschaftsgeschichte (1979) T. 1, 145.

[10] Siehe Horst Handke, Zur sozialhistorischen Forschung in der DDR. Gedanken zu ihrer Entwicklung. In: Zeitschrift für Geschichtswissenschaft 34 (1986) 291–302.

[11] Siehe Helga Schultz, Wege zur Sozialgeschichte in der DDR. Vortrag auf

trennen noch eindeutig bestimmen. Die Philosophen in der DDR haben festgestellt, daß das "Alltagsbewußtsein" gegenüber dem "wissenschaftlichen Bewußtsein" hierzulande an Gewicht gewonnen hat[12], und konsultiert man die Verlagslektoren, so sind jetzt Darstellungen gefragt, die der Lebendigkeit historischen Realverhaltens von Menschen gerecht werden. Nationalgeschichten und Abrisse sind Nachschlagewerke geworden und stellen kaum noch ein konzeptionelles Erlebnis dar. So ist auch unsere Historiographie, zumindest ansatzweise, dabei – hier würde ich ein Wort von Gert Zang übernehmen wollen –, sich einer neuen, zweiten Geschichtskultur anzunehmen, die eben nicht in traditioneller Ausschließlichkeit nur politisch, nur wirtschaftlich oder nur kulturell sein kann. Ich könnte allerdings nicht mit derselben Sicherheit wie Zang erklären, in der "unaufhaltsamen Annäherung an das Einzelne" steckte "nicht die Flucht in die kleine Idylle, sondern die Freisetzung neuer sozialer Kräfte, die zur Bewältigung der Zukunft bitter nötig sein werden"[13].

Zweifellos hat auch in der DDR die Neigung zur "kleinen Idylle" oft das stark wachsende Interesse für Heimatgeschichte motiviert, und nicht selten erlebt man in der Wahl von Themen und Wertungen (natürlich neben ganz neuen thematischen Hinwendungen, etwa zur Geschichte der örtlichen Arbeiterbewegung) eine erstaunliche Rückkehr zu überwunden geglaubten Affinitäten und Ansichten. Die Frage ist nur, ob wir denn das so dramatisch sehen sollen und ob man nicht mit Gelassenheit dieses wertvolle Interesse ein wenig lenken könnte. Die Auffassungen von DDR-Historikern über Narrativität zeigt solche Einsichten an: Die Narrativität habe mit der "Anschaulichkeit der Rekonstruktion der historischen Wirklichkeit" zu tun und könne so Gesetzeserkenntnisse befördern[14].

---

der 4. Internationalen Konferenz der Kommission "Geschichte der Geschichtsschreibung" beim CISH, 26.–28. Juli 1988 in Paris (für den Druck vorgesehenes Manuskript).

[12] Siehe Deutsche Zeitschrift für Philosophie H. 3 (1979); H. 11 (1983); H. 4 (1985).

[13] Gert Zang, Die unaufhaltsame Annäherung an das Einzelne. Reflexionen über den theoretischen und praktischen Nutzen der Regional- und Alltagsgeschichte. Konstanz 1985, 112.

[14] Wolfgang Küttler, Marxistische Geschichtswissenschaft und "Narrative" Geschichte. In: Zeitschrift für Geschichtswissenschaft 2/34 (1986) 118.

Ein Hang zur versunkenen Idylle: ja; aber Mißtrauen in die Vernunft überhaupt und Mythologisierungsabsichten gegenüber der Geschichte: nein. Verglichen mit der vergleichbaren BRD[15], spielt letzteres in meinem Lande jedenfalls keine Rolle. Ähnlich aber ist, hier wie dort, durch diese Entwicklung unter den Gesellschaftswissenschaften der Anspruch gewachsen, "zu einer theoretisch befriedigenden Fassung des Vermittlungszusammenhanges von Individuum und Gesellschaft vorzudringen"[16]. Und ganz allgemein gilt wohl, ebenfalls hier wie dort, daß die umfassende Entwicklung der Produktivkräfte in jüngster Zeit neue Freiräume für individuelle Selbstverwirklichung, für Subjektivität und Individualität geschaffen hat und daß der Wunsch, die konkrete Wirklichkeit und eben auch sich selbst in der Geschichte wiederzufinden, entsprechend größer geworden ist.

2. Ansätze in der DDR: Was Alltagsgeschichte theoretisch sein könnte

Ausgangspunkt für mich ist die Überlegung, daß mit der Alltags- und Lebensgeschichtsforschung eine Entwicklung in Gang gekommen ist, deren Ergebnis noch gar nicht so recht abgesehen werden kann. Es handelt sich im Grunde um den Aufbruch zu neuem Geschichtsverständnis, mit ungewöhnlichen Forschungsansätzen und Methoden, mit einem enormen Spektrum und mit einer neuartigen Beziehung zur Öffentlichkeit. Man kann unter solchen Umständen nicht einfach "praktizieren". Einig sind sich (fast) alle darüber (insbesondere die Alltagshistoriker selbst), daß es Zeit ist, über "ihre Theorie" nachzudenken (die mehr sein muß als ein Verfahren verstehender Unmittelbarkeit), und daß da, wo sie noch nicht überwunden, "die unfruchtbare Trennung zwischen Makrosozialgeschichte und Mikroalltagsgeschichte" aufzuheben ist[17].

Als zentrale Kategorie des Alltags wurde, vornehmlich in volkskundlichen und kulturtheoretischen Arbeitsstätten der DDR,

---

[15] Sebastian Herkommer – Joachim Bischoff – Karlheinz Maldaner, Alltag, Bewußtsein, Klassen. Aufsätze zur marxistischen Theorie. Hamburg 1984, 156.

[16] Ebd.

[17] Detlev Peukert, Ist die neue Alltagsgeschichte theoriefeindlich? In: Herta Nagl-Docekal – Franz Wimmer (Hrsg.), Neue Ansätze in der Geschichtswissenschaft. Wien 1984, 17.

die "historische Lebensweise" entwickelt. Sie wird auf dem Hintergrund bestimmter gesellschaftlicher Strukturen erfragt. Harald Dehne hat neuerdings das Lebensweise-Konzept im Hinblick auf den Alltag durch die Feststellung verfeinert, daß Alltag zwar Lebensweise abbildet, daß sich aber der subjektive Alltagsreflex des Sozialen auf das konkrete Realverhalten von Individuen in Mikroverhältnissen bezieht, während "Lebensweise" überindividuelle, gesellschaftlich "notwendige" Verhaltensformen im Auge hat[18]. Alltag erscheint in dieser Sichtweise als Korrelativ zur Lebensweise, oder anders: am Alltag läßt sich konkret messen, inwieweit und in welcher Weise historische Subjektfähigkeit ausgebildet war, wie die Handlungsspielräume, die zur Disposition standen, subjektiv ausgefüllt wurden und welche Erkenntnisse sich daraus für die historische und individuelle Handlungsfähigkeit ergaben.

Ein solcher Ansatz hat wahrscheinlich heuristische Vorzüge für "Alltag und Arbeiterleben", das Thema Harald Dehnes. Auf vorkapitalistische Gesellschaften kann dieses Theorem jedoch nicht einfach übertragen werden. Die am Beginn unserer eigenen Historiographie bei uns wirksame, fehlerhaft vereinfachende Auffassung, wonach z. B. der Bauer im Feudalismus eigentlich nur als Teil eines kämpfenden Bauernhaufens solche "historische Subjektivität" erlangte, hatte allenfalls in unserer Anfangsphase einen Sinn. Dann entdeckten wir allmählich, wie vielfältig und alltäglich widerständiges Verhalten sein kann und verstanden, daß feudalen Bauern ein Anti-Feudalismus-Kampf oder gar eine feudalismussprengende Mission, etwa als Avantgardisten eines alternativen Gesellschaftssystems, nicht abverlangt werden kann. Die Bauern konnten, in Krisenzeiten massenhaft rebellierend, das System erschüttern. Ihre große, gewissermaßen objektive Kunst aber war die, durch ihr individuelles alltägliches reproduktives Streben die feudalen Produktionsverhältnisse ökonomisch zu unterlaufen[19]. Dies wäre dann eine "historische Handlungsmöglichkeit" ökonomischen Charakters. Ein Spannungsverhältnis zwischen "Alltag als Realverhalten" und Lebensweise als gesellschaftlich

---

18 Harald Dehne, Dem Alltag ein Stück näher? In: Alf Lüdtke (Hrsg.), Alltagsgeschichte. Zur Rekonstruktion historischer Erfahrungen und Lebensweisen. Frankfurt/M.–New York 1989.

19 Siehe Lieselott Enders, Bauern und Feudalherrschaft der Uckermark im absolutistischen Staat. In: Jahrbuch für Geschichte des Feudalismus 13 (1989) im Druck.

notwendigem Verhalten läßt sich also nicht einfach für vorkapitalistische Gesellschaftsordnungen voraussetzen.

"Alltagstheorie" entwickelt sich zur Zeit vornehmlich als eine Domäne von Erforschern der Arbeiterkultur, ist also auf die durch das Kapitalverhältnis geprägte Gesellschaft orientiert. Daher werden theoretische Probleme diskutiert, die von anderen Voraussetzungen ausgehen als sie in der Gesellschaft feudaler Produktionsverhältnisse gegeben sind. Das betrifft auch die Frage, ob Alltagsbewußtsein nur "konkrete Erscheinungsformen an der Oberfläche" der Gesellschaft abbildet[20], ob also erst ein "wissenschaftliches Bewußtsein" gefordert ist, um in einer beliebigen Gesellschaft wesentliche Zusammenhänge zu erkennen. Im Grunde stammt eine solche Ableitung aus der Differenzierung zwischen konkretem Realverhalten und gesellschaftlich notwendigem Verhalten. Es hat den Anschein, als würden unsere Philosophen dergestalt das Alltagsbewußtsein vom wissenschaftlichen Bewußtsein zu stark absetzen, woraus sich dann große Unterschiede zwischen dem "geringen" Alltagsbewußtsein der Werktätigen vorkapitalistischer Formationen und dem Bewußtsein der Arbeiterklasse herleiten lassen. In Wirklichkeit bringt doch jede Zeit letztlich die ihr gemäßen, notwendigen Bewußtseinsformen hervor. Der alltägliche Widerstand der Bauern im feudalen Dorf z. B. "benötigte" kein Denken, das über relativ enge regionale Grenzen hinausreichte, weil sich der grundlegende Klassengegensatz in eben diesen Grenzen realisierte. Allerdings enthielt auch *dieses* Denken in sich Elemente, die über die Gebote des Alltäglichen hinauswiesen.

In der marxistischen Literatur über den Arbeiteralltag wird das die Oberfläche erfassende Alltagsbewußtsein als mehr oder weniger "verkehrtes" Bewußtsein verstanden, das das kapitalistische Produktionsverhältnis nur als das begreift, was es zu sein scheint, nämlich als ein Tausch- und Unabhängigskeitsverhältnis. Das feudale Produktionsverhältnis dagegen ist ein unverschleiertes, offen erkennbares Abhängigkeitsverhältnis: Der feudale Bauer ist nicht Verkäufer eines unsichtbaren Werts seiner Arbeitskraft, sondern er erfährt sehr wohl, welchen Preis er in Gestalt verschiedener Rentenformen für die Nutzungsrechte am feudalherrlichen Boden zu zahlen hat. Anders als im Kapitalismus stellt sich im Feudalismus das Abhängigkeitsverhältnis zwischen den beiden Hauptklassen

---

20 Herkommer, Bewußtsein 158 f.

einfach und direkt dar. Das diese Unmittelbarkeit erfassende Alltagsbewußtsein bildet folglich keine fiktive und "oberflächliche", sondern eine reale Wirklichkeit ab. Es wird dem Bauern folglich auch kein "höheres" oder "wissenschaftliches" Bewußtsein abverlangt, um das Wesen des grundlegenden Klassengegensatzes zu erkennen.

Wenn ich diesen Unterschied betone, so will ich damit natürlich nicht sagen, daß die sozialen Verhältnisse der Produktion einfach, direkt und mechanisch auf das Alltagsbewußtsein einwirken. Das Abhängigkeits- und Ausbeutungsverhältnis ist *deutlicher* erkennbar und meist ja auch direkt vertraglich regulierbar. *Dieses Verhältnis* ist zwar grundlegend, jedoch nur ein Teil der feudalen Lebenswirklichkeit, die sich über abgeleitete Strukturen, rechtliche Verhältnisse und Ideologien in sehr komplexer Weise herstellt.

Neben dem Hauptgegensatz der Klassen entstehen viele andere alltagsrelevante Spannungsverhältnisse, die den grundlegenden Gegensatz überlagern können oder von ihm in kaum noch erkennbarer Vermittlung abgeleitet sind: etwa das Spannungsverhältnis zwischen individueller und sozialer Subjektivität, zwischen individuellen und Gruppen-Interessen, zwischen den einfachen Selbstbehauptungsstrategien des Individuums einerseits und dem Traditions- und Gemeinschaftsbewußtsein, dem Denken in Kategorien von gemeinschaftlichem Lebens- und Zukunftssinn andererseits. Bäuerliche Widerständigkeit und bäuerliches Ringen um den gegebenen oder einen höheren Platz in der sozialen Hierarchie bewegt sich eigentlich immer in einem Spannungsfeld zwischen den Interessen des Einzelnen und denen der Gruppe. Das Funktionieren des einzelnen Bauernhofes lag im Interesse der ländlichen Gemeinde und Gemeinschaft, aber nur wenn der Einzelbetrieb auf dem Boden der gemeinschaftlichen Vorgaben funktionierte. In diesem Zusammenhang ist von Kulturtheoretikern in der DDR vorgeschlagen worden, "die gesellschaftliche Formbestimmtheit individuellen Handelns" im Alltag auf bestimmte "historische Individualitätsformen" zurückzuführen[21]. Inwieweit die Individualitätsformen, auf die uns die Quellen zur Lebensgeschichte stoßen, ein Normverhalten reflektieren (also "historische

---

21 Irene Dölling, Zur Vermittlung von gesellschaftlichem und individuellem Lebensprozeß. Bemerkungen zur Produktivität einer Theorie der Individualitätsformen. In: Weimarer Beiträge 27 (1981) 94–125; Harald Dehne, Dem Alltag ein Stück näher?

Formen" darstellen), ist ja *das* stets wiederkehrende, nach Antwort verlangende Problem der Alltagshistoriographie. Im Hinblick auf Besonderheiten des feudalen Systems, nicht zuletzt auf die Vielfalt seiner historischen Wirklichkeiten, muß auch hier die Antwort für feudale Lebensverhältnisse anders ausfallen als für das Arbeiterleben.

Die Erforschung des Arbeiteralltags, die über die Oral History im Westen oft den Anstoß zur Alltagsgeschichtsforschung überhaupt gab[22], kann diese anregen (wie natürlich auch umgekehrt). Der Vergleich schärft den Blick für die Besonderheiten. Es sollten deshalb die Alltagshistoriker beiderseits der Grenzlinie der Neuzeit weit öfter zusammentreffen, um die Tauglichkeit ihrer Konzepte am "fremden" Terrain zu prüfen. Das Problem der "Kolonisierung der Lebenswelten", um das unter den Erforschern des Arbeiterlebens in der BRD so heftige Debatten entbrannten[23], ist selbstverständlich auch für die feudale Gesellschaft relevant. Es hat viel zu tun mit dem aktuellen "Aufstand" von Volkskundlern gegen das Konzept der mittelalterlichen und frühneuzeitlichen Volkskultur: War sie nun eigenständig oder manipuliert?[24]

Mein Eindruck ist der, daß in der BRD und in Österreich der theoretische Anspruch, mit dem die Arbeiteralltags- und die Volkskulturforschung für das 19. und 20. Jahrhundert bzw. für die frühe Neuzeit[25] auftritt, größer ist als für die mittelalterliche Alltagsforschung, für die eine ziemlich theoriefreie Beschäftigung

---

22 Im Überblick bei Reinhard Sieder, Zur Theoriebedürftigkeit der neuen Alltagsgeschichte. In: Neue Ansätze in der Geschichtswissenschaft 24–41.

23 Auf die umfangreiche Literatur im Anschluß an die "Theorie des kommunikativen Handelns" von Jürgen Habermas kann hier nicht eingegangen werden. Die Polemik zwischen Peukert und Lüdtke von 1982/83 gibt einen guten Überblick über die Standpunkte: Detlev Peukert, Arbeiteralltag – Mode oder Methode? In: Argument-Sonderband 94 (1982) 8–39; Alf Lüdtke, "Kolonisierung der Lebenswelten" – oder: Geschichte als Einbahnstraße? In: Das Argument 140 (1983) 536–541; Detlev Peukert, Glanz und Elend der "Bartwichserei". In: ebd. 542–549.

24 Die Diskussion im Überblick bei Wolfgang Kaschuba, Volkskultur – Themen, Publikationen, Perspektiven. Ein Forschungsüberblick aus volkskundlicher Sicht. In: Archiv für Sozialgeschichte 26 (1986) 361–398.

25 Für das 16. bis 18. Jahrhundert siehe besonders die theoretische Einführung von Norbert Schindler, Spuren in die Geschichte der "anderen" Zivilisation. Probleme und Perspektiven einer historischen Volkskulturforschung. In: Richard van Dülmen – Norbert Schindler (Hrsg.), Volkskultur. Zur Wie-

vornehmlich mit den Mentalitäten im Vordergrund stand. Dafür gibt es viele einleuchtende Gründe. Für die DDR kann die Bescheidenheit theoretischer Ansätze in der Alltagsgeschichte nur bekräftigt werden. Theorie aber wird bei unserer tastenden Vorwärtsbewegung mehr und mehr zum Desiderat. Ohne sie können wir nicht "den dialektischen Zusammenhang von Ereignis, Struktur, Bewegung und Entwicklung"[26], die Untrennbarkeit von Verstehen und Erklären akzeptieren[27]. Ohne sie können wir nicht "'Struktur' und 'Typus' mit Leben" erfüllen[28], in Erfahrung bringen, "wie sich die 'Strukturen' bewegen"[29] und schließlich auch nicht einen Dilettantismus abwehren, der sich in dieser Anfangsphase und in gefährlicher Nähe belanglosen Erzählens leicht einstellt. Die Adressaten theoretischer Vorstöße und Handreichungen sind allerdings erfahrungsgemäß oft undankbar, aber sie können sich ja mit den Angeboten auseinandersetzen. Schließlich wissen sie (wir), daß ohne ein elementares theoretisches Rüstzeug sich auch empirisch wenig ausrichten läßt. Nüchtern betrachtet bleibt noch ein gutes Stück Weges, bis sich die Alltags- und Lebenstheorie wirklich ausweisen kann, nicht als schmückendes Beiwerk einer Gesellschaftsgeschichte, sondern vielmehr als ein theoretisch anspruchsvoller und allgemein notwendiger Bestandteil des komplexen Geschichtsbildes.

Vielleicht ist schon viel erreicht, wenn ursprüngliche Skeptiker gegenüber der Alltagsgeschichte in der BRD ihr nunmehr die Fähigkeit zu "Differenzierungen und Umakzentuierungen" des Geschichtsbildes zugestehen[30]. Wir sollten indes der "Ganzheitlichkeit" zustreben, die Rainer Wirtz als Anspruch an die Theorie

---

derentdeckung des vergessenen Alltags (16.–20. Jahrhundert). Frankfurt am Main 1984, 13–77.

[26] Ernst Engelberg, Ereignis, Struktur und Entwicklung in der Geschichte. In: ders. – Wolfgang Küttler (Hrsg.), Probleme der geschichtswissenschaftlichen Erkenntnis. Berlin 1977, 25.

[27] Ebd. 35.

[28] Rainer Wirtz, Kommentar zu Reinhard Sieder, Zur Theoriebedürftigkeit der neuen Alltagsgeschichte. In: Neue Ansätze in der Geschichtswissenschaft 44.

[29] Zang, Annäherung 64.

[30] Jürgen Kocka, Sozialgeschichte zwischen Strukturgeschichte und Erfahrungsgeschichte. In: W. Schieder – V. Sellin (Hrsg.), Sozialgeschichte in Deutschland I. Göttingen 1986, 80.

der Alltagsgeschichte formuliert hat[31] – ein Anspruch, dem man sich auch in dem Bewußtsein, daß er möglicherweise unerfüllt bleiben wird, stellen sollte.

Noch steht dahin, ob wir uns am Ende nicht doch von dem umgangssprachlichen Ausdruck für das, womit wir uns befassen, werden verabschieden müssen, um dafür vielleicht ein "ganzheitliches" theoretisches Konzept zu gewinnen. "Neue Sozialgeschichte", "Historische Lebensweise" und andere mögliche Begriffsangebote entbehren allerdings des Reizwertes, der in der "Alltagsgeschichte" steckt und scheinen sich nicht durchzusetzen.

Inwieweit nun aber "Theorie", ob "richtiger" Begriff oder nicht, vorerst ist praktische Kooperation gefragt. Die Dinge werden sich doch so entwickeln, daß aus einzelnen Disziplinen anrückende Forscher auf dem praktisch unbegrenzten Feld der Alltags- und Lebensgeschichte jeweils dort den Spaten ansetzen, wo sie für sich fündig zu werden vermuten. Sie werden sich miteinander austauschen und allmählich eine eigene "ganzheitliche" Sprache sprechen, ohne ihre institutionelle Herkunft zu verleugnen. So zeichnet sich für mich zur Zeit und in noch schwachen Umrissen der wissenschaftshistorische Vorgang "Alltag im Aufbau" ab.

Letztlich geht es meines Erachtens um zweierlei: teils um die Wiederherstellung der Einheit von Allgemeinem und Besonderem in der Geschichtsschreibung (die sich natürlich nicht in jedem einzelnen Forscher herstellen läßt), teils auch darum, ob der fühlende, denkende und handelnde Mensch in der Geschichte aus der Rolle eines bloßen Trägers von Strukturen und Prozessen in eine neue, andersartige Rolle eingesetzt und in den Rang des *Wesentlichen* erhoben wird.

Warum wird so wenig in der DDR über eine mögliche Theorie der Alltagsgeschichte diskutiert? Vor allem wohl, weil noch wenig "alltagsspezifisch" gearbeitet wird und weil sich die Geschichtsmethodologen mit diesem Thema noch recht schwer tun; vielleicht auch, weil unter Historikern eine gewisse Theoriemüdigkeit Einzug gehalten hat – oder einfach deshalb, weil sich die theoretische und empirische Arbeit in der Geschichte so schwer in effektiver Weise *personell* verbinden läßt. Wo sich Kulturwissenschaftler, Volkskundler, Philosophen, Soziologen und Historiker gelegentlich in der Lebensweise-Diskussion begegneten, lief diese außerdem nicht

---

[31] Wirtz, Kommentar 44.

selten Gefahr, wegen der "Weitläufigkeit des Gegenstandes"[32] in jene abstrakten Höhen zu streben, wo sich die Luft so substanzlos zu verdünnen schien, daß man befürchten mußte, die Theoriekonzepte würden jeden Augenblick davonfliegen, jedenfalls als Hilfsmittel für die Quellenforschung nicht mehr verfügbar sein. Vor allem brauchen wir mehr "konkrete Theorien" auf mittlerer Abstraktionsebene, etwa eine Theorie der Wandlung des gesellschaftlichen Bewußtseins, der Dialektik von individueller und sozialer Subjektivität, der historischen Individualitätsformen, der Lebensweise und Kultur in ihrer widerständigen Dimension, des Verhältnisses von Wiederholung und Einmaligkeit im Alltag usw.

Meinungsunterschiede zum Thema Alltagsgeschichte spielten unter denjenigen in der DDR, die ihr irgendwie zugetan sind, eher im abgeleiteten Sinne eine Rolle. Es wurde die Frage diskutiert, was denn im Forschungsprozeß wohin gehört und wer wofür eigentlich zuständig ist. Sozialgeschichte, Alltagsgeschichte und Mentalitätsgeschichte hatten sich mit Zuständigkeitsansprüchen "übergeordneter" Disziplinen zu beschäftigen bzw. werden sich vor diese Aufgabe vielleicht noch gestellt sehen. Führende Wirtschaftshistoriker der DDR wollen (wie schon erwähnt) bis heute der Sozialgeschichte keine Eigenständigkeit zubilligen, da sie in der Geschichte überhaupt, speziell aber in der Wirtschaftsgeschichte enthalten sei. Sozialhistoriker warnen neuerdings vor einer "disziplinären Sonderung" und Trennung von Alltags- und Sozialgeschichte (da erstere in letzterer enthalten sei[33]). Vielleicht werden sich bald Alltagshistoriker über die Gefahren relativer Autonomie von Mentalitätsgeschichte mitteilen. Zwar gibt es kaum Meinungsverschiedenheiten darüber, daß die Grundlagen der Geschichtswissenschaft überhaupt (historischer Materialismus, politische Ökonomie, Klassentheorie) das nützliche Gemeinsame bilden, daß die zunehmende Differenzierung in der Wissenschaftsentwicklung zwar anerkannt, aber nicht fortlaufend institutionell

[32] "Der Gegenstandsbereich der Kulturwissenschaft reicht also von den allgemeinen Bewegungsgesetzen der Kulturgeschichte überhaupt bis zu empirisch feststellbaren Regelmäßigkeiten im Verhalten konkreter Individuen einer bestimmten Gesellschaft". Dietrich Mühlberg, Herders Theorie der Kulturgeschichte in ihrer Bedeutung für die Begründung der Kulturwissenschaft. In: Jahrbuch für Volkskunde und Kulturgeschichte 27 (1984) 9. Die Diskussion wurde v. a. in den 'Weimarer Beiträgen' und im genannten Jahrbuch geführt.

[33] Helga Schultz, Wege zur Sozialgeschichte in der DDR.

nachvollzogen werden muß und kann, daß sich neue Forschungsrichtungen zunächst als Zweige an entwickelten Wissenschaftsbäumen zu entfalten pflegen (Entwicklung der Sozialgeschichte war eine Voraussetzung für die Alltagsgeschichte), und daß kooperativ zu verfahren ist. Dennoch indizieren die genannten Meinungsverschiedenheiten theoretisch Unabgeklärtes und eben auch fehlende Einsicht in die Notwendigkeit zeitweiliger und relativer Eigenständigkeit neuer Richtungen. Das ist nicht unwichtig, denn es kann hemmend wirken. Der Verzug in der DDR bei der Entwicklung einer Sozialgeschichte eigenen Konzepts ist zum Teil auch durch den Alleinvertretungsanspruch der Wirtschaftshistoriker bedingt. Wer immer Präponderanz beansprucht, sollte die relative Selbständigkeit der "zugeordneten" Richtungen als Voraussetzung dafür ansehen, daß sie sich möglicherweise als "eigengewichtig" erweisen, oder einmal in einer neuen ganzheitlichen Sicht aufheben werden. Wie auch immer: Keine Vereinigung ohne Abgrenzung.

3. Ansätze in der DDR: Was Alltagsgeschichte praktisch sein sollte

Solange sich die Alltagsgeschichte in der DDR "noch immer in der Konstituierungsphase" befindet und erst anfängt, "sich ihrer theoretischen Voraussetzungen und praktischen Erkenntnismöglichkeiten zu vergewissern"[34], solange wir uns an ungewöhnliche Fragestellungen noch nicht gewöhnt und uns einer entscheidenden "zweiten Geschichtskultur" noch unvollständig angenommen haben, solange auch Anthropologen und Soziologen, Kunst-, Sprach- und Musikhistoriker noch gar nicht so recht befragt und hinzugezogen wurden, solange die bescheidene Diskussion im noch bescheideneren kleinen Kreis von Volkskundlern, Kulturwissenschaftlern, Wirtschaftshistorikern und Historikern verbleibt, werden (zweifellos sinnvolle) Uneinigkeit und Unsicherheit unsere Wegbegleiter in der Forschungspraxis sein. Diese Wegbegleiter finden sich allerdings auch dort, wo Alltagsgeschichte schon alltäglicher als in der DDR geworden ist. Denn offenkundig herrscht in der internationalen Debatte immer noch entweder keine oder nur partielle Einigkeit darüber,

---

[34] Harald Dehne, Dem Alltag ein Stück näher?

- ob und wie sich die Alltagsgeschichte zu den großen Perioden, Prozessen und Strukturen äußern soll,
- ob Alltagsgeschichte mehr ist als die sich wiederholende Normalität,
- ob Alltagsgeschichte das Individuum oder, mehr allgemein, die Subjektivität des Objektiven überhaupt im Auge haben soll,
- ob Alltagsgeschichte vornehmlich die des "kleinen Mannes" zu sein hat,
- ob die Liebe der Alltagsgeschichte zum Detail eine Sünde oder gar eine Tugend sei.

Was den möglichen *Beitrag der Alltagsgeschichte zum Erkennen allgemeiner historischer Prozesse* betrifft, so denken wir in der DDR mehr oder weniger automatisch diesen Anspruch mit. Wir sind so erzogen. Diese gute Bereitschaft läuft allerdings Gefahr, sich mit viel zu allgemeinen Aussagen zu begnügen oder aber auszubleiben, wenn die Fülle des Einzelnen zu erdrückend wird. Wie aber kann man z. B. die Gültigkeit von Synthesen zum Dreißigjährigen Krieg, zu Absolutismus und Industrialisierung behaupten, wenn man die alltäglichen und massenwirksamen Überlebens- und Selbstbehauptungsstrategien von Bauern, Adel und Städtebürgern nicht so recht kennt?

Ich bereite zur Zeit die Herausgabe des Tagebuchs eines einfachen Söldners aus dem Dreißigjährigen Krieg vor. Es macht unter anderem sichtbar, wie gut sich Bibelkundigkeit und städtische Schulbildung mit der Auffassung vertrug, das Kriegshandwerk eines Soldaten sei ein Handwerk wie andere auch, der Realität konkurrierender Interessenslagen ausgesetzt, aber auch mit Ansprüchen an bestimmte Vorrechte (Aneignung von Lebensunterhalt durch Raub) ausgestattet. Aus den scharfen Gegensätzen zwischen dem Söldnervolk und den Bauern während des Krieges läßt sich nicht automatisch auf entsprechende Unterschiede in der Mentalität schließen – eine brutale für den Söldner und eine friedliche für den Bauern. In Wirklichkeit konnten Bauern- und Handwerkersöhne problemloser, als es uns scheinen mag, in den Söldnerstand treten und innerhalb dieses Standes ihre Fahnen wechseln. Wer an die harte Wirklichkeit von Überlebenskämpfen gewöhnt war, hat Verhaltensweisen im Krieg offenbar weniger als moralische Angelegenheit, denn – viel einfacher – als wechselnde

Überlebensstrategien empfunden; er mußte und konnte unter extremen unterschiedlichen Bedingungen "funktionieren".

1990 werden voraussichtlich die kommentierten Schreibebücher dreier Bauern aus einem Dorf nördlich von Berlin erscheinen, die für das 18. und 19. Jahrhundert sichtbar machen, wie geschickt Bauern die günstigen Varianten für gesicherte Reproduktion entwickelten, sowohl als Marktstrategen im städtischen Umfeld als auch in Auseinandersetzung mit dem absolutistischen Staat, wenn dieser die Rechtsqualität ihres Besitzes zu unterlaufen trachtete[35]. Gerade das Einzelne (etwa Geldrechnungen zur Wirtschaftsführung des Hofes) kann zeigen, wie im Alltag Gegenstrategien immer wieder neu entwickelt wurden, die dann auch bäuerliche Mentalitäten prägten, welche sich wiederum zu politischem Handeln verdichten konnten: Mißtrauen, Selbstsucht und Härte, Wendigkeit und Gemeinschaftssinn (in unserer Terminologie).

Zu den für die Alltags- und Lebensgeschichte unverzichtbaren Selbstzeugnissen Werktätiger gehören auch Handwerker-Rechnungsbücher, die im Hinblick auf die Entwicklung des inneren Marktes, die Anpassung an weiträumige Marktbedürfnisse und die Entstehung von Facharbeitertraditionen im 19. Jahrhundert den sehr konkreten und alltäglichen Hintergrund der industriellen Revolution auszuleuchten vermögen. Tagebücher verschiedensten Charakters von der Hand einfacher Leute haben naturgemäß besonders hohen Wert für die Alltagsgeschichte, ob in ihnen nun eigenständig reflektiert oder Herrschaftssicht und -diktion übernommen (aber nicht unbedingt verinnerlicht) wird. Am Institut für Wirtschaftsgeschichte, Akademie der Wissenschaften der DDR, ist 1985 eine Konsultationsstelle für Schreibebücher gebildet worden, die diese Quellengattung bibliographisch erfassen will. Wir haben bis jetzt rund 1.800 solcher Quellen für das Gebiet der DDR ermitteln können und hoffen nun, diese Zeugnisse als "Korrelat von unten" zu der so zählebigen Sicht "von oben" einsetzen zu können.

Und wie steht es mit *Alltagsgeschichte als sich wiederholende Normalität?* Sicher ist es richtig, daß "das übergreifende Kennzeichen der alltäglichen Tätigkeiten", das Repetitive ist, aber

---

[35] Jan Peters – Hartmut Harnisch – Lieselott Enders, Bauerntagebücher aus Neuholland. Selbstzeugnisse märkischer Milchviehbauern des 18. und 19. Jahrhunderts. Weimar 1990 (im Druck).

der Begriff des Alltagsgeschichtlichen wäre meines Erachtens unzulässig eingeengt, würde er auf dauernd wiederkehrende Handlungen beschränkt werden[36]. Ich möchte demgegenüber das *Lebensgeschichtliche* mit all seinen einmaligen *und* sich wiederholenden Wechselfällen stärker betonen. Alltägliches Handeln als Wiederholung spielt "nur" deshalb eine dominierende Rolle, weil die aus Wiederholung gewonnene Sicherheit in der Regel der direkteste Weg zur Lebensbewältigung war. Aber natürlich kennen Subjektivität und Lebensgeschichte vielfache Äußerungen auch anderer Art. Im Forschungsprozeß der Historiker (hier liegt ein wichtiger Unterschied zu den Volkskundlern) spielt das Ungewöhnliche wegen der Beschaffenheit der Quellen ohnehin eine größere Rolle. Das ist freilich kein Argument gegen die Eingrenzung der Alltagsgeschichte auf das Repetitive, wohl aber ein Ausdruck dafür, daß sich Subjektivität auch in der "Sonntagsgeschichte", im Fest, in den kleinen und großen Lebenskatastrophen oder selbst in der außerordentlichen Revolution realisierte.

Nehmen wir z. B. das bäuerliche Widerstandsverhalten im Feudalismus. Wir kennen ganz gut die breite, tragende, dauerhafte und meinetwegen sich wiederholende Unterströmung des alltäglichen Widerstands, aber in Wirklichkeit ist es unmöglich, zwischen den vielen Widerstandsformen katalogisierend zu unterscheiden: Dies sei wiederkehrende Norm, jene einmalig. Manche Formen widerständigen Verhaltens "wiederholten" sich langfristig und äußerten sich unter bestimmten Bedingungen (Forderungen vor der Ernte), andere kamen – zeitweilig sich wiederholend – hinzu, um später wieder zu verschwinden (Klagen bei obrigkeitlichen Gerichten).

Als dem zur Herrschaft Saldern in der Prignitz gehörenden Bauern Martin Runge 1683 nachgewiesen werden konnte, daß er sich zusammen mit anderen bedrückten Widerspenstigen verschworen habe, "den Juncker mit dem 142. Psalm zu tod (zu)

---

[36] Siehe Peter Borscheid, Plädoyer für eine Geschichte des Alltäglichen. In: ders. – Hans J. Teuteberg (Hrsg.), Ehe, Liebe, Tod. Zum Wandel der Familie, der Geschlechts- und Generationsbeziehungen in der Neuzeit. Münster/W. 1983, 7 ff.; vgl. aus volkskundlicher Sicht Ruth-E. Mohrmann, Regionale Kultur und Alltagsgeschichte. Möglichkeiten, Grenzen und Aufgaben der Volkskunde. In: Konrad Köstlin (Hrsg.), Historische Methode und regionale Kultur. Karl-S. Kramer zum 70. Geburtstag. Berlin–Vilseck 1987, 65 ff.

beten"[37], erfahren wir plötzlich von einer bemerkenswerten ideologischen Widerstandsform, die ungewöhnlich erscheint, vielleicht "einmalig", vielleicht aber auch viel öfter vorkam, als uns die Quellen preisgeben – unabhängig davon aber eine effektive Wirkungsform von Subjektivität darstellte. Es geht hier nicht um die ohnehin fließenden Grenzen zwischen Alltag und Nicht-Alltag sondern um die Nicht-Einteilbarkeit der alltäglichen Formen von sicherheitsfördernder, handelnder Subjektivität in repetitive bzw. einmalige Formen.

Natürlich gibt es auch einen Alltag der Revolution, der sich eben nicht in den programmatischen Dokumenten "von oben", sondern nur in den Erfahrungen der Betroffenen einfangen läßt. Der wohlhabende elsässische Weinbauer Franz Joseph Wührlin hat uns eine Chronik hinterlassen, die die große Revolution der Franzosen, die ja nun wirklich einmalig war, alltäglich-erfahrungsgeschichtlich von unten spiegelt. Die von ihm gelieferten alltagskonkreten Begründungen für sein Gesamturteil über die Revolution (*mir haben an diser rebublig wenig guets gehabt*[38]) – unter anderem wegen der wertlosen Assignaten – erklären die französischen Revolutionsprobleme möglicherweise einleuchtender als manches Überblickswerk.

Ob Alltagsgeschichte auf *das Individuum oder – mehr allgemein – auf die Subjektivität im objektiven historischen Vorgang* abheben soll, ob wir die individuelle oder über-individuelle Subjektivität betrachten, ist ein Problem, das sich in der Arbeit mit den Quellen eigentlich nicht stellt. Uns begegnen im Material über "Unterschichten" einzelne, meist aber mehrere Individuen, die immer als Teile einer sozialen oder anderen Gruppe erfahrend und handelnd historische Abläufe erleben. Alltagsleben auf individuelle Reproduktion[39] auszurichten, ist nicht problemlos handhabbar, da die Reproduktion der Individuen praktisch immer als kollektiver Reproduktionsvorgang abläuft. Die (allgemeinere) "Subjektivität" dieses Vorgangs zielt auf den Regelfall, die Gruppe. Sie zeigt dann immer, sobald es sich um die Alltagshistorie klei-

---

[37] Zentrales Staatsarchiv Merseburg, Rep. 22, Nr. 283 a, fol. 174.

[38] Revue d'Alsace 1901, 567. Das Original dieses ungewöhnlichen Zeugnisses befindet sich in der Deutschen Staatsbibliothek, Handschriftenabteilung/Literaturarchiv, Ms. Germ. Oct. 1152.

[39] Vgl. Agnes Heller, Das Alltagsleben. Versuch einer Erklärung der individuellen Reproduktion. Frankfurt/M. 1978, 24 ff.

ner Räume handelt, eine Gruppe gleichartiger Subjektivität, die Dorfgemeinde, die Gruppe der Kossäten, die Familie usw. "'Alltag' bezieht sich in der empirischen Forschung stets unmittelbar auf überschaubare Einheiten"[40], jedenfalls solange wir den Alltag der Werktätigen im Auge haben.

Nehmen wir als Beispiel das so wichtige Ehrgefühl, das sich individuell oder kollektiv mit großer Stärke entfalten konnte, sobald soziale Normen der *Gemeinschaft* (die Norm ist ja ohnehin an der Gruppe festgemacht) verletzt wurden. Verstieß z. B. ein Pfarrer gegen solche Normen, konnte er plötzlich die ganze Gemeinde gegen sich haben. Das erfuhr Pastor Crazius, der 1719 in Boltenhagen bei Greifswald einem Leichenzug nicht, wie üblich und von der Gemeinde erwartet, singend vorangeschritten war[41]. Darauf, so klagte der Pfarrer, war der anschließende Gottesdienst *durch hinweggehung der gantzen gemeine auff einmahl plötzlich auffgehoben und ich mit den singenden Küster in der Kirchen allein gelaßen.*

Nicht weniger geschlossen, aber ganz und gar (nach unserem Verständnis) unsolidarisch handelten neun kursächsische Bauerngemeinden der Herrschaft Bärwalde-Wiepersdorf im Jahre 1728. In schneidender Winterkälte war eine alte und erkrankte Tagelöhnerin, die in einem dieser Dörfer gearbeitet hatte, im Kröpel-Wagen in ihr ehemaliges Dorf gebracht worden, wo man sie als unnütze Esserin nicht behalten wollte. Zuerst versuchten die Bauern, den Wagen weiterzuschicken. Dann wurde die Frau notdürftig in einem Backofen untergebracht, wo sie Verbrennungen erlitt. Schließlich schickte man sie von einem Dorf zum anderen, wo man sie jeweils *in ein Bund Stroh gewickelt, vor dem Schlage des Dorffs abwerffen* ließ, *bis sie endlich zu Holtzdorff gar crepiret*[42].

Ob nun verletztes Ehrgefühl oder Furcht vor der Gefährdung einer materiellen Situation mit geringen Spielräumen den Ausschlag gaben, hier wie im Regelfall überhaupt handeln die Individuen als Gruppeneinzelne. Es ist die Gleichartigkeit der Gruppensubjektivität, die meßbar ist. So vollzieht sich jedenfalls oft genug bäuerliche Alltags- und Lebenserfahrung in der frühen Neu-

[40] Harald Dehne, Dem Alltag ein Stück näher?

[41] Staatsarchiv Greifswald, Rep. 35, Nr. 992.

[42] Staatsarchiv Potsdam, Rep. 37, Herrschaft Bärwalde-Wiepersdorf, Nr. 434 (Hinweis von L. Enders, Potsdam).

zeit. Das Einzelschicksal, die individuelle Reproduktion, wird meist erst greifbar, wenn der Einzelne von den kollektiven Mustern abweicht. Unsere Aufmerksamkeit gilt also, so meine ich, mehr der Subjektivität schlechthin als dem besonderen Individuellen. Zudem ist im historischen Forschungsprozeß dieser Ansatz besser handhabbar.

Aus dieser weiten Auffassung von Alltagsgeschichte ergibt sich auch die Notwendigkeit, sie nicht auf die *Geschichte des kleinen Mannes* (oder auf die Geschichte vieler kleiner Männer) zu reduzieren. Das nunmehr rasch wachsende Interesse für die Beherrschten ist die Folge teils veränderter Einstellungen, teils eines Wissens-Defizits für eben diese Kategorie. Die vorgefundenen objektiven Bedingungen bildeten eine Handlungsanforderung für die Angehörigen jeder sozialen Gruppe, auch für Inhaber von Macht und Herrschaft. Die Komplexität lebensgeschichtlicher Erfahrung äußerte sich ja gerade darin, daß die eigene Erfahrung fremder Erfahrung begegnete, daß unterschiedliche soziale Lebensweisen aufeinandertrafen. Im Wandel der gesellschaftlichen Strukturen verschob sich, was vertraute und was fremde Norm war.

Das zur Zeit vielleicht bekannteste Beispiel dafür, wie in einem einzelnen mittelalterlichen Dorf die gesellschaftlichen Lebenswelten von Herrschaft und Beherrschten konkret ineinandergriffen, dürfte die Darstellung von Emmanuel Le Roy Ladurie über das Pyrenäendorf Montaillou um 1300 sein[43], wo nicht nur herrschaftlicher Abgabendruck Interessenskonflikte provozierte, sondern auch freundschaftlicher Umgang zwischen Adelsfrau und Bäuerinnen zur Normalität gehörte.

Auf die so verstandene soziale Komplexität stößt auch der Historiker der frühen Neuzeit. Seit längerer Zeit wühle ich in den Aktenbergen über die ehemalige saldernsche Herrschaft Plattenburg-Wilsnack in der Westprignitz. Zu meinen bislang gewonnenen Einsichten gehört u. a., daß Gutsherrschaftsentwicklung nicht unabhängig von den Wandlungen in den Lebens- und Verhaltensweisen beiderseits des Grabens um die hochherrschaftliche Plattenburg verstanden werden kann. Besonders in den benachbarten kleinen Adelsherrschaften blieb eine traditionelle Umgangsart mit geringer Distanz zu den Untertanen noch bis ins 18. Jahrhundert

[43] Emmanuel Le Roy Ladurie, Montaillou. Ein Dorf vor dem Inquisitor 1294 bis 1324. Frankfurt/M.–Berlin 1986.

erhalten. "Verletzte Ehre" konnte zwischen einem Bauern und seinem Herrn noch bis ins 17. Jahrhundert auf beiden Seiten Gegenstand von gerichtlichen Klagen sein. Refeudalisierungsdruck und wachsende Frondienstanforderungen sind dann aber kaum denkbar ohne einen "Umbruch der Mentalitäten" – ebenfalls auf beiden Seiten. Alltagsgeschichte muß die gegensätzliche Subjektivität des Ganzen, nicht nur die Subjektivität von "Volk" im Blick behalten. Der "Alltagshistoriker" – wenn es so etwas überhaupt gibt – muß wohl mit dieser Ausuferungsgefahr leben.

Was ist schließlich mit der *sündhaften Liebe zum Detail?* Ich bekenne mich zu dieser Liebe und spüre auch – ohne von "zivilisationskritischer Stimmung"[44] befallen zu sein – gelegentlich die Versuchung, mich "detailverliebt treiben zu lassen"[45]. Jedoch möchte ich den Vorwurf des sündhaften Umgangs mit den Details, den Detlev Peukert 1982 an die Adresse mancher Alltagshistoriker richtete, nicht nur deshalb zurückweisen, weil er für die wissenschaftlich betriebene Alltagsforschung nicht zutrifft, sondern auch weil er die Abwertung angeblich "unnützer" konkreter Einzeluntersuchung begünstigt.

Bei einigen Kritikern der Alltagsgeschichte in der DDR ist die Auffassung verbreitet, bei den vielen Einzelfällen und -verhältnissen käme nur eine weitere Bestätigung für das heraus, was man ohnehin schon weiß. Das ist wohl die Haltung derjeniger, die im Konkreten nur die Bestätigung des Abstrakten suchen und mit dieser Erwartungshaltung in der Tat auch nichts anders finden werden[46]. Mit dem alltagshistorischen Ansatz nähern wir uns dem Einzelnen jedoch *ganz anders*, und wir *brauchen* dabei Entdeckerfreude, meinetwegen auch "Detailverliebtheit". Warnungen der genannten Art bewirken deshalb nichts Gutes, ob sie nun durch "Überzeugung", durch Unlust an der mühsamen Archivarbeit oder durch anderes motiviert sind.

Ein Blick in die Benutzerstatistik von DDR-Archiven genügt, um festzustellen, daß die Historiker im allgemeinen keineswegs dabei sind, sich im Meer des Einzelnen sinnlos treiben zu lassen. Die Bereitschaft, durch Aktenberge hindurch verstehend-erklärend fremdes Terrain zu erobern, ist unter zu vielen Histori-

---

[44] Kocka, Sozialgeschichte 81.

[45] Detlev Peukert, Arbeiteralltag – Mode oder Methode 18.

[46] Siehe Zang, Annäherung 26.

kern hierzulande immer noch eine verhältnismäßig unentwickelte Tugend. Die vielfach beklagte Theoriefeindlichkeit von Alltagshistorikern im Westen[47] trifft so für uns nicht zu, wenngleich unterschiedliche Veranlagungen natürlich bewirken, daß manchem die *Sammlung* des Konkreten mehr liegt als seine *Verallgemeinerung*. Aber der Sinn für das Einzelne wächst, und für Historiker, die – fernab vom menschlichen Realverhalten in der Geschichte – mit Gesetzen, Epochen und Prozessen gefüttert wurden, sollte es geradezu eine Tugend sein, die Faszination des konkreten Alltags zu erfahren und auch *auszuleben*. "Die unaufhaltsame Annäherung an das Einzelne" ist wohl auch deshalb unaufhaltsam, weil Historiker hierzulande mit der Annahme, daß Gesetze alles erklären, einem historiographischen Irrtum aufgesessen waren, und nun empfinden wir, daß Nachholbedarf wirklich besteht und daß besonders das Einzelne im Ganzen, das Subjektive im Objektiven nachzuholen ist.

Mindestens drei Gründe erlauben uns, Liebe zum Detail ohne schlechtes Gewissen zu bekunden und zu praktizieren:

- Erstens erwingt im Grunde jeder Erkenntnisprozeß ein zeitweiliges Auseinanderhalten von Zusammengehörigem. Wenn wir die in der Alltagsgeschichte enthaltene Ganzheitlichkeit von Konkretem und Abstraktem, von Besonderem und Allgemeinem zeitweilig getrennt handhaben, so ist das kein essentieller, sondern ein funktioneller Vorgang. Der sofort und warnend auf notwendige Verallgemeinerung weisende Zeigefinger darf deshalb ruhig hin und wieder unerhoben bleiben, und es darf auch einmal ausgesprochen werden, daß theoretische Überfrachtung mit allgemeinen Vorgaben den Zugang zu früheren Lebensweisen erschweren und die aus vielen historischen Wirklichkeiten zusammengefügte feudale Realität unzulässig einebnen kann.
- Zweitens brauchen wir mehr Bereitschaft, uns in die historischen Zeiten und Lebensweisen, die wir erklären wollen, wirklich zu *versenken* (natürlich ohne unter die Schwelle der Wahrnehmungsfähigkeit abzusinken). Wir können die Maßstäbe früherer Lebensweisen nicht mit den *unsrigen* messen, schon gar nicht moralisch. Eine Tugend des Alltagshistori-

[47] Siehe Ludwig Nagel, Thesen zum Verhältnis von Alltagsgeschichte und Theorie. In: Neue Ansätze in der Geschichtswissenschaft 18–23.

kers wird es sein, die Maßstäbe unserer Vorfahren erst einmal zu *gewinnen* und dann angemessen mit ihnen *umzugehen*. Messen können wir nur an den objektiven historischen Gegebenheiten, ohne freilich unsere eigene Subjektivität als Historiker zu verleugnen und ohne uns zu begnügen mit dem phänomenologischen Registrieren der Formenvielfalt von Alltagsbewältigung in der Geschichte. Jedenfalls ist wohl unbestreitbar, daß die Liebe zum Detail eine Voraussetzung für das Verstehen vergangener Lebensgeschichte ist.

– Drittens schließlich ist es wohl gerade der *Mangel* an einer Liebe zum Detail gewesen, der uns nicht erfahren ließ, wie komplex unser Forschungsobjekt eigentlich ist. Von ökonomischen Realitäten bis zu Vorstellungen von Gott und Gewissen, vom Klassengegensatz bis zum Klima reicht die Erfahrungs- und Handlungsgeschichte, in die wir eintauchen wollen. Wir haben uns in der DDR – mit wachsender Einsicht in die Vielschichtigkeit der Historie – von vielen vereinfachenden Vorstellungen verabschieden müssen, etwa von der Auffassung, der alltägliche ökonomische Reproduktionsvorgang oder der Klassengegensatz allein determinierten unvermittelt Denken und Verhalten. Wir haben übersehen, daß Politik nicht nur auf der Ebene von Parteivorständen und Parlamenten verwirklicht wird, sondern daß auch die Alltagserfahrung eine politische Dimension kennt. Die dem komplexen Geschichtsverständnis angemessene Fragestellung wäre zum Beispiel die, welchen Anteil welche Art von Problemen am Alltag des Bauern oder Städtebürgers hatte. Gewisse Anhaltspunkte geben da z. B. die Register über Streitfälle, die von Juristenfakultäten oder Schöppenstühlen verhandelt wurden. Wer solch sprödes Material sichtet (unmöglich ohne Liebe zum Detail!), wird bestätigt finden, daß wir die Welt, die unsere Vorfahren bewegte, in ihrer Vielfalt uns erst werden erschließen müssen. Von den zwischen 1432 und 1799 verzeichneten Rechtsfällen des Schöppenstuhls in Brandenburg befaßte sich ein Drittel mit kleineren Eigentumsdelikten, ein Viertel mit Erbrechtsstreitigkeiten, 15 % mit Drohungen und Gewaltverbrechen, 10 % mit Ehebruch, Notzucht, Schwängerung u. ä., 5 % mit Zauberei und nur ein halbes Prozent mit Fällen, die unter Stichworten der Klassenauseinandersetzung verzeichnet sind. Das reflektiert natürlich nicht die wirkliche Rolle von sozialen Gegensätzen im bäuerlichen Alltag (der latente ökonomische Kleinkrieg und die meisten Verfahren vor Patrimonialgerichten bleiben in dieser Statistik unberücksichtigt), aber es gibt doch einen überraschenden Eindruck von der wahrscheinlichen thematischen Gewichtung von Gesprächsthemen an den Tischen von Wirtshäusern und Krügen – keineswegs kann da nur vom Krieg gegen die Herrschaft die Rede gewesen sein. Die Motivationen des Alltagsverhaltens waren ebenso vielfältig wie verschiedenartig (selbstverständlich auch biologisch) und sind an den unterschiedlichsten Orten aufzusuchen. Geringschätzung gegenüber dem Einzelnen war sicher einer der Gründe für die unzulässige und direkte Reduktion von Handlungsmotivationen im Alltag auf den "grundlegenden Klassengegensatz".

Eine Konklusion des Ganzen könnte die sein, daß wir hier über eine Forschungsrichtung reden, die so komplex ist, daß sie sich per Definition problemlos einfach nicht eingrenzen und forschungspraktisch nur kooperativ realisieren läßt. Ein ganzheitliches theoretisches Konzept des "Alltäglichen" (seine Realisierbarkeit sei dahingestellt) in der Geschichte verlangt noch sehr viel mehr Möglichkeiten zum Nachdenken, als die konkrete Feldforschung bislang bietet. Die Zeit für eine solche Theorie der Alltagsgeschichte ist nicht gekommen. Alltags- und Lebensgeschichte wird sich vorerst hauptsächlich durch die Herangehensweise und durch das Forschungsobjekt bestimmen lassen. Jedoch sind wir schon lange gefordert, uns mittels verschiedener theoretischer Ansätze und Theoreme dem ganzheitlichen Konzept anzunähern, gleichgültig, ob das eine reale Zielstellung ist oder nicht.

Alltäglichkeit, Volkskultur und materielle Kultur in der sowjetischen Mediävistik

Adel L. Jastrebickaja

Die Erforschung der Geschichte des Alltags, der materiellen Kultur und der Volkskultur in der sowjetischen Geschichtswissenschaft und speziell in der Mediävistik hat nicht den umfassenden Charakter angenommen, wie es in den westlichen Ländern der Fall ist. Daraus soll man aber nicht schließen, die sowjetischen Historiker wären gegenüber diesem Thema und gegenüber neuen Tendenzen in der historischen Wissenschaft insgesamt indifferent, geschweige denn, sie wäre in theoretischer und methodischer Hinsicht 'verknöchert'.

Die sowjetischen Gesellschaftswissenschaften stehen nicht abseits der Entwicklung, die für den heutigen Zustand der Forschung kennzeichnend ist. Wie auch im wissenschaftlichen Leben eines jeden anderen Landes stellt jedoch der Zustand der Humanwissenschaften kein einheitliches Bild dar: der traditionalistischen Position steht (nicht selten im Rahmen ein und desselben Kreises offizieller akademischer Forschung) die Suche nach neuen Wegen und konzeptionellen Lösungen gegenüber, die auf neuen Erkenntnissen der sowjetischen und internationalen Wissenschaft basieren.

Der Prozeß der Suche nach neuen Methoden und Wegen hat sich, wie auch in Westeuropa, bereits Anfang der sechziger Jahre deutlich abgezeichnet, und zwar vor allem in der Linguistik und der Literaturwissenschaft, der Soziologie und der Kunstwissenschaft, danach auch in der Geschichtsforschung. Auch später, in den Jahrzehnten der "Stagnation", wurde er nicht unterbrochen, obgleich er sich verlangsamte. In dieser Hinsicht war die Gründung des Instituts für wissenschaftliche Information auf dem Gebiet der Gesellschaftswissenschaften der Akademie der Wissenschaften der UdSSR im Jahre 1970 bemerkenswert. Eine seiner Hauptaufgaben besteht in der Analyse neuer Tendenzen in der Entwicklung des gesamten Komplexes der humanwissenschaftlichen Disziplinen sowohl in der Sowjetunion als auch im Ausland.

Ein stark stimulierender Faktor in der Formierung neuer Ideen waren Forschungen der Semiotik-Schule von Linguisten und Literaturforschern in Tartu und Moskau, die in den sechziger Jahren unmittelbar mit der Erforschung der Kulturgeschichte begannen. Im Lichte der semiotischen Forschungen[1] wurde die Haltlosigkeit und die Simplifizierung der Vorstellung von der Kultur als einer einfachen Summe verschiedener Arten von Tätigkeiten, hauptsächlich in der geistigen Sphäre, offensichtlich. Es entstand eine neue Auffassung von Kultur als strukturelle Einheit, als System von Beziehungen zwischen dem Menschen und der Welt, ein System, das einerseits das Verhalten des Menschen reglementiert und andererseits dessen Vorstellung von der Welt und seine Modellierung der Welt bestimmt.

In dieser Haltung trat der gegenseitige Zusammenhang zwischen verschiedenen Bereichen von Kultur deutlich zutage, welche die für die jeweilige Epoche kennzeichnende Mentalität in ihren verschiedenen Sprachen und mit unterschiedlichen Systemen von Symbolen widerspiegelten[2].

Die Forschungen der sechziger und siebziger Jahre gingen mit dem Streben einher, Prozesse in der ausländischen Wissenschaft – Philologie, Soziologie, Geschichte und Linguistik – zu erfassen. Geichzeitig wurden auch Werke vieler russischer Wissenschaftler, die an der Schwelle zum 20. Jahrhundert und in dessen ersten Jahrzehnten wirkten, umgedeutet und faktisch neuentdeckt. Zu ihnen gehören solche herausragende russische Geschichtswissenschaftler, Philosophen und Literaturforscher wie M. Bachtin, L. Karsavin, P. Florenski, P. Bicilli, O. Freudenberg, M. Gukovski, N. Eichenbaum u. a.

---

[1] Unter anderem zu solchen kulturhistorischen Komplexen wie das frühe Christentum oder die Geschichte von Petersburg zur Zeiten Peters I.

[2] Dieser Zusammenhang wurde von Ju. M. Lothman in einer Serie von Studien untersucht, die dem Theater und der Bühnenkunst im Rahmen der Kultur des beginnenden 19. Jahrhunderts galten. Die Forschung wurde auch von der semiotischen Definition des Wesens der Kultur stimuliert, als einer "Gesamtheit der nichterblichen Informationen sowie der Verfahren für deren Ordnung und Speicherung". Die Auffassung des Wesens der Kultur als einer Information erklärt, warum Kultur immer ein Bereich des ständigen Kampfes, sozialer, klassenbedingter und historischer Kollisionen und Konflikte war. Bei ihrem Kampf um die Information sind unterschiedliche soziale und historische Gruppen bemüht, diese zu monopolisieren (Lothman).

Die semiotischen Ideen und Modelle von Kultur sowie Studien von Wissenschaftlern anderer, aber methodologisch verwandter Richtungen (D. S. Lichačev, N. I. Konrad u. a.) haben zur Erweiterung des Forschungshorizonts beigetragen. Das Denken im Maßstab der Kultur und der konsequente 'Historismus' wurden in ihren Rechten wiederhergestellt und zu einem wissenschaftlichen Prinzip erklärt. "Die historische Haltung in allen ihren Arten – von der Geschichte des Textes, der Geschichte des Lebens, der Geschichte der Literatur und der allgemeinen Geschichte bis zur Geschichte des Problems selbst ist der Nerv unserer Wissenschaft, das sind die Wurzeln ihrer Beweiskraft", bemerkt D. S. Lichačev. Mit dieser Äußerung des herausragenden Wissenschaftlers wurde 1981 ein wichtiges Fazit der Forschungen der sechziger und siebziger Jahre gezogen: die Einsicht in die Einheitlichkeit der Humanwissenschaften als Wissenschaften von der Kultur und dem Menschen. Eine Folge davon war das Interesse für die Erfahrungen und Errungenschaften der angrenzenden Wissenschaften und dementsprechend für die interdisziplinäre Zusammenarbeit. Die ersten praktischen Beispiele dafür liefern Forschungen auf dem Gebiet der slawischen und der altrussischen Literatur. In methodologischer Hinsicht führte dies zur Aktualisierung der Frage nach einer Rekonstruktion der historischen Vergangenheit als einer Einheit, ausgehend von den Vorstellungen der zu untersuchenden Vergangenheit selbst und damit in Einklang zu einer Erweiterung der Forschungsthematik und vor allem zur Zunahme des Interesses an historischer Psychologie, an den sozialen Verhaltensweisen, der Mythologie, den Riten, dem Zeremoniell usw.

In den Geschichtswissenschaften erwiesen sich die Mediävisten – in erster Linie jene, die sich mit dem westeuropäischen Mittelalter und der Byzantinistik befaßten – für solche Forschungen besonders empfänglich. Dies war auch kein Zufall. Jahrzehntelang war die Mediävistik eine führende Disziplin der sowjetischen Geschichtswissenschaft. Mediävisten verfaßten zahlreiche Werke von hohem wissenschaftlichen Niveau. Viele von ihnen sind über die Grenzen des Landes hinaus bekannt geworden: J. D. Kosminski, B. F. Poršnev, S. D. Skaskin, A. D. Ljublinskaja, B. D. Grekov, A. W. Arcichovskij und andere. Die Studien, die sie bekannt gemacht haben, galten größtenteils der Wirtschafts- und Sozialgeschichte, den Agrarbeziehungen und den sozialen Bewegungen, solchen Thematiken also, die seinerzeit für die vorrevolutionäre und später auch für die marxistische Geschichtsschreibung traditionell waren.

Das besondere Interesse von Mediävisten für die neuen Methoden und Ansatzvarianten war durch mehrere Momente bedingt; nicht zuletzt durch die Perspektiven, die sich mit der Revision der bisher negativen Einstellung zum Mittelalter und seiner Kultur als einer 'unbedeutenden Erscheinung' im Vergleich zu den Gipfeln der Antike und der Renaissance eröffneten. Die Erfassung des Mittelalters als einer selbständigen und spezifischen historischen Epoche ging mit der Verschiebung des traditionellen politikgeschichtlichen und sozial- und wirtschaftsgeschichtlichen Interesses in Richtung zur Geschichte des geistigen Lebens und der kulturellen Prozesse einher. Es wurde offensichtlich, daß eine adäquate Deutung des wirtschaftlichen und sozialen Verhaltens des Menschen im Mittelalter ohne Rekonstruktion der Grundlagen seiner Weltanschauung und der Eigenart seiner Persönlichkeit kaum möglich ist. Die Menschen machen ihre Geschichte selbst, bemerkt Karl Marx. In Werken von Historikern war der Mensch bisher nur nominell, als offizielles Bild eines Staatsmanns oder eines Politikers, eines Heer- oder Bauernführers oder aber als ein unpersönlicher, von individuellen historisch-kulturellen Charakteristika freier Begriff der "Volksmassen" vertreten. Der Mensch als Träger und Wortführer historischen Geschehens verschwand hinter formellen Bestimmungen und theoretischen Abstrakta. Indessen wurde immer offensichtlicher, daß die Aufdeckung des Mechanismus des gesellschaftlichen Systems einer konkreten historischen Epoche und deren Besonderheit ohne allseitige Untersuchung "des Menschen in der Geschichte" – seines Massenverhaltens und dessen sozialpsychologischer Grundlagen, der historisch konkreten Traditionen der alltäglichen Existenz usw. – unmöglich ist. Diese Problemstellung wurde zweifellos von der 'Annales-Schule' und der 'Nouvelle Histoire' beeinflußt. Die sowjetische Mediävistik hat aber auch hier ihre eigenen Wurzeln. Neben M. Bachtin und seinen bahnbrechenden Werken über die Kultur des Mittelalters und der Renaissance, die dem westlichen Leser gut bekannt sind, ist in diesem Zusammenhang auch der herausragende russische Mediävist L. Karsavin zu erwähnen. Seine Werke, die zum Teil vor der Revolution geschrieben wurden, stehen am Anfang einer Richtung, die heute als 'historische Anthropologie' bezeichnet wird. Die neue Mediävistik und die moderne Kulturwissenschaft haben eines der wichtigsten methodologischen Prinzipien ihrer Konzeption der Untersuchung der historischen Entwicklung als einer organischen Einheit des Objektiven und des Subjektiven, d. h. des Sozialpsychologischen aufgenommen, das, was wir heute unter dem breiten Begriff 'Mentalität' verstehen. Die Geschichte kann nicht auf das Wachstum des Kapitals, der Steuern und der Preise reduziert werden, meint Karsavin. Wenn wir hinter einer Zahl den Menschen nicht einmal verschwommen sehen, ist diese Zahl nutzlos. Laut Karsavin ist die Kultur "Geschichte insgesamt". Selbstverständlich sei ein Historiker gleichzeitig auch ein Kulturhistoriker. Er sah seine Aufgabe in der "Darstellung der Entwicklung", die er als eine Aufdeckung einer "gewissen psychischen Hauptpassion" definierte, die über die Menschen und ihre praktische Tätigkeit ("individuelle Realisierung") in allen Lebensbereichen der zu untersuchenden Gesellschaft ("der zu untersuchenden Kollektivität") zutage tritt – "von den sozialökonomischen Beziehungen bis zu den Gipfeln der mystisch-philosophischen Spekulation".

Für L. Karsavin selbst war die Religiosität des Mittelalters als Problem der Mentalität interessant. "Das wichtigste für die Auffassung der mittelalterlichen Kultur ist nicht nur die Erforschung des religiösen Systems (bzw. religiöser Systeme), sondern vielmehr die Aufdeckung, wie sich der gesamte Fonds der mittelalterlichen religiösen Vorstellungen und Gefühle im individuellen und kollektiven Bewußtsein, im alltäglichen Leben und in der Praxis verschiedener Schichten, Klassen und Gruppen widerspiegelt."

Anthropologisch orientiert sah L. Karsavin auch das Studium der materiellen Kultur und des alltäglichen Lebens. Nach seiner Meinung bekam es nur bei solchem Herangehen einen Erkenntniswert und vermittelte eine wahre, der zu untersuchenden Epoche adäquate Vorstellung von der Entwicklung.

Es sei betont, daß diese Thematik zu Beginn des Jahrhunderts, besonders nach der Gründung der "Russischen Akademie der Geschichte der materiellen Kultur" (1919), sehr populär war[3]. Es entstand eine große Anzahl von Studien zur Geschichte der

[3] Die Akademie war eine komplexe Institution, die das Ziel verfolgte, die materielle Kultur in allen ihren Arten und Formen zu untersuchen, wozu verschiedene Typen von Quellen herangezogen wurden – archäologische, ethnographische, historische und literarische. 1959 wurde die Akademie in das Institut für Archäologie der Akademie der Wissenschaften der UdSSR umgebildet.

Kleidung, der Waffen, der landwirtschaftlichen Geräte und der mittelalterlichen Technologie.

Voneinander getrennt und aus dem historischen Kontext herausgelöst sind die materiellen Gegenstände (Kleidung, Arbeitswerkzeuge, Waffen usw.) tot und nichtssagend, bemerkt L. Karsavin. Sie werden lebendig und erhalten historischen Sinn und Wert nur in Verbindung mit den ästhetischen Idealen und den Idealen der Lebensweise sowie mit sozialpsychologischen Fakten. In Entwicklung dieses Gedankens schreibt Karsavin weiter: "Für den Kulturhistoriker sind ein Gegenstand und das Materielle insgesamt nicht an und für sich interessant. Diese widerspiegeln und individualisieren immer den moralischen Zustand der Gesellschaft, deren religiöse und ästhetische Ansichten und deren Sozial- und Wirtschaftsordnung. Erinnert sei an die raffinierten Kleidungen von Burgund unter Karl dem Kühnen, an die Perücken der Epoche des Sonnenkönigs, an die prunkhafte Prozession des spanischen Selbstherrschers zum Schlafgemach seiner königlichen Gemahlin, an die Damenfrisuren am Hofe Ludwigs XVI. oder an das Motto der Modedamen in der Epoche des Direktoriums: maximaler Effekt mit einem Minimum an Stoff! Selbstverständlich muß man vom selben Standpunkt aus auch an die Geschichte der materiellen Seite der Lebensweise insgesamt herangehen, die den sozialpsychologischen Prozeß widerspiegelt".

Damit hat L. Karsavin als erster das Problem der Wichtigkeit der Erforschung des "materiellen Seins", des Alltags als eines Bereiches des öffentlichen Lebens aufgeworfen, der, wenn auch indirekt, "etwas Einheitliches und Lebendiges" widerspiegelt, das für diese Epoche, für eine konkrete Zeit typisch ist. Hier finden das Abstrakte, das Historische, das Soziale, das Kulturelle und das Allgemeine ihren Niederschlag im Spezifischen, Individuellen und Einzelnen, sie werden in das Erlebnis und in Impulse umgemünzt, die das gesellschaftliche Verhalten prägen.

Die Auslegung des Problemkreises "Mensch – Objekt" bzw. "Mensch – materielle Umwelt" durch M. Bachtin ist jener von L. Karsavin ähnlich. "Der Gegenstand der Geisteswissenschaften ist das sprechende Sein". Die faktische, materielle Seite der Vergangenheit ist für die Forscher nicht als solche von Interesse, sondern "als der Bedeutungskontext einer denkenden, sprechenden und handelnden (darunter auch schöpferischen) Persönlichkeit. ... Deshalb besteht die Aufgabe darin, die materielle Umwelt, die eine mechanische Auswirkung auf die Persönlichkeit hat, zum Sprechen zu bewegen, d. h. ihren Zusammenhang mit den Wertvorstellungen einer Gruppe, einer Gemeinschaft, einer Epoche und der für sie typischen Wahrnehmung der Welt insgesamt aufzudecken."

Damals, in den zwanziger Jahren, erfuhren diese Ideen keine Entwicklung. Nach einer Reihe von Arbeiten der Leningrader Mediävisten über die Lebensweise im Mittelalter entschwand die Thematik für mehrere Jahrzehnte aus dem Gesichtskreis der sowjetischen Historiker. Heute kommt das Interesse dafür wieder auf, allerdings bereits auf einem neuen Niveau der Entwicklung der Geisteswissenschaften und der Mediävistik selbst. Dies ist unmittelbar mit der Bearbeitung allgemeiner Probleme der Kulturgeschichte, darunter auch des Mittelalters, und mit Versuchen verbunden, diese als Einheit zu erfassen. Die mediävistischen Forschungen, welche die Probleme der Geschichte des Alltags in dieser oder jener Weise behandeln, gelten hauptsächlich dem frühen und dem hohen Mittelalter und nur in einigen Fällen der Renaissance. In theoretischer und in methodischer Hinsicht sind sie allerdings beachtenswert: sie bieten die Möglichkeit, den Inhalt und das gegenseitige Verhältnis solcher zentralen Begriffe wie "Alltag", "Volkskultur" und "materielle Kultur" zu präzisieren sowie die Perspektiven deutlicher zu sehen, die deren Erforschung für die Erkenntnis allgemeiner Probleme und Gesetzmäßigkeiten der Entwicklung der mittelalterlichen Gesellschaft in deren verschiedenen Etappen, darunter auch in der Übergangsphase zur Neuzeit, eröffnet. Eine der ersten Studien dieser Reihe publizierte der Byzantinist A. P. Každan. Sein 1968 erschienenes (und im selben Jahr ins Deutsche übertragenes) Buch "Byzantinische Kultur vom 10. bis 12. Jahrhundert" stellt in der sowjetischen Mediävistik den ersten Versuch einer Synthese der wirtschaftlichen und sozialen Entwicklung und des geistigen Lebens einer mittelalterlichen Gesellschaft dar, die auf der Grundlage einer ihrer regionalen und historisch konkreten Ausprägungen unternommen wurde. Die Basis dieser Studie bildet der erstmals in der marxistischen Geschichtsschreibung in bezug auf eine vorindustrielle Gesellschaft formulierte umfassende systematisch-funktionelle Begriff der Kultur[4] als "einer Gesamtheit der schöpferischen Tätigkeit einer kon-

---

[4] Der Begriff "Kultur" wird in Studien der sowjetischen Mediävisten nicht eindeutig gebraucht, oft im traditionellen, engeren Sinne zur ausschließlichen

kreten Gesellschaft von der Produktion der materiellen Güter bis zur Mythologie und den künstlerischen Prinzipien".

Každan sah seine Aufgabe nicht in einer Sammlung von Denkmälern des Schöpfertums in der Literatur, der Textilproduktion, der Malerei oder der Justiz, sondern in der Ermittlung der "allgemeinen Prinzipien", auf denen diese Gesellschaft beruhte und die das Begreifen des Schöpfertums selbst durch die Zeitgenossen möglich machten. Eine solche Fragestellung bestimmte auch das Herangehen des Autors an die Behandlung der materiellen Kultur und des Alltags der Byzantiner vom 10. bis zum 12. Jahrhundert. Diese Begriffe werden nicht speziell formuliert und auch nicht gegenübergestellt, ihr Inhalt und ihr gegenseitiges Verhältnis als zusammenhängende Bestandteile einer geschlossenen soziokulturellen Einheit werden im Zuge einer konkreten Darlegung aufgedeckt. Die materielle Kultur ist die Basiskultur, sie widerspiegelt den Bereich der Produktion und der Reproduktion der materiellen Güter sowie die Ideen, die Prinzipien, die Kenntnisse und die schöpferischen Impulse, die darin investiert wurden. Sie tritt organisch in den Alltag ein und bestimmt das qualitative Niveau seiner Entwicklung. "Alltag" umfaßt die gesamte Umwelt des menschlichen Lebens im Mittelalter, den Bereich der unmittelbaren Konsumtion, der Befriedigung der materiellen und der geistigen Bedürfnisse und die damit verbundenen Sitten, Rituale, Verhaltensformen, Vorstellungen und Gewohnheiten. Die Charakteristik der materiellen Kultur und des Alltags wird organisch in den gesamten Strom des Erzählens einbezogen, das in einem einheitlichen Kontext die für Byzanz des 10. bis 12. Jahrhunderts spezifische Form der "Aneignung der Welt", der Organisa-

---

Bezeichnung von Erscheinungen des geistigen Lebens, der Kunst, der Literatur, der Malerei, der Universitäts- und der Schulausbildung. Widersprüchlich wird der Begriff "Kultur" von den Verfassern der Monographie "Byzantinische Kultur vom 4. bis zur 1. Hälfte des 7. Jahrhunderts" formuliert. Sie definieren diese zwar als "eine organische Verbindung der materiellen und der geistigen Sphäre der schöpferischen und kreativen Tätigkeit der Menschen", zugleich betonen sie aber, daß die Kultur "nur ein Teil des gesamthistorischen Prozesses, einer der Aspekte des Lebens der Gesellschaft ist". Unter den Archäologen und Ethnographen ist ein Begriff der "Kultur" verbreitet, der dem Begriff "Zivilisation" verwandt ist. In den letzten Jahren lenkt die systematisch-funktionelle Definition der Kultur zunehmende Aufmerksamkeit auf sich.

tion des Soziums (Mikrogruppen und Mikrostrukturen, Schichten, Stände und Klassen) und der Herrschaft (Macht des Kaisers, Kirche, Adel und bürokratisches System) darstellt. Das aber, was die Einheit des zu rekonstruierenden Bildes gewährleistet – die Verbindung der Welt der Realien, der Objekte, der Formen der sozialen und der politischen Praxis mit den allgemeinen religiösen und theologischen Konzeptionen und Begriffen, die die Vorstellungen des Menschen im Mittelalter vom Sozium und vom Universum prägten –, sind Traditionalismus, Symbolismus und moralische Färbung der wahrgenommenen Wirklichkeit. In der Organisation des alltäglichen Lebens, in dessen Realien und Formen, im ästhetischen Ideal und in den Wertvorstellungen entdeckt der Autor Erscheinungsformen spezifischer Denk- und Verhaltensklischees der Byzantiner des 10. bis 12. Jahrhunderts: Fehlen von Korporativität, Schwäche von Verbindungen innerhalb einer Gemeinde, relative Festigkeit der Familienbande, stark ausgeprägte soziale Mobilität, Kult der Kaisermacht u. a. Sie spiegelten sich im alltäglichen Leben wider, sie prägten es und wurzelten in Endkonsequenz in der Gesellschaftsordnung des byzantinischen Reiches und der Spezifik der Weltanschauung des östlichen Zweigs des Christentums: die orthodoxe Religion war ideologisch und organisatorisch sowohl mit der fehlenden Korporativität der byzantinischen Ordnung als auch mit dem Traditionalismus des wirtschaftlichen und politischen Lebens verbunden, machte diesen zu einem Prinzip und festigte ihn dadurch.

Das Werk von A. P. Každan ist sowohl hinsichtlich der Fragestellung und der Methodik der Behandlung dieser Fragen wichtig als auch als ein Versuch, ein einheitliches funktionelles Modell der mittelalterlichen Kultur zu rekonstruieren. Es basiert auf jahrelangen Forschungen des Autors auf dem Gebiet der Wirtschafts- und Sozialgeschichte des Dorfes und der Stadt, der feudalen Beziehungen und der geistigen Kultur von Byzanz und enthält in methodologischer Hinsicht wertvolle Beobachtungen (die in mehreren im Ausland erschienenen Studien ihre weitere Entwicklung erfahren haben) hinsichtlich der Nutzung von Werken der byzantinischen Literatur als Quellen für das Studium der soziokulturellen Tradition, des Menschen und der Geschichte[5].

Eine ähnliche Aufgabe, den Aufbau eines kulturellen Modells

---

[5] In der sowjetischen Byzantinistik sind einige Aspekte der Geschichte des Alltagslebens des byzantinischen Reiches des 9. bis 13. Jahrhunderts (vor-

in bezug auf das mitteleuropäische Mittelalter (7. bis 13. Jahrhundert), stellte sich A. Ja. Gurevič. Die Studien von Gurevič sind dem ausländischen Leser dank zahlreicher Übersetzungen bekannt und bedürfen keiner Vorstellung. Verwiesen sei auch auf die Bedeutung, die sie für die Erforschung des Alltags und der materiellen Kultur des Mittelalters nicht zuletzt dank der Originalität der Problemstellung und der Art und Weise, wie das Problem behandelt wird, spielen. Er ist bemüht, in das Wesen dieser Kultur einzudringen und sie "von innen", mit den Augen eines mittelalterlichen Menschen, zu betrachten.

"Wie faßten die Menschen der Vergangenheit die Zeit auf, in der sie lebten?" In seinen "Kategorien der mittelalterlichen Kultur" befaßt er sich mit dieser Aufgabe, indem er die mittelalterliche Auffassung von den universellen Kategorien der Kultur rekonstruiert, mit deren Hilfe die Vorstellung vom Universum und vom Sozium gebildet wird. In diesem Buch finden wir praktisch den gesamten Kreis von Fragen und Problemen, auf die der Historiker auf dem Gebiet des Alltagslebens stößt: Die Einstellung von Mitgliedern der Gesellschaft, einzelner Stände, Gruppen und Klassen zur Arbeit, zum Eigentum, zu Reichtum und Armut, die Vorstellung von der Natur des Rechts und der Sitte und deren Bedeutung als einem sozialen Regler, das Bild von einer sozialen Ganzheit, die Einschätzung verschiedener Gruppen und Stände durch die Zeitgenossen, die Auffassung von der Natur und deren Bild, die Wege der Einwirkung auf die Natur – von den technischen und den arbeitsmäßigen bis zu den magischen –, die Vorstellung von der Stellung des Menschen in der gesamten Struktur des Weltalls, das Verhältnis zwischen der irdischen und der transzendentalen Welt, die Verbindung zwischen ihnen und die Vorstellung von der Rolle der außerirdischen Kräfte im Leben von Individuen und Kollektiven, die Vorstellung von Raum und Zeit, die nicht als Abstrakta,

---

wiegend in bezug auf die materielle Kultur) im Werk von G. G. Litavrin dargelegt. Ein Essay von A. A. Čekalova ist der Rekonstruktion der Lebensweise und den sozialpsychologischen Vorstellungen der Byzantiner vom 4. bis zur ersten Hälfte des 7. Jahrhunderts auf der Grundlage schriftlicher Quellen, der Ikonenmalerei und des archäologischen Materials gewidmet. Die Autorin verfolgt die durch die Christianisierung bewirkten Wandlungen: Verfall des Interesses für das öffentliche Leben und Zunahme des Individualismus, Veränderung der Kleidung, Verfall des Theaters, Aufblühen des Trabrennens, Veränderung des Zeremoniells und der Atmosphäre von Festen usw.

sondern als mächtige Kräfte aufgenommen wurden, welche eine ethische Färbung hatten und auf den Menschen einwirkten, die Auffassung von der Geschichte und deren Ausrichtung, und zwar nicht nur von Chronisten, Scholastikern und Theologen, sondern auch durch das Bewußtsein des einfachen Menschen.

Es ist leicht zu sehen, daß den "sozialen" Kategorien besondere Aufmerksamkeit geschenkt wird. Dies widerspiegelt aber nicht etwa eine besondere "Sympathie" des Autors, der viele Jahre dem Studium der wirtschaftlichen und sozialen Probleme der Geschichte des Feudalismus geschenkt hat, sondern vielmehr seine Auffassung von der Spezifik der mittelalterlichen Kultur. Alle Formen des mittelalterlichen kulturellen Lebens sind eine Funktion der sozialen Lebenstätigkeit der Menschen dieser Epoche, ein Ergebnis der Modellierung der Welt durch sie. Die Definition der Kultur als ein allumfassendes Zeichensystem ist nach Meinung von Gurevič in bezug auf das Mittelalter mehr gerechtfertigt als hinsichtlich einer anderen Zivilisation. Politik, Religion, Kunst, Philosophie, Wissenschaft und Recht hatten damals keine eigene "Berufssprache", wie das in der modernen Gesellschaft der Fall ist. Ihre Sprache ist eine Art "Dialekt" der Metasprache der christlichen Kultur und der Theologie. Die Tatsache, daß einzelne Sphären nicht ausgegliedert und nicht differenziert sind, ist eine Besonderheit der mittelalterlichen Weltanschauung, während die erhöhte Zeichenhaftigkeit der mittelalterlichen Kultur eine Ableitung von der theozentrischen Konzeption der Welt und vom Symbolismus als einer Methode der Erfassung der Realität durch den Menschen der damaligen Zeit darstellt. Die gesamte diesseitige Welt ist ein Symbol der jenseitigen Welt, deshalb hat jedes Objekt eine doppelte oder mehrfache Bedeutung und hat neben der praktischen Anwendung auch eine symbolische. Die Erschließung der Welt ist die Erfassung von Symbolen, ihres geheimen Sinnes und damit auch ihres transzendentalen Prototyps. Da das regelnde Prinzip der mittelalterlichen Welt Gott ist, der als höchstes Wohl und höchste Vollkommenheit aufgenommen wird, bekommen die Welt und alle ihre Teile eine moralische Einschätzung und Färbung; es gibt in ethischer und moralischer Hinsicht keine neutralen Zonen, Kräfte und Dinge. Die Hierarchie der Symbole ist eine Hierarchie der Werte, deshalb hat jedes Objekt auf der Welt einen besonderen Wert entsprechend dem Platz in der Hierarchie.

Eine Folge dieser Methode der Wahrnehmung der Welt durch den Menschen des Mittelalters bestand darin, daß er sich die Abstrakta ohne deren sichtbare und konkrete Verkörperung nicht vorstellen konnte: das geistige Wesen wurde objektiviert und in der Vorstellung verdinglicht. Man muß diese Besonderheit des mittelalterlichen Bewußseins beachten, wenn man Denkmäler der mittelalterlichen Kunst und Literatur als eine Quelle für die Untersuchung von Realien und Objekten des alltäglichen Lebens benutzt: die Ästhetik des Mittelalters stellte dem Künstler die Aufgabe, nicht eine Illusion der sichtbaren Welt wiederzugeben, sondern (entsprechend der neoplatonischen Lehre) "die intellektuelle Sicht aufzudecken". Bei der Betrachtung eines Bildes, einer Ikone oder einer Plastik sah der mittelalterliche Mensch den Weg für den Übergang von einem (irdischen) Plan zu einem anderen (übersinnlichen).

A. Ja. Gurevič zeigt, daß die Quelle des symbolbetonten Bewußtseins nicht im Christlichen allein, sondern auch in den archaischen Vorstellungen liegt, die für eine Agrargesellschaft insgesamt typisch sind (der magische Zusammenhang zwischen dem Gegenstand und dessen Besitzer, die Vorstellung vom menschlichen Kollektiv als einer Gemeinschaft der Lebenden und der Toten, das Fehlen einer Einsicht in die Distanz zwischen dem Menschen und der Natur, in deren Rhythmen er sich eingeschaltet hat und die er beeinflussen kann und muß, der Glaube an Wunder und Vorzeichen usw.). Sie blieben im Laufe des gesamten Mittelalters auf allen sozialen Ebenen erhalten. Das komplizierte und verzweigte System von Ritualen, Formeln, Festakten und Zeremonien hat – und das ist für die Erfassusng der Geschichte des Alltags wichtig – den gesamten Ablauf des öffentlichen Lebens des Mittelalters geregelt.

Ein zentrales Problem, das ebenfalls für die richtige Vorstellung von der Spezifik des Alltagslebens, der Verhaltens- und der Bewußtseinsformen des mittelalterlichen Menschen wichtig ist, ist die menschliche Persönlichkeit als strukturelle Einheit einer sozialen Gruppe sowie der Grad ihrer Ausgliederung und Individualisierung. Das Mittelalter hatte eine klare Idee von der menschlichen Persönlichkeit, die vor Gott verantwortlich ist und eine unsterbliche Seele hat. Es erkannte aber keine Individualität an. Der Mensch in der feudalen Gesellschaft ist eine standesbedingte Persönlichkeit. Das Werden einer Persönlichkeit bedeutete ihre Vereinigung mit einer (sozialen oder verwandtschaftlichen) Gruppe – der das Individuum abstammungsmäßig angehörte –, das heißt mit einer Korporation. Er nahm ihren Lebensstandard, ihr Recht, ihre Ideale, Werte, Denkgewohnheiten, Verhaltensformen und den für sie typischen Symbolismus auf. Die menschliche Individualität wurde von psychologischen Bestimmungen geprägt, die der Epoche insgesamt innewohnten, jedesmal aber in einer anderen sozialen Färbung. Gurevič unterstreicht diese soziale Färbung in seiner Analyse der mittelalterlichen Konzeption von Recht, Reichtum und Eigentum.

War der Autor in den "Kategorien der mittelalterlichen Kultur" nach eigenen Worten bestrebt, die "Anatomie" dieser Kultur aufzudecken, so war sein Ziel im zweiten Buch ("Probleme der mittelalterlichen Volkskultur"), ihre "Physiologie" darzustellen, d. h. ihr inneres System und ihr Funktionieren auf verschiedenen sozialen und intellektuellen Ebenen zu erschließen. Dabei interessiert Gurevič vor allem, wie die klerikale Doktrin mit dem mythologisch-poetischen und folkloristischen Bewußsein verbunden werden konnte, das für breite Bevölkerungsschichten typisch war, und welche Veränderungen sie dabei durchmachen mußte. Im Mittelpunkt der Aufmerksamkeit des Autors stehen nicht Ideen und Lehren, die für diese Schicht nicht kennzeichnend sind, sondern "die nichtausgeprägten Modelle des Bewußtseins und des Verhaltens" als ein Produkt ihres Zusammenwirkens.

Es handelt sich also im Grunde genommen auch um einen der wichtigsten Aspekte des Alltagslebens im Mittelalter. Rekonstruiert wird die bunte Welt der Religiosität des Volkes, die alle Seiten der Lebenspraxis eines Individuums durchdrang und prägte. Ohne ihre konkrete Erscheinungsformen zu berühren, sei hier auf die Forschungsgrundlage dieser Studie hingewiesen. Der Autor nimmt eine anthropologische Analyse einer spezifischen Kategorie der mittellateinischen Literatur vor – belehrende Werke verschiedener Genres (Predigten, Lebensbeschreibungen, Katechismen u. a.). Die Verfasser dieser Werke waren bemüht, den Inhalt dem ihnen gut bekannten Vorstellungskreis durchschnittlicher Prediger und deren ungebildeten Gemeinden anzupassen und operierten deshalb mit Beispielen aus dem Lebensmilieu, das diesen nah und vertraut war. Sie behandelten Probleme, mit denen diese tagtäglich zu tun hatten. Die Studie von Gurevič zeigt umfangreiche Möglichkeiten, die dieser Typ von Quellen für die Untersuchung und Rekonstruktion besonders routinemäßiger Ebenen des täglichen Lebens der überwältigenden Mehrheit der feudalen Gesellschaften, einfacher Pfarrkinder, bietet: Bauern, Stadteinwohner und niederer Klerus. Darin wurden die Seiten ihres wirtschaftlichen und privaten Lebens, Sitten, emotionelle Beziehungen usw. dargestellt, die in anderen Denkmälern in der Regel keine Widerspiegelung finden.

Das Mittelalter hat also nicht nur sein eigenes philosophisch-ideologisches, sondern auch sein materielles Antlitz und seinen Typ des Alltags geschaffen. Letzterer wurde zweifellos sowohl vom Niveau der Produktivkräfte als auch vom Typ der Produktion bestimmt, aber nicht nur davon. Er hing auch von den Kategorien ab, die mit der Weltanschauung des Menschen jener Epoche verbunden waren, die ihrerseits die Wahrnehmung von Gegenständen selbst bestimmten.

Wie bereits festgestellt, besaß der Gegenstand im mittelalterlichen Bewußsein nicht nur materiellen Wert und praktische Zweckmäßigkeit, sondern auch den Sinn eines Zeichens und einen bildlichen Inhalt. Um diesen aber aufzudecken, muß nicht nur die Semantik dieses oder jenes Symbols entschlüsselt, sondern auch untersucht werden, welche Funktionen dieser Gegenstand im Haushalt oder im Ritus hatte. Man muß außerdem die Verbindungen rekonstruieren, die zwischen den Gegenständen in der Zusammensetzung der "lebendigen Kultur selbst" bestanden. Erforderlich ist eine gewisse geistige Anstrengung des Forschers, um einen "Dialog" mit dem Menschen aus dieser Kulturwelt aufnehmen zu können, der diese als Ganzheit ansah, sie in dieser Ganzheit wiedergestaltete und in einem spezifischen gesellschaftlichen Milieu lebte.

Die gegenseitige Bedingtheit des gesellschaftlichen Lebens und des Alltags im Mittelalter tritt dank der von der Tradition geprägten Existenz, die als ein Wert aufgenommen wird, dank der extremen Verbundenheit des wirtschaftlichen, des sozialen, des politischen und des persönlichen Alltags und schließlich dank der Spezifik der Wahrnehmung und des philosophischen Erfassens der Welt als eine Ganzheit besonders deutlich zutage.

Die Haushaltsgegenstände – vom Haus bis zur Kleidung – waren nicht nur von der sozialen Zugehörigkeit, sondern auch von den ideologischen und sozialpsychologischen Vorstellungen der Epoche geprägt. In den Details der alltäglichen Existenz widerspiegelten sich manchmal überaus hohe Ideen und Gestalten, die zur Sphäre von Zeit und Raum, der Kosmogonie und der historischen Idee, der bildenden Kunst und der Poesie gehörten – das ist die Hauptthese meiner Monographie "Westeuropa vom 10. bis zum 13. Jahrhundert: Epoche, Alltag, Kleidung". In diesem Werk war ich bemüht, das westeuropäische Mittelalter als ein einheitliches soziokulturelles System in erster Linie auf der Grundlage einer Analyse von Realitäten und Formen des Alltags in einem Kontext mit der wirtschaftlichen, sozialen und politischen Entwicklung sowie den sozialpsychologischen Vorstellungen der Epoche zu charakterisieren. Gerade von diesen Positionen aus wird im Buch das Bild einer mittelalterlichen Stadt, eines feudalen Schlosses oder Dorfes sowie eines mittelalterlichen Klosters dargestellt, werden die Beziehungen innerhalb der Familie, die Lage der Frau, das Erziehungssystem usw. charakterisiert.

In den Besonderheiten der Lebensweise, des Zeremoniells und der Etikette der Feudalherren, der Bauern und der Stadtbewohner lassen sich spezifische Formen der Einbeziehung eines Individuums in die Gesellschaft (über die familiären Beziehungen, die Gemeinde, die Zunft, die Mönchsorden und die Ritterhierarchie) sowie der Organisation des Systems persönlicher Beziehungen (in vertikaler und horizontaler Richtung), Widersprüche und Kontraste des mittelalterlichen Bewußtseins (die Gegenüberstellung des Ewigen und des Vergänglichen, des Heiligen und des Sündhaften, der Seele und des Körpers, das Empfinden des Dienstes und der Treue und nicht der Freiheit als eines Wertes) sowie der Mythologismus und der Symbolismus verfolgen.

In gewisser Hinsicht kann meines Erachtens auch die Konstruktion eines – in die Höhe strebenden und mehrstufigen – mittelalterlichen Wohnhauses (sowohl eines Stadt- als auch eines Landhauses) als eine Erscheinungsform der "vertikalen Orientierung" des Bewußseins des mittelalterlichen Westeuropäers betrachtet werden. Der Einfluß des christlichen ästhetischen Ideals, das den Körper für sündhaft erklärte, ist in den Gestaltungsprinzipien der Kleidung und in den Veränderungen des mittelalterlichen Kostüms zu spüren, das im Vergleich zur antiken Kleidung insgesamt geschlossener wurde.

Es läßt sich auch der Zusammenhang zwischen den Veränderungen in der wirtschaftlichen und sozialen Sphäre (einschließlich der Hauptrichtungen des sozialen Kampfes) und ihrer Widerspiegelung in den äußeren Formen des alltäglichen Lebens verfolgen. Erinnert sei nur an die Zunftregeln für die Kleidung der Handwerksgesellen oder die Beschlüsse der Stadträte über die für die nichtpatrizischen Schichten des Bürgertums zugelassenen Arten von Stoffen, Schmuck, Pelz und Juwelen. Die bisher ungefähr gleichen Gestaltungsprinzipien der Kleidung (der Männer- und der Frauenkleidung sowie der Kleidung für Adelige und das gemeine Volk) veränderten sich seit Mitte des 12. Jahrhunderts. Die Abgrenzung begann vor allem mit der Farbe: grau, schwarz und braun für das gemeine Volk und grün, rot und blau für den Adel. Das war in Endkonsequenz verbunden mit der Einsicht der Feudalherren über ihren besonderen Platz im gesellschaftlichen System, aber auch mit dem Aufkommen neuer Stoffarten (Seide und Baumwolle) und mit dem Einsetzen der Produktion besserer Stoffe aus den traditionellen Fasern (Flachs und Wolle). An der Schwelle des 13. Jahrhunderts wird die "aristokratische" Mode (lange Kleidung aus teuren Stoffen mit Ornamenten) durch einen sowohl hinsichtlich des Stoffes (Tuch) als auch der Funktionen neuen Kleidungstyp, die "Stadtkleidung", abgelöst: er war für das Leben auf der Straße und für weite Reisen bestimmt. Das Problem der Kleidung war in der Vorstellung des mittelalterlichen Menschen mit dem Problem der Moral und des sozialen Status verbunden: die Kleidung sollte dem Status entsprechen und nicht gegen die öffentliche Moral verstoßen.

Mein Buch war der erste Versuch einer soziokulturellen Analyse des mittelalterlichen Alltagslebens. Inzwischen kann man einiges ergänzen. In unserer Mediävistik hat dieses Thema keine Entwicklung erfahren, hat aber bei Althistorikern Interesse hervorgerufen. In methodischer Hinsicht sind diese Forschungen in bezug auf die Behandlung des Problems der inneren Gesetzmäßigkeiten der Entwicklung, die der Sphäre der Alltäglichkeit selbst innewohnen, sowie des Problems des Verhältnisses zwischen der Norm und deren realer Verwirklichung interessant. Die Sphäre des Alltags, die letzlich der Ideologie und den wichtigsten Wertvorstellungen der Epoche untergeordnet ist, besitzt nichtsdestoweniger eine gewisse Selbständigkeit und gerät manchmal sogar in Widerspruch mit der Ideologie. Wie G. S. Knabe, der die Kategorie des Prestige in der altrömischen Zivilisation (3./2. Jahrhundert v. u. Z. bis zum 2. Jahrhundert u. Z.) untersuchte, feststellt, tritt dies in den Perioden der Rezeption besonders deutlich zutage, da sich die Gesellschaft aus ideologischen Gründen an Ansichten und Wertvorstellungen entweder anderer Völker oder bestimmter Epochen der Vergangenheit orientiert. Ein Beispiel für die Stabilität der Formen des täglichen Lebens und Verhaltens, die der faktischen wirtschaftlichen und sozialen Situation der Epoche entsprechen, liefert auch eine Untersuchung der Polis Griechenlands und Kleinasiens in der Zeit der sogenannten "griechischen Renaissance des 2. Jahrhunderts". Die klassische Tradition, die in den Werken der Philosophie, der Literatur und Kunst deutlich an den Tag tritt, war im realen Leben der Polis "nur eine Dekoration".

Ein anderer Typ der komplizierten dialektischen Wechselwirkung zwischen der Ideologie sowie der von ihr geprägten Umwelt und der Gesellschaft insgesamt wird in der Studie "Italienische Humanisten: Stil des Lebens und des Denkens" von L. M. Batkin behandelt. Dieses Buch ist außerdem ein Zeugnis dafür, welch umfangreichen Möglichkeiten die Methode eines kulturell-anthropologischen Ansatzes für die Lösung zentraler methodologischer Probleme bieten kann.

Batkin unternimmt seine Untersuchung, um eine Antwort auf die vieldiskutierte Frage nach der Natur des Humanismus und des Verhältnisses zwischen den Begriffen "Humanismus" und "Renaissance" zu finden: entsteht der Humanismus überall, wo das gesellschaftliche Bewußtsein auf seine ruhmreiche Vergangenheit zurückgreift, oder ist das eine spezifisch italienische Erscheinung?

Der Autor sucht nach dem "Geheimnis des Humanismus" "in den Humanisten selbst", indem er ein "Gruppenbild" von ihnen schafft. Ihn interessiert nicht eine empirische Beschreibung des humanistischen Milieus, sondern "der kulturelle Sinn der Gruppengemeinsamkeit der Humanisten" – die von ihnen ausgearbeitete Art der Beziehungen zwischen den Menschen sowie das System des Verhaltens und des Denkens. Um das zu begreifen, ist eine Analyse des Alltags und seiner Realien außerordentlich wichtig. Die humanistische Zwischenschicht, die neue Ideen entwickelte, formiert sich gleichzeitig selbst unter dem Einfluß dieser Ideen und bildet auch ihr eigenes Milieu. Dieses materielle, soziale und geistige Milieu selbst ist ein Werk der Kultur.

Daraus ergibt sich auch die besondere Wahrnehmung und die Erfassung des Alltags, des häuslichen Lebens, der Arbeitsbedingungen und der Formen der menschlichen Kontakte durch sie. All das ist kein Hintergrund, sondern eine Materialisierung und Entfaltung der humanistischen Begriffe und Mythologeme im Alltag. Alle Details der Umwelt des Humanisten, besonders in der Zeit der Medici, waren auf eine durch die Bildung vorbereitete Wahrnehmung gemünzt und hatten einen universellen Inhalt bestimmter Zeichen. Ob eine Villa, ein Hügel, ein Wald, ein Spaziergang oder ein Gelage, ob Singen, Stille oder Zurückgezogenheit – jedes Element der Landschaft und des Lebens hatte nicht nur seinen unmittelbaren (praktisch anwendbaren) Sinn, sondern es wurde auf alle anderen abgestimmt und zwar als Teil einer bestimmten materiell-geistigen Totalität. Deshalb kann die Umwelt eines Humanisten immer als ein semiotischer Text wahrgenommen werden. Im Bewußtsein der Humanisten waren das Intime und das Abstrakte nicht voneinander getrennt, das persönliche und das wissenschaftliche Interesse wurden als untrennbar aufgenommen. Dies ergab sich seinerseits aus der Wahrnehmung der Welt und des Menschen. Die Humanisten und Künstler der Renaissance sahen im Menschen, genauer gesagt, in sich selbst, in ihrem sozialen Milieu und in ihrer Zeit eine Möglichkeit, die "göttlichen Vorbilder" zu realisieren. Mit Hilfe der antiken und der christlichen Tradition, der archetypischen Formeln und des Rituals hat die Intelligenz der Renaissance ihre Welt und ihr System für die Erhebung des realen Seins konstruiert: das Ideale wurde als ein immanentes Wesen des Realen betrachtet. Die irdische Realität war wertmäßig (hierarchisch) nicht mehr herabgesetzt. Eine ambivalente Einheit des Lebens und der Kultur, des Alltags und der Sublimation: darin besteht laut Batkin das Wesen der Welt der Renaissance.

Für Batkin ist der italienische Humanismus der einzige Humanismus und die einzige Renaissance. Der Humanismus ist der Brennpunkt der Renaissance als eines Kulturtyps, eine konkrete und nicht wiederholbare Erscheinung des 14. bis 16. Jahrhunderts, deren Heimat Italien und vor allem Florenz war. Er verweist auf die Breite der äußeren sozialen Basis der humanistischen Kultur, die Stärke ihrer Einwirkung auf die damalige italienische Gesellschaft und deren aktive Wechselbeziehung mit dem Volksmilieu, obgleich die italienische Kultur jener Epoche selbstverständlich nicht die Renaissance allein war, die bahnbrechenden Charakter hatte.

Das Problem des Verhältnisses zwischen Kultur der "Elite" und Kultur der "Massen" ist nicht unbedeutend, wenn man das

Alltagsleben des Mittelalters begreifen will. In diesem Zusammenhang möchte ich wieder auf die bereits erwähnte Monographie "Probleme der Volkskultur des Mittelalters" zurückkommen, und es sei auf das historisch-anthropologische Herangehen des Autors an dieses Problem hingewiesen.

A. Ja. Gurevič entwickelt die schon von L. Karsavin vorgeschlagenen Prinzipien weiter und untersucht die Volkskultur des westeuropäischen Mittelalters als ein Phänomen des Massenbewußtseins und der alltäglichen religösen und kulturellen Praxis. Die Quelle seiner Forschung sind, wie bereits konstatiert, Werke der mittelalterlichen religiösen Literatur des populär-belehrenden Genres. Bei ihrer Analyse ist der Autor bestrebt, gleichzeitig auch das Milieu zu rekonstruieren, für das sie bestimmt waren und in dem Prediger und Beichtväter agierten. Er ist nicht bemüht herauszufinden, inwieweit die Pfarrkinder den Inhalt einer Messe bzw. einer Liturgie begriffen und wie fromm sie in Wirklichkeit waren. Er interessiert sich vielmehr für etwas anderes, nämlich wie sie die Welt sowie ihre Fähigkeiten auf diese einzuwirken, zu begreifen und zu erklären vermochten. Er will außerdem die Wechselbeziehung zwischen den beiden Ebenen des Bewußtseins verfolgen, die sich in dieser Sicht und in den Belehrungen widerspiegelten: der offiziellen ("wie es im Buche steht") der Geistlichkeit, die ihre kirchliche Doktrin darlegte, und der in der Regel latenten, tieferen, "magischen" und "folkloristischen" der einfachen ungebildeten Pfarrkinder.

Gurevič definiert den Charakter dieser Wechselbeziehung als einen "Konfliktdialog". Es ist ein Dialog, weil der Geistliche in seinem Bemühen, den Pfarrkindern die Notwendigkeit zu suggerieren, in Übereinstimmung mit der kirchlichen Lehre zu leben, zwangsläufig an die gewohnte mythopoetischen Vorstellungen des Volkes appelliert, die von Generation zu Generation überliefert wurden. Die kollektiven Vorstellungen und Gewohnheiten des Bewußtseins der Pfarrkinder gerieten aber hin und wieder in Widerspruch mit der geistlichen Kultur der Kirche. Die Wechselbeziehungen zwischen den beiden Traditionen im System der einheitlichen Kultur, betont Gurevič, haben eine Grundlage für die religiöse und kulturelle Entwicklung des Westens geschaffen. Diese Symbiose blieb erhalten, solange die kirchliche Kultur in der Lage war, teilweise Elemente aus dem Volksglauben in sich aufzunehmen und eine gewisse Flexibilität in ihren Beziehungen mit der

Volkskultur an den Tag zu legen. Diese Symbiose wurde im Spätmittelalter gestört. Die Volksreligiosität wurde in den Bereich der Ketzerei hinausgestoßen. Die Inquisition wurde zum Hauptwerkzeug der kirchlichen Politik.

Ein anderer Typ von Quellen, die zur Periode des frühen und des hohen Mittelalters gehören, wie auch ein spezifisches Herangehen an deren Analyse boten Gurevič die Möglichkeit, das Problem der Groteske und des komischen Elements in der mittelalterlichen Kultur weiterzuentwickeln und zu vertiefen. Auf der Grundlage des Romans von Rabelais wurde von Bachtin die große Bedeutung der Groteske in der außerkirchlichen Kultur des "Herbstes" des Mittelalters, im Karneval und in der Farce aufgedeckt. Mit der Groteske wurde das Ernsthafte vom Volk herabgesetzt und mit Hilfe des Lachens faktisch bewältigt. In der Konzeption von Bachtin wird die Kultur des Lachens der offiziell-sakralen Kultur entgegengesetzt. Die eigene Forschung von Gurevič, die einer anderen Epoche des Mittelalters gilt, läßt ihn die Schlußfolgerung ziehen, daß diese Haltung zum Ernsthaften und zum Heiligen nicht von Anfang an so war. Diese sei eher ein Resultat des Verfalls des "organischen Stadiums der Religiosität".

Für das frühe und das hohe Mittelalter ist die Groteske kein künstlerisches Mittel und kein Produkt der Absicht des Autors. Sie ist nicht gleichbedeutend mit dem Komischen und ist nicht allein darauf zu reduzieren. Dies ist vielmehr ein Stil des Denkens. Sie widerspiegelt die Ambivalenz des mittelalterlichen Bewußtseins, das bestrebt war, die Welt in allen deren Seiten zu erfassen – der sakralen und der weltlichen, der ernsthaften und der komischen. Die Groteske dieser Periode des Mittelalters vereint "die heilige Ehrfurcht und das lustige Lachen in einem widersprüchlichen Gefühl". Sie umfaßt alle Schichten der Kultur – von der niedrigen folkloristischen bis zur offiziellen kirchlichen Ebene.

Diese Schlußfolgerung, die anhand schriftlicher Quellen gemacht wurde, findet ihre Bestätigung in Forschungen von Darkevič, denen die bildliche Überlieferung zugrunde liegt. Darkevič verfolgt die Widerspiegelung des komischen Elements der mittelalterlichen Kultur und des festlichen Lebens in Handschriftenminiaturen und in dekorativen Teilen von Denkmälern der – vorwiegend westeuropäischen – angewandten Kunst. Er fixiert die Entwicklung der schauspielerischen Formen auf dem Wege der Komplikation sowie ihre folkloristisch-archaischen und kirchlichchristlichen Quellen, die Widerspiegelung spezifischer Merkmale des mittelalterlichen Bewußtseins und des religiös-magischen Synkretismus in der Kultur der Feste. Er schenkt seine Aufmerksamkeit auch solchen sozialen Aspekten des Problems wie etwa der Einstellung zur weltlichen schauspielerischen Kunst von Bauern, Stadtbewohnern, Adeligen, Rittern und Geistlichen. Diese Einstellung ist insgesamt ambivalent und zwiespältig, dementsprechend auch die soziale Lage und die Formen der Sozialisierung von Personen und Gruppen, die mit der Schau zu tun hatten – Jongleure, Tänzer, Artisten und Dompteure sowie Narretei und Narrenpossen als Typ des Verhaltens ("Anti-Verhalten"), ihre sakralisierten und archaischen Quellen usw. Darkevič verweist auf den "Reichtum des Sinns", den Polysemantismus der mittelalterlichen Parodie und des Lachens: bestimmte Motive behielten bei weitem nicht immer unverändert ihren symbolischen und didaktischen Inhalt, sie hingen vom Kontext ab, in den sie eingeflochten wurden, und von der sozialen und psychologischen Orientierung ihres Schöpfers. Die "Kultur des Lachens" in allen ihren Abarten soll unter Berücksichtigung von "Besonderheiten des soziokulturellen Lebens der Epoche insgesamt" betrachtet und eingeschätzt werden, stellt Darkevič fest. Seine Forschungen basieren hauptsächlich auf dem Material des westeuropäischen Mittelalters (9. bis 16. Jahrhundert), die altrussischen Quellen werden weniger verwendet. Nichtsdestoweniger konstatiert der Autor ein gemeinsames Merkmal des Lachens: "es fiel aus dem herrschenden Wertsystem nicht heraus".

Zum selben Schluß gelangen eigentlich auch die Autoren der ersten Monographie, die der "Kultur des Lachens" im Alten Rußland, ihrer Natur und sozialen Funktion gilt. In den letzten Jahrzehnten ruft dieses Problem allgemein ein besonderes Interesse der mediävistisch orientierten Russisten hervor. Der "Welt des Lachens" im Alten Rußland liegt nach Ansicht der Autoren der Monographie, D. S. Lichačev, A. M. Pančenko und N. V. Ponyrko, die gleiche Besonderheit des mittelalterlichen Bewußtseins zugrunde, die auch von Bachtin anhand des westeuropäischen Materials registriert wurde, wonach die Einstellung des mittelalterlichen Menschen zur Wirklichkeit, das Streben nach einer "Herabsetzung durch das Komische", "genauso unveräußerlich ist wie das Streben nach dem Erhabenen und Heiligen". Bei dieser Feststellung sind sie jedoch zugleich bemüht, die Eigenart der sozialen Funktion verschiedener Formen der "Kultur des Lachens" zu zeigen, die es in der altrussischen mittelalterlichen Kultur in deren verschiedenen Phasen gab. Die "Welt des Lachens", heißt es im genannten Werk, ist ein System, das beschrieben und charakterisiert werden kann: Lachen als Weltanschauung, Lachen als Schau und als sozialer Protest (Narretei und Narrenpossen), als ein Karneval zur Weihnachts- oder zur Faschingszeit. Zugleich ist dieses System nicht selbständig. Es ist ein Teil der Kultur seiner Zeit, der es als eine Antiwelt entgegengestellt wird, als eine Welt der Freiheit von Formalitäten, von künstlichen Komplikationen, von ausgeklügeltem Zeremoniell und Entstellungen der "Norm". Die "Weltanschauung des Lachens" hängt vom Milieu und von den Vorstellungen ab, die in diesem Milieu (und in der gegebenen Epoche insgesamt) vorherrschend sind. In Übereinstimmung mit dem Zeichensystem des Christentums und den Normen des christlichen Verhaltens wird die Welt der Narrengroteske aufgebaut, die Welt des Narrenhaften und des "Lästerlichen": sie ruft bei den "Uneingeweihten" Lachen hervor, für die "Eingeweihten" ist sie aber besonders bedeutungsvoll. Die "Welt des Lachens" bleibt im Rahmen der Realität, indem sie diese parodiert, sie bereitet aber zugleich ein Fundament für eine neue, "gerechtere" Kultur vor.

Um den Menschen des Mittelalters in seinem Alltag zu verstehen, ist auch eine Schlußfolgerung wichtig, zu der sowohl die Forscher der Volkskultur als auch der "Welt des Lachens" kommen. Sie heben die Stabilität, den "zeitlosen Charakter" und die Statik dieser tiefen Schicht der Kultur hervor, die ihren eigenen Rhythmus hat, der weder mit der Zeit noch mit Dimensionen der Wirklichkeit, noch mit Formen der Existenz der "hohen" Kultur übereinstimmt.

Ziehen wir somit einige Schlüsse:

1. Das Interesse der sowjetischen Medävistik am Alltag und der Volkskultur ist als ein genuines Resultat der Umbewertung des Begriffes "mittelalterliche Kultur" anzusehen. Das Interesse ist unmittelbar mit der Anerkennung der Eigenart und des hohen Entwicklungsgrades derselben sowie mit der Anwendung solcher Untersuchungsmethoden, die der Epoche selbst adäquat waren, verbunden. In allen erwähnten Werken ist die Analyse des Alltags und der Volkskultur mit dem Versuch verbunden, entweder das allgemeine Modell der mittel-

alterlichen Kultur oder dessen regionale Ausprägungen herauszuarbeiten. In dieser Hinsicht gibt die Alltagsforschung die Möglichkeit, sich dem realen Menschen mit allen seinen Sorgen und Freuden, seinen Vorstellungen vom Guten und vom Übel anzunähern sowie seine Lebensprioritäten besser zu verstehen.

2. In den Werken der sowjetischen Mediävisten wird "Alltag" als "unmittelbar erlebte Mikrogeschichte" begriffen. Auf diesem Niveau realisiert sich die lebenswichtige wirtschaftliche und soziale Praxis des Menschseins. Hier vereinigen sich und wirken Brauch und Tradition, Religion, Ritual und Magie, "hohe" Kultur und Folklore zusammen, reflektiert durch die Mechanismen des Bewußtseins; hier entstehen die Ausgangsimpulse des gesellschaftlichen Verhaltens, die Reaktionen der Menschen auf die objektiven Antriebe und Faktoren des materiellen Lebens und der sozialen Wirklichkeit. Das alles macht die Erforschung des Alltags höchst bedeutsam für die Erkenntnis der allgemeinen historischen Gesetzmäßigkeiten. Doch kann eine solche Erforschung nicht isoliert durchgeführt werden, das heißt, nicht ohne den Forschungsgegenstand in Zusammenhang mit der "Makrogeschichte", mit den sozialen und wirtschaftlichen Prozessen in der Welt, mit dem geistigen Leben der Gesellschaft, mit dem gesellschaftlichen Bewußtsein und den soziopsychologischen Prioritäten dieser Epoche zu bringen.

3. Die im vorliegenden Überblick in Betracht gezogenen Monographien erschöpfen bei weitem nicht den Kreis der Forschungen, die die Probleme von Alltagsgeschichte im breiten historisch-kulturellen Sinne berühren. Genauso wenig erschöpfen sie die neue Forschungsrichtung in der sowjetischen Mediävistik, die sie vertritt und deren Grundsätze sie schafft. In den letzten zehn Jahren sind eine Reihe von Beiträgen sowie Sammelbände erschienen, die die soziokulturellen und sozioanthropologischen Probleme der Geschichte des westeuropäischen Mittelalters behandeln. Besonders bemerkenswert ist das Anwachsen des Interesses für die historische Demographie. In diesen Forschungen unter der Leitung von Ju. L. Bessmertnyj wird die Aufmerksamkeit vor allem solchen subjektiven Aspekten zugewandt, wie es z. B. das matrimoniale Verhalten von verschiedenen Gesellschaftsgruppen

und -schichten des Mittelalters ist, die sexuelle Moral und Praxis, die Wahrnehmung der eigenen Epoche durch das 'mittelalterliche Bewußtein' usw. Eng verbunden ist die Erforschung des mittelalterlichen Alltags etwa auch mit Fragen nach der Geburtenzunahme, nach Struktur und Typen der mittelalterlichen Familie, nach der Existenz dieser Familie in ihrer Umwelt, in verschiedenen Schichten der feudalen Herrschaftsklasse und im Bürgertum sowie nach der Funktion und Struktur der Verwandtschaftsgruppe (der Sippe, des aristokatischen Lignage, des kaufmännischen Geschlechtes wie auch der Bauern- und Handwerkerfamiliengruppe). Dies alles – dazu auch die Erweiterung der mediävistischen Forschungsthematik, das Anwachsen des Interesses für kulturelle Aspekte der traditionellen sozioökonomischen und politischen Themen, die Vervollkommnung der Methoden einer Quellenkritik und der historisch-soziologischen Interpretation, die Umbewertung der Ergebnisse von Archäologie, Ethnographie und Volkskunde im soziokulturellen Sinn – sind weitere neue Möglichkeiten für die sowjetische Mediävistik.

Literaturverzeichnis:

1. Antičnoe nasledie v kul'ture Vozroždenija. Moskau 1984 [Das antike Erbe in der Kultur der Renaissance]
2. Arcichovskij A. V., Drevnerusskie miniatjury kak istoričeskij istočnik. Moskau 1944 [Die altrussischen Miniaturen aus historischen Quellen]
3. Averincev S. S., Poetika rannevizantijskoj literatury. Moskau 1977 [Poetik der frühbyzantinischen Literatur]
4. Bachtin M. M., Tvorčestvo François Rabelais i narodnaja kul'tura Srednevekov'ja i Renessansa. Moskau 1965 [Das Werk des François Rabelais und die Volkskultur des Mittelalters und der Renaissance]
5. Bachtin M. M., Voprosy literatury i estetiki. Moskau 1975 [Fragen der Literatur und Ästhetik]
6. Bachtin M. M., Estetika slovesnogo tvorčestva. Moskau 1979 [Die Ästhetik des literarischen Schöpfertums]
7. Badalanova-Pokrovskaja F. K., Pljuchanova M. B., Srednevekovaja simvolika vlasti: Krest Konstantinov v russkoi tradicii. In: Učenye zapiski Tartusskogo universiteta 78/1. Tartu 1987 [Die mittelalterliche Symbolik der Macht: Das Kreuz Konstantins in der russischen Tradition]
8. Batkin L. M., Ital'janskie humanisty: stil' žizni, stil' myšlenija. Moskau 1978 [Italienische Humanisten: Sinn des Lebens und des Denkens]
9. Batkin L. M., Kategorija "raznoobrazija" u Leona Battisty Al'berti. Problema renessansnogo individualizma. In: Sovetskoe iskusstvoznanie 81/1. Moskau 1981 [Die Kategorie der "Vielfalt" bei Leon Battista Alberti. Das Problem des Individualismus in der Renaissance]
10. Batkin L. M., Iz nabljudenij nad tvorčeskim myšleniem Leonardo da Vinci. In: Sovetskoe iskusstvoznanie 82/2. Moskau 1982 [Aus den Betrachtungen über das schöpferische Denken von Leonardo da Vinci]
11. Batkin L. M., Macchiavelli ob individe kak sub'ekte istoričeskogo dejstvija. In: Social'no-antropologičeskie i istoriko-kul'turnye issledovanija (k XVII meždunar. kongressu istoričeskich nauk). Madrid 1990 (im Druck) [Macchiavelli über das Individuum als Subjekt der historischen Handlung]
12. Bernstam T. A., Molodež' v obrjadovoj žizni russkoj obščiny XIX – načala XX v. Moskau 1988 [Die Jugend im Brauchtum der russischen Gemeinde 19.–20. Jahrhundert]
13. Bernstein B. M., Tradicija i socio-kul'turnye struktury. In: Sovetskaja Etnografija 2. Moskau 1981 [Tradition und soziokulturelle Strukturen]
14. Bessmertnyj Ju. L., Feodal'naja derevnja i rynok v Zapadnoj Evrope XII–XIII vv. Moskau 1969 [Das feudale Dorf und der Markt in Westeuropa im 12.–13. Jahrhundert]
15. Bessmertnyj Ju. L., Ob izučenii massovych social'no-kul'turnych predstavlenij karolingskogo vremeni (po dannym antroponimičeskogo analiza politika Saint Germainskogo abbatstva i penitencialiev) In: Kul'tura i iskusstvo zapadnoevropejskogo Srednevekov'ja X–XIII vv. Moskau 1981 [Über die Erforschung der soziokulturellen Vorstellungen der Massen in der karolingischen Zeit (Nach den Angaben der anthroponimischen Analyse der Polyptik des Abtes von St. Germain und der Pönitentialien)]
16. Bessmertnyj Ju. L., K demografičeskomu izučeniju francuzskoj derevni IX v. (Ljudi i imena) In: Sovetskaja Etnografija 2. Moskau 1981 [Zur

demographischen Erforschung des französischen Dorfes des 11. Jahrhunderts (Menschen und Namen)]
17. Bessmertnyj Ju. L., Mir glazami znatnoj ženščiny IX v.: K izučeniju mirovosprijatija karolingskoj znati. In: Chudožestvennyj jazyk Srednevekov'ja. Moskau 1982 [Die Welt aus der Sicht der adeligen Frau des 9. Jahrhunderts. Zur Erforschung der Weltrezeption durch den karolingischen Adel]
18. Bessmertnyj Ju. L., Krest'janin glazami rycarja (po materialam Francii XI–XIII vv.) In: Kul'tura i obščestvennaja mysl' ... . Moskau 1988 [Der Bauer aus der Sicht des Ritters (aufgrund von französischen Materialien des 11.–13. Jahrhunderts)]
19. Bessmertnyj Ju. L., Aktual'nye zadači istoričeskoj demografii dokapitalističeskich obščetv. In: Istoričeskaja demografija dokapitalističeskich obščestv Zapadnoj Evropy: problemy i issledovanija. Moskau 1988 [Aktuelle Aufgaben der historischen Demographie der vorkapitalistischen Gesellschaft]
20. Bessmertnyj Ju. L., K isučeniju matrimonial'nogo povedenija vo Francii XII–XIII vv. In: Čelovek i istorija .... Moskau 1989 [Zur Erforschung des matrimonialen Verhaltens in Frankreich im 12. und 13. Jahrhundert]
21. Bicilli P. M., Očerki teorii istoričeskoj nauki. Prag 1925 [Schriften zur Theorie der historischen Wissenschaften]
22. Bromlej Ju. V., Očerki teorii etnosa. Moskau 1983 [Schriften zur Theorie des Ethnos]
23. Byčkov V. V., Vizantijskaja estetika. Moskau 1977 [Byzantinische Ästhetik]
24. Byčkov V. V., Estetika pozdnej antičnosti. Moskau 1981 [Ästhetik der Spätantike]
25. Byt i istorija v antičnosti. Moskau 1988 [Alltag und Geschichte in der Antike]
26. Chudožestvennyj jazyk Srednevekov'ja. Hrsg. V. A. Karpušin. Moskau [Die künstlerische Sprache des Mittelalters]
27. Čelovek i istorija: social'no-antropologičeskie i istoriko-kul'turnye issledovanija (v pečati). Moskau 1989 [Mensch und Geschichte: sozialanthropologische und kulturhistorische Untersuchungen]
28. Danilova I. E., Ot Srednich vekov k Vozroždeniju: Složenie chudožestvennoj sistemy kartiny kvatročento. Moskau 1975 [Vom Mittelalter zur Renaissance: das Werden des künstlerischen Bildsystems des Quattrocento]
29. Darkevič V. P.: Putjami sredenevekovych masterov. Moskau 1972 [Auf den Wegen der mittelalterlichen Meister]
30. Darkevič V. P.: Argonavty Srednevekov'ja. Moskau 1976 [Argonauten des Mittelalters]
31. Darkevič V. P.: Tanzy i akrobatika v iskusstve Srednevekov'ja. In: Kul'tura i iskusstvo Srednevekovogo goroda. Moskau 1984 [Tänze und Akrobatik in der Kunst des Mittelalters]
32. Darkevič V. P.: Muzykanty v iskusstve Rusi i veščij Bojan. In: "Slovo o polku Igoreve" i ego vremja. Moskau 1985 [Musiker in der Kunst der Rus und der wissende Bojan]
33. Darkevič V. P.: Narodnaja kul'tura Srednevekov'ja. Moskau 1988 [Volkskultur des Mittelalters]

34. Darkevič V. P.: K teorii srednevekovoj parodii. In: Archeologičeskie istočniki ob obščestvennych otnošenijach epochi Srednevekov'ja. Moskau 1988 [Zur Theorie der mittelalterlichen Parodie]
35. Demografija zapadnoevropejskogo Srednovekov'ja v sovremennoj zarubežnoj istoriografii (s priloženiem bibliografii sovetskich rabot), Moskau 1985 [Demographie des westeuropäischen Mittelalters in der modernen ausländischen Historiographie (mit Bibliographie der sowjetischen Forschung)]
36. Dobiaš-Roždestvenskaja O. A.: Kul'tura zapadnoevropejskogo Srednevekov'ja. Moskau 1987 [Kultur des westeuropäischen Mittelalters]
37. Drevnjaja odežda narodov Vostočnoj Evropy, Hrsg. M. G. Rabinovič. Moskau 1986 [Die altertümliche Kleidung der Völker Osteuropas]
38. Drevnjaja Rus': Gorod, zamok, selo. In: Archeologija SSSR. Moskau 1985 [Die alte Rus: Stadt, Schloß, Dorf]
39. Etnografija vostočnych slavjan: Očerki tradicionnoj kul'tury, Hrsg. K. V. Čistov. Moskau 1987 [Ethnographie der Ostslaven: Schriften der traditionellen Kultur]
40. Gorodskaja kul'tura: Srednevekov'je i načalo Novogo Vremeni. Leningrad 1986 [Städtische Kultur: das Mittelalter und der Beginn der Neuzeit]
41. Gorodskaja žizn' v srednevekovoj Evrope. Moskau 1987 [Das Stadtleben im mittelalterlichen Europa]
42. Gromyko M. M., Tradicionnye normy povedenija i formy obščenija russkich krest'jan XIX v. Moskau 1986 [Traditionelle Verhaltensnormen und Umgangsformen der russischen Bauern im 19. Jahrhundert]
43. Gurevič A. Ja., Problemy feodalizma. Moskau 1969 [Probleme des Feudalismus]
44. Gurevič A. Ja., Kategorii Srednevekovoj kul'tury. Moskau 1984 [Kategorien der mittelalterlichen Kultur]
45. Gurevič A. Ja., Problemy Srednevekovoj narodnoj kul'tury. Moskau 1981 [Probleme der mittelalterlichen Volkskultur]
46. Gurevič A. Ja., Duch i materija: Ob ambivalentnosti povsednevnoj srednevekovoj religioznosti. In: Kul'tura i obščestvennaja mysl'. Antičnost', Srednie veka, Vozroždenie. Moskau 1988 [Geist und Materie: Über die Ambivalenz der alltäglichen mittelalterlichen Religiösität]
47. Ideologija feodal'nogo obščestva v Zapadnoj Evrope: Problemy kul'tury i socio-kul'turnye predstavlenija Srednevekov'ja v sovremennoj zarubežnoj istoriografii, Hrsg. A. L. Jastrebickaja. Moskau 1980 [Ideologie der feudalen Gesellschaft in Westeuropa: Probleme der Kultur und soziokulturelle Vorstellungen des Mittelalters in der modernen ausländischen Historiographie]
48. Iskusstvo v sisteme kul'tury. Moskau 1987 [Die Kunst im System der Kultur]
49. Istorija kul'tury Drevnej Rusi, Hrsg. N. N. Voronin u. a. Moskau 1951 [Geschichte der Kultur der Alten Rus]
50. Iz istorii kul'tury Srednich vekov i Vozroždenija. Moskau 1976 [Aus der Geschichte der Kultur des Mittelalters und der Renaissance]
51. Jastrebickaja A. L., Zapadnaja Evropa XI–XIII vv.: Epocha, Byt, Kostjum. Moskau 1978 [Westeuropa im 11.–13. Jahrhundert: Epoche, Alltag, Kleidung]

52. Jastrebickaja A. L., Zapadnoevropejskij gorod v Srednie veka. In: Voprosy istorii 4. Moskau 1978 [Die westeuropäische Stadt im Mittelalter]
53. Jastrebickaja A. L., Gorod v socio-kul'turnoj sisteme zapadnoevropejskogo Srednovekov'ja X–XIII vv. In: Kul'tura i iskusstvo zapadnoevropejskogo Srednevekov'ja. Moskau 1981 [Die Stadt im sozio-kulturellen System des westeuropäischen Mittelalters des 10.–13. Jahrhunderts]
54. Jastrebickaja A. L., Sem'ja v srednevekovom gorode. In: Voprosy istorii 8. Moskau 1985 [Die Familie in der mittelalterlichen Stadt]
55. Kagan M. S., Iskusstvo kak fenomen kul'tury. In: Iskusstvo v sisteme kul'tury. Moskau 1987 [Die Kunst als Phänomen der Kultur]
56. Karsavin L. P., Osnovy Srednevekovoj religioznosti v XII-XIII vv. Petrograd 1915 [Die Grundlagen der mittelalterlichen Religiosität im 12.–13. Jahrhundert]
57. Karsavin L. P., Kul'tura Srednich vekov: Obščij očerk. Petrograd 1918 [Die Kultur des Mittelalters: Allgemeiner Überblick]
58. Karsavin L. P., Filosofija istorii. Berlin 1923 [Philosophie der Geschichte]
59. Každan A. P., Vizantijskaja kul'tura X–XII vv. Moskau 1988 [Byzantinische Kultur im 10.–12. Jahrhundert]
60. Každan A. P., Kniga i pisatel' v Vizantii. Moskau 1973 [Das Buch und der Schrifsteller in Byzanz]
61. Každan A. P., Vešč' i sreda v vizantijskoj kul'ture. In: Dekorativnoe iskusstvo 5. Moskau 1978 [Realien und Umwelt in der byzantinischen Kultur]
62. Klein L. S., K voprosu o svjazi iskusstva i kul'tury. In: Iskusstvo v sisteme kul'tury. Moskau 1987 [Zur Frage der Verbindung zwischen Kunst und Kultur]
63. Knabe G. S., Drevnij mir. Rim – istorija i povsednevnost'. Moskau 1986 [Die Alte Welt. Rom – Geschichte und Alltag]
64. Knabe G. S., Jazyk bytovych veščej. In: Dekorativnoe iskusstvo. Moskau 1987 [Die Sprache der Alltagsrealien]
65. Kul'tura i iskusstvo zapadnoevropejskogo Srednevekov'ja. In: Materialy naučnoj konferencii 1980. Moskau 1981 [Kultur und Kunst des westeuropäischen Mitttelalters]
66. Kul'tura i obščestvo v Srednie veka: Metodologija i metodika zarubežnych issledovanij, Hrsg. A. Ja. Gurevič, A. L. Jastrebickaja. Moskau 1982 (Teil 1) und 1987 (Teil 2) [Kultur und Gesellschaft im Mittelalter: Methodologie und Methodik der ausländischen Untersuchungen]
67. Kul'tura Vizantii IV – pervaja polovina VII vv. Moskau 1984 [Die Kultur von Byzanz, 4.–7. Jahrhundert]
68. Lichačev D. S., "Slovo o polku Igoreve" i kul'tura ego vremeni. Leningrad 1978 [Das "Igorlied" und die Kultur seiner Zeit]
69. Lichačev D. S., Poetika Drevnerusskoj literatury. Leningrad 1979 [Poetik der altrussischen Literatur]
70. Lichačev D. S., Literatura – real'nost' – literatura. Leningrad 1981 [Literatur – Realität – Literatur]
71. Lichačev D. S., Pančenko A. M., Ponyrko N. V., Smech v Drevnej Rusi. Leningrad 1984 [Das Lachen in der Alten Rus]
72. Lichačev D. S., Prošloe – Buduščemu: Stat'i i očerki. Leningrad 1985 [Vergangenheit – Zukunft: Artikel und Schriften]

73. Litavrin G. G., Kak žili vizantijcy. Moskau 1974 [Wie die Byzantiner lebten]
74. Lothman Ju. M., Stat'i po tipologii kul'tury. Tartu 1973 [Artikel zur Kulturtypologie]
75. Lothman Ju. M., Uspenskij B. A., Mif – imja – kul'tura. In: Trudy po znakovym sistemam 3. Tartu 1973 [Mythos – Name – Kultur]
76. Lothman Ju. M., Dinamičeskaja model' semiotičeskoj sistemy. Moskau 1974 [Dynamisches Modell des semiotischen Systems]
77. Lothman Ju. M., Novye aspekty izučenija kul'tury Drevnej Rusi. In: Voprosy literatury 3. Moskau 1977 [Neue Aspekte der Erforschung der Alten Rus]
78. Rabinovič M. G., Očerki material'noj kul'tury russkogo feodal'nogo goroda. Moskau 1988 [Schriften zur materiellen Kultur der feudalen Stadt]
79. Revjakina N. V., Problemy čeloveka v ital'janskom humanizme vtoroj poloviny XIV – pervoj poloviny XV v. Moskau 1977 [Probleme des Menschen im italienischen Humanismus von der zweiten Hälfte des 14. bis zur ersten Hälfte des 15. Jahrhunderts]
80. Romanov B. A., Ljudi i nravy Drevnej Rusi. Leningrad 1976 (1. Aufl. 1947) [Menschen und Gebräuche der Alten Rus]
81. Srednevekovyj Byt, Hrsg. O. A. Dobiaš-Roždestvenskoj. Leningrad 1925 [Der mittelalterliche Alltag]
82. Tradicija v istorii kul'tury, Hrsg. V. A. Karpušin. Moskau 1978 [Tradition in der Geschichte der Kultur]
83. Trudy po znakovym sistemam XVIII: Semiotika goroda i gorodskoj kul'tury. Tartu 1984 [Werke zu den Zeichensystemen XVIII: Semiotik der Stadt und der städtischen Kultur]
84. Trudy po znakovym sistemam XX: Ob itogach i problemach semiotičeskich issledovanij kul'tury. Tartu 1987 [Werke zu den Zeichensystemen XX: Über Ergebnisse und Probleme der semiotischen Untersuchungen zur Kultur]
85. Vešč' v iskusstve. In: Vipperovskie čtenija 1984. Moskau 1986 [Die Realien in der Antike]
86. Vzaimosvjaz' social'nych otnošenij i ideologii v Srednevekovoj Evrope. Moskau 1983 [Das Verhältnis der sozialen Beziehungen und der Ideologie im mittelalterlichen Europa]
87. Zaks V. A., Problemy feodalizma v skandinavskich stranach: Formy social'noj organizacii i pravovye predstavlenija norvežskogo krest'janstva v XI–XIII vv. Kalinin 1986 [Probleme des Feudalismus in den skandinavischen Ländern: Formen der sozialen Organisation und die Rechtsvorstellungen des norwegischen Bauerntums im 11.–13. Jahrhundert]

Alltag, materielle Kultur, Lebensgewohnheiten im Spiegel spätmittelalterlicher und frühneuzeitlicher Abrechnungen

ULF DIRLMEIER

Zu dem Themenkomplex "Mensch und Objekt" verfügen die Geschichtswissenschaften über eine Quellengruppe mit besonderen Qualitäten, aber auch besonderen Problemen: die öffentlichen und privaten Haushaltsabrechnungen. Sie zeichnen sich aus durch die Verläßlichkeit der auf Alltag und materielle Kultur bezogenen Nachrichten, ganz im Gegensatz zu der Überlieferung beispielsweise durch Chroniken, Reiseberichte, obrigkeitliche Verordnungen und Moraltraktate. Alltags- und Festagsaufwand, der aus Abrechnungen ermittelt werden kann, hat tatsächlich *so* stattgefunden, und aufgeführte Objekte sind – von der fehlenden Anschaulichkeit einmal abgesehen – so real wie Fund- und Museumsstücke. Probleme bereitet dagegen die in Mitteleuropa auch für das 15. und 16. Jahrhundert nur ganz spärliche Überlieferung privater Haushaltsabrechnungen. Die besser bewahrte Überlieferung halböffentlicher und öffentlicher Haushalte kann ihrem Gegenstand entsprechend natürlich nur begrenzt weiterhelfen, wenn es um das Verhältnis von Individuen zur Welt des Gegenständlichen geht.

Die folgenden Ausführungen gehören in den Kontext eines Forschungsprojekts zur – auch EDV-gestützten – systematischen Auswertung von Haushaltsrechnungen an der Universität Siegen. Dabei geht es in erster Linie um Haushaltstechnik und Finanzierungsmodalitäten, aber auch der Gesamtbereich der "Realien" ist Gegenstand unserer Forschungsinteressen. Die hier skizzierten Ergebnisse sind vorläufig und beruhen ganz überwiegend auf herkömmlichen Arbeitsweisen, (noch) nicht auf Computereinsatz.

Ausgangspunkt sind die Haushaltsrechnungen der Nürnberger Patrizierfamilien Behaim und Tucher, die vom Ende des 15. Jahrhunderts bis nach der Mitte des 16. Jahrhunderts überliefert sind, und die ich angesichts der gleichen Schichtzugehörigkeit als

Einheit auffasse[1]. Möglichkeiten zur Ergänzung und Kontrolle durch nahestehendes Material sind zumindest beim derzeitigen Stand der Quellenedition kaum gegeben – der von F. Irsigler untersuchte Haushalt Hermanns v. Goch ist immerhin ein gutes Jahrhundert älter und war in Köln angesiedelt[2].

Abschließend soll deswegen ganz kurz überprüft werden, ob eventuell doch mit Hilfe des andersgearteten Materials der öffentlichen Haushaltsrechnungen einzelne Tatbestände bestätigt oder ergänzt werden können.

Im Mittelpunkt des Beitrags sollen dabei einmal nicht Kleidung und Ernährung stehen, auf die sich das Forschungsinteresse ja häufiger konzentriert[3], auch wenn einige Bemerkungen dazu nicht vermieden werden können. In erster Linie geht es aber um die materielle Umgebung von Menschen, ihr Verhältnis zu Gegenständen, ihr Wohnfeld und ihre Verhaltensweisen, wobei es angesichts der gegebenen Überlieferungslage außerordentlich schwer fällt, Entwicklungslinien und Wandel zu verfolgen.

---

[1] W. Loose (Hrsg.), Anton Tuchers Haushaltsbuch 1507 bis 1517 (Bibl. Lit. Ver. Stuttgart 134) Tübingen 1877 (nachfolgend zitiert als Tucher, Haushaltsbuch); J. Kamann, Aus Nürnberger Haushaltungs- und Rechnungsbüchern des 15. und 16. Jahrhunderts. In: Mitteilungen des Vereins für Geschichte der Stadt Nürnberg 6 (1886) 57–122 und 7, 39–168 [nachfolgend zitiert als Kamann I (Abrechnungen Michael Behaims) bzw. Kamann II (Abrechnungen Paul Behaims)].

[2] F. Irsigler, Ein großbürgerlicher Kölner Haushalt am Ende des 14. Jahrhunderts. In: E. Ennen – G. Wiegelmann (Hrsg.), Festschrift Matthias Zender 2. Bonn 1972, 635–668 (nachfolgend zitiert als Irsigler, Großbürgerlicher Haushalt).

[3] Vgl. etwa I. Bitsch u. a. (Hrsg.), Essen und Trinken in Mittelalter und Neuzeit. Sigmaringen 1987; I. Petraschek-Heim, Die Sprache der Kleidung. Wesen und Wandel von Tracht, Mode, Kostüm und Uniform. Baltmannsweiler [2]1988.

Zunächst das rechnungsmäßige Ergebnis der patrizischen Großhaushaltsführung von Anton Tucher in Nürnberg:

Durchschnittlicher Jahresaufwand im Haushalt von Anton Tucher (Nürnberg) in den Jahren 1507–1517:

Wochengeld	146,8 Gulden	
Wein	97,0 Gulden	
Bier	35,0 Gulden	34,3 %
Schmalz	16,4 Gulden	
Gewürze u. ä.	22,2 Gulden	
Brennholz	25,6 Gulden	
Gesinde	22,0 Gulden	5,1 %
d. h. laufender Haushalt	363 Gulden	39,2 %
Geschenke		
Kleider		
Hausrat	563 Gulden	60,8 %
Steuer		
Gesamtausgaben	926 Gulden	100 %

Bei wohl acht bis zehn ständigen Hausbewohnern, davon in der Regel zwei Knechte und zwei Mägde, sowie einem ausgeprägten Einladungsbetrieb[4] wurden im Jahresdurchschnitt also 926 Gulden verbraucht. Das entspricht einem mittleren Handwerkervermögen[5], aber Tucher hat offenbar keineswegs von der Substanz gezehrt: Seine Vermögenssteuer ist von 144 Gulden im Jahr 1508 auf 239 Gulden im Jahr 1517 angestiegen, was einen entsprechenden Besitzzuwachs wahrscheinlich macht.

Tucher rechnete zu den laufenden Haushaltsausgaben außer Essen und Trinken mit innerer Logik auch Seife, Licht, Brennholz und Gesindelöhne. Diese Posten erreichten im Schnitt gut 39 % des Gesamtaufwands. Es verdient besondere Beachtung, daß dabei der Gewürzverbrauch, oft als Indikator für Verschwendung der Reichen bezeichnet, als Kostenfaktor kaum ins Gewicht gefallen ist: Zusammen mit Zucker, Seife und Licht erreicht er nur 2,4 %

4 Siehe unten S. 173.

5 E. Maschke, Mittelschichten in deutschen Städten des Mittelalters. Zuletzt in: ders., Städte und Menschen (Vierteljahresschrift für Sozial- und Wirtschaftsgeschichte Beiheft 68) Wiesbaden 1980, 275–305, bes. 283–285.

der Jahresausgaben. Gesondert verbucht werden die Aufwendungen *ausserhalb esseder* (sic!) *ding*, nämlich Kleidung, Hausrat, Geschenke und Losung (die Vermögenssteuer)[6]. Die Relation von 60 : 40 zum Nahrungsaufwand kennzeichnet einen sehr gehobenen Lebensstandard, aber die Tucherschen Rechnungsergebnisse erlauben noch weitere Beobachtungen zur Haushaltsführung: Die laufenden, im wesentlichen ernährungsbedingten Ausgaben schwanken wesentlich weniger als die Sachausgaben; das jeweils teuerste Einzeljahr liegt bei 112 bzw. 240 % des Durchschnitts! Man kann also von einem außerordentlichen Haushalt des Sachbedarfs und einem ordentlichen Haushalt des laufenden Unterhalts sprechen. Die Tatsache, daß einzelne Posten der Ausgaben *ins hauß* wie Bier, Gewürze, Brennholz über Jahre kaum oder gar nicht differieren[7], läßt vermuten, daß das Budget geplant, der Verbrauch beobachtet wurde. Ein rund vierzig Jahre späterer Rechnungsvermerk des Nürnbergers Paul Behaim bestätigt diese Ausnahme: In der Küche befand sich ein Brett zum Anschreiben der täglichen Ausgaben[8].

Trotz möglicher methodischer Bedenken bringe ich eine kurze Gegenüberstellung der Rechnungsergebnisse der "großbürgerlichen" Haushaltsführung Hermanns v. Goch in Köln[9]. Immerhin haben Goch und Tucher eine vergleichbare Schichtzugehörigkeit, sind beide Haushalte in einer führenden Handels- und Gewerbestadt angesiedelt.

---

6 Regelmäßig zum Abschluß des jeweiligen Rechnungsjahres verbucht: z. B. Tucher, Haushaltsbuch 20 und 24.

7 Ebd. 15, 20, 27, 33, 36, 39, 42, 48, 51 (Jahresabschlüsse).

8 Kamann II, 42 (1549).

9 Nach den Angaben bei Irsigler, Großbürgerlicher Haushalt 640. Die Umrechnung von Mark in Gulden nach den Kursangaben bei R. Knipping, Die Kölner Stadtrechnungen des Mittelalters 1 (Publikation der Gesellschaft für Rheinische Geschichtskunde 15) Bonn 1897, XXVIII : 1 Gulden = 3 Mark 5 Schilling.

Durchschnittlicher Jahresaufwand im Großhaushalt von Hermann v. Goch (Köln) in den Jahren 1391–1394 (27 Monate):

Nahrung, Getränke	329,9 Gulden	54,4 %
Kleidung, Hausrat	77,3 Gulden	12,8 %
Dienstleistungen	9,6 Gulden	1,6 %
Universitätsstudium des Sohnes	187,2 Gulden	31,2 %
Gesamtausgaben	604,0 Gulden	100 %

Gewiß ist die Gegenüberstellung von Durchschnittswerten aus 27 Monaten bzw. 11 Jahren problematisch und der Sonderfall der Studienkosten des Sohnes schlägt bei Goch natürlich voll durch. Auch die Vergleichbarkeit von Guldenbeträgen über den Abstand von 120 Jahren müßte eigens erörtert werden. Allerdings ist es schon verblüffend, daß Goch mit 329 Gulden nominal im Durchschnitt fast den gleichen Jahresbetrag für Nahrung und Getränke ausgegeben hat wie Tucher mit 317 Gulden. Ich beschränke mich hier auf die Kostenrelation, bei denen die Frage des Geldwerts keine Rolle spielt und bei denen Unterschiede zwischen beiden Haushaltsführungen augenfällig sind:

Bei Anton Tuchner beträgt der Kostenanteil für Ernährung im engeren Sinn 34 % der Gesamtausgaben, bei Hermann v. Goch aber 54 %. Für dieses Dominieren der Nahrungskosten bei Goch, im Gegensatz zum Überwiegen der Sachausgaben bei Tucher, gibt es mehrere Erklärungsmöglichkeiten: Den Zufall angesichts der kurzen Zeitspanne der Goch'schen Haushaltsrechnung, individuelle Verbrauchsunterschiede oder buchungstechnische Eigenheiten (Unvollständigkeit). Eine denkbare Ursache ist aber auch der Konsumwandel am Ende des Mittelalters zu mehr und anspruchsvolleren Sachgütern. Diese Vermutung wird gestützt durch die Tatsache, daß bei Goch von 1391 bis 1394 kein einziger Möbelkauf verbucht ist, während bei Tucher Jahr für Jahr Schränke, Truhen oder ähnliche Einrichtungsgegenstände gekauft wurden[10].

Ganz konkret werden einerseits Wandel, aber auch Kontinuität von Verbrauchsgewohnheiten anhand von zwei Einzelposten der Abrechnungen verdeutlicht: Hermann v. Goch hat insgesamt 62 Paar Schuhe eingekauft, seine beiden Söhne haben 7 bzw. 9 Paar innerhalb eines Jahres erhalten. Auch Anton Tucher hat jährlich um die 10 Paar einfache Sommerschuhe verbraucht,

[10] Zu Tuchers Möbelkäufen siehe unten S. 165 f.

dazu die gleiche Menge doppelter Winterschuhe[11]. Von möglichen Modevarianten im Zuschnitt abgesehen, handelt es sich bei Goch und Tucher zweifellos um die auch aus Grabungsbefunden wohlvertrauten Lederschuhe ohne feste Sohle, über denen bei Bedarf Holzschuhe getragen wurden[12]. Der fertigungstechnisch bedingte hohe Jahresverbrauch ist auch sonst bis über die Mitte des 16. Jahrhunderts hinaus nachweisbar[13], er korrespondiert nahtlos mit den bei Altstadtgrabungen festgestellten Mengen an Schuh- und Lederresten[14].

Während hier also offensichtlich gleiche oder zumindest sehr ähnliche Verbrauchsgewohnheiten über einen Zeitraum von rund 150 Jahren nachweisbar sind, ergibt der Konsum mittelmeerischer Importgüter ein ganz anderes Bild: Zwar wurden im Haushalt Goch genauso wie im Haushalt Tucher unter anderem Feigen, Weinbeeren, Mandeln und Zucker verbraucht (bei Tucher auch große Mengen von Pomeranzen, die bei Goch ganz fehlen), aber der Unterschied liegt bei den Quantitäten, nicht bei der Warenpalette. Hermann v. Goch hat im gesamten Abrechnungszeitraum (27 Monate) insgesamt ca. 65 Pfund Feigen eingekauft, über ein Jahrhundert später hat Anton Tucher während der Fastenzeit eines einzigen Jahres über 350 Pfund Feigen verschenkt[15]. Auch hier besteht übrigens eine gute Übereinstimmung zwischen der schriftlichen Überlieferung der Abrechnungen und innerstädtischen Grabungsbefunden mit zahlreichen paläobotanischen Nachweisen von Feigenkernen[16]. Noch augenfälliger als bei den importierten Trockenfrüchten differieren aber die Verbrauchsmengen an Zucker: Goch hat insgesamt knapp 6 Pfund Zucker einge-

---

11 Irsigler, Großbürgerlicher Haushalt 658; Tucher, Haushaltsbuch 65, 70, 79, 90 u. a.

12 Vgl. die Abbildung von Grabungsfunden in: Cord Meckseper (Hrsg.), Stadt im Wandel, Ausstellungskatalog 1. Stuttgart 1985, 301 f., Nr. 239 u. 240.

13 Vgl. dazu U. Dirlmeier, Untersuchungen zu Einkommensverhältnissen und Lebenshaltungskosten in oberdeutschen Städten des Spätmittelalters (Abh. Heidelberg phil.-hist. Kl. 1978, 1) Heidelberg 1978, 284.

14 Als Beispiel für die zahlreichen neueren Grabungsbefunde vgl. S. Sauer, Ein reichhaltig verfüllter Brunnenschacht vom Gelände des mittelalterlichen Neusser Gasthauses. In: Neusser Jahrbuch 1988, 33–39, bes. 37.

15 Irsigler, Großbürgerlicher Haushalt 653 f.; Tucher, Haushaltsbuch 87.

16 Beispielsweise K.-H. Knörzer, Geschichte der synanthrophen Vegetation von Köln. In: Kölner Jahrbuch 20 (1987) 271–377, bes. 360, 366 u. 376.

kauft, was einem Jahresmittel von ca. 2,5 Pfund entspricht. Im Haushalt Tucher wurden dagegen zwischen 1507 und 1517 jahresdurchschnittlich 30,5 Pfund Zucker verbraucht[17]. Dem entspricht eine Preisentwicklung, die selbst in nicht inflationsbereinigten Nominalbeträgen überdeutlich erkennbar wird: Hermann v. Goch bezahlte für das Pfund Zucker knapp 1 Gulden, für Anton Tucher kostete es nur noch durchschnittlich 0,12 Gulden (=12 %). Bei dieser Preisentwicklung überrascht es nicht, daß in Nürnberg nach 1500 neben dem traditionellen Honig bereits Zucker zum Einkochen von Obst verwendet wurde[18]. Bei aller Vorsicht angesichts der schmalen Quellenbasis wird man wohl folgern dürfen, daß im Laufe des Spätmittelalters ein zunehmendes Angebot an Südwaren zunehmenden und regelmäßigen Konsum ermöglicht hat. Im 16. Jahrhundert erscheint der Verbrauch von Zucker aufgrund der Preisentwicklung nicht mehr unbedingt als Privileg der reichsten Oberschicht[19].

Wie eben bei der Gegenüberstellung der Haushaltsrechnungen von Tucher und Goch gezeigt, lagen im Nürnberger Patrizierhaushalt des frühen 16. Jahrhunderts die Sachaufwendungen deutlich über den Ernährungskosten, und dies nicht nur im Durchschnitt, sondern zwischen 1507 und 1517 ganz regelmäßig Jahr für Jahr. Dem Bereich dieser Ausgaben und den daraus ableitbaren Überlegungen gelten die nachfolgenden Abschnitte, wobei überlieferungsbedingt überzeitliche oder überörtliche Vergleiche mit homogenem Quellenmaterial kaum möglich sind. Von außen nach innen fortschreitend, werden berücksichtigt: Der bauliche Unterhalt der Wohnung, Mobiliar und Geräte einschließlich Haushaltstextilien, der Umgang mit den Sachgütern, der Sauberkeitsstandard, Familie und Gesinde, Feste und Geschenke, Gesundheit und schließlich die Religiosität.

Zum baulichen Unterhalt: In den mir zwischen 1490 und 1560 überschaubaren rund 70 Haushaltsjahren der Familien Michael Behaim, Anton Tucher und Paul Behaim gibt es auffallenderweise kaum ein Jahr ohne größere Reparaturen und Renovierungen, ent-

---

[17] Irsigler, Großbürgerlicher Haushalt 651 f.; Tucher, Haushaltsbuch, Jahresabschlüsse (wie oben Anm. 7).

[18] Kamann II, 73, 76, 98, 114 (Honig); Tucher, Haushaltsbuch 18 (Zucker).

[19] Zur Entwicklung der Zuckerproduktion siehe E. Schmitt (Hrsg.), Die mittelalterlichen Ursprünge der europäischen Expansion (Dokumente zur Geschichte der europäischen Expansion 1) München 1986, 140–142.

weder am eigenen Haus oder an einem "Zinshaus" im Besitz der Familie. Zu den Schwachpunkten gehörte das Dach, bei dem man, wie ein Vermerk Tuchers belegt, die vorsorgliche Inspektion auf Schäden kannte. Obwohl auch die Mietshäuser selbstverständlich Tonziegeldächer hatten, mußte der Dachdecker häufig genug gerufen werden. Anton Tucher ließ 1515 das Dach seines Vorderhauses komplett neu eindecken. Dafür kaufte er ausdrücklich 3200 *alte*, also gebrauchte Ziegel, das Stück zu 0,33 Pfennig. Fast gleichzeitig bezahlte Michael Behaim 8500 neue Ziegel, das Stück zu 0,72 Pfennig[20]. Tucher hätte also mit seiner Gebrauchtware knapp 55 % gespart; da es sich aber um unterschiedliche Sorten handelt (Hohl- bzw. Flachziegel), ist ein exakter Preisvergleich nicht möglich. Im Zusammenhang mit dem Dach sind die Reparaturen an Kaminen und das regelmäßige Schlotfegen als Feuerschutzmaßnahmen erwähnenswert, ferner die Verwendung von Kupfer, also eines hochwertigen Materials, für die Erneuerung eines Regenfallrohres[21]. So selbstverständlich wie das hartgedeckte Dach waren auch die butzenverglasten Fenster. Wie Reparaturnotizen zeigen, war sogar Tuchers Pferdestall mit Glasfenstern versehen, und auch die an einen Schuster untervermietete Wohnung im Vorderhaus verfügte über diesen Komfort. Butzenscheiben kosteten übrigens pro Stück knapp 2 Pfennige (1494) und waren damit zwar kein ausgesprochenes Luxusgut, aber doch recht teuer, wie der Preisvergleich mit den neuen Dachziegeln (0,72 Pfennig) zeigt[22]. Reparaturen brauchte auch der Fußboden. Ausgabennotizen teils für Platten, teils für das Abhobeln durch den Schreiner verdeutlichen das Nebeneinander von Holz- und Steinböden im Haus Anton Tuchers, übrigens in funktionsgleichen Räumlichkeiten[23]. Ob das Neuverlegen von Plattenböden im Jahr 1562 in drei Kammern des Hauses Paul Behaim einem allgemeinen Wohntrend entsprach, muß offenbleiben[24]. Auf Arbeiten im Sanitärbereich ist im Zusammenhang mit dem Hygienestandard einzugehen. Es bleibt noch zu erwähnen, daß zu den regelmäßig beschäftigten Handwerkern

---

[20] Kamann I, 104; Tucher, Haushaltsbuch 123.

[21] Tucher, Haushaltsbuch 53, 73, 100. Zu den Feuerschutzmaßnahmen zählte auch die regelmäßige Reparatur der Öfen durch einen Hafner (65 und 86).

[22] Kamann I, 75.

[23] Tucher, Haushaltsbuch 73 (Steinboden), 133, 148 (Holzfußboden).

[24] Kamann II, 141.

in allen drei hier betrachteten Nürnberger Haushalten auch Maler gehört haben. Teilweise im Abstand von nur zwei Jahren wurden bei Anton Tucher und Paul Behaim Wohnräume neu gestrichen, für andere Hausteile wie Küche, Gänge und Treppenhaus sind Renovierungen in unterschiedlichen Abständen belegt. Die bereits erwähnte Mietwohung im Vorderhaus von Anton Tucher wurde bei zwei Mieterwechseln 1513 und 1517 jeweils grundrenoviert[25]. Das Ausweißen von Räumen unter Verwendung von Leinöl- und Leimzusatz war die billigste Malerarbeit, teuer waren farbige Anstriche und das Firnissen einer holzgetäfelten Stube. Mit einfachen Anstrichen waren aber die patrizischen Ansprüche an die Gestaltung ihres Wohnumfeldes nicht erfüllt: Tucher hat zweimal einen Kunstmaler mit Dekorationen beauftragt, darunter exakt gezählte 400 Sterne im unteren Flur. Die kosteten 270 Pfennige, während gleichzeitig zwei Räume komplett für 150 Pfennige weiß gestrichen wurden. Paul Behaim beauftragte 1562 einen Maler mit dem Malen einer Sonnenuhr und mit der Ausschmückung seiner oberen Stube mit Rosen und anderem Pflanzenwerk[26]. Die Freude an repräsentativer Schönheit im Patrizierhaushalt ist unverkennbar.

Ihrem Umfang entsprechend, schlagen sich die Bauunterhaltsmaßnahmen auch im Haushaltsbudget nieder: Paul Behaim verwendete Mitte des 16. Jahrhunderts 6–8 % der Gesamtausgaben für diesen Bereich. Die ständigen Reparaturen an Dach, Öfen und Holzwerk, die auch andernorts in öffentlichen Haushaltsabrechnungen auffallen[27], kann man wohl als materialbedingtes Merkmal der vorindustriellen Zeit ansprechen dürfen.

Ein vollständiges Inventar der sorgfältig gepflegten Patrizierhäuser kann aufgrund der Abrechnungen nicht erstellt werden. Aber in den überprüfbaren rund 70 Haushaltsjahren ergibt sich aus der Vielzahl von Hausratskäufen der allerdings kaum exakt quantifizierbare Eindruck, daß sich die Wohnungen zunehmend gefüllt haben. An Möbelstücken werden erwähnt: Truhen aus Eiche, Kiefer und Eisen; große und kleine Schränke für die Wohnstube, mit Schubfächern im Unterbau. Ein von Tucher 1513 er-

---

25 Tucher, Haushaltsbuch 71, 86, 102, 148, 154; Kamann II, 53, 68, 140.

26 Tucher, Haushaltsbuch 85 und 134; Kamann II, 141 f.

27 Beispielsweise in den Abrechnungen der Grasburg bei Fribourg. F. Burri, Die Grasburg. In: Archiv des Historischen Vereins des Kantons Bern 20 (1911) 45–159 und 161–217.

worbenes Prachtstück (der hohe Preis von 18 Gulden entspricht dem) hatte Türen aus gemasertem Holz, Kranz und Fuß waren aus Linde. Als Besonderheit eigens in den Rechnungen notiert wurden auch Schnitzwerk-Verzierungen an den Schränken. Bemerkenswert als Indiz für die Arbeitsteilung in der spätmittelalterlichen Stadtwirtschaft ist die Tatsache, daß beim Schreiner neu gekaufte Truhen und Schränke ohne Beschläge geliefert wurden. Tür und Deckelbänder, bei Truhen besonders auch die Schlösser, wurden eigens vom Schlosser geliefert und eingebaut, wobei – zwei Notizen Tuchers belegen das – Meisterstücke besonders gesucht und gut bezahlt waren[28]. An Großmöbeln begegnen ferner Ruhebetten (Spanbetten), die sich Michael Behaim (1504), Anton Tucher (1507) und Paul Behaim (1548) eigens in ihre Stube bzw. Arbeitszimmer stellten, außerdem Tische mit Stein- und mit Ahornplatten. Sehr spät, bei Paul Behaim im Jahr 1563, werden erstmals Polstersessel erwähnt, grün bezogen und mit Messingknöpfen verziert. Dagegen waren die Polsterbänke in der Stube offenbar so etwas wie der zentrale Ort der Wohnung. Ich schließe dies daraus, daß bei Anton Tucher in 11 Haushaltsjahren nicht weniger als sechsmal (1507, 1509, 1510, 1512, 1513, 1516) Polster und Kissen neu bezogen oder neu gekauft wurden. Die, wie wir erfahren, federgefüllten Polster wurden mit rotem Leder, aber auch mit gewirktem Stoff bezogen, bei den Kissen wird ein Vogelmuster grün in grün (1510) erwähnt, eine Farbe, die Paul Behaim allgemein für Möbel, Öfen und Vorhänge bevorzugt hat[29].

Das zwar teilweise aufwendig gearbeitete, aber überwiegend zweckorientierte Großmobiliar wurde mit zahlreichen Dekorationsobjekten ergänzt. Im gesamten Berichtszeitraum besonders beliebt waren offensichtlich Hängeleuchter aus Hirschgeweih mit Figuren[30], wie sie sich ja bis heute erhalten haben. Paul Behaim besaß mindestens vier Hängeleuchter, davon einer mit Lukretia-Figur, ein anderer *darauf ein schlos auf eim vels stet*[31]. Dazu ka-

---

[28] Tucher, Haushaltsbuch 76, 81, 91, 94, 97, 103, 139.

[29] Ebd. 55, 92, 93 (Tische, Betten); 52, 74, 79, 92, 104 (Polster). Kamann I, 95 (Michael Behaim) und II, 40, 41, 76, 152 (Paul Behaim).

[30] Vgl. R. Endres, Adelige Lebensformen in Franken. In: Adelige Sachkultur des Spätmittelalters (Veröffentlichungen des Instituts für mittelalterliche Realienkunde Österreichs 5 = Sb. Ak. Wien, phil.-hist. Kl. 400) Wien 1982, 73–104, bes. 85.

[31] Kamann II, 72 und 77.

men neben den bereits erwähnten Dekorationsmalereien noch Familienwappen, Heiligenbilder und -figuren, Alabasterbilder, Bildteppiche und gerahmte Bilder auf Leinwand mit wohl weltlichen Motiven. Paul Behaim ließ sich außerdem von einem niederländischen Maler porträtieren[32]. Überraschend niedrig erscheint der Preis für Kunst- und Kunstgewerbeobjekte: Anton Tucher zahlte für 10 Alabasterbilder 1,2 Gulden, für vier gerahmte Bilder auf Leinen 1 Gulden, für ein zweiflügeliges Tafelbild mit dem Englischen Gruß 0,8 Gulden. Dagegen kosteten ein Truhen- und ein Türschloß zusammen 8 Gulden, eine eiserne Truhe und ein Schrank je 18 Gulden:[33] Einen von Material- und Nutzwert losgelösten Kunstwert hat man damals offensichtlich kaum gekannt. Für Paul Behaim belegen die Abrechnungen aber nach der Mitte des 16. Jahrhunderts eindeutig eine quantitativ gesteigerte Sammlertätigkeit: Mit der Zahl seiner Bilderkäufe übertrifft er Anton Tucher bei weitem, außerdem hat er regelmäßig Bücher erworben, was bei Michael Behaim und Anton Tucher nur ganz selten nachweisbar ist. Neben theologischen Werken kaufte Paul Behaim auch Bücher über die Goldene Bulle, über das Kriegsrecht, über Türken und Moskowiter[34]. Zum historisch orientierten Bildungsstreben, das man daraus ableiten darf, tritt bei ihm eine Vorliebe für Objekte, die nach den Maßstäben unserer Zeit nicht unbedingt als hochrangige Kunstgegenstände einzuordnen wären: wappenbemalte Schildkrötpanzer, acht Rehköpfe mit und ohne Geweih, 13 Tonfiguren *auf die Gesimse* zu stellen[35]. Zusammen mit den erwähnten Hängeleuchtern und Polstersesseln entsteht das Bild eines "altdeutschen Salons" – aber gerade auf diesem Gebiet wird man jeder Epoche das Recht auf den eigenen Geschmack zubilligen müssen.

Bei dem übrigen Hausrat wie Geschirr und Küchengeräten fällt auf, daß außer Ofenkacheln und buntglasierten Gefäßen teilweise italienischer Herkunft in den Rechnungen der Nürnberger Patrizier kaum irdene oder keramische Ware verzeichnet wird. Die bei Hermann v. Goch im Köln des ausgehenden 14. Jahr-

---

[32] Ebd. 41 und 115.

[33] Tucher, Haushaltsbuch 89, 107, 109 (Bilder); 94, 97, 103 (Möbelpreise).

[34] Kamann I, 81 (Kauf einer Buchschließe für Michael Behaim); Tucher, Haushaltsbuch 107 und 106; Kamann II, 78, 150, 152, 154.

[35] Ebd. 79, 112, 152.

hunderts notierten irdenen Krüge und Töpfe fehlen ganz, an ihrer Stelle wird jetzt Metallgerät verwendet, das damals natürlich auch nicht ganz fehlte:[36] In der Nürnberger Patrizierküche waren Töpfe, drehbare Bratspieße und Pfannen aus Eisen; Wasserkannen, Wasserzuber und Spülständer waren aus Kupfer, die Mörser aus Messing[37].

Nur vereinzelt, wie bei Tucher im Jahr 1507, wurden auch hölzerne Teller und Schüsseln für die Küche gekauft. Aber außerhalb der Küche, das ist zu beachten, wurde nach wie vor auch Holzgeschirr verwendet. Paul Behaim kaufte um die Mitte des 16. Jahrhunderts in größeren Mengen (12–50 Stück) hölzerne Teller, teils aus Ahorn, für den täglichen Gebrauch[38]. Doch dominierte eindeutig Zinn als bevorzugtes Material für Schüsseln, Teller und Kannen. So kaufte 1514 Anton Tucher 24 Teller und 2 große Schüsseln aus Leipzig, 1517 notierte er 100 Zinntellerchen, *statt telerprot aufzudecken*, d. h. sie ersetzten die sonst üblichen flachen Brote als Speiseunterlage. Jedes dieser "Tellerchen" wog gut 150 Gramm, kann also nicht ganz winzig gewesen sein[39].

Keine vollständigen Zahlen, aber doch gute Anhaltspunkte für die Menge des Metallgeschirrs in einem Patrizierhaushalt ergeben die Rechnungsnotizen von Paul Behaim aus der Mitte des 16. Jahrhunderts: Großeinkäufe und eine Erbteilung zu Beginn der eigenen Haushaltsführung addieren sich, soweit das Gewicht aufgeschrieben wurde, zu 102 Pfund Zinn- und 215 Pfund Kupfergeschirr – und dies ist eben erst der Anfang[40]. Daß bei den Besteckkäufen Löffel und Messer überwogen haben und Gabeln nur vereinzelt vorkommen, kann nicht überraschen, die späte Verbreitung der Gabeln nördlich der Alpen ist ja bekannt[41]. Es bleiben noch zwei Details zu erwähnen, Kuriosa eher, die aber

[36] Irsigler, Großbürgerlicher Haushalt 660 und 662.

[37] Tucher, Haushaltsbuch 59, 73, 79 f., 97, 101, 132 (Küchengeräte aus Metall).

[38] Ebd. 58; Kamann II, 42 und 75.

[39] Tucher, Haushaltsbuch 115 und 146.

[40] Kamann II, 40 f. und 42. Auch bei Hermann v. Goch sind während der 27 Abrechnungsmonate ca. 61 Pfund Zinngeschirr notiert: Irsigler, Großbürgerlicher Haushalt 660.

[41] Tucher, Haushaltsbuch 61; Kamann II, 67; D. Rumm-Kreuter, Heizquellen, Kochgeschirre, Zubereitungstechniken und Garergebnisse mittelalterlicher Köche. In: Bitsch, Essen und Trinken 225–244, bes. 235 (Gabeln).

sehr gut belegen, welche Vorsicht bei dem Versuch angebracht ist, aus wenigen Rechnungsbelegen auf Wandlungen der materiellen Kultur zu schließen: Bei Paul Behaim wurden erstmals nach der Mitte des 16. Jahrhunderts Fliegenwedel und Abdeckhauben für das Küchenfeuer notiert – davor findet sich in den Nürnberger Abrechnungen kein Nachweis. Was liegt näher, als hier den zivilisatorischen Fortschritt der frühen Neuzeit zu sehen – aber Fliegenwedel wie Feuerhaube werden schon gut 150 Jahre früher im Haushalt Hermanns v. Goch in Köln verwendet[42].

Bei den Textilien überwog der Verbrauch von Leinen, aber auch Zwilch und Barchent wurden eingekauft. Bedarf bestand für: Bettbezüge, Bettücher, Tischtücher, Servietten, Taschentücher und Männerhemden. Auffallend ist die Betonung hierarchischer Qualitätsunterschiede, denn es gab *Herrenleilach* und *Ehaltenleilach, Ehaltentischtücher, Ehaltenhandtücher*[43]. Das zeigt zum einen natürlich das Standesdenken und die gesellschaftlichen Schranken in der spätmittelalterlichen Stadt, zum anderen aber auch ganz eindeutig, daß das Gesinde, wenn auch auf einfacherem Niveau, vom Komfort der patrizischen Haushaltsführung nicht völlig ausgeschlossen war. Im übrigen ist die Standesunterscheidung auch beim Bettzeug keine Eigenheit der Nürnberger Patrizier, sie war in der spätmittelalterlichen Gesellschaft allgemein verbreitet[44]. Auffallend groß war der Umfang der Textil- und Wäschevorräte: Anton Tucher besaß 1507 mindestens 36 Deck- und Federbetten, 20 Kopfkissen, 30 Bettkissen. 1509 wurden in Lyon für 27,5 Gulden Haushaltstextilien eingekauft, darunter übrigens auch eigens *Ehaltenleilach*. 1510 ließ Tucher 286 Ellen (ca. 190 m) Leinen bleichen, 1512 nochmals 177 Ellen (ca. 113 m) Genfer Leinwand. Paul Behaim kaufte 1549 in Antwerpen 110 Ellen (ca. 72 m) Leinen für Hemden und unter anderem 107 Ellen (ca. 70 m) Leinen für Bettücher. Bei einer Großwäsche in seinem Haus wurden 1566 unter anderem gezählt: 65 große und 32 schmale Tischtücher, 69 Handtücher, 118 Taschentücher, 38 Bettücher. Das war aber offensichtlich keine Eigenheit der frühen

---

[42] Kamann II, 51 und 151; Irsigler, Großbürgerlicher Haushalt 600 f.

[43] Tucher, Haushaltsbuch 54, 74, 104, 134.

[44] Endres, Adelige Lebensformen 84.

Neuzeit: Ähnlich große Wäschevorräte ermittelte F. Irsigler auch für den Kölner Hermann v. Goch am Ende des 14. Jahrhunderts[45].

Es liegt nahe, in diesem Zusammenhang allgemein nach dem Hygienestandard in den patrizischen Großhaushalten zu fragen. Natürlich besteht hier die Gefahr, aufgrund der Abrechnungen ein zu optimistisches Bild zu zeichnen, weil naturgemäß nur die Leistungen, nicht eventuelle Versäumnisse notiert wurden. Aber auch bei zurückhaltender Bewertung zeigen die einzelnen Rechnungsbelege, daß jedenfalls zum patrizischen Lebensstandard des Spätmittelalters und der frühen Neuzeit auch ein gewisses Maß an Reinlichkeitsbedürfnis gehört hat. So war die eben erwähnte Großwäsche im Haus Behaim (1566) kein singuläres Ereignis, vielmehr wurde der große Bestand an Haustextilien regelmäßig gewaschen. Bei Anton Tucher und Paul Behaim fielen jährlich zwei- bis dreimal Ausgaben dafür an, für die Frühjahrs- (April / Mai), Sommer- (August) und Herbstwäsche (September / Oktober)[46]. Das sind natürlich nach modernen Maßstäben enorme Zeitabstände, aber dafür wurden ja auch, wie eben gezeigt, umfangreiche Bestände an Haushaltstextilien vorgehalten. Das Waschen wurde übrigens nicht vom eigenen Gesinde besorgt, sondern von tageweise bezahlten Wäscherinnen, bei Tucher bis zu vier Personen. Wohl je nach Stoffart wurde zwischen Laugen- und Seifenwäsche unterschieden. Für die Lauge kaufte Tucher eine Kupferwanne von 96,5 Pfund Gewicht, für die Seifenwäsche wurden bei ihm jährlich 11 bis 40 Pfund Seife eingekauft. In Paul Behaims Haushalt wurde neben venezianischer Mohnseife auch selbstgesottene (Kern-) Seife verbraucht[47]. Nur einmal, im Jahr 1507, notiert Anton Tucher, daß sämtliches Federbettzeug gereinigt und *geklaubt*, also aussortiert wurde. Da er zugleich alle alten Bettücher waschen ließ, könnte man an einen Ungezieferbefall denken. Die Erwähnung einer gleichartigen Aktion auch im Rechnungsbuch von Paul Behaim zeigt ebenfalls, daß eine solche Grundreinigung des Bettzeugs durchaus zu den üblichen Gewohnheiten der Zeit gehört hat[48].

---

[45] Tucher, Haushaltsbuch 55, 74, 79, 92; Kamann II, 47 und 100; Irsigler, Großbürgerlicher Haushalt 662.

[46] Tucher, Haushaltsbuch 11, 17, 24, 25 u. a.; Kamann II, 73, 99, 100.

[47] Tucher, Haushaltsbuch 50 und 79; Kamann II, 99.

[48] Tucher, Haushaltsbuch 55; Kamann II, 100.

Ein entsprechendes Bemühen um Körperhygiene belegen die Ausgaben für häusliche Badeeinrichtungen. Anton Tucher kaufte 1507 einen kupfernen Badeofen, 216 Pfund schwer, als Ersatz für den sechs Jahre alten, defekten Vorgänger. Im gleichen Jahr erhielt die Badestube einen neuen Fußboden aus Holz, 1513 mußte der Badekessel repariert werden, 1514 war wieder ein neuer Fußboden fällig:[49] Das Bad im Haus Tucher wurde offensichtlich regelmäßig benützt und diente jedenfalls nicht ausschließlich als Statussymbol. Ein weiteres Bad im Garten erlaubt übrigens einen aufschlußreichen Preisvergleich: 1516 kaufte Tucher dafür eine Kupferwanne, 63 Pfund schwer, die mit 1260 Pfennigen reichlich zehnmal teurer war als die alte, seit 1512 benützte Holzwanne[50].

Das notwendige Badewasser kam aus eigenen Schöpfbrunnen, die in den Haushaltsrechnungen häufig erwähnt sind, weil sie regelmäßig neue Brunnenseile erhielten, in Abständen gefegt, d. h. gereinigt wurden und verhältnismäßig oft neue Holzeimer benötigten. Ohne hier auf Einzelheiten einzugehen ist auch noch zu erwähnen, daß zwar nicht regelmäßig, aber bei Bedarf die sehr geräumigen Klogruben von spezialisierten Handwerkern, den *Pappenheimern*, entleert wurden[51]. Bei Hermann v. Goch in Köln fehlen zwar Ausgabennotizen für das Bad, aber Seifenverbrauch, regelmäßige Großwaschtage und die Latrinenreinigung sind bei ihm genauso belegt wie bei Tucher und Behaim[52]. Wir fassen also auch in diesem Bereich keine Nürnberger Extravaganzen, sondern den gehobenen Standard der Zeit.

Diese eindeutig von materiellem Wohlstand geprägte Lebensführung schließt freilich einen sehr sorgsamen Umgang mit den Dingen und mit dem Geld nicht aus. Die einleitend anhand von Anton Tuchers Rechnungsergebnissen erschlossene überlegte Wirtschaftsführung wird durch zahlreiche Einzelbelege bestätigt, die für eine bewußte Ausgabenkontrolle sprechen: Obwohl Wachs-

---

[49] Tucher, Haushaltsbuch 56, 101, 112.

[50] Ebd. 92 und 131. Die Holzwanne kostete 120 Pfennige, die Kupferwanne 1260 Pfennige.

[51] Vgl. dazu U. Dirlmeier, Die kommunalpolitischen Zuständigkeiten und Leistungen süddeutscher Städte im Mittelalter. In: J. Sydow (Hrsg.), Städtische Versorgung und Entsorgung im Wandel der Geschichte (Stadt in der Geschichte 9) Sigmaringen 1981, 113–150, bes. 141 f.

[52] Irsigler, Großbürgerlicher Haushalt 662 f.

kerzen ein großbürgerliches Statussymbol darstellen[53], wurde in den drei hier untersuchten Nürnberger Patrizierhaushalten ganz überwiegend mit Unschlittlichtern beleuchtet, bei Paul Behaim Mitte des 16. Jahrhunderts daneben auch mit Öllampen. Das war eine Prestigefrage: Im Haushalt Tucher wurden jährlich bis über 100 Pfund Unschlittlichter verbraucht, das Pfund zu 9 Pfennigen. Kerzen, die überwiegend an Kirchen verschenkt wurden, kosteten dagegen pro Pfund 48 Pfennige, waren also gut fünfmal teurer. Nach der Mitte des 16. Jahrhunderts hat sich diese Preisrelation etwas verschoben, im Haus Paul Behaims kosteten die, von einer Verwandten selbst gefertigten Unschlittlichter pro Pfund 16,6 Pfennige, Wachskerzen pro Pfund 56 Pfennige, also gut dreimal mehr. Das Lampenöl lag mit seinem Pfundpreis von 26 Pfennigen in der Mitte. Wie oben schon erwähnt, wurde bei Behaim auch die Seife selbst gekocht, sie war um die Hälfte billiger als gekaufte Ware[54].

Dem jedenfalls partiell preisbewußten Konsumverhalten entspricht die Behandlung der Sachgüter. Anton Tucher ließ nicht nur Großmöbel wie Schränke und Truhen renovieren, sondern auch Holzeimer von einem Büttner reparieren, die neu nur kleine Pfennigbeträge kosteten. Ein Mantel des Patriziers Anton Tucher wurde geflickt, ein mottenzerfressener Mantel von Frau Behaim wurde zu einem Unterkleid für die Tochter umgearbeitet. Nicht mehr benötigte Kleidungsstücke konnten auch verkauft werden[55]. Erst recht behielten schadhafte Metallgeräte ihren Wert: Bei Goch in Köln wie bei Behaim und Tucher in Nürnberg ist das Umgießen zerbrochenen Zinngeschirrs überliefert, wobei der Arbeitslohn weit unter dem Materialwert lag. Hermann v. Goch, bei dem auch das Flicken von Küchentöpfen notiert ist, zahlte bei einem Zinnpreis von 36 Pfennig pro Pfund für die Anfertigung 18 Pfennig pro Pfund. Auch in Nürnberg, über 100 Jahre später, betrug der Gießerlohn nur einen Bruchteil des Gesamtwertes des Zinngeschirrs. Selbst der oben erwähnte, defekte und sechs Jahre alte kupferne Badeofen Anton Tuchers war noch ein gutes Geld

---

[53] Ebd. 661.

[54] Tucher, Haushaltsbuch 56 (Kerzen), 20 (Unschlitt), 58 und 67 [abweichende Kerzenpreise (29 und 36 Pfennige pro Pfund)]; Kamann II, 87 (Unschlitt und Wachs), 96 (Öl), 99 (Seife).

[55] Tucher, Haushaltsbuch 55 und 117 (Möbel), 58 (Büttner), 81 (Kleiderreparatur); Kamann II, 69 (Kleiderverkauf) und 135 f.

wert: Er wurde in Zahlung gegeben, wobei der Kupferschrott mit 53 % des Neupreises (einschließlich Herstellungskosten) verrechnet wurde[56]. Kein Wunder, daß man bei der Anschaffung von Kupfer- und Zinngerät meist das Gewicht notierte. Und Paul Behaim hatte durchaus recht, wenn er seine Kleider-, Möbel- und Hausratkäufe unter der Rubrik "Hausrat, im Wert noch vorhanden"[57] zusammenfaßte. Er charakterisiert damit ein Konsumverhalten, das sich von dem der Wegwerfgesellschaft diametral unterscheidet: Hausrat im weitesten Sinn war ein Investitionsgut, kein Konsumgut.

In aller Kürze soll noch angedeutet werden, welche weiteren Informationen die Abrechnungen zu Lebensgewohnheiten und Atmosphäre im Großhaushalt geben können:

Auffallend ist die Häufigkeit der Einladungen, Feiern und Feste bei Tucher, aber auch noch nach der Reformation im Haus Paul Behaims. Die größte Rolle im Festkalender spielten die Zeit zwischen Weihnachten und Neujahr, Fastnacht, Martini und vor der Reformation auch Kirchweih und Allerheiligen. Dazu kamen natürlich Hochzeiten und Taufen als Familienfeiern. Ohne daß hier näher darauf eingegangen werden kann, ist zu erwähnen, daß die Rechnungen in diesem Zusammenhang auch Hinweise auf Brauchtum geben, etwa an Fastnacht, wo Anton Tucher einmal einen *fastnachthof* abhielt, mit 45 Frauen und einem Harfenspieler[58]. Tuchers Esseneinladungen, mit gleichzeitig bis weit über 30 Personen, sind wegen der sozialen Herkunft der Gäste bemerkenswert: Die Spannweite reicht von den höchsten Honoratioren der Stadt und kirchlichen Würdenträgern über Kanzleischreiber bis zu Handwerkern, Spitalgesinde, abgabepflichtigen Bauern und Spitalsarmen. Dabei wurden, um nur ein Beispiel zu geben, für die Bewirtung von 36 Bauern pro Person 22 Pfennige aufgewandt, bei 18 Kanzleischreibern pro Kopf 87 Pfennige:[59] Standesunterschiede wurden also selbstverständlich gemacht, aber von einer hermetischen gesellschaftlichen Abschließung nach unten kann keine Rede

[56] Tucher, Haushaltsbuch 78 und 110 (Zinngeschirr), 56 (Badeofen); Irsigler, Großbürgerlicher Haushalt 660.

[57] Kamann II, z. B. 43, 64, 79, 150.

[58] Tucher, Haushaltsbuch 43.

[59] Ebd. 10, 18, 45, 49 und zahlreiche weitere Belege für Einladungen.

sein – wie oben erwähnt, hatte Tucher ja auch einen Schuster als Untermieter im Haus.

Beachtung verdienen unter dem Aspekt zwischenmenschlicher Beziehungen auch die in den Abrechnungen notierten Geschenke. Zu den Empfängern gehörten Handwerker mit Geschäftsbeziehungen zum Haushalt Tucher, die Naturalien erhielten: regelmäßig vor Weihnachten Gebäcke, unter dem Jahr gelegentlich Käse, Wein und sogar Wild. Dieses anscheinend patriarchalisch-persönliche Verhältnis hatte aber auch seine ganz andere Seite, das darf nicht verschwiegen werden: Tucher ließ "seine" Handwerker teilweise jahrelang auf Bezahlung warten. Bei dem Keßlermeister, der 1507 den schon mehrfach erwähnten Badeofen lieferte, hatte Tucher sechs Jahre alte Schulden. Trotzdem drückte er bei der Abrechnung den Gesamtpreis noch um 6 %![60] Den zweiten sozial genau abzugrenzenden Empfängerkreis von Geschenken bildete das Gesinde. Die eigenen Mägde – auffallenderweise nicht auch die Knechte – erhielten regelmäßig ein Neujahrsgeschenk, meist kleinere Geldbeträge. Dazu kamen Geschenke an eigenes und fremdes Gesinde aus besonderem Anlaß: so für das Überbringen einer guten Nachricht, wie der Geburt eines Kindes – dafür gab es das sogenannte "Botenbrot" –, ferner bei besonderer Beanspruchung (Familienfeste) oder wenn ein Dienstbote heiratete. Auch hier darf man nicht vorschnell auf eine Idylle im Haushalt schließen: Das Neujahrsgeschenk war vielfach Bestandteil des Dienstvertrages, das "Botenbrot" war ein allgemein verbreiteter Brauch, beides belegt also noch kein besonders enges Verhältnis zwischen Herrschaft und Gesinde[61]. Bei Paul Behaim (Mitte des 16. Jahrhunderts) beweisen die zahlreichen Querelen und vorzeitigen Vertragsauflösungen sogar ein ausgesprochen gereiztes Klima, bei Anton Tucher (Anfang 16. Jahrhundert) allerdings war es die Regel, daß Knechte und Mägde viele Jahre, zum Teil sogar Jahrzehnte in ihrer Stellung blieben[62]. Wie weit sich hier nur individuelle Verschiedenheiten oder aber strukturelle Wandlungen spiegeln, ist schwer zu entscheiden.

Es ist auch durchaus zweifelhaft, ob die Geschenke innerhalb

---

60 Ebd. z.B. 57, 60, 103 (Geschenke), 56, 59 (verspätete Bezahlung).

61 Kamann I, 68, 70, 73 (Botenbrot); Tucher, Haushaltsbuch 160 und 162 (vertraglich vereinbarte Geschenke); Kamann II, 66 (Botenbrot), 77 und 91 (Neujahr), 105 (Hochzeit).

62 Vgl. dazu Dirlmeier, Untersuchungen 91–97.

der Familie in jedem Fall besondere Gefühlsbindungen belegen. Die regelmäßigen Geldgaben zu Neujahr an die Ehefrau bzw. bei dem Witwer Anton Tucher an die Schwiegertochter, machen einen durchaus konventionellen Eindruck[63]. Das ist, wie ich meine, eindeutig anders bei den Geschenken an Kinder und Enkelkinder. Im Gegensatz zu häufig zitierten Forschungsmeinungen[64] werden hier enge Gefühlsbeziehungen und die Berücksichtigung kindlicher Bedürfnisse erkennbar: Michael Behaim schenkte im Jahr 1500 seinem Sohn ein Blasrohr mit 300 Kügelchen, die Enkel Anton Tuchers erhielten von einem befreundeten Kaufmann ein kleines Pferd, der Großvater übernahm die Kosten für den Transport aus Erfurt sowie für Sättelchen und Zaumzeug. Paul Behaims beide Söhne bekamen je einen Schlitten, und in seinen Rechnungen wird erstmals notiert, daß *das kindl*, also das Christkind, beschert[65]. Außer solchen Geschenken bringen die Haushaltsrechnungen noch weitere Belege für eine besondere Berücksichtigung der Kinder: Beim Schreiner wurden eigene Kindermöbel bestellt, es wurden Verträge über die tägliche Lieferung von Milch abgeschlossen, Begleiter für den Schulweg bezahlt und Lehrer für besondere Betreuung beschenkt[66]. Das weitgehende Fehlen einer eigentlichen Kindheit und die Nichtberücksichtigung spezifisch kindlicher Bedürfnisse dürfen nach diesen Zeugnissen ausgeschlossen werden[67].

Die voranstehend ermittelten Tatbestände scheinen weitgehend die Vorstellung vom angenehmen Leben der Reichen zu bestätigen. Deren begrenzte Gültigkeit erweist sich aber sofort,

---

63 Kamann I, 79; Tucher, Haushaltsbuch z. B. 51, 68, 83.

64 Zur Kritik an den von Ph. Ariès und E. Badinter vertretenen Vorstellungen über Kindheit im Mittelalter vgl. C. Opitz, Mutterschaft und Mütterlichkeit. In: L. Berrisch u.a. (Hrsg.), 3. Schweizerische Historikerinnentagung, Beiträge. Zürich 1986, 66–85, bes. 66 f.; ferner besonders K. Arnold, Kind und Gesellschaft in Mittelalter und Renaissance. Beiträge und Texte zur Geschichte der Kindheit. Paderborn–München 1980, 10–16 und 78–86.

65 Kamann I, 85 (Blasrohr); Tucher, Haushaltsbuch 131 f. (Pferd und Zaumzeug); Kamann II, 122 (Spielzeugpferd), 126 (Christkind).

66 Kamann I, 94 (Milch), 73 (Kindermöbel); Kamann II, 121 und 124 (Milch), 67, 76, 79 (Möbel), 123 und 127 (Bezahlung für Begleiter und Lehrer).

67 Auch hier ist auf die Übereinstimmung zwischen Abrechnungen und Grabungsbefunden hinzuweisen. Zu Kinderspielzeug aus Abfallgruben vgl. Stadt im Wandel 376–378, Katalognr. 297–300.

wenn man auch die Spuren von Krankheit und Tod in den Abrechnungen berücksichtigt. Die Ausgaben für Bader, Apotheker und Ärzte ziehen sich wie ein roter Faden durch die Rechnungsaufzeichnungen von Anton Tucher und den beiden Behaims. Beinverletzungen und Geschwüre konnten von Badern offenbar erfolgreich behandelt werden, und Behaims Kinder wird die Verabreichung von Met, Rotwein und Erdbeerwasser während einer Masernerkrankung sicher willkommen gewesen sein. Dagegen waren die Ärzte bei ernsthaften inneren Erkrankungen bekanntlich weitestgehend machtlos, das geht bei Paul Behaims Steinleiden genauso wie beim frühen Tod seiner ersten Ehefrau und zweier Kinder oder bei den tödlich verlaufenden Krankheiten engster Verwandter von Anton Tucher hervor. Der Kauf von Theriak aus Venedig durch Tucher und eines Stücks vermeintlich kräftigenden Einhorns durch Paul Behaim ist als Ausdruck der verzweifelten Suche nach wirksamer Hilfe zu interpretieren[68]. Als letzter Ausweg blieb aber nur die Religion, exemplarisch zu verdeutlichen aus den Rechnungen Tuchers: Als im Frühjahr 1514 sein Sohn ernsthaft erkrankte, zahlte er am 13. April jedem armen Siechen im Spital 1 Pfennig für ein Gebet. Am 2. Juni schickte er je 60 Renken an die Klöster St. Klara und St. Katharina wegen Fürbitte für seinen Sohn, am 25. Juni wandte er sich nochmals an die Spitalsarmen und verdoppelte dabei die Bezahlung für das Gebet auf 2 Pfennige. Wenig später ist sein Sohn dann gestorben[69]. Hier erweist sich die massive Werkfrömmigkeit des Spätmittelalters eindeutig als Reaktion auf die Bedrängnisse des Lebens, und hier wird man mit hoher Wahrscheinlichkeit vom Verhalten des Patriziers auf das der übrigen Bevölkerung schließen dürfen.

Einige weitere Hinweise auf die konkreten Spuren der Religiosität beschließen diesen Überblick: Michael Behaim wie Anton Tucher gaben den Armen und beschenkten die Kirchen, letzteres mit weit höheren Beträgen. Von den Almosen profitierten vor allem die Spitäler, auf die Bewirtung von Spitalsarmen im Haus Tucher wurde oben bereits hingewiesen. Sie erhielten übrigens eine Fleischmahlzeit mit Bier und durften die Tonkrüge – zum

[68] Kamann I, 74 (Barbier); Tucher, Haushaltsbuch 53, 59, 129 (Apotheke), 62, 78, 132 (Arzt), 97 (Barbier), 131 (Theriak); Kamann II, 125 (Medizin für die Kinder), 113 (Beinverletzung), 105, 110 f., 114 (Steinleiden), 74, 77, 120 (Arzt), 73 (Tod der Frau), 102 (Einhorn).

[69] Tucher, Haushaltsbuch 109–111.

Stückpreis von 1 Pfennig eigens gekauft – für sich behalten. Ob hier Hygienegründe maßgeblich waren, ist schwer zu entscheiden. Auch die Waisenkinder erhielten eine Mahlzeit im Haus Tucher, die Zwölfbrüder-Stiftung für verarmte Handwerker wurde mit Naturalien unterstützt. Zu Ostern und vor Weihnachten wechselte Anton Tucher je einen Goldgulden in Heller zum Verschenken an die Armen, Paul Behaim gab den Sondersiechen regelmäßig Getreidespenden, Tucher stiftete ihnen 60 Leinenhauben[70].

Unter Zuwendungen an Kirchen und Klöster sind zunächst auffällig die festen Zahlungen für Jahrtage und Seelmessen sowie Tuchers ständig wiederkehrende Kerzenstiftungen zum Rosenkranz. Mit einem Fixbetrag in den "Schmalzstock" erwarb er für Familie und Gesinde die Erlaubnis zum Schmalzkonsum in der Fastenzeit[71], gewiß ein sehr typischer Zug der spätmittelalterlichen Frömmigkeit. Vor größere Verständnisprobleme stellt eher die nicht abreißende Abfolge von Präsenten erlesener Speisen an Klöster und Geistliche, wobei Tuchers Gebefreudigkeit mit dem Alter eindeutig zunahm: Frische und kandierte Pomeranzen, Muskatnüsse, Salm, Hechte, Karpfen, Renken, dazu Vögel in großen Stückzahlen – 40 Krammetvögel, 50 Drosseln – wurden in die Klöster geschickt, unter anderem auch an den Augustinerprovinzial Staupitz. Wenn dann, wie im Juli 1517, noch die Stiftung eines großen Altarbildes dazukam und das Kapital für eine Jahrtagsstiftung erlegt wurde, konnten die religiös motivierten Ausgaben bei Tucher den erstaunlichen Anteil von 33 % des Jahresaufwands erreichen[72]. Die Folgen der Reformation für Alltag und materielle Kultur sind nicht Thema dieses Beitrages. Trotzdem fällt auf, daß die hier nur paradigmatisch angedeutete Werkfrömmigkeit mit ihren teilweise sehr irdischen Geschenken an Ordensleute und Geistliche bis unmittelbar vor der Reformation offenbar reibungslos funktioniert hat. Bei Paul Behaim finden sich dann nach der Mitte des 16. Jahrhunderts Nachweise für eine weiterbestehende

---

[70] Ebd. 34 (Armenmahlzeit), 25 (Waisenkinder), 34 (Zwölfbrüder-Stiftung), 77 (Sondersieche), 118 (Wechseln eines Gulden in Heller); Kamann I, 77, 81, 85 f., 103 f.; Kamann II, 80 (Sondersieche).

[71] Tucher, Haushaltsbuch 55, 62, 71; vgl. Artikel "Butterbriefe" im Lexikon des Mittelalters 2. München–Zürich 1983, Sp. 1162 f.

[72] Tucher, Haushaltsbuch 64 (Pomeranzen), 97 f., 101, 115 (Fische), 73, 81, 115 (Vögel), 88 (Staupitz), 144 f. (Altarbild), 153 (Ewiggeld).

private Wohltätigkeit[73]. Das ist bemerkenswert, weil Nürnberg ja als eine der ersten Städte mit der Almosenordnung von 1522 versucht hat, ein zentralgelenktes Wohlfahrtswesen einzurichten und individuelle Hilfeleistungen an die Armen weitgehend einzuschränken[74]. Paul Behaim hat trotzdem Sondersieche und andere Bedürftige weiter unterstützt, aber völlig eingestellt sind bei ihm natürlich die Zahlungen und Geschenke an Klöster und Kirchen. Daß er den hier eingesparten Aufwand in andere soziale Bereiche verlagert hätte, ist den Abrechnungen nicht zu entnehmen.

Die hier aus nur vier und überdies unvollständigen Haushaltsabrechnungen abgeleiteten Tatbestände und Vermutungen zur materiellen Kultur, zu Lebensgewohnheiten und zu Verhaltensweisen der städtischen Oberschicht dürfen, wie mehrfach betont, nicht einfach verallgemeinert werden. Angesichts des Fehlens einer breiteren privaten Rechnungsüberlieferung bleiben für den Versuch einer absichernden Überprüfung vor allem die Ergebnisse öffentlicher und halböffentlicher Haushalte. Diese Quellen, deren Erkenntniswert für das Leben größerer und kleinerer Gemeinwesen zu Recht hoch eingeschätzt wird[75], erlauben in Grenzen auch Rückschlüsse auf die individuelle Lebensführung. Eine erste Durchsicht von ober- wie niederdeutschen Bau- und Stadtrechnungen[76] unter diesem Aspekt hat folgende vorläufige Ergebnisse gebracht (wobei hier nur die wichtigsten Einzelnachweise gegeben werden können):

Dem aus der patrizischen Haushaltsführung zu erschließenden spätmittelalterlich-frühneuzeitlichen Trend zu mehr Sachkomfort und Repräsentation im Privatbereich entspricht sehr gut die Entwicklungsrichtung der städtischen Baumaßnahmen im öffentlichen Bereich. Ich zähle einfach nur auf: Straßenpflasterung, Wasserleitungsbau mit bezeichnender Zunahme der repräsentativen Brun-

---

[73] Kamann II, 72 (Almosen, Sondersieche), 92 (Almosen). Zur Umwidmung der älteren Familienstiftungen in eine Wohlfahrtseinrichtung durch Behaim siehe Neue Deutsche Biographie Bd. 2, 3.

[74] Dazu zuletzt B. Geremek, Geschichte der Armut. München–Zürich 1988, 154 f.

[75] K.-S. Kramer, Volksleben im Hochstift Bamberg und im Fürstentum Coburg 1500–1800 (Beiträge zur Volkstumsforschung 15) Würzburg 1967, 31.

[76] Erfaßt wurden Basel, Bern, Nürnberg und Xanten. An dieser Stelle können nur einige exemplarische Einzelnachweise gegeben werden.

nenanlagen seit dem 15. Jahrhundert[77], Förderung der Ziegeleindeckung, aufwendige Rathausbauten mit künstlerischer Ausgestaltung, öffentliche Uhren, innerstädtische Grünanlagen. Sehr deutliche Parallelen zu den privaten Wohnhäusern ergeben sich auch beim Unterhalt städtischer Gebäude: Wie die Haushaltsrechnungen Tuchers und der beiden Behaims, bringen beispielsweise auch die Basler Stadtrechnungen Ausgaben für Malerarbeiten, für fortlaufende Reparaturen aller Öfen in städtischen Gebäuden durch einen Hafner[78]. Das Ausbessern von Sitzpolstern in der Ratsstube, das Flicken bzw. Umgießen städtischer Schenkkannen aus Zinn, die Reparatur und Pflege von Bauwerkzeugen und Geräten – das entspricht bis in Einzelheiten den oben ermittelten Indizien für einen sorgfältigen Umgang mit den Dingen und Respekt vor dem Materialwert: Selbst Altholzabfälle und altes Heu waren noch verkaufsfähig und schlagen sich so als kleine Einnahmeposten in den Basler Stadtrechnungen nieder[79].

Geradezu herausragend nach Häufigkeit und Gewicht sind in Bau- und Stadtrechnungen die Nachweise über Festtage und den Aufwand bei Einladungen, gemeinsamen Mahlzeiten sowie für Geschenke, keineswegs beschränkt auf hochoffizielle Anlässe. Nach modernen Maßstäben unrationell und manchmal verschwenderisch, sind diese Aktivitäten, genauso wie die oben erfaßten Einladungen Anton Tuchers, nach meiner Einschätzung ein spezifisches Merkmal der vormodernen Gesellschaft mit ihrem hohen Stellenwert persönlicher Beziehungen[80].

Und schließlich: In vollem Umfang bestätigen die öffentlichen Haushaltsrechnungen die Rolle von Religiosität und Werkfrömmigkeit im Alltag des Spätmittelalters. Städte ließen gegen Frost und Unwetter läuten, stifteten Kerzen, beschenkten Klöster und Kirchen, wie das Privatleute taten. Wichtig ist, daß Abrechnungen von Kirchenbauten die weite Verbreitung dieser Spen-

---

77 Vgl. dazu Dirlmeier, Die kommunalpolitischen Zuständigkeiten 136 f.

78 B. Harms, Der Stadthaushalt Basels im ausgehenden Mittelalter 1–3. Tübingen 1909–1913. Als Einzelbeispiele aus den Jahren 1490–95 in Bd. 3: 2, 19, 28 (Maler); 2, 3, 10 (Gebäudereparaturen); 3, 19, 28 (Ofenreparaturen).

79 Ebd. 11 und 28 (Sitzpolster, Zinnkannen), 3, 29, 35 (Gerätereparaturen); Bd. 1, 332 (altes Heu, 1498/99), 337 (Holzabfall, 1499/1500).

80 Vgl. G. Althoff, Der frieden-, bündnis- und gemeinschaftsstiftende Charakter des Mahles im früheren Mittelalter. In: I. Bitsch, Essen und Trinken, 13–26.

denfreudigkeit bis zur Reformationszeit bestätigen. Dafür sprechen die regelmäßigen Einkünfte aus den Opferstöcken und die außerordentlich hohen Erträge, die mit Ablaßverkäufen erzielt werden konnten, beispielsweise in Xanten 1486/87 anläßlich des Viktorfestes[81]. Darüber hinaus belegen in den Baurechnungen verzeichnete Spenden wie gebrauchte Kleider, kleinste Pfennigbeträge und gebrauchter Hausrat[82], daß nicht nur die Besitzenden versuchten, ihr Seelenheil durch fromme Geschenke zu sichern.

Die hier skizzierte, partielle Übereinstimmung zwischen Befunden aus privaten und öffentlichen Abrechnungen wird durch eine systematische, EDV-gestützte Quellenauswertung noch abzusichern sein. Auch dann werden die Belege kaum ausreichen, um spätmittelalterlich-frühneuzeitliche Normen zum Verhältnis zwischen Mensch und Objekt abzuleiten, wenn es die überhaupt je gegeben hat. Aber auf Abrechnungen kann nicht verzichtet werden, wenn das materielle Lebensumfeld von Menschen und seine Veränderungen wenigstens einigermaßen zutreffend erfaßt werden sollen.

---

[81] Harms, Der Stadthaushalt 3, 3 (Kerzenspende), 5 (Weinspende an Mönche), 4 und 37 (Frostläuten). G. Rotthoff (Hrsg.), Die Stiftskirche des Hl. Viktor zu Xanten. Die Baurechnungen der Jahre 1438/39 bis 1491/92 (Veröffentlichungen des Xantener Dombauvereins) Kevelar 1975, 267 f.

[82] A. Gümbel, Rechnungen und Aktenstücke zur Geschichte des Chorbaus von St. Lorenz in Nürnberg unter der Leitung Konrad Heinzelmanns. In: Repertorium für Kunstwissenschaft 32 (1909) 1–30 und 132–159, hier 15, 28, 141 (Kleiderspenden, Opferstöcke 1445–48); Rotthoff, Die Stiftskirche XIX (Opfergaben), 247 f. (Spenden, 1486/87).

Popular Culture Reconsidered[1]

PETER BURKE

In the last ten years (a convenient date for the present writer, whose general survey of the field was first published in 1978) many new studies of popular culture have appeared, probably more than in any decade in history. Not only monographs but some substantial collections of articles have been devoted to the history of popular culture not only in France but in Britain, Germany and Poland as well as in Europe as a whole[2].

Meanwhile, historians of other parts of the world have discovered popular culture, or, to be more precise, some of them have decided, after an initially suspicious reaction, that the concept of popular culture may be useful in their research[3]. Japanese

---

1 This article is a revised version of a paper originally given at the conference on the 'New History' at Delhi, February 1988, under the auspices of J. N. University. I should like to thank participants at this conference as well as those at Krems for their comments and suggestions.

2 On Britain: E. Yeo – S. Yeo (eds.), Popular Culture and Class Conflict (Brighton, 1981); R. D. Storch (ed.), Popular Culture and Custom in Nineteenth-Century England (London, 1982); B. Reay (ed.), Popular Culture in Seventeenth-Century England (London, 1985); on Germany, R. van Dülmen – N. Schindler (eds.), Volkskultur (Frankfurt/M., 1984); W. Brückner – P. Blickle – N. Schindler (eds.), Literatur und Volk im 17. Jahrhundert (Wolfenbüttel, 1985); on Poland, B. Geremek (ed.), Kultura elitarna a kultura masowa w Polce (Warsaw, 1978); on Europe, C. Ginzburg (ed.), "Religioni delle classi popolari", in: Quaderni Storici 41 (1979); S. Kaplan (ed.), Understanding Popular Culture (Berlin, 1984); P. Dinzelbacher – H.-D. Mück (eds.), Volkskultur des europäischen Spätmittelalters (Stuttgart, 1987).

3 For examples of suspicion, see R. Gombrich, Precept and Practice (Oxford, 1971) and the essays collected in P. H. Vrijhof – J. Waardenburg (eds.), Official and Popular Religion (The Hague, 1979). Gombrich's distrust of the notion 'popular Buddhism' is not shared by W. J. Klausner, "Popular Buddhism in North-East Thailand", in: F. S. C. Northrop – H. H. Livingston (eds.), Cross-Cultural Understanding (New York, 1964) or M. Southwold, "True Buddhism and Village Buddhism in Sri Lanka", in: J. Davis (ed.), Religious Organisation and Religious Experience (New York, 1982).

historians of Japan have been studying popular culture for some time[4]. American historians of China recently held a major conference on the history of popular culture[5]. In the case of South Asia, the major event in the field has been the emergence of the 'Subaltern Studies' group (so-called in homage to Gramsci's *classi subalterni*), who are rewriting the history of India 'from below'[6]. Historical studies of the popular culture of South-East Asia are beginning to make their appearance[7]. There is also increasing interest in the history of the popular culture of the Caribbean and Latin America, especially that of Brazil (carnival, witchcraft, etc.)[8]. One historian has gone so far as to organize a history of Latin America in the nineteenth century around the conflict between the culture of the westernising, cosmopolitan elite and the traditions of the people, rooted more deeply in their regions[9].

The growing concern with popular culture is of course far from being confined to historians. It is shared – and it has long been shared – by sociologists, by folklorists and by students of literature, joined more recently by art historians and social anthropologists, not to mention teachers of that loosely-defined area known in Britain as 'cultural studies'[10]. Between them, these groups have produced an impressive body of work.

---

[4] C. Gluck, "The People in History", in: Journal of Asian Studies 38 (1979).

[5] D. Johnson – A. J. Nathan – E. S. Rawski (eds.), Popular Culture in Late Imperial China (Berkeley, 1985).

[6] R. Guha, Elementary Aspects of Peasant Insurgency (Delhi, 1983); R. Guha (ed.), Subaltern Studies, 6 vols. (Delhi, 1982–88, in progress). Other recent studies include M. Aris, "Alternative Voices from Bhutan", in: Past and Present 115 (1987) 131–64, and N. Kumar, The Artisans of Banaras (Princeton, 1988).

[7] R. Ileto, Pasyon and Revolution (Manila, 1979), studies the 19th-century Philippines in the manner of Eric Hobsbawm's *Primitive Rebels*. Cf. Lê Thành Khôi, "Popular Culture and Lettered Culture in Ancient Vietnam", in: Diogenes 133 (1986) 122–42.

[8] A pioneering study in this area was E. K. Brathwaite, Folk Culture of the Slaves in Jamaica (1971; revised ed. London and Port of Spain, 1981). On Brazil, R. Da Matta, Carnaval, Malandros e Heróis (Rio, 1978); L. de Mello e Souza, O Diabo e a Terra da Santa Cruz (São Paulo, 1987).

[9] E. B. Burns, The Poverty of Progress (Berkeley, 1980).

[10] Good recent examples of the approach from literature are R. Paulson, Popular and Polite Art in the Age of Hogarth and Fielding (Notre Dame, 1979), and P. Stallybrass – A. White, The Politics and Poetics of Transgres-

As a result of all this effort, the popular culture of early modern Europe no longer looks quite the same as it did in 1978, to my eyes at least. It is obvious enough that the multiplication of monographs on particular themes or regions will modify any general picture of Europe, but it may be worth stressing the point that studies of China or India or Latin America (and, let us hope, future studies of Africa or the Middle East) also have their relevance to such a synthesis. They define by contrast what is specifically European and they reveal the strengths and weaknesses of fundamental concepts by testing them in situations for which they were not originally designed (such as societies in which tribes or castes cut across divisions into 'elite' and 'people').

It is impossible to sum up in a single formula all the suggestions made in the course of the last ten years of debate about popular culture, but this debate has tended to concentrate on two main issues, or two main questions. The first question is, What is 'popular'? The second, What is 'culture'?

The problem of the 'popular'

The notion of the 'popular' has long been recognised as problematic. All the same, recent discussions have uncovered even more problems, or brought difficulties more sharply into focus.

One point frequently made nowadays is that the term 'popular culture' gives a false impression of homogeneity and that it would be better to use the term in the plural, or to replace it with an expression such as 'the culture of the popular classes'[11].

Another objection to what is sometimes called the 'two-tier model' of elite and popular culture is as follows. The borderline between the different cultures of the people and the cultures of the elites (which were no less various) is a fuzzy one, so the attention of students of the subject ought to be concentrated on the interaction rather than the division between the two[12]. The increasing interest in the work of the great Russian critic Mikhail Bakhtin, much of which has now been translated into western languages,

---

sion (London, 1985); from anthropology, J. Frykman – O. Löfgren, Culture Builders (Rutgers, 1986).

11 Ginzburg, cit., (1979).

12 A. Gurevich, Medieval Popular Culture (1981; English trans. Cambridge, 1988); Kaplan, cit., (1984).

both reveals and encourages this shift of emphasis. His stress on the importance of the 'transgression' of boundaries is of obvious relevance here. His definition of carnival and the carnivalesque by its opposition not to elites but to official culture marks an important shift in emphasis which comes close to redefining the popular as the rebel in all of us (as Freud once wrote) rather than as the property of any social group[13].

Since the notion of the 'popular' leads to such diffculties, historians ought perhaps to attempt to do without it. One way of avoiding (if not evading) these difficulties is to talk about history 'from below'; but this notion too is more ambiguous than it looks. A history of politics from below might involve a study of the 'subordinate classes', but it might equally well be concerned what Americans call the 'grass-roots', in other words the provinces. The history of the Church from below might well deal with the laity, whatever their level of culture. The history of education from below might be concerned with the ordinary teacher (as opposed to the ministers or the school inspectors) but it might more reasonably still present the point of view of the pupils. A history of war from below might present the war experienced by common soldiers rather than the generals, but a place ought to be found for the point of view of the civilians caught up in military operations.

A notion which has been much employed in the last few years, notably by Edward Thompson, in analysing the interactions between 'above' and 'below', is Gramsci's idea of 'cultural hegemony', with its implication that 'above' should be translated into 'dominant' and 'below' into 'dominated' or 'subordinate'[14]. Discussions with Gramscian historians of popular culture in Britain, France, Italy, Poland, Brazil, India and elsewhere have made me realise that my own study was not political enough, and that the process of statebuilding in early modern Europe had important

---

13 M. Bakhtin, L'œuvre de François Rabelais et la culture populaire (1965; French trans. Paris, 1970). For a survey of some recent work inspired by Bakhtin, P. Burke, "Bakhtin for Historians", in: Social History 13 (1988) 85–90.

14 E. P. Thompson, "Patrician Society, Plebeian Culture", in: Journal of Social History 7 (1973–74); cf. Guha, cit., (1983); S. Hall, "Notes on Deconstructing the Popular", in: People's History and Socialist Theory, ed. R. Samuel (London, 1981), and P. Bailey, Leisure and Class in Victorian England (London, [2]1987) 9 f.

consequences for popular culture. On the other hand, if a historian is working on any period before (say) 1789, he or she runs the risk of overestimating the political consciousness of dominated groups, or describing this consciousness in anachronistic terms, or overestimating the power of the state[15].

It is my impression, for example, that the historians of India associated with *Subaltern Studies* assume rather too easily that the dominated classes with whom they are concerned were conscious of belonging to the dominated classes; that is, that the peasants of certain villages in Bengal, for example, over and above any particular local experience of domination, were aware of what they had in common with peasants from other parts of Bengal and indeed India. It is actually extremely hard to answer the question, in what places and at what times the people (whoever 'they' are) have seen themselves as 'The People'. Again, the work of Christopher Hill, Eric Hobsbawm and Edward Thompson (brilliant, original and influential as it has been), may be criticised on the grounds that these historians tend to equate the 'popular' with the 'radical', ignoring evidence for popular conservatism[16].

I am indeed still a little uneasy about the constant appeal to the politics of culture and more especially to 'cultural hegemony' in recent studies, and especially about the way in which a concept used by Gramsci himself to analyse specific problems (such as the influence of the Church in southern Italy), has been taken out of its original context and used more or less indiscriminately to deal with a much wider range of situations. As a corrective to this

---

[15] I suggested in a review of his book that R. Muchembled's 'Culture populaire et culture des élites' (Paris, 1978) overemphasised the active role of the state in changing popular culture, at the expense of other historical agents, such as the small provincial publishers of the Bibliothèque Bleue.

[16] C. Hill, The World Turned Upside Down (London, 1972); E. Hobsbawm, Primitive Rebels (Manchester, 1959); E. P. Thompson, The Making of the English Working Class (London, 1963) and "The Moral Economy of the English Crowd", in: Past and Present 50 (1971). For some criticisms, A. Blok, "The Peasant and the Brigand", in: Comparative Studies in Society and History 14 (1972); J. Stevenson, "The Moral Economy of the English Crowd: Myth and Reality", in: A. Fletcher – J. Stevenson (eds.), Order and Disorder in Early Modern England (Cambridge, 1985); T. Harris, London Crowds in the Reign of Charles II (Cambridge, 1987).

inflation or dilution of the concept, I should like to suggest the following three 'directions for use', in the form of questions[17].

1) Is cultural hegemony to be assumed to be a constant factor, or has it only operated at certain places and times? If the latter, what are the conditions and the indicators of its existence?
2) Is the term descriptive or explanatory? If the latter, does it refer to the conscious strategies of the ruling class (or of groups within it), or to the unconscious or latent rationality of their actions?
3) How are we to account for the achievement of this hegemony? Can it be established without the collusion or connivance of some at least of the dominated (as in the case of the godly artisan)? Can it be resisted with success? If so, what are the major 'counterhegemonic strategies'?[18] Does the ruling class impose its values on the subordinate classes, or is there some kind of compromise, with alternative definitions of the situation? The concept of 'negotiation', as it is currently used by sociologists and social historians, might well be of value in this analysis[19].

All the objections to the idea of popular culture discussed so far are relatively mild in the sense that they involve qualifications or shifts of emphasis. Other objections are more radical and involve attempts to replace the concept altogether. Two of these objections are particularly worth discussion; those of the American anthropologist William Christian and the French historian Roger Chartier.

In his study of vows, relics and shrines in sixteenth-century Spain, Christian argues that the kind of religious practice he is describing 'was as characteristic of the royal family as it was of

[17] Cf. T. J. Jackson Lears, "The Concept of Cultural Hegemony: Problems and Possibilities", in: American Historical Review 90 (1985) 567–93, which raises questions additional (but complementary) to mine.

[18] G. Sider, "The Ties that Bind", in: Social History 5 (1980); J. Scott, Weapons of the Weak: Everyday Forms of Peasent Resistance (New Haven, 1987).

[19] R. Q. Gray, The Labour Aristocracy of Victorian Edinburgh (Oxford, 1976); P. Burke, "A Question of Acculturation?", in: P. Zambelli (ed.), Scienze, credenze occulte, livelli di cultura (Florence, 1982) 197–204; id., "How to be a Counter-Reformation Saint" (1984, reprinted in: P. Burke, Historical Anthropology of Early Modern Italy, Cambridge, 1987, chapter 5).

unlettered peasants', and he therefore refuses to use the term 'popular' at all. In its place he uses the term 'local', arguing that 'the vast majority of sacred places and monuments held meaning only for local citizens'[20]. This discussion of the local features of what is generally called 'popular' religion is important, though new only in its emphasis. What is original to Christian is the suggestion that we scrap one binary model, that of the elite and the people, and replace it by another, that of centre and periphery. Such centre–periphery models have come increasingly into use by historians in the last few years, in economic history, political history, religious history, and even in the history of art. They certainly have their value, but they are not free from problems and ambiguities. The notion of 'centre', for example, is difficult to define, since spatial centres and power centres do not always coincide (one thinks of London, Paris, Peking ...). In the case of Catholicism, discussed by Christian, we may reasonably assume Rome to be the centre with which he is contrasting Spanish 'local religion'. It is clear, however, that unofficial devotions were as current in that holy city as they were elsewhere. In the course of smoothing out one conceptual difficulty, another has been created.

The basic problem ist that a 'culture' is a system with rather vague boundaries. The great value of Roger Chartier's recent essays on 'popular cultural uses' is that he keeps this vagueness constantly in mind[21]. He argues that it is pointless to try to identify popular culture by some supposedly specific distribution of cultural objects, objects such as books or ex votos, because these objects were in practice used or 'appropriated' for their own purposes by different social groups, noblemen and clerics as well as craftsmen and peasants. Following the social theorists Michel De Certeau and Pierre Bourdieu, Chartier suggests that everyday consumption is a kind of production or creation, since it involves people imposing meanings on objects. In that sense we all engage in the *bricolage* which Lévi-Strauss considered part of *la pensée sauvage*. Curiously enough, Chartier does not refer to German literary theorists, from Jauss to Iser, but their studies of the reception of texts and the responses of readers point in a similar

[20] W. Christian, Local Religion in Sixteenth-Century Spain (Princeton, 1981), especially 8, 177.

[21] R. Chartier, Lectures et lecteurs dans la France d'ancien régime (Paris, 1987).

direction[22]. The moral Chartier draws is that historians should study not cultural sets defined as *popular* but rather the specific ways in which these cultural sets are appropriated. In a similar way, more or less independently, a group of American historians and anthropologists have been studying what they call 'the social history of things', emphasising the different uses and meanings of the same object in different contexts[23].

This analysis of the creative uses of objects is a development from earlier discussions of 'sinking' and 'rising', abandoning the misleading mechanical imagery and emphasising the transformation of cultural items in the course of their reception[24]. It strikes me as the most important contribution to the popular culture debate in the last ten years. Historians are far from having absorbed all its lessons. Yet problems remain. The 'appropriation' model is most useful for the study of material culture; it remains useful, as Chartier shows, in the study of texts; but it forces the historian or anthropologist to focus on the objects, the 'social life of things' rather than the life of the social groups who use them. If we focus on the groups themselves, and try to understand their mentalities, the logic of their different appropriations and adaptations of diverse objects, the way in which they create their life-style, then we need supplementary concepts.

At this point we may have to return to some version of the 'two-tier model', modified to allow for the circulation of objects. We still need to discuss, for example, whether lower-status groups imitated higher-status groups because they wanted to rise socially, or because they accepted their 'cultural hegemony', or whether, on the contrary, they defined their identity in opposition to groups higher in the social scale. As for the upper classes, I still think it useful to analyse their cultural practices in terms of what might be called 'biculturality', on the model of what the linguists call 'diglossia'. In sixteenth-century Europe, for example, the nobility seem to have been participating in a popular culture which was

---

22 H. R. Jauss, Pour une esthétique de la réception (Paris, 1978); W. Iser, Der Akt des Lesens (1976).

23 A. Appadurai (ed.), The Social Life of Things (Cambridge, 1985), especially the contributions by Appadurai and Kopytoff. This group has learned from Baudrillard and Bourdieu.

24 On sinking (*gesunkenes Kulturgut*), J. Meier, Kunstlied und Volkslied in Deutschland (Halle, 1906); on rising, Bakhtin, cit., (1965).

at this point a common culture, but at the same time they also participated in a more exclusive culture of their own (which may well have given their 'uses' of popular culture a particular meaning)[25]. In the course of the seventeenth and eighteenth centuries, however, the elite gradually withdrew from this participation, and they came to see popular culture as the culture of a 'barbarous', 'superstitious' and 'credulous' Other[26].

The implication of this recent historical concern with consumption, 'uses' and 'practices' is that the notion of 'culture', as well as that of 'the people' is in serious need of re-examination and redefinition.

The Notion of 'Culture'

The problems raised by utilising the concept 'culture' are, if anything, even greater than those raised by the term 'popular'. One reason for these problems is that the concept has widened its meaning in the last generation as historians and other intellectuals have widened their interests. In the age of the so-called 'discovery' of the people, in the early nineteenth century, the term 'culture' tended to refer to art, literature and music, and it would not be unfair to describe the nineteenth-century folklorists as searching for popular equivalents for classical music, academic art, and so on. Today, however, following the example of the anthropologists, historians and others use the term 'culture' much more widely, to refer to almost everything that can be learned in a given society – how to eat, drink, walk, talk, be silent and so on[27].

In other words, the history of culture now includes the history of the rules or assumptions underlying everyday life. What used to be taken for granted, taken as obvious, normal, or 'common sense' – the concept of time, for example – is now seen as something which varies from society to society and changes from one century to another, which is socially 'constructed' and so requires social and historical explanation or interpretation[28]. This new cultural history is sometimes called 'socio-cultural' history to distinguish it from the more traditional histories of art, literature and music.

[25] P. Burke, Popular Culture in Early Modern Europe (London, 1978), ch. 2.

[26] Ibid., ch. 9: cf. Bakhtin, cit., (1965) on 'the disintegration of folk laughter'.

[27] An influential (and controversial) explicit discussion in R. Wagner, The Invention of Culture (Englewood Cliffs, 1975).

[28] See, for example, T. C. Smith, "Peasant Time and Factory Time in Japan",

In my own study of 1978, I did try to take account of the everyday. I defined culture in terms of the attidudes and values expressed or embodied in artifacts and performances, intending the key terms 'artifacts' and 'performances' to be understood in a wide sense; extending the notion of 'artifact' to include such cultural constructs as the categories of sickness, or dirt, or gender, or politics, and widening the notion of 'performance' to cover such culturally stereotyped forms of behaviour as feasting and violence. In practice, I have to admit, my book did concentrate on a narrower range of objects (notably images, printed matter, and houses) and activities (especially singing, dancing, acting in plays and engaging in rituals), despite the attempt to set these objects and activities in a wider social, economic and political context. Popular revolt was discussed in some detail, but sex, marriage and family life, for example, were virtually omitted[29].

Was this decision to opt in practice for the narrower definition of culture a wise one? In the early 1970s, when I began research for this study, very few examples of the new type of socio-cultural history had yet been published, so that the time was hardly ripe for a synthesis. If I were beginning the research now, I am not sure what I would do. The idea of writing a general socio-cultural history of early modern Europe is certainly an attractive one. On the other hand, it still seems to me that there is room for a book which concentrates on artifacts and performances in the narrower sense, because this more limited subject allows a more rigorous comparative study than a wider subject does.

In any case it is impossible to draw any precise boundary between the wider and the narrower sense of 'culture', and it may be useful to end this comment by discussing a few examples of recent research which falls between the two. Take, for example, the case of insults, which may be regarded, at least in some cultures, as an art-form or a literary genre as well as an expression of genuine hostility. In seventeenth-century Rome, for example, the city of Pasquino, private insults took written and pictorial as well

---

in: Past and Present 111 (1986) 165–97 (modelled on E. P. Thompson's article in the same journal in 1967).

29 As remarked by M. Ingram, in Reay, cit., (1985) 129. For an anthropological study of family structure as culture, see D. M. Schneider, American Kinship (Englewood Cliffs, 1968); cf. the ethnohistorical study of nineteenth-century Sweden by J. Frykman – O. Löfgren, Culture Builders, cit., (1986).

as oral forms, employed verse as well as prose, and alluded to, or parodied, epitaphs and official notices[30].

Recent studies of material culture also fall between the wide and the narrow senses of culture. The German social historian Hans Medick, for instance, has analysed the ways in which conspicuous consumption on food and clothes 'functioned as a vehicle of plebeian self-consciousness' in the eighteenth century[31]. Again, in the case of North America in the middle of the eighteenth century, archaeologists have argued that changes in burial practices, in the mode of food consumption, and in the organisation of living space all suggest a shift in values. A rise of individualism and privacy is revealed by the increase in the number of chairs (instead of benches), cups (instead of communal bowls) and bedrooms[32].

Examples like these suggest that although it is useful to distinguish the concept of 'culture' from that of 'society', rather than using it to refer to almost everything, this distinction should not follow traditional lines. Cultural historians define themselves not in terms of a particular area or 'field' such as art, literature and music, but rather of a distinctive concern for values and symbols, wherever these are to be found, in the everyday life of ordinary people as well as in special performances for elites[33].

---

[30] P. Burke, "The Art of Insult in Early Modern Italy", in: Culture and History 2 (1987), reprinted with additions in Burke, cit., (1987), chapter 8.

[31] H. Medick, in: Culture, Ideology and Politics, ed. R. Samuel and G. Stedman Jones (London, 1982), 94. Cf. R. Sandgruber, Die Anfänge der Konsumgesellschaft (Vienna, 1982).

[32] J. Deetz, Small Things Forgotten (New York, 1979). Cf. the conclusions of A. Pardailhé-Galabrun, working on 18th-century Paris, in her book 'La naissance de l'intime' (Paris, 1988).

[33] Cf. K. Baker's remark that intellectual history is "a mode of historical discourse" rather than "a distinct field of enquiry with a clearly demarcated subject matter", in: Modern European Intellectual History, ed. D. LaCapra – S. L. Kaplan (Ithaca and London, 1982) 197.

Peuple et culture populaire chez Guillaume d'Auvergne

Pierre Boglioni

L'importance de Guillaume d'Auvergne pour l'histoire de la culture populaire n'avait pas échappé aux historiens. Déjà Noël Valois, il y a plus d'un siècle, avait consacré un chapitre spécial de sa biographie aux "superstitions" que l'on peut recueillir chez notre auteur. Il y signalait les textes principaux, en rappelant quelques témoignages parallèles de la même époque[1]. Joseph Hansen établissait la portée de son influence dans la constitution de la démonologie médiévale[2]. Lynn Thorndike soulignait à plusieurs reprises l'étendue et la précision des connaissances de Guillaume sur le folklore de son temps[3]. Plus récemment, Alan E. Bernstein a abordé le problème des rapports entre culture folklorique et discours pastoral, notamment à propos de la réalité physique du feu du purgatoire[4].

Le but de ma communication est de compléter ces enquêtes, en relevant de façon systématique les données qui, chez Guillaume d'Auvergne, concernent la culture populaire et, plus généralement,

---

[1] Noël Valois, Guillaume d'Auvergne, évêque de Paris (1228–1249). Sa vie et ses ouvrages (Paris, 1880; réimpr. Dubuque, s. a.) 311–324.

[2] Joseph Hansen, Zauberwahn, Inquisition und Hexenprozess im Mittelalter (Munich–Leipzig, 1900), notamment 130–132; le vaste dossier recueilli par le même auteur, dans 'Quellen und Untersuchungen zur Geschichte des Hexenwahns und der Hexenverfolgung im Mittelalter' (Bonn, 1901; réimpr. Hildesheim, 1963) permet de constater cette influence.

[3] Lynn Thorndike, A history of magic and experimental science II (New York–Londres, 1923) 338–371.

[4] Alan E. Bernstein, "Theology between heresy and folklore: William of Auvergne on punishment after death", dans: Studies in Medieval and Renaissance History 5 (1982) 5–44, où l'on évoque en particulier la figure folklorique du *Barbualdus*; cf. aussi id., "Esoteric theology: William of Auvergne on the fires of Hell and Purgatory", dans: Speculum 57 (1982) 509–531. Jacques Le Goff a également consacré à Guillaume quelques pages dans 'La naissance du purgatoire' (Paris, 1981) 325–330.

le thème de notre congrès. Je voudrais ainsi vérifier, au moins par ce cas spécifique, dans quelle mesure les écrits des théologiens médiévaux, en général peu exploités par les folkloristes, peuvent constituer une source significative pour l'histoire de cette discipline[5]. Une très rapide comparaison avec Thomas d'Aquin montrera toutefois que l'on ne saurait s'attendre à trouver chez tous les théologiens la même richesse de données. Cette comparaison pourra suggérer quelques points de repère pour une typologie des auteurs.

* * *

On sait peu de choses sur les origines et les premières années de la vie de Guillaume d'Auvergne[6]. Né vers 1180 en Haute-Auvergne, il gardera un vif souvenir de son pays d'origine, qu'il évoque souvent dans ses écrits: "in terra mea", "in patria mea", "non longe a terra nativitatis meae". Une anecdote tardive laisserait croire qu'il était d'origine modeste, ce que confirme son patronyme générique et peut-être, comme nous le verrons, certains traits de son œuvre[7]. Il étudia à Paris vers les années 1200–1210, et il semble avoir subi la fascination des sciences nouvelles. Adulte, il se souviendra de toute une littérature qu'il avait étudiée dans sa jeunesse[8], et dont il laissera dans ses traités des centaines de citations. Il mérite une mention honorable, comme témoin curieux et très bien informé, dans l'histoire de la science du XIIIe siècle.

En 1225 il devenait maître de l'Université, puis évêque de Paris en 1228. Ses années d'épiscopat furent celles de la régence

[5] Par "écrits des théologiens", je me réfère à leur travail spécifique, de théologiens en tant que tels, consigné dans les grandes sommes et les traités de synthèse. Certains traités spécifiques ou opuscules occasionnels de théologiens sont des sources bien connues, du *De correctione rusticorum* de Martin de Braga au *De superstitionibus* de Nicolas de Jawor.

[6] Aucune étude globale après la monographie de Noël Valois déjà citée à la n. 1; bonnes notices générales par F. Vernet dans: Dictionnaire de théologie catholique VI (Paris, 1920) 1967–1976, et P. Viard dans: Dictionnaire de spiritualité ascétique et mystique VI (Paris, 1967) 1182–1192.

[7] L'anecdote, selon laquelle à Paris il aurait mendié, est rappelée dans A. Lecoy de la Marche, Anecdotes historiques, légendes et apologues, tirés du recueil inédit d'Étienne de Bourbon (Paris, 1877) 388, n. 1.

[8] "in libris magorum atque maleficorum tempore adolescentiae nostrae nos meminimus inspexisse" (*De legibus* 25; 76aE).

de Blanche de Castille et de la première moitié du règne de saint Louis. Il mourut au début de 1249, peu avant que n'arrive à Paris, en 1252, Thomas d'Aquin. Dans l'ensemble, il nous apparaît comme un homme d'Église convaincu et un pasteur dévoué. Du point de vue intellectuel, on peut le considérer comme une figure de transition entre la culture du XIIe et celle du XIIIe siècle.

L'utilisation de ses œuvres présente des problèmes critiques qu'il faut signaler. L'ensemble de ses écrits n'est aisément accessible que dans une édition parisienne de 1674, aux lectures souvent fausses ou incertaines[9]. Une partie de sa production théologique demeure inédite[10]. Demeure aussi inédit et inexploré un vaste corpus d'environ 570 sermons, dont on peut deviner l'intérêt pour notre propos[11]. Noël Valois, qui les avait consultés pour sa biographie, y relevait une éloquence familière, "empruntant ses images à la vie bourgeoise et ses anecdotes aux récits populaires"[12]. Le sommaire que je propose ici concerne donc uniquement le cor-

[9] Surtout dans les textes d'intérêt folklorique, les plus exposés à des erreurs de transmission: cf. infra, les variantes *hellequin, herlekhim* [pour: *herlething?*], et *barbualdus, barbuardus, babrenaldus.*

[10] Liste des œuvres établie par P. Glorieux, Répertoire des maîtres en théologie de Paris au XIIIe siècle I (Paris, 1933) n. 141, p. 315–320, puis par J. Kramp, "Des Wilhelms von Auvergne 'Magisterium divinale'", dans: Gregorianum 1 (1920) 538–584 et 2 (1921) 42–78, 174–187, que met à jour G. Corti, "Le sette parti del *Magisterium divinale ac sapientiale* di Guglielmo di Alvernia", dans: Studi e ricerche di scienze religiose in onore dei ss. Apostoli Pietro e Paolo (Rome, 1968) 289–307. Sont inédits les commentaires *In Ecclesiasten, In Proverbia, In Cantica canticorum*; les écrits philosophiques ou théologiques *De faciebus mundi, De Missa, De laudibus patientiae, De paupertate spirituali.*

[11] Cf. J. B. Schneyer, Repertorium der lateinischen Sermones des Mittelalters I (Münster/W., 1973) 373–415. Une édition de ces sermons serait une entreprise considérable. Les *Sermones de tempore et de sanctis* publiés parmi ses œuvres (Opera II, 1–476) sont du dominicain Guillaume Peyraut (+ v. 1271; cf. Dictionnaire de spiritualité ascétique et mystique VI, 1229–34). Quelques détails sur les séries *de tempore* et *de sanctis* dans Valois, op. cit., 183–186.

[12] Op. cit., 210 et 207–223. Les comparaisons et les bons mots de Guillaume sont souvent cités par les contemporains: cf. A. Lecoy de la Marche, Anecdotes 388–389.

pus principal de ses œuvres théologiques publiées, notamment le *Magisterium divinale*[13].

Même ainsi réduite à ses composantes proprement théologiques, cette œuvre de Guillaume nous apparaît comme reliée de façon remarquable au contexte concret de la vie quotidienne. On ne saurait donner à Guillaume d'Auvergne la même place qu'à Walter Map, Gérald de Cambrai, Gervais de Tilbury ou Césaire d'Heisterbach. On doit signaler des limites certaines. Ses renseignements demeurent souvent embryonnaires, n'atteignant que rarement la précision descriptive du *Corrector* de Burchard de Worms. Des traités qui paraîtraient demander un exposé rempli de références à la pratique (*De poenitentia, De bono et malo, De vitiis et peccatis, De tentationibus et resistentiis*), sont construits en fait autour de catégories particulièrement abstraites. Malgré ces limites, on doit le considérer comme un témoin curieux et important de l'histoire du folklore. Les données sont trop abondantes pour en faire ici un inventaire complet. J'enregistrerai les principales, selon une classification empirique qui permettra de mesurer les divers niveaux d'intérêt de notre auteur.

I. Un premier palier est constitué par des allusions rapides, courtes comparaisons, rappel de proverbes ou expressions courantes, développements symboliques à partir de réalités familières, voire triviales.

Les proverbes proprement dits ne paraissent pas nombreux, et je ne crois pas qu'ils ajoutent de nouvelles pièces aux répertoires déjà connus: un inventaire complet en donnerait peut-être une vingtaine[14]. Il en va de même pour les locutions, ainsi que pour maints néologismes latins introduits par "ut vulgo dicitur"[15]. On

---

[13] La contribution des divers traités à notre thème est très inégale. Sont importants dans notre perspective: *De legibus, De moribus, De rhetorica divina*, et surtout le *De universo* dans toutes ses parties (I-I, II-I, III-I; I-II, II-II, III-II).

[14] Exemples: "sicut dicitur vulgari proverbio: 'si quis amat Botrathan, luna videtur ei'" (*De moribus* 4; 208bE); "sicut vulgo dicitur, quid est, quod lupum facit exire de nemore? et respondetur quod fames" (*De moribus* 9; 235aB: proverbe, sous forme de devinette); "quemadmodum et de luna vulgariter dicitur, quod quandiu in alto erit, canis de ea quicunque rodere non poterit" (*De moribus* 10; 247bD); "et vulgariter dicitur, qui diligit me, diligit et canem meum" (*De virt.* 11; 140aE).

[15] Des dizaines d'occurences, du type: "verbum illud vulgatissimum, quo

trouve aussi quelques comparaisons tirées des jeux et loisirs, soit nobles comme les tournois[16], soit populaires, comme le jeu de l'âne[17].

Plus intéressantes et variées, de notre point de vue, sont les comparaisons rapides, exemples puisés dans la vie quotidienne, qui peuvent aller de la métaphore avancée par incise, à un développement assez élaboré. On y trouvera ainsi: l'évocation des grillades et de la fondue au fromage[18], une liste des matières dont les nourrices enduisent leurs mamelons pour sevrer les nourrissons[19], l'évocation des pièges à glu pour les oiseaux[20], des pierres qui fixent les toitures des maisons[21], des cendres utilisées pour faire la lessive[22]. Plus généralement, Guillaume possède un remarquable talent pour esquisser, en quelques traits rapides, de petits tableaux réalistes: menus mensonges des nourrices pour rassurer

quis dicitur non esse fortunatus ad inveniendum nidum picae" (*De legibus* 27; 93aD); "sicut vulgari gallicano dicitur, postquam jam nutat, jam habebitur" (*De moribus* 3; 198aE: proverbe?); "baculos sustentatorios, quos vulgo potentias vocant" (*De virt.* 10; 130aF); "vulgo autem mala astreitas, vel mala astrucitas, unde et male astructus vulgari gallicano dicitur infaustus, infortunatus" (*De virt.* 17; 174bF); "ministrator luminis sum, ut vulgo dicitur, serviens de candela" (*De moribus* 1; 192bG).

16 Texte sur la passion des tournois (*De univ.* II-II, 48; 903aC); autres textes: risées pour le chevalier qui tombe dans le *sterquilinium* (*De moribus* 10; 239bD); combat jusqu'à l'aveu de la défaite (*De tentationibus* 3; 302aF).

17 "[ludus] qui vulgariter vocatur ludus asini, ubi ad ipsum emptorem dorso verso sermo dirigitur et de pretio asini cum eo tractatur" (*De rhetorica divina* 38; 380bE).

18 "hi proprie sunt carbonatae diabolicae, et ustülatitium; quod vulgariter dicitur *braleim* [...] forbitiunculas diabolo faciunt seipsos, quales solent fieri de caseo liquefacto ad ignem, et de aliis multis" (pour les vieux et les enfants: *De moribus* 10; I, 250bH).

19 "ablactorium proprie amarum illud est, seu insipidum, quod nutrices vel matres ablactare volentes parvulos [...] ponunt in summitatibus mammillarum, qualia sunt cirus, fuligo, absinthium, sinapis" (*De moribus* 10; 254aH).

20 "quemadmodum aviculae virgis viscatis, quas si tetingerint, vel se illis affixerint, vel captae detinentur per huiusmodi viscum, vel de plumis aliquas ibidem dimittere coguntur" (*De moribus* 9; 235bD).

21 "exemplum est in levibus tecturis domorum, quae lapidibus onerantur, ne a vento auferantur" (*De univ.* III-I; 767aC); aussi *De moribus* 10 (243aD).

22 "sicut apud nos cineres fabarum, aut vernicis" (*De legibus* 10; 41bD).

les enfants tombés[23]; clients sans le sous qui se font rosser à la taverne[24]; noyés que l'on suspend par les pieds pour leur faire vomir l'eau avalée[25]; galeux dont on lave la tête avec une lessive forte et que l'on peigne énergiquement[26]; accoutumance au bruit des meuniers et des sonneurs de cloches[27]; allure arrogante des lutteurs professionnels[28]; marchands qui défont et refont leur chargement[29].

Le monde des arts et métiers est évoqué assez fréquemment, avec quelques détails techniques[30]. Il remarque quels ouvriers ont

[23] "quemadmodum consuevit illudi parvulis, quibus casus simulantur esse saltus, et quantumcumque saltu se vulneraverint, dicitur eis a nutricibus et matribus: 'quam bene saltasti, fili mi!', per quam adulationem se magis saltasse strenue quam stulte cecidisse credunt" (*De virt.* 11; 135bB et, plus détaillé, *De moribus* 10; 240aFG).

[24] "tunsiones laterum pagamenta sunt exiquocorum suorum ribaldis, qui aliud non habent unde illa solvant. Unde et de consuetudine, cum ab eis requiruntur exiquoca sua pro eis latera sua tundenda exponunt tabernariis, ad placitum eorundem" (*De moribus* 10; 256aG–H: suit un petit tableau, avec des détails d'anthologie!).

[25] "qualiter in aquis immersi totam aquam, quae corpora eorum intravit, evomere compelluntur; suspenduntur enim pedibus capite obverso ad terram, et aperto ore, aliquoque duro, ne claudere valeant, immisso, aqua ex ore eorum sponte defluit" (*De poenit.* 12; 488aFG).

[26] "de tinioso [...] et cum scabioso et lendinoso, si aspera lixivia lavetur caput eius, et acutissimo pectine pectatur, sive pectinetur, quantumcumque se exagitet, quantumcumque obnitatur; nec minor est saevitia dimittere eum comedendum pediculis, et lendinibus, quam ursis et leonibus" (*De moribus* 8; 225bBC; rappelé en *De moribus* 10; 252bH).

[27] "de molendinariis, quos sopit tumultus aquae, et ipsius molendini strepitus, qui alios excitant; sic de pulsatoribus campanarum, quorum aures obturantur, et etiam obsurdescunt, soporem etiam eis provocant sonitus campanarum, qui alios excitant et dormire non sinunt" (*De vitiis* 9; 284aH).

[28] "similes [...] pugilibus, sive propugnatoribus, qui mole corporis, et viribus praevalentes in medio pressurae aliorum hominum recti et rigidi incedentes, alios dejiciunt, alios impellunt, alios conculcant, alios pedibus calcantes graviter laedunt, alios comprimunt, alios a gressu impediunt, clamoremquem mirabilem, et maledictionem multitudinis post se relinquunt" (*De moribus* 8; 222bAB).

[29] *De moribus* 9; 236bE.

[30] Charpentiers: "faber lignarius nunc utitur securi, nunc dolabra, nunc basicuta, nunc runcina" (*De univ.* I-II, 18; 825bA); construction: "si scissura, vel rimula, vel putriditas ligni alicuius apparuerit [in tectis vel domibus], statim

la peau la plus endurcie[31], et rappelle que les travailleurs les plus méprisés sont les nettoyeurs de latrines[32]. Relevons, à ce propos, que le problème des latrines revient assez souvent dans ses écrits. Dans son argumentation contre le paradis, trop charnel à son goût, de la théologie musulmane, l'un des arguments qu'il élabore est l'impossibilité de disposer adéquatement des *superflua corporis*, qui finiraient par créer un problème écologique insoluble! D'où sa condamnation indignée du paradis de Mahomet: "Maledicta paradisus in qua tantum cacatur"[33]. Plus généralement, Guillaume est sensible aux problèmes d'hygiène: il trouverait intolérable l'absence de toilettes dans les monastères[34], et il se rappelle les poux qu'il a souvent vu tomber des couvertures battues[35].

Dans les références tirées de la vie quotidienne, le monde

---

exacuentur secures, dolabuntur, advocantur cementarii, et carpentarii armantur ferreis malleis, et aliis ferramentis in exterminium istius" (*De moribus* 9; 233aB); "quemadmodum malleus multis impulsionibus, aut desuper malleationibus paulatim profundatur et figitur donec firmiter stet aut difficile moveatur" (*De virt.* 1; 106aG); mines et métaux (*De legibus* 16; 47bD); forgerons: "huiusmodi homines refectoribus similes sunt veterum, ac putridarum patellarum, qui dum foramen unum nituntur obtruere uno ictu mallei fabrilis quinque vel sex alia faciunt, vel illud adaungent in dublo, aut ipsam patellam totaliter dissipant et confringunt" (*De moribus* 8; 221bB); tisserands et foulons: "sic et quae in aqua ponuntur propter aliquam praeparationem, vel artificium ut pelles, ligna, linum, canabum ne impetu aquae rapiantur" (*De moribus* 10; 243aD); "agricolae", "vinitores", "omnium artium opifices" sont à consulter dans leurs métiers respectifs (*De virt.* 11; 154aE).

31 "quemadmodum in manibus quorundam coquorum, qui carnes ferventes, et carbones ardentes absque laesione, ustionibus et dolore tractant, saltem ad modicum; similis durities, seu fortitudo acquiritur in manibus Carpentariorum, Latomorum, Coriariorum, Agricolarum" (*De virt.* 11; 156aF); cf. aussi *De virt.* 1 (111bD), et *De moribus* 10 (249bA).

32 "mundatores cloacarum [...] inter omnes operarios vilissimi reputantur" (*De univ.* III-II; 1024bH); cf. aussi: "latrinae enim omnes habent qui eas curent, atque mundificent, si curabiles ac mundificabiles sunt" (*De poenit.* 12; 467bD); allusion à la valeur économique du fumier: "ipsa stercora literalia per plateas sparsa tot habent studiosissimos, atque avidissimos collectores" (*De moribus* 4; 205aC).

33 *De legibus* 29; 52bE. Dans tout le chapitre, pointilleuse destruction de l'idée musulmane du paradis, cet argument "a latrinis" revient souvent. Cf. aussi la discussion de la déesse *Cloacina* (*De univ.* III-II, 6, notamment 1027).

34 *De rhetorica divina* 27; 367bC.

35 "velut pulices, atque pediculi, in flagello tribulationis cadere coguntur,

rural occupe une place importante: animaux de la basse cour[36], protection des champs ensemencés[37], adaptation des paysans qui passent à la ville[38]. Bien des passages semblent relever d'une connaissance directe plutôt que livresque: sur les animaux[39], sur les arbres et la forêt[40], sur maints détails de la vie quotidienne, qui se comprennent mieux dans un milieu rural[41]. Toutes ces comparaisons, dont la simplicité et la netteté semblent relever du

---

quemadmodum in claustris monachorum Cistercensium saepe fieri vidimus" (*De moribus* 10; 255aB).

36 "quemadmodum anser, vel oca, quae portam quantumcumque altam ingrediens, semper caput et collum suum deprimit, et dimittit, seu submittit, ac si timeret offendere in altam portam" (*De moribus* 10; 241aB); "sicut apparet de ovis anserum et anatum, quae gallinis cubanda atque fovenda multoties supponunt, nec tamen inde generantur nisi anseres, anates" (*De vitiis* 6; 275aA); "quando natus est porcus, scit currere ad ubera matris, et inde sugere lac; similiter ad pascendas herbas, et ad alia nutrimenta sumenda, non indigent duce, vel praeceptore" (*De univ.* III-I, 1; 755aD); "similem considerationem fac de anatibus, qui quam cito aquam vident, in eam statim insiliunt" (*De univ.* III-I, 3; 757bD).

37 "propter semina custodienda in agris armantur agricolae fundis, et lapidibus, arcubus, sagittis, ut corvos et cornices a devoratione ipsorum arceant et diffugent" (*De matrim.* 2; 513bC); la pluie et les labours: "sicut aqua dulcis pulverem congregat, atque conglutinat in glebam, et agricolturae praeparat" (*De moribus* 10; 253aB).

38 "de rure et vita rusticana ad civitatem transeuntibus, et cives effici volentibus, necesse est mores agrestes et habitationem deserere, civitatemque inhabitare, civilesque mores et urbanitatem civilem atque socialissimam assumere" (*De sacram.* 2; 410bG): le thème, longuement développé, symbolise le passage de la vie païenne à la vie chrétienne.

39 Par exemple, sur le vol des hirondelles à la chasse d'insectes (*De univ.* I-I, 42; 643bA-B); sur la perdrix: "de perdicibus vero habet admirationem non levem, qualiter matrem agnoscant, quam nunquam viderunt, et relinquant perdicem, qui furatur ova matris, et fovit ea: perdiculi vero exclusi statim eum relinquunt, et matrem, quae ova, in quibus nati sunt, posuit, sequentur inseparabiliter" (*De univ.* I-III, 3; 758aB); sur le coucou qui parasite le nid d'autres oiseaux (*De univ.* II-II, 126; 977aD).

40 Ainsi, sur la bonne méthode pour greffer un olivier: "videlicet proportionatam in fixione, et firmam colligationem, et fortem compactionem, ne illabatur pluvia in ipsam fissuram insertionis" (*De bapt.* 2; 419aD); sur la coupe et la repousse de la forêt (*De univ.* I-I; 631aC).

41 Nourrices qui protègent les enfants des dangers de l'eau, du feu et du piétinement par les cochons (*De univ.* II-II, 161; 1012aE); gaulage des noix

vécu, ne suffisent certes pas à prouver les origines modestes et paysannes de Guillaume, mais elles apportent à cette hypothèse un éclairage intéressant.

II. Un deuxième niveau d'enracinement concret est constitué par l'affleurement, au fil du discours théorique, d'une forte composante narrative, sous la forme notamment de souvenirs autobiographiques: "vidi", "memini", "didici", "tempore meo", "prope terram nativitatis meae", "mihi relatum est". Il signale avec regret avoir une fois manqué, par paresse, l'occasion de rencontrer quelqu'un qui avait vu des châteaux enchantés[42]. Il fait remonter ses souvenirs au temps de sa jeunesse, voire de son enfance[43].

Les traits proprement autobiographiques sont nombreux. Dans un style emprunté aux *Confessiones* d'Augustin, il trace un portrait de lui-même, évoquant à la fois son apparence physique et ses talents[44]. Particulièrement intéressant est le passage dans lequel Guillaume confronte les aspirations spirituelles de sa jeunesse avec ce que la vie lui a appris[45]. Il parle volontiers de sa prédication au peuple[46]. Ses confidences vont jusqu'à avouer quelle est sa posture favorie pour la méditation et la prière[47].

Il est évident que nous ne sommes pas toujours, ici, dans le

(*De moribus* 11; 255ab); abondance et bonté des figues (*De moribus* 6; 214bF); chiens et chats chassés de la table domestique (*De moribus* 11; 255aC).

42 "memini me videre potuisse virum cui illusio ista acciderat; non autem vidi propter negligentiam meam, atque desidiam" (*De univ.* III-II, 23; 1065aB).

43 "ego quoque tempore pueritiae meae audivisse certissime recolo mulierem [...] apparuisse post mortem" (*De univ.* III-II, 25; 1072aFG). Il évoque souvent son *adolescentia.* Il se rappelle d'un bon mot de l'un de ses compagnons d'études (*De moribus* 10; 257bA).

44 "pulchritudinem corporalem, quam dedisti mihi" (*De rhetorica divina* 4; 329bD); "eloquentiam, quam dedisti mihi" (330aE); "si canendi vel cantandi gratiam aliquam mihi contulisti" (330aF). Tout à fait remarquable, et digne de figurer dans une anthologie d'histoire de la musique, la description détaillée de la virtuosité d'un ami de jeunesse (*De tentationibus* 3; 305ab).

45 "tempore adolescentiae meae [...] nunc autem et a tempore multo jam didici" (*De univ.* III-II, 19; 1056bF).

46 "in sermonibus exhortationum ad populos saepe ostendi" (*De rhetorica divina* 52; 402aE); "saepe dicimus in sermonibus declamatoriis" (*De moribus* 8; 225aD); "in sermonibus declamatoriis inflatores vesicularum diabolicarum adulatores vocare consuevimus" (*De moribus* 10; 240aE).

47 "omnium dispositionum corporis mihi convenientior videtur esse accubitus,

domaine de la culture populaire, ni même de la vie quotidienne, mais plutôt dans une extension floue de la catégorie de l'*exemplum*, fragmentée dans des types d'expérience et des niveaux de référence très variés. La catégorie précise de l'*exemplum*, comme histoire proche de l'expérience du conteur ou dont il peut assurer l'authenticité, est d'ailleurs représentée par maints récits: épisodes de la vie de saints personnages qu'il a connus, épisodes bien circonstanciés qui semblent être de notoriété publique, épisodes étranges et exemplaires concernant des animaux. Mais, au hasard de ces confidences autobiographiques, percent fréquemment les thèmes des attitudes sociales, de la vie quotidienne, voire de la culture populaire proprement dite. Ainsi fait-il appel à son expérience de confesseur pour prouver l'extension des pratiques de magie amoureuse[48], ou pour assurer que le sacrement du mariage confère aux époux une sorte de "frigiditié" propice à la continence[49]. Il cite par expérience ("vides [...] vidisti") le pouvoir de la musique dans l'animation de la danse[50]. Il rappelle plusieurs fois l'expérience, arrivée "en son temps", de la femme si intensément amoureuse qu'elle devinait la présence de son amant à deux milles de distance[51]. J'isolerai, dans une section ultérieure, les témoignages qui concernent directement le folklore, et qui sont liés à une connaissance personnelle, dont Guillaume fait état: il en est ainsi pour l'existence d'hommes "*faés*", dont il documente la réalité par des cas récents survenus non loin de sa terre natale[52]. En somme, narration et biographie sont chez Guillaume des portes ouvertes sur la société tout entière, et bien souvent sur le peuple.

III. Un troisième biais par lequel Guillaume d'Auvergne rencontre peuple et culture populaire est constitué par sa co-participation

---

qui incumbitur sub podiaculo alicui, maxime ex parte sinistra" (*De rhetorica divina* 26; 365aB).

48 "neque enim facile est enumerare ea sola quae de his legimus, vel in confessione post susceptum sacerdotium audivimus" (*De legibus* 24; 70aFG).

49 "interdum etiam ad proprias uxores juvenes [...] frigidi sunt licet ipsae speciosae sint: ad alias autem mulieres poene gelidi, etiamsi speciosae sint. Idem et de mulieribus dicimus [...] de ipsa experientia et certitudine loquentes, ex ipso eorum testimonio [...] in ipsa sua confessione hoc cognoscentes" (*De matrim.* 9; 525aB).

50 *De univ.* II-I, 43; 746aF.

51 *De univ.* II-II, 69; 722ab.

52 *De univ.* III-I, 24; 791aD.

aux dimensions extraordinaires ou merveilleuses de la vie religieuse, telles que visions et apparitions, rêves prophétiques, expériences thaumaturgiques. Il est remarquable de constater combien de fois ce niveau d'expérience est introduit dans le discours théologique, comme une autorité supplémentaire qui comble les failles du témoignage biblique. Récits hagiographiques et recueils de miracles sont promus au statut de sources épistémologiques, "qui aident de plusieurs façons à acquérir la haute et sublime connaissance", et dont il ne cesse de conseiller la lecture à son disciple[53]. La longue discussion sur la nature du purgatoire est amorcée à partir des apparitions de revenants et du contenu de leurs récits[54]. Que le purgatoire soit situé sur cette terre n'est pas garanti par l'Écriture; mais on peut le prouver par les apparitions, qui occupent ainsi une place intermédiaire entre la Révélation et la raison[55]. En général, pour connaître les réalités eschatologiques, l'intelligence humaine est impuissante et il faudra s'en remettre,

---

[53] "multo autem plura, et majora in lege, et doctrina christianorum, et praecipue in narrationibus miraculorum suorum, quas saepe consului tibi inspiciere, quoniam multipliciter adiuvant philosophiam nobilem et sublimem" (*De univ.* II-II, 30; 736aH); "quos modis omnibus consulo tibi" (*De univ.* II-II, 40; 883bB); "in narrationibus, quas semper tibi suadeo inspicere" (*De univ.* II-II, 45; 888aF); "in narrationibus, et miraculis christianorum, ad quorum lectionem te saepius hortatus sum et adhuc hortor" (*De univ.* III-I, 10; 773bD); "de his in narrationibus Christianorum plurima jam legisti, si juxta consilium meum in hoc te habuisti" (*De univ.* II-II, 69; 922aH). Les preuves tirées des *narrationes* et des *miracula* se comptent par dizaines: "vulgarissimum est apud legem Christianorum, et narrationes miraculorum ipsorum" (*De univ.* II-II, 90; 944bF); "et in narrationibus miraculorum gentis Christianorum innumerabilia pene leguntur de hujusmodi religationibus" (*De univ.* II-II, 157; 1007bC); "in narrationibus autem gentis Christianorum, et miraculis eorum, quarum et admodum salutaris, et valde jocunda est inspectio" (*De univ.* III-II, 30; 770aB); etc.

[54] "quod autem fidem indubitatam facit de purgatorio, et purgatione huiusmodi, visiones sunt, et apparitiones animarum, seu hominum, qui in huiusmodi purgationibus existentes post mortem corporum suorum apparuerunt tam multis, et tam saepe, et amicis suis, ut adjuvarent eas, et eis suffragia procurarent, similiter et praemonentes eos, sibi a futuris suppliciis praecavere" (*De univ.* I-I, 61; 678aH: tout le chapitre applique ce principe).

[55] "apparet autem ex visionibus et revelationibus animarum huiusmodi [...] apparere etiam potest per rationem" (*De univ.* I-I, 62; 679bC).

avec la Bible, à ceux qui sont allés dans l'au-delà de la mort, et en sont revenus[56].

Ce penchant pour le merveilleux religieux aura comme corollaire une haute valorisation de la littérature hagiographique, dont Guillaume semble avoir été un lecteur avide. Une deuxième conséquence intéressante sera la forte composante de témoignage autobiographique que Guillaume d'Auvergne fait intervenir dans ce contexte. Il a rencontré un témoin de ces apparitions[57]. Il se rappelle de nombreuses révélations arrivées "de son temps"[58]. Une discussion sur la nature des voix des démons est confirmée par le témoignage d'exorcistes professionnels[59]. Toujours à propos de l'action des démons, le témoignage d'autres personnes compétentes est appuyé par son expérience directe[60]. Il confirme par un témoignage personnel un chapitre sur les merveilles ("mirabilia") relatives à l'eucharistie[61], le rôle protecteur des anges gardiens[62], ou une multiplication miraculeuse de nourriture chez un personnage de sa connaissance[63].

---

[56] "necesse est te recurrere ad prophetarum oracula, et ad Dei revelationes, atque ad eorum, qui ex mortuis resurrexerunt, testimonia" (*De univ.* II-II, 24; 730bE); "si creditur mortuis redivivis, hoc est, a morte per resuscitationem redeuntibus ad vitam" (*De univ.* II-II, 45; 888aF).

[57] "dixerunt aliqui ex his, qui talia se vidisse dicunt, et charis suis multa de futuris suis eventibus revelata fuisse, et ex his unum memini me vidisse" (*De univ.* II-II, 35; 879aB).

[58] "etiam temporibus meis multa de hujusmodi revelationibus et exprobrationibus audivi; vidi etiam mulierem arreptitiam" (*De univ.* II-II, 152; 1003bAB).

[59] "mihi etiam quoque visum est ex assertione aliquorum, qui huiusmodi diversitatem vocum se audivisse crebro mihi narrabant" (*De univ.* I-I, 52; 6710aAB); "narravit mihi quidam, qui multos curasse videbatur [...] prout multoties narravit mihi" (*De univ.* II-II, 151; 1000bG).

[60] "sicut jam de multis creberrimae famae testimonio mihi claruit; vidi namque joculatorem, de quo ludebat quidam ex hujusmodi spiritibus" (*De univ.* III-II, 7; 1030aE).

[61] Deux épisodes relatifs à un moine cisterciens "mihi notus, et familiariter mihi dilectus" (*De rhetorica divina* 34; 373bCD).

[62] "audivi temporibus meis muros magnos cecidisse super corpora parvulorum" (*De univ.* II-II, 152; 1012bH).

[63] "tempore etiam meo pisces jam coctos ad mensam cujusdam viri sancti mihi notissimi multiplicatos fuisse constat" (suivent les détails: *De univ.* III-I, 10; 773bD).

Bref, enregistrons le fait que Guillaume est directement impliqué dans le monde du merveilleux religieux. Considérer ce penchant pour le merveilleux comme un trait en lui même populaire, serait un préjugé historiquement injustifié, puisque justement nous le voyons intégré à la culture théologique de notre auteur. Plusieurs des épisodes qu'il relate mettent d'ailleurs en cause des personnages de haut rang, des évêques, des religieux. Toutefois, bien d'autres épisodes campent indubitablement des personnages du peuple. Le goût du merveilleux religieux est l'un des crénaux où diverses traditions se rencontrent[64].

IV. Un autre facteur de lien avec la culture populaire sera, chez Guillaume d'Auvergne, son intérêt explicite pour le monde de la connaissance ésotérique et des pouvoirs occultes, amplement documenté par Lynn Thorndike. Il va de soi que ce monde est par excellence un monde de culture écrite, et la liste des lectures de Guillaume dans ce domaine est remarquable. Il y a toutefois un double biais, par lequel son intérêt pour la magie rejoint le monde populaire: un biais structural, relié à sa propre culture, et un biais contingent, relié à sa situation de pasteur.

Par biais structural, j'entends le fait qu'il y a chez Guillaume d'Auvergne une "contamination réciproque" évidente entre le monde de la magie scientifique, naturelle ou artificielle, et celui des croyances populaires. Cela est vrai notamment pour une zone bien spécifique de la connaissance, "horizon" intermédiaire entre le monde de l'expérience banale d'un côté, et celui des grands dogmes théoriques (Trinité, incarnation, grâce divine): c'est le monde des anges et des démons, de la connaissance prophétique, des âmes séparées et de leurs pouvoirs, de la mort et de l'au-delà. Dans la discussion de ces thèmes, jouent en interaction constante des données tirées des forces occultes de la nature, des pouvoirs particuliers des substances spirituelles (démons ou anges), de la culture populaire (croyances et pratiques), du merveilleux chrétien et, bien souvent, de l'expérience personnelle de l'auteur.

[64] Il est parfois impossible de deviner l'appartenance sociale des personnages, comme dans le cas de la femme (une noble, ou une paysanne?), victime d'un diable *joculator*: "recolo namque ad me adductam mulierem fuisse, quam lapidibus parvis obruerat quidam ex hujusmodi spiritibus" (*De univ.* III-II, 8; 1030aG). Le silence sur le statut social plaide en faveur d'un statut modeste.

Ce type d'approche n'est sans doute pas propre à Guillaume d'Auvergne, mais on le trouve chez lui avec une netteté particulière. Il structure des pans entiers de ses traités[65]. Une discussion élaborée sur la nature des démons fait intervenir la problématique des *incubi* et de la *mesnie Hellequin*; les pouvoirs mystérieux du *sensus naturae* éclairent les modalités de la connaissance des anges. Lynn Thorndike avait relevé le flottement épistémologique de Guillaume d'Auvergne dans son traitement de la magie: magie naturelle et magie artificielle se juxtaposent, la distinction entre *magi* et *malefici* n'est pas rigoureuse, le traitement des pouvoirs des démons est "plutôt arbitraire et capricieux", toute la discussion sur les esprits est "pleine de contradictions et de difficultés"[66]. Ce flottement ouvre Guillaume à une acceptation globale du merveilleux; bien que récits hagiographiques et croyances populaires soient jugés différemment, ils sont analysés avec les mêmes présupposés conceptuels, et ne cessent de s'influencer réciproquement.

On ne saurait oublier, enfin, que Guillaume est un pasteur d'âmes, toujours préoccupé par les dimensions pratiques et morales des problèmes. Dans ses discussions des pouvoirs et connaissances occultes, il autocensure son exposé, pour ne pas donner d'outils à des curiosités indiscrètes[67]. Il déplore que ces sciences attirent un grand nombre de praticiens, à cause des gains qu'elles permettent[68]. Pour les croyances astrologiques, les pratiques de divination, la magie amoureuse, il relève l'ampleur de leur diffusion dans toutes les couches de la société: "multi", "multissimi",

---

[65] Notamment: sur le culte des éléments et des idoles (*De legibus* 25–27); sur l'existence et la nature de l'enfer et du purgatoire (*De univ.* I-I, 54–64), sur la providence (*De univ.* III-I, 3), sur le *fatum* (*De univ.* III-I, 24–27), sur le pouvoir de certains animaux (*De univ.* II-I, 32), sur la nature des apparitions des anges et des démons (*De univ.* II-II, 24–26), sur les apparitions des démons (*De univ.* II-II, 94–95), sur la communication des anges entre eux et avec les hommes (*De univ.* II-II, 151–152), sur les anges gardiens (*De univ.* II-II, 161–163), et encore sur la nature, les pouvoirs et les apparitions des démons (*De univ.* III-II, 1–26).

[66] Op. cit., 355, 358, 347.

[67] "ea cautela et circumspectione, ut [...] nullam prorsus demus occasionem ruinae insanissimae curiositati stultorum" (*De legibus* 23; 65bC).

[68] "barbarae nationes multae [...] in magicas, et maleficas, vanaeque curiositatis scientias studia sua totaliter contulerunt. Quemadmodum et nostris temporibus multos fecisse manifestum est, et lucrorum studia, id est, lucra-

"nominatissimum est". Il est difficile de deviner si des qualificatifs tels que "stulti", "insipientes", ou "irrationales homines" font référence à un niveau culturel et social, ou ne sont qu'un jugement de type moralisateur[69]. Il est certain que le monde de la magie n'est pas restreint, dans son expérience de pasteur, aux seuls savants.

V. Le dernier et le plus important niveau de rapport avec la culture populaire, est constitué par une attention particulière envers les phénomènes spécifiquement folkloriques, dont la connotation populaire est souvent marquée dans le texte même par une référence explicite ("vulgus", "vetulae", "pueri", "stulti"). Ces descriptions, dont quelques-unes sont remarquablement développées, se comptent par dizaines. Je ne me propose pas d'en discuter le sens, ni d'établir des parallèles avec d'autres témoignages contemporains. Je me limiterai à énumérer les thèmes, avec leurs références principales.

La croyance dans les chevauchées et les batailles nocturnes d'une armée de morts, appelée en France *familia Hellequin* [*Herlekhim*] (= *Mesnie Hellequin*), et en Espagne *exercitus antiquus* ("l'armée d'antan"), est évoquée dans des textes nombreux et assez détaillés[70], tandis qu'un seul texte évoque la croyance aux

---

tivas scientias, vides innumerabiles studentes, sola diligere, et curare" (*De univ.* II-II, 160; 1010bH).

[69] Voir, par exemple, à propos des horoscopes: "necesse habemus aliquid dicere contra istam insaniam propter simplicium et stultorum multitudinem [...]" (*De vitiis* 6; 274bF).

[70] "et vulgo mortui equitantes, et armis dimicantes, et in hastis ludentes, et familia exercitus [qui] *herlekhim* [fausse lecture pour *herlething*?] dicuntur apud gallicos, apud hispanos vero *exercitus antiquus*" (*De poenit.* 21; 511bB); "interdum apparent absque numero, et videtur exercitus eorum major omnibus exercitibus omnium regum et principum terrae" (*De univ.* II-II, 34; 877aD–bA); "de exercitibus nocturnis quos alii *hellequin* vocant, alii *exercitum antiquum*" (*De univ.* II-II, 94; 948aG); "de exercitibus vero nocturnis [...] (*De univ.* II-II, 95; 949bBD); "de equitibus vero nocturnis, qui vulgari Gallicano *hellequin*, et vulgari hispanico *exercitus antiquus* vocantur [...]" (*De univ.* III-II,12; 1037aBC, et 1039a pour un supplément de discussion; cf. aussi la discussion dans *De univ.* III-II, 24; 1066ab). La connotation funèbre est rappelée très explicitement dans *De univ.* III-II, 24: "illi vel soli, vel potissimum illi, apparent in exercitibus istis, qui armis interempti sunt" (1067aC).

apparitions de châteaux fantastiques[71]. Dans ce même contexte, Guillaume fait une allusion précise à la croyance populaire en la valeur sacrale et les pouvoirs apotropaïques des champs cultivés[72].

Nombreuses sont également les mentions de visites des *dominae nocturnae*, déesses bienfaisantes ("*bonae dominae*") de la nuit, à la tête desquelles se trouve *domina Satia* ou *domina Abundia*, à cause de l'abondance qu'elles apportent aux maisons et aux celliers qu'elles visitent; vases et récipients doivent être laissés découverts, pour qu'elles puissent boire et se nourrir[73]. Sont également évoquées les *fatae*, fausses déesses qui ne sont que des démons déguisés[74].

Comme pour les armées nocturnes, c'est la discussion théorique sur les pouvoirs des esprits qui amène l'auteur à évoquer maintes fois divers types d'esprits mauvais, dont les personnalités et les actions spécifiques sont décrites avec une certaine abondance de détails. Nul doute que, dans ce contexte où les *angeli mali* de la théologie et les *cacodaemones* de la philosophie sont assimilés

---

71 *De univ.* III-II, 12; 1039aD–bA (dans un contexte d'opérations magiques).

72 "inolevit opinio apud multos, agri gaudere protectione creatoris propter utilitatem hominum, et hac de causa non esse accessum malignis spiritibus ad eos" (*De univ.* III-II, 24; 1067AB). La raison serait, selon Guillaume, que les routes sont physiquement et spirituellement plus sales que les champs.

73 "credunt enim nonnulli insipientes quaedam numina nocturna frequentare domos, et vasa, quae discooperta, vel operta inveniunt, postquam inde comederint vel biberint denuo replere. Si autem cooperta, vel clausa sive obstructa ei inveniunt, inde offendi, et ex hoc imminere infortunium domui" (*De legibus* 6; 36aC); "de dominabus nocturnis, quarum principem dominam Abundiam sive Satiam vocant" (*De univ.* II-II, 94; 948aG); "daemones quas dominas vocant vetulae, penes quas error iste remanserit, et a quibus solis creditur et somniatur" (*De univ.* III-II, 12; 1036bFG); "quas dominas nocturnas, et principem earum vocant dominam abundiam" (*De univ.* III-II, 24; 1066aB; "de dominabus nocturnis, quod bonae dominae sint, et magna bona domibus quas frequentant per ea praestantur": 1066bGH).

74 "eodem modo sentiendum est et de fatabus, hoc est, de falsissimis, et vanissimis deabus, quia non sunt nisi daemones, cum aliquid sunt, et cume in veritate collocutionis eorum audiuntur, seducere intendentes eos, quibus permittuntur talia, et taliter loqui" (*De univ.* III-I, 27; 796bE); "fatas vero in supremo ordine [ponunt], pro eo quod fatare praecipuum sit, atque divinum inter omnia, quae diis attribuuntur: fatare namque non solum est praedicere, vel cavere, sed etiam praeordinare, et ut eveniant, quae praedicuntur, efficere" (*De univ.* III-II, 12; 1037aA).

aux *diaboli* du peuple[75], on se trouve dans un contexte de folklore, que Guillaume signale quelquefois explicitement: "qui vulgo dicitur", "quod vulgariter appellatur"[76]. La liste qu'il donne de leurs spécialisations garde la trace des lectures patristiques, notamment de Cassien, mais renvoie encore plus au folklore populaire[77].

Fauni, satyri, incubi, lemures, lamiae sont encore vénérés[78]. On sait qu'ils lancent des pierres, déplacent des objets, forcent les entrées des maisons, font s'entrechoquer les vases[79]. D'autres diables sont appelés *joculares* ou *joculatores* parce qu'ils s'amusent à jouer des tours aux humains, en les empêchant de dormir (par des craquements, des lancements de pierre, le bruit de vases entrechoqués, le vol des couvertures), ou en menaçant d'arrosages scatologiques tous les passants. Il est remarquable que, à leur égard, Guillaume confirme le témoignage public par son témoignage personnel[80]. Encore plus nettement populaires, par les thèmes et

---

75 "malos angelos, quos graeci cacodaemones vocant: vulgus vero diabolos vocat" (*De univ.* II-II, *proaem.*; 844aF); "habitationem gentis tenebrarum, quas vulgo Diabolos vocant, graeci vero cacodaemones" (I, 609aC).

76 "frequens est, et vulgatissimum apud homines" (*De univ.* II-II, 13; 856bH); "fauni ex fatuitate sic nominati videantur, et vulgari Gallico expressius a fatuitate *Folet* cognominentur" (*De univ.* III-II, 4; 1019aA); "repositiones et transpositiones quarundam rerum, et vocantur vulgariter tractationes vel trajectationes, et sunt magne admirationis hominibus" (*De univ.* III-II, 22; 1059aA); etc.

77 "alii ad ludos vel laxantur, vel astringuntur [...], alii ad flagella, alii ad tempestates faciendas, alii ad irrisiones, et cachinnos, alii ad faeda sui spectacula facienda, alii ad larvas horrificas in se ipsis ostendendas hominibus, alii ad ducendos choros, alii ad nocumenta, ut ad seductiones, vel dejectiones hominum" (*De univ.* III-II, 8; 1032bH).

78 *De univ.* II-II, 9; 852bH (et 869aD).

79 "lapides jactari, et alia corpora transferri seu transportari, et haec tam corpora hominum, quam saxa grandia, quam columnae, quod etiam partes ingentes domorum [...] et de jactatione lapidum, atque collisione vasorum" (*De univ.* II-II, 13; 856bGH); "ponam tibi exemplum primum in cacodaemonibus quos satyros, vel faunos vocant. De quibus manifestum est innumerabilibus testimoniis, et experientiis, quod lapides projiciunt, et ostias interdum effringunt, et alias innumerabiles huiusmodi molestias hominibus irrogant" (*De univ.* II-II, 70; 924aFG; voir aussi II-II, 106; 958bG).

80 "multis creberrimae famae testimonio mihi claruit", "vidi namque", "recolo namque ad me adductam fuisse mulierem": description longue et détaillée dans *De univ.* III-II, 8, 1030aEH (avec discussion jusqu'à 1033a).

le contexte, les diables des étables, qui apparaissent avec des chandelles de cire, et nattent en tresses serrées les crinières des chevaux[81].

Le problème des diables *incubi* et *succubi* est évoqué à maintes reprises. Dans de longs développements, Guillaume s'efforce de prouver la nature fantasmatique, et non physique, des interventions qu'on leur attribue[82]. Mais il ne nie pas la croyance populaire selon laquelle les *incubi* préfèrent les femmes aux belles chevelures; il se limite à en proposer une explication morale, confirmée par un *exemplum* personnel, remontant à son enfance[83]. Quant à cet incube qu'on appelle *Ephialtes*, démon du cauchemar et de l'étouffement pendant le sommeil, Guillaume tend à en donner une explication naturaliste[84]. Les croyances en la lycantropie sont également rappelées[85], notamment dans un *exemplum* où l'intervention d'un saint guérit à la fois la crise de lycanthropie et les craintes des gens[86]. Il relate également la croyance dans les *stryges* ou *lamiae*, diables nocturnes qui, sous l'aspect de vieilles femmes, volent et dévorent les enfants[87].

---

[81] *De univ.* III-II, 8 (1030aF) et 24 (1066aGH).

[82] "dicitur usualiter, et creditur a multis mulieres interdum a daemonibus incubis impregnari" (*De moribus* 10; 244bE); "multi ex illis incubi et succubi esse dicantur, molestique et viris et mulieribus, imo interdum violenti, et eousque amantes concubitum mulierum et virorum, ut violenter etiam illas opprimere conentur" (*De univ.* III-II, 2; 1017bB-1018aE); longue discussion théorique en *De univ.* III-II, 25; 1070aG–1073bB, avec maints détails.

[83] "incubi daemones mulieribus pulchros habentes crines magis infesti sint, et in easdem vehementiori libidine inardescunt" (*De univ.* III-II, 25; 1072aE): "ego quoque tempore pueritiae meae audivisse certissime recolo mulierem" (1072bFG).

[84] "in morbo, qui vocatur *ephialtes*, vulgo autem *apensordus* propter ponderosam oppressionem, quam efficit supine jacentibus, et dormientibus" (*De univ.* I-I, 46; 656bH: *apensordus* serait-il une mauvaise lecture pour *ponderosus*?); cf. aussi *De univ.* II-II, 91 (945bBC) et *De univ.* III-II, 24 (1069aC).

[85] "fit ex morbo interdum, ut aliquis videatur sibi esse lupus, et fit nihilominus ex suggestione diabolica" (*De univ.* II-II, 35; 878bH); "similiter et morbum, quem daemonium lupinum medici vocant, non daemonium verum, sed magis morbum esse putavi" (*ibid.* 39; 883bC).

[86] Description détaillée: *De univ.* III-II, 13; 1043bBD, mais déjà en II-II, 35; 878bH–879aA.

[87] "eodem modo sentiendum est de aliis malignis spiritibus, quas vulgus stryges, et lamias vocant, et apparent de nocte in domibus in quibus parvuli

D'assez longs passages sont consacrés aussi au problème du *fatum* et des personnes *fatatae*. La discussion est étoffée par le rappel de faits communément admis, dont certains d'ailleurs se seraient passés non loin de la patrie de Guillaume[88]. Des considérations théologiques sur la crainte des châtiments divins l'amènent maintes fois à rappeler la figure d'un *malvesin* ou *expaventaculum* ou *barbualdus* [appelé aussi *barbuardus*, *babrenaldus*], père Fouettard imaginaire, mais aussi marionnette terrifiante montrée aux enfants par les mères et les nourrices[89]. Je rappelle aussi les textes, nombreux mais peu élaborés, qui concernent le mauvais oeil et la fascination[90]. Dans ce contexte de fascination

---

nutriuntur, eosque de cunabulis raptos laniare, vel in igne assare videntur" (*De univ.* III-II, 24; 1066bG), croyance dont il réappelle le très profond enracinement chez les femmes.

88 "transibo ad investigationem fati, et fatationis, et earum personarum, quae vulgo dicuntur fatatae, et fatandi potestatem habere, utrum sint, vel non sint, et quid sit ipsa fatatio" (*De univ.* III-I, 24; 791aB); "et hoc licet superstitiose, et pene aniliter dici videatur [= qu'il existe des hommes *fatati* dès la naissance], quia vel famose vel fabulose, tamen pene communiter dicitur, et fatati multi de antiquis et quidam etiam huius temporis non longe a terra nativitatis meae" (*De univ.* III-I; 791aD); "dedit autem causam huic opinioni multiplex narratio et assertio hominum, et maxime mulierum, dicentium se audivisse deos loquentes in nativitatibus hominum et mulierum, eventus istos" (*ibid.*). A ce thème est consacré aussi un chapitre spécifique dans *De univ.* III-I, 27; 796a–798a.

89 "infernus est mihi *barbualdus*, cuius ostensione parvulos meos et ab omnibus stultitiis averto" (*De moribus* 2; 195aB–C); "formido est, quae vulgo dicitur expaventaculum, [...] hoc est, ut vulgo dicitur, expaventans multum [...] eundem, quem vulgus *malvesin* vocavit, hic est *Barbualdus*, qui parvulis ad terrorem ostenditur, etiam de quo matres, et nutrices parvulis minantur, quod eos devoret, si fecerint haec, vel illa; *Barbualdus* enim vulgari gallicano, dicitur figura, vel pictura terribilis, qua matres et nutrices utuntur ad parvulos deterrendos" (*De moribus* 5; 211aAB); "est et tribulatio formido, quae vulgo dicitur *expaventaculum*, quod in scholis, atque capitulis negligentias, atque stultitias puerorum, atque monachorum absterret; unde vulgo expaventaculum malorum dicitur" (*De moribus* 10; 255aC); "sicut ergo parvulis, vel virga, vel flagellum, vel deterritorium aliquod (quod vulgo *babrenaldum* vocant) ostenditur" (*De tentationibus* 4; 308aE); "vidisti mulieres aliqua terribilia ostendere parvulis suis [...] terribiliaque illa vulgari gallico *barbuardos* vocant" (*De univ.* II-II, 163; 1014bH).

90 "ex his est vir vel mulier quicunquem *oculos habens fascinantes*, si creditur sermonibus vulgaribus, et maxime mulierum vetularum" (*De univ.* I-II, 32;

est évoquée une croyance de magie noire concernant les archers et les arbalétriers[91].

La divination occupe également une certaine place dans son œuvre: divination par les miroirs, l'épée, les ongles d'enfant, les peaux, les œufs, les bassins, les manches d'ivoire, pratiques dont il affirme qu'elles sont "très répandues parmi les gens", notamment pour découvrir les voleurs et pour assurer l'amour[92]. Le recours aux spécialistes semble avoir été particulièrement important pour éclaircir les vols[93]. Un texte important, qui n'a pas beaucoup d'analogues chez d'autres auteurs, fait état de la pratique très enracinée d'une oniromancie populaire, exercée surtout par de vieilles femmes pauvres[94]. Il cite aussi les *dies aegyptiaci*, sans donner des détails sur la diffusion populaire de cette croyance d'origine plutôt savante[95].

833bD); "sicut enim vetulae dicunt, parvulos *fascinari* quorundam hominum, vel mulierum laudibus" (*De moribus* 10; 238aGH); "operatio *fascini*, quo gravantur pueri" (*De univ.* I-I,21; 615aB).

91 "similes virtutes, ad nocendum scilicet, imponunt homines quibusdam hominibus, et mulieribus, et virtutem fascinandi, et virtutem occidendi quibusdam arcariis, et balistariis, eousque scilicet, ut quantulumcumque vulnus sagittis suis infligant, dummodo stilla sanguinis inde effluat, mori necesse sit vulneratum ab ipsis" (*De univ.* II-II, 127; 979aD); cf. aussi: "interdum accidere videtur, quod per huiusmodi imagines fiant maleficia aliqua, qualia dicuntur, invultuationes vetularum, quod est dicere, per vultus aut imagines, factae maleficationes" (*De univ.* I-I, 46; 663aC).

92 "infandissima illa opera, quae etiam vulgo nominatissima sunt, videlicet inspectio speculi, inspectio spatae, inspectio unguis, videlicet ut furta et alia occulta invenirentur [...] luxuria sive amor mulierum idolatriae non parvam, neque levem occasionem dedit" (*De legibus* 24; 70aF–G); "specula de quibus diximus, et ungues puerorum, et pelles, et ova, et pelves, et manici eburnei cultellorum [...]" (*De legibus* 26; 84bH); "inspectio in ovo, in ebore, in ense, in pelle, in speculo quoque, et etiam in speculo Apollinis" (*De univ.* II-II, 35; 878bF). Un chapitre entier est consacré à la discussion théorique sur les modalités de la divination, aussi bien savante que populaire: *De univ.* III-II, 18 (1049aC–bH).

93 "per inspectionem pueri virginis in unge proprio, ubi et rem furtivam et furem, et nomen furis, et vias ipsius, et locum rei furtivae tam a quo subrepta fuit, quam illum, in quo reposita est, se videre videtur ipse puer" (*De univ.* II-II, 35; 878aG).

94 Pratiques dont on souligne qu'elles sont extrêmement tenaces, impossibles à déraciner: *De univ.* III-I, 27; 796bEF.

95 "adhuc dies Aegyptios multi infaustos credunt et infortunatos propter pla-

D'autres croyances ne sont évoquées qu'une seule fois, au hasard du discours théorique, avec une précision très variable. Les croyances et pratiques reliées aux feux, notamment ceux de la Saint-Jean et ceux de la veille de l'Épiphanie, sont décrites avec une remarquable richesse de détails, et avec des notations sociologiques intéressantes[96]. Il en est de même de la croyance aux "changelins" "quos vulgo *cambiones* vocant", enfants qui pleurent continuellement et qui sont toujours maigres, tout en épuisant le lait de quatre nourrices: ce sont les fils de diables *incubi*, "de quibus vulgatissimi sunt sermones aniles"[97]. Quelques textes rappellent brièvement les croyances populaires au sujet des trouvailles et rencontres fortuites: trouver une aiguille ou une petite monnaie est gage de bonheur, de même que découvrir un nid de pie, rencontrer un loup ou une couleuvre, tandis que rencontrer un bœuf ou une brebis est un présage de malheur[98].

Rappelons, enfin, rapidement un éventail de renseignements occasionnels, livrés au hasard d'exposés divers: les croyances relatives aux prémices[99]; l'existence de l'"homme sauvage" (*homo*

gas, quibus diebus, vel credunt flagellatum fuisse Aegyptum" (*De legibus* 27; 92aF).

96 *De legibus* 26; 82aE–G. A ce texte, des plus intéressants, Noël Valois (op. cit., 322, n. 5) signale un parallèle inédit, que je n'ai pas pu consulter, dans le *Comm. in Ecclesiasten*, Bibl. de Chartres, ms. 350, f° 92v.

97 *De univ.* III-II, 25; 1072bH–1073aB.

98 "adhuc est opinio multorum insipientium, et a vetularum cordibus avelli non potest, faustam esse inventionem acus, vel oboli, et magis fortunatam esse quam magni ponderis argenti vel auri; et ideo custodienda esse arctissime, tanquam fortunae felicis et bonorum eventuum causas et pignora certissima, alioquin in perditione eorum perduntur ista bona" (*De legibus* 4; 35bAB: cf. aussi en *De legibus* 27; 93aD); "de hoc errore processit verbum illud vulgatissimum, quo quis dicitur non esse fortunatus ad inveniendum nidum picae [...] credunt etiam infortunatam esse inventionem bovis, vel ovis, fortunatissimam autem lupi, vel colubri" (*De legibus* 27; 93bA). Un long passage rappelle l'importance des nids pour les augures (*De legibus* 4; 35aD–bA).

99 "erat etiam error eorum similiter, et adhuc est multorum primitivos fructus faustos esse, et fortunatos, et etiam omnia primitiva" (*De legibus* 4; 35bD); "reliquiae autem huiusmodi superstitionis apud nonnullos insipientes adhuc extant, qui primae generationis porcellos aut canes, aut omino projiciunt aut occidunt, aut unum illorum, quasi offerentes illos Genio, quod diximus apud nos [...], aut ideo fit quod mater in huiusmodi animalibus nutrire non sufficit

pilosus), décrit avec quelques détails[100]; la présence de diables ou esprits mauvais dans certains lacs[101]; l'argent magique, qui revient toujours à son propriétaire[102]; les expressions domestiques violentes du deuil[103]; l'utilisation de talismans[104]; les ligatures, dont une très longue liste est fournie[105]; les morts qui reviennent tuer des vivants[106]; les pouvoirs apotropaïques de l'herbe *paeonia*, qui chasse les diables, ou l'étiologie populaire de la forme de l'herbe *remorsa*[107]; l'usage, propre à l'Angleterre, de tester la virginité des jeunes gens par des fumigations faites avec de l'agate en poudre[108]; les liens entre la virginité et la fécondité de l'olivier[109]. Il identifie l'Angleterre des temps passés comme la

primos foetus, et quia credunt non posse vivere; de canibus vero, quia credunt futuri rabidi sive rabiosi" (*De legibus* 4; 36aE).

[100] "de animali monstruoso, quod vocatur pilosus, figuram humani corporis, et gressum super duos solummodo pedes habens" (*De vitiis* 9; 284bE); "homo silvestris quidem invenitur pilosus, qui est animal mirae fortitudinis, nec minus terribilis pastoribus, quam leo vel ursus" (*De univ.* III-II, 8; 1029bD).

[101] "ubi usque hodie dant certissima indicia praesentiae suae, praesertim cum injectu lapidis, aut motu, vel sonitu aliquo provocantur" (*De univ.* III-II, 17; 1047bB).

[102] "de nummis, vel aureis vel argenteis, quae revertuntur quoties dati fuerint pro rebus aliis" (*De univ.* III-II, 22; 1061aD).

[103] "[incisiones super mortuos ...] vel ut vehementiam doloris de morte carorum suorum exprimerent, quod adhuc multi faciunt in morte carorum suorum" (*De legibus* 14; 45bB); "secundus est dolor, quem vulgari gallicano vocamus domi, et est dolor iste, velut quem interdum indicat scissura vestium, et similia" (*De moribus* 7; 218bF); renseignements complémentaires dans *De virt.* 11 (155bA) et *De moribus* 3 (201bB).

[104] "stigmata vero et figuras adhuc etiam Christiani faciunt et deferunt, et vocant eas brevia, et in propriis corporibus, et in cartis et in rebus aliis videlicet metallis" (*De legibus* 14; 45bB).

[105] *De univ.* I-I, 46; 461aD–bC.

[106] Allusion dans *De univ.* III-II, 24; 1069aB: "de quibusdam hominibus mortuis, qui alios de vivis occidunt".

[107] *De univ.* III-II, 22; 1060bF.

[108] *De univ.* III-II, 22; 1060aH.

[109] "similis aspectus videtur esse inter olivam, et meretricem, quam si meretrix plantaverit perpetuo manere infructuosam, vel arescere dicunt, propter quod in aliquibus regionibus procurant agricolae, ut a virginibus et incorruptis mulieribus plantentur olivae" (*De univ.* I-I,46; 658a, croyance rappelée encore en 660b).

patrie privilégiée des géants[110]. Il situe comme typiques de la Bretagne, et tout à fait assurés par la multiplicité des témoignages, les récits de séjours dans de grands châteaux phantastiques[111]. Il relate en détail, avec quelques traits du conte sur Jean-de-l'Ours ou Jean-le-Fort, l'histoire d'une lignée de Saxe qui déscendrait d'un ours[112].

On rencontre enfin quelques références concernant des aspects populaires ou folklorisés du christianisme, et il est remarquable que ces dimensions occupent bien peu de place par rapport au folklore d'origine non chrétienne. Dans un long texte théorique, il défend le culte chrétien contre des accusations (juives et musulmanes?) d'idolatrie, sans faire toutefois aucune allusion aux interprétations populaires[113]. Il admet ailleurs qu'il existe des fidèles assez simples d'esprit pour ne pas savoir distinguer entre un saint et son image, et adresser leurs prières à l'image elle-même[114]. Il relate la croyance curieuse selon laquelle les images acquièrent leur force miraculeuse seulement soixante ans après leur fabrication[115]. Il rappelle à quelques reprises la religiosité des *papelards*, dont il qualifie sans ménagement l'attitude de "superstitiositas puerilis stultitiae"[116]. Il note aussi l'habitude des enfants de fabriquer des petits autels et de jouer au prêtre[117]. Il mentionne

---

110 *De univ.* III-II; 1071aB.

111 "de ludificationibus autem quarum famositas partes occidentales replevit, et potissimum minorem Britanniam [...] et in ore hominum regionis illius pene assiduis narrationibus creberrimum" (*De univ.* III-II, 23; 1065aAB).

112 *De univ.* III-II, 25; 1071bCD.

113 *De legibus* 24; 74aG–H.

114 "sicut et forsitan multi simplices hodie sunt, qui inter imagines sanctorum et ipsos sanctos in suis orationibus non distinguunt, immo orationes quas ad sanctos facere deberent, ad ipsas imagines faciunt" (*De legibus* 23; 66bE).

115 "cuius erroris velut reliquiae adhuc apud multas vetulas etiam Christianas extant. Dicunt enim omnes imagines sexagesimo anno a factione virtutem sortiri, et deinde quandiu duraverint obtinere" (*De legibus* 23; 66bF).

116 "errorem puerilem quorundam, qui vulgo *papelardi* vocantur, qui minuta bona opera magna existimant, et vilia pretiosa valde, quemadmodum parvuli insignia Sancti Jacobi aut nummos plumbeos" (*De meritis*; 315bA); "nisi forte *papulardi*, id est puerilis et ridiculosae religionis homines sunt" (*De virt.* 11; 158aF); "superstitiositas puerilis stultitiae, quae vulgari gallicano *papilardia* proprie dicitur" (*De moribus* 2; 195a–b); autres mentions des enseignes de Saint-Jacques: *De moribus* 9; 236aF et 237bA.

117 "indicium in pueris et parvulis, qui in ipsa pueritia sua, et parvulitate

les vertus apotropaïques des *agnus dei* de Pâques, des cloches, du sel et de l'eau bénite[118]. Il évoque, très rarement, des sortilèges opérés avec les sacrements[119].

Ces renseignements sur la culture populaire sont souvent accompagnés par quelques remarques sociologiques, précieuses pour l'histoire du folklore. Elles sont en général embryonnaires ("vulgo nominatissima sunt", "credunt insanissimi multi"), mais peuvent parfois donner des bribes de renseignement sur les agents de diffusion, le degré d'enracinement, voire la géographie des phénomènes évoqués. Ainsi, au sujet de certains aspects des feux de la Saint-Jean, il remarque que "seulement les jeunes gens et les sots les pratiquent"[120]. La croyance dans la chance apportée par certaines trouvailles accidentelles est très ancrée, "et il est impossible de la déraciner de l'esprit des vieilles femmes", comme il est impossible d'empêcher les pratiques d'oniromancie populaire, même en utilisant la force. De façon assez constante, ces croyances seront attribuées surtout aux femmes (*mulieres, mulierculae, fatuae mulieres)*, et plus particulièrement aux *vetulae*, notamment à propos des feux de la Saint-Jean, de l'interprétation des rêves, de la croyance aux *stryges* voleuses d'enfants. Guillaume souligne leur profond degré d'enracinement, et le relie tantôt à la curiosité féminine, tantôt au besoin d'argent[121].

---

cultum divinum effingunt, prout possunt et capiunt, altariola sibi parantes et ornantes" (*De legibus* 24; 68aC).

118 Dans un contexte, toutefois, qui n'est nullement de religion populaire (*De legibus* 27; 87aAB).

119 "quod si contra sacratissimam Eucharistiam aliquid execrabile commiserit, verbi gratia blasphemiam, aut maleficium, quod vulgo sortiariam dicunt, injungendus ei erit specialis honor ac veneratio ipsius" (*De poenit.* 19; 504bE).

120 "a pueris et insipientibus fit hoc solum" (*De legibus* 26; 82aE–G).

121 Quelques textes: "cuius erroris velut reliquiae adhuc apud multas vetulas etiam Christianas extant" (*De legibus* 23; 66bF); "quidquid enim vetulae insensatae consulunt fatuis mulieribus" (*De legibus* 26; 82aE); "multiplex narratio et assertio hominum, et maxime mulierum" (*De moribus* 10; 238aG–H); "quemadmodum adhuc est opinio multorum insipientium, et a vetularum cordibus avelli non potest" (*De legibus* 4; 35bA–B); "maleficia aliqua, qualia dicuntur, invultuationes vetularum" (*De univ.* I-I, 46; 663aC); "et hoc licet superstitiose, et pene aniliter dici videatur" (*De univ.* III-I, 24; 791aD); "potissimum autem circa anus, seu vetulas, quae vel curiositate faciente, vel questuatione [...] nondum recesserunt ab eis" (*De univ.* III-I, 27; 796aG); "vetularum autem nostrarum desipientia opinionem istam mirabiliter disseminavit

Quant à l'interprétation de cet ensemble de croyances, Guillaume d'Auvergne semble se situer à un carrefour historique. Le vaste dossier recueilli par Dieter Harmening sur la *superstitio*[122] montre que l'interprétation de celle-ci par les théologiens médiévaux suit trois directions divergentes, qui peuvent d'ailleurs coexister chez un même auteur, dans des proportions diverses. Une première interprétation est d'ordre historique, reliant les croyances populaires au paganisme antérieur. La deuxième est d'ordre culturel et sociologique, les reliant à l'ignorance et à l'infériorité culturelle ou à la marginalité sociale. La troisième interprétation, typique surtout du bas moyen âge, est d'ordre théologique, et interprète ces croyances comme une invention et un instrument de Satan.

Il me semble que l'approche de Guillaume d'Auvergne se situe dans un équilibre instable entre ces trois explications. Il manifeste une forte conscience des origines historiques de maintes pratiques populaires, en utilisant très souvent la notion de *reliquiae* ("restes du paganisme")[123], qui rappelle la notion de *survival* élaborée par E. B. Tylor[124]. On retrouve aussi chez lui une curiosité très vive envers les religions païennes et l'histoire des religions en général.

---

et provexit, atque animis mulierum aliarum pene irradicabiliter infixit" (*De univ.* III-II, 24; 1066bG); "fictiones sunt, et adinventiones vetularum" (*De univ.* III-I; 796bE); "si creditur sermonibus vulgaribus, et maxime mulierum vetularum" (*De univ.* I-II, 32; 833bD).

122 Superstitio. Überlieferungs- und theoriegeschichtliche Untersuchungen zur kirchlich-theologischen Aberglaubensliteratur des Mittelalters (Berlin, 1979). Ce travail fondamental, qui arrête l'enquête à la fin du XIIIe siècle, fait souhaiter la parution d'un travail analogue pour le bas moyen âge, qui voit l'émergence d'un filon très riche de traités *De superstitionibus*, peu connus et inédits pour la plupart.

123 "reliquiae autem huiusmodi superstitionis apud nonnullos insipientes adhuc extant" (*De legibus* 4; 36aE); "reliquiae idolatriae istius" (*De legibus* 6; 36aC); "idolatriae species, aut ipsius reliquiae detestandae" (*De legibus* 14; 45bB); "cuius erroris velut reliquiae adhuc apud multas vetulas etiam Christianas extant" (*De legibus* 23; 66bF); "superstitionis istius observantia, cuius apud nos multae extant reliquiae" (*De legibus* 26; 82aE); etc.

124 Notamment dans un passage, où il présente l'idolatrie comme un phénomène universel, qui survit dans toutes les cultures, mais selon un divers degré: "pene enim nullo tempore defuit idolatria [...] et adhuc idolatria apud omnes gentes est, vel in capitalibus suis, vel in ramis, vel in reliquiis" (*De legibus* 24; 68aH).

Ses lectures sont vastes, ses connaissances précises, et les chapitres qui concernent ces problèmes sont parmi les plus riches et les mieux structurés de son œuvre[125]. L'interprétation qui rattache ces croyances à l'ignorance, à la sottise, à la pauvreté ou à la marginalité est, toutefois, également importante: "vetulae", "vulgares", "stultissimi multi", sont des termes qui reviennent souvent dans ce contexte. Ces croyances et pratiques seront qualifiées de "fatuitas", "insanitas", "stultitia".

Mais on retrouve aussi chez Guillaume d'Auvergne la troisième ligne d'interprétation, objectivement peu conciliable avec l'explication précédente, qui rattache organiquement le monde de la culture populaire à l'intervention des démons. Dans cette perspective, il me semble y avoir un dernier niveau par lequel Guillaume d'Auvergne serait lié à la culture populaire: en conceptualisant cette culture avec ses catégories d'intellectuel, il finit par lui donner une existence nouvelle et autre[126]. Cette nouvelle existence devait s'avérer historiquement importante: en "démonisant" de la sorte la culture populaire, Guillaume d'Auvergne ouvrait la voie au *Marteau des sorcières*.

* * *

Une très rapide comparaison avec les écrits de Thomas d'Aquin (1225–1274), dont il n'est séparé que par une génération, montre toutefois que l'on ne saurait attendre de tous les théologiens médiévaux la même moisson de données. Avec Thomas d'Aquin, le tableau change en effet radicalement. D'origine aristocratique, placé encore enfant dans un monastère, entré très jeune dans l'Ordre dominicain, mais pour être destiné à un travail intellectuel technique et exclusif, Thomas d'Aquin semble avoir été radicalement sevré du monde de la culture populaire. De même

---

125 Ainsi, la section *De legibus* 23–27 (65bB–93bC), qui organise autour de dix thèmes une matière vaste et complexe sur l'idolatrie.

126 On ne saurait donc partager l'interprétation de Noël Valois, qui présente G. d'A. comme un défenseur des "intérêts de la raison": "Si Guillaume n'eût point résolument défendu les intérêts de la raison, s'il n'eût point reconnu dans la superstition l'un des ennemis les plus redoutables de la foi, il se fût contenté de hausser les épaules en présence de ces billevisées" (op. cit., 318–319). Cette affirmation méconnaît le fait que Guillaume partage, quant au fond, ces mêmes "billevisées", n'exerçant sa critique que sur la façon de les interpréter.

que l'homme s'efface totalement chez lui derrière l'intellectuel – il est impossible de trouver dans son œuvre une seule allusion à sa vie personnelle – de même le monde de la vie quotidienne, et plus encore celui de la culture populaire, sont absorbés dans un système conceptuel, dont les points de référence sont la haute culture des traditions ecclésiastique et philosophique.

De cette différence foncière on pourrait déceler des indices par une analyse systématique de la terminologie, rendue maintenant possible par la publication des concordances complètes de son œuvre. La *vetula* ne sera plus, comme chez Guillaume d'Auvergne, la dépositaire usuelle de la culture populaire, mais plutôt la bonne femme chrétienne, que sa foi place bien au dessus de tous les philosophes[127]. Il mentionne un seule fois les *aniles fabulae* (dans le *Super ad Titum*, qui l'oblige à parler des femmes âgées), et il ne connaît plus les *mulierculae*, terme rarissime chez lui, et jamais dans un contexte folklorique. Il ne connaît pas non plus le terme de *reliquiae paganorum*, ni d'autres termes semblables.

Les termes *simplex* et *simplices* sont parmi les plus importants de son vocabulaire, avec plusieurs milliers d'occurrences: mais l'acception sociologique de "gens simples", "sans instruction", qui apparaît quelquefois, est comme noyée par les acceptions philosophiques ou théologiques. L'abstrait *simplicitas* n'a que ces acceptions, à de rares exceptions près (signification psychologique ou sociale)[128]. Le terme *populus*, l'un des termes les plus importants du vocabulaire de Thomas d'Aquin (1908 occurrences), comporte une large polysémie, dans des directions diverses: politique, nationale-raciale, théologique, pastorale, sociale

---

[127] "plus scit modo una vetula de his quae ad fidem pertinent, quam quondam omnes philosophi [...] quae vetula est hodie quae non sciat quod anima est immortalis? multo plus potest fides quam philosophia" (*Sermones* 2.2/179.186). L'analyse du terme, qui revient 32 fois dans ses écrits, serait toutefois à nuancer: Thomas connaît aussi la *vetula sortilega* qui a fait un pacte avec le démon (*Summa theol.* I, 117, 3, ad 2), ainsi que les "vetulae, quae visu urenti et aspectu invido fascinant pueros" (*Super ad Galatas*, 3.1).

[128] L'inventaire des termes qui désignent les gens simples et ordinaires est amorcée par Benoît Lacroix – Albert-M. Landry, "Quelques thèmes de la religion populaire chez le théologien Thomas d'Aquin", dans: Pierre Boglioni (éd.), La culture populaire au moyen âge (Montréal, 1979) 163–181 [p.166–169].

et aussi, mais bien plus rarement, culturelle. Il utilise aussi assez souvent (46 occurrences) le terme de *quotidianus*, mais dans des contextes surtout théologiques: saint Augustin lui a légué la catégorie importante des "peccata quotidiana" ou péchés "veniels", la tradition spirituelle celle de la "pugna quotidiana" contre les tentations, et la tradition biblique celle du "panem nostrum quotidianum", qui est surtout l'eucharistie[129].

On constatera encore davantage ce changement si, du niveau de la terminologie, on passe à celui du contenu. Ainsi, Thomas d'Aquin consacre cinq questions au problème de la *superstitio*, un bloc assez important dans l'équilibre général de sa *Summa theologiae*[130]. On réalisera vite, toutefois, que son approche est abstraite, en définissant la *superstitio* comme un "vitium religioni oppositum secundum excessum [...] quia exhibet cultum divinum vel cui non debet, vel eo modo quo non debet"[131]. On constatera surtout que ses références ne sont nullement empruntées à l'expérience vécue, mais à la tradition ecclésiastique. Même là où il traite en abondance de thèmes très concrets comme la *superstitio divinativa* et la *superstitio observantiarum*, ses références restent toutes et exclusivement livresques.

Il en va de même pour les domaines de la religion populaire. On a pu dire que tous les thèmes de la religion populaire passent dans la *Summa theologiae*[132], mais leur traitement est aux antipodes de celui de Guillaume d'Auvergne: les dimensions théologiques (taxinomiques, interprétatives, justificatives)

---

[129] Restent toutefois, dans le contexte du commentaire à la *Politique* d'Aristote, quelques acceptions profanes: "actus quotidiani", "quotidiana vita civitatis": "actuum autem humanorum quidam sunt quotidiani, sicut comedere, calefieri ad ignem, et alia huiusmodi; quidam autem non sunt quotidiani, sicut mercari, pugnare, et alia huiusmodi" (*Sententia libri Polit.* 1.1, nr. 18 et 19).

[130] II-II, qq. 92–96.

[131] II-II, 92,1.

[132] "Puis, dans cette *Summa theologiae*, ce seront à peu près tous les thèmes de la religion populaire qui seront tour à tour abordés: les anges, les démons, Satan en tête, l'ange gardien, les miracles, le ciel, le purgatoire, l'enfer, les indulgences, la sorcellerie, le culte des saints, les rites de prière, les manies superstitieuses, les exorcismes, l'idolâtrie, les apparitions et visions, la pénitence, le culte de la vraie croix, le culte marial, les jeûnes et rites pénitentiels, les lieux et les vases sacrés, les rites eucharistiques, le culte des morts, les suffrages, les cierges, les messes, les tombeaux, etc." (Lacroix – Landry, art. cit., 172).

oblitèrent totalement les dimensions descriptives, sociologiques, historiques. Cela vaut encore davantage pour les problèmes de la culture populaire et de la vie quotidienne, très faiblement présents, le type de problématique qui s'en approche davantage étant celui de la vie sociale et économique (usure, commerce, justice), mais développé de façon aussi peu folklorique que dans les traités d'Aristote.

Reste un seul niveau, me semble-t-il, selon lequel l'étude d'un théologien comme Thomas d'Aquin peut avoir un certain intérêt pour l'étude du peuple et de la culture populaire: c'est dans l'analyse qu'il propose des structures de la société, et de la place qui revient au peuple dans cette structure. Cette analyse n'est pas très explicite. Il faut la chercher, par bribes et par recoupements, dans l'ensemble de son œuvre. Elle ne concerne pas non plus, en général, le monde de la culture profane, moins encore celui de la culture populaire ou de la vie quotidienne, mais bien le monde spécifique de la religion.

Or, dans cette optique précise, la position de Thomas d'Aquin n'est vraiment pas favorable au peuple. Elle révèle plutôt une "méfiance anthropologique" de base, ou une vision anthropologiquement négative du peuple. Dans maints contextes, ces *simplices, rudes, irrationales, populares* sont présentés comme des humains d'ordre quelque peu inférieur, guidés par la sensibilité plutôt que par la rationalité, par les valeurs corporelles plutôt que par les valeurs spirituelles. Sur cette base anthropologique, Thomas d'Aquin ne saura leur reconnaître qu'un rôle très subalterne dans le domaine de la religion. Il leur est impossible de saisir pleinement les mystères de la foi, de même qu'il leur est impossible d'en saisir des présupposés importants, comme les principales vérités métaphysiques. Ils ne sont capables que d'une lecture littérale et matérielle de la Bible, et ils sont exposés au danger d'anthropomorphisme. Bref, leur salut religieux viendra de leur adhésion à la vérité proposée par l'Église hiérarchique[133]. On le voit: l'œuvre théologique de Thomas d'Aquin ne présente pour l'histoire de la culture populaire qu'un intérêt mineur. Elle peut à la riguer intéresser l'histoire de la sociologie de la culture, quelque peu et assez indirectement l'histoire de la religion populaire, pas du tout l'histoire de la culture populaire et de la vie quotidienne.

---

133 *Summa theol.* II-II, q. 5, a. 3.

Elle contraste singulièrement, en cela, avec l'œuvre de Guillaume d'Auvergne même si, dans ses présupposés anthropologiques sur la psychologie populaire, elle coïncide presque parfaitement avec elle.

Peut-on trouver les raisons de ce contraste? Peut-on établir des critères pour détecter à l'avance l'intérêt d'une œuvre théologique pour l'histoire de la culture populaire? Je ne le pense pas. On pourrait suggérer quelques paramètres, et postuler que les origines sociales et la première éducation soient des facteurs importants. Un théologien d'origine populaire, ou ayant vécu longtemps dans le monde, garderait plus facilement des traces de culture populaire qu'un auteur d'origine aristocratique, ou entré très jeune en religion. On pourrait aussi, selon un critère probablement plus important, considérer le profil biographique d'un auteur: un théologien pasteur, prédicateur populaire et confesseur, serait en principe plus imprégné de références quotidiennes que le théologien totalement isolé dans son cabinet. On pourrait surtout valoriser, pour expliquer la différence entre Guillaume d'Auvergne et Thomas d'Aquin, le poids du milieu et des techniques universitaires: des œuvres produites par l'école et pour l'école, sont beaucoup moins susceptibles de nous renvoyer à la culture populaire que les œuvres issues d'un milieu théologique moins spécialisé, et qui gardent encore des éléments d'autres genres littéraires.

Ces paramètres demeurent abstraits, et certainement difficiles à appliquer. Ils pourraient convenir, en tout un en partie, à des théologiens comme Albert le Grand, Antonin de Florence, Jean Gerson, Henri de Langenstein ou, plus tard, Martin Luther. Avouons que rien ne peut remplacer la fréquentation directe d'un auteur, et que Guillaume d'Auvergne est un cas particulièrement heureux. Mais concluons-en que même les théologiens, dans leur travail spécifique de théologiens, peuvent parfois nous livrer quelques renseignements sur ce *medium aevum quotidianum* qui constitue l'objet de nos travaux.

Jugendliche Ruhestörer. Hegemoniespiele zwischen Adels- und Volkskultur im 16. Jahrhundert

NORBERT SCHINDLER

Um die – von westdeutschen Historikern mit einer gewissen Verspätung begonnene und als Forschungsaufgabe noch keineswegs allgemein akzeptierte – Diskussion um die Geschichte der populären Kultur[1] fortzuführen, wird es erforderlich sein, einzelne Segmente und Elemente dieser ebenso unhandlichen wie letzten Endes kaum eindeutig abgrenzbaren soziokulturellen Formation genauer zu untersuchen. Vielleicht wäre es sinnvoll, dabei von bestimmten Knotenpunkten und 'Gelenkstellen' in der Anatomie der Volkskultur auszugehen, von denen sich ihre Funktionsweise und ihre historische Dynamik am besten erschließen lassen. Ein solcher systematischer Ansatzpunkt, der gleichermaßen der empirischen wie theoretischen Aufmerksamkeit bedürfte, scheint mir etwa im historischen Wandel des Verhältnisses von Jugendlichen und Erwachsenen zu liegen. Ich möchte deshalb von der unruhigen männlichen Jugend, den nächtlichen Aktionen und Streichen der ledigen Burschen und ihrer Einschätzung durch die Erwachsenenwelt in der frühen Neuzeit sprechen.

Jugend in der frühen Neuzeit – das war noch nicht der pädagogisch gehätschelte und zugleich mit tiefem Mißtrauen betrachtete, von zahlreichen bürokratischen Überwachungsinstanzen umstellte Lebensabschnitt, den wir heute vor Augen haben. Erst die industrielle Klassengesellschaft hat die Dramaturgie des Jugendalters als emphatischen Hoffnungsträger und latente soziale

---

[1] Zuletzt: H. Bausinger, Traditionale Welten. Kontinuität und Wandel in der Volkskultur. In: Zeitschrift für Volkskunde 81 (1985) 173–191; W. Kaschuba, Mythos oder Eigensinn? Aktuelle Zugänge zur Volkskultur. In: ders., Volkskultur zwischen feudaler und bürgerlicher Gesellschaft. Zur Geschichte eines Begriffs und seiner gesellschaftlichen Wirklichkeit. Frankfurt–New York 1988, 257–298; J. Peters, Sozialgeschichtliche Wege zur Volkskultur. Eine Zwischenbilanz der historischen Lebensweiseforschung in der BRD. In: Jahrbuch für Wirtschaftsgeschichte 3 (1988) 157–168.

Bedrohung zur vollen Höhe entwickelt und die Phase des Erwachsenwerdens zum ebenso positiv wie negativ besetzten, in jedem Fall aber richtungsweisenden Kultphänomen stilisiert[2]. Im Grunde sind diese aufgeregten Jugenddebatten und die sich darin ausdrückenden Ängste, die nachfolgenden Generationen könnten das ihnen angediente Erbe einfach ausschlagen, kaum mehr als hundert Jahre alt. Im Vergleich dazu fällt das relativ entspannte Verhältnis der frühneuzeitlichen Erwachsenenwelt zu ihren Jugendlichen auf[3]. Es gründete nicht nur in festgefügten hierarchischen Ordnungsvorstellungen, deren Normenangebot sich ver-

---

[2] Zur Entstehung des modernen Jugendlichen um die Jahrhundertwende: U. Hermann, Was heißt 'Jugend'? Jugendkonzeptionen in der deutschen Sozialgeschichte. In: H.-G. Wehling (Hrsg.), Jugend, Jugendprobleme, Jugendprotest. Stuttgart–Berlin–Köln–Mainz 1982, 11–27; T. von Trotha, Zur Entstehung von Jugend. In: Kölner Zeitschrift für Soziologie und Sozialpsychologie 34 (1982) 254–277; L. Roth, Die Erfindung des Jugendlichen. München 1983; J.R. Gillis, Geschichte der Jugend. Tradition und Wandel im Verhältnis der Altersgruppen und Generationen in Europa von der zweiten Hälfte des 18. Jahrhunderts bis zur Gegenwart. Weinheim–Basel 1980, 105–186; W. Laqueur, Die deutsche Jugendbewegung. Eine historische Studie. Köln 1962; R. Lindner, Bandenwesen und Klubwesen im wilhelminischen Reich und in der Weimarer Republik. Ein Beitrag zur historischen Kulturanalyse. In: Geschichte und Gesellschaft 3 (1984) 352–375; D. Peukert, Grenzen der Sozialdisziplinierung. Aufstieg und Krise der deutschen Jugendfürsorge von 1878 bis 1932. Köln 1986; ders., Jugend zwischen Krieg und Krise. Lebenswelten von Arbeiterjungen in der Weimarer Republik. Köln 1987; ders., Die 'Halbstarken'. Protestverhalten von Arbeiterjugendlichen zwischen Wilhelminischem Kaiserreich und Ära Adenauer. In: Zeitschrift für Pädagogik 30 (1984) 533–548; W. Bucher – K. Pohl (Hrsg.), Schock und Schöpfung. Jugendästhetik im 20. Jahrhundert. Ausstellungskatalog Darmstadt–Neuwied 1986. – Wie wenig diese vorwiegend von Pädagogen und Soziologen geführten Debatten um die Entstehung der Jugend in größere historische Zusammenhänge hineingestellt worden sind und wie sehr es an sozialgeschichtlichen Untersuchungen zur Entwicklung der Adoleszenzphase vor dem 19. Jahrhundert nach wie vor fehlt, zeigt sich, um nur ein beliebiges Beispiel zu nennen, etwa daran, daß von Trotha als ein Charakteristikum von Jugend in vorindustriellen Gesellschaften anführt, diese werde "nicht als eine Welt der Geschlechtertrennung erfahren" (ders., Zur Entstehung von Jugend 258) – eine ahistorische Einschätzung, die offenbar jeglicher Kenntnis frühneuzeitlicher Jugendbräuche mit ihrer außerordentlichen Vielfalt von Werbe- und Eheanbahnungsriten entbehrt (vgl. die Literatur in Anm. 8).

[3] Überblick bei: Gillis, Geschichte der Jugend 17–47; M. Mitterauer, Sozialgeschichte der Jugend. Frankfurt am Main 1986, bes. 164 ff. Theoretisch nach

gleichsweise durch Alternativenarmut auszeichnete, sondern auch in der schlichten, an einem quasifamilialen Sozialmodell orientierten Idee des allmählichen Hineinwachsens in die gesellschaftlichen Verhältnisse[4]. Diese Idee des erfahrungsbezogenen sozialen Lernens, d.h. des "Lernen(s) als einfachem Vertrautwerden ..., worin der Lernende unmerklich und unbewußt die Prinzipien – einschließlich der unbekannten – der 'Kunst' und Lebenskunst der Produzenten der Praxisform ... erwirbt"[5], ist von der aufklärerischen Pädagogik so radikal aufgekündigt worden, daß es schwerfällt, sich deren unausgesprochene Prinzipien und Sozialisationsmechanismen neuerlich zu vergegenwärtigen. Ihre Rekonstruktion sieht sich einem doppelten Mißverständnis ausgesetzt: Neigt die professionalisierte pädagogische Intelligenz dazu, die Effizienz des sozialen, nicht von autorisierten Vermittlungsinstanzen geprägten Lernens zu unterschätzen, so begnügen sich ihre antipädagogischen Kritiker zumeist mit dem romantischen Verweis auf frühere, vermeintlich 'organischere' Formen der Wissensvermittlung, in denen Lernen angeblich noch kein Problem darstellte. Doch nichts ist trügerischer als der idyllische Anschein des einfachen Lebens, und deshalb ist auch der schlichten Fassade des impliziten Lernens zu mißtrauen. Historisch-anthropologische Interpretationsansätze, die mehr als nur eine Projektion heutiger Probleme in die Vergangenheit sein wollen, hätten daher die frühneuzeitliche Jugendkultur nicht als soziales Moratorium, sondern eher als eine Initiations- und Übergangsphase zum Erwachsenenstatus im Sinne ethnologischer Passageriten zu begreifen. Die Freiräume, die den Jugendlichen von der Erwachsenenwelt zugestanden wurden, hatten ihren festen Platz im Tagesablauf (die Jugendlichen als 'Herrscher der Nacht'), sie lancierten die

---

wie vor anregend: S. N. Eisenstadt, Altersgruppen und Sozialstruktur. In: L. v. Friedeburg (Hrsg.), Jugend in der modernen Gesellschaft. Köln–Berlin [6]1969, 49–81.

[4] "Anhand der kleinen Welt der Familie mit ihrem augenfälligen Spannungsverhältnis zwischen Intimität und Macht konnten die größeren Probleme der politischen und sozialen Ordnung trefflich symbolisiert werden." (N. Z. Davis, Die aufsässige Frau. In: dies., Humanismus, Narrenherrschaft und die Riten der Gewalt. Gesellschaft und Kultur im frühneuzeitlichen Frankreich. Frankfurt am Main 1987, 139).

[5] P. Bourdieu, Entwurf einer Theorie der Praxis auf der ethnologischen Grundlage der kabylischen Gesellschaft. Frankfurt am Main 1976, 192.

altersklassenförmige Gruppenbildung und boten hinreichend Gelegenheit zur gruppeninternen Selbsterziehung und Selbstdarstellung. Die ausgeprägte rituelle Praxis der jugendlichen Alterskohorten bildete geradezu ein Laboratorium des praktischen Wissens, in dem mit dem Erwerb geltender Normen experimentiert werden konnte und infolgedessen mit unerwarteten sozialen Rückkopplungseffekten gerechnet werden muß. Im Mittelpunkt der spielerischen Aneigung und Relativierung der herrschenden Anschauungen standen nicht individualistische Prozeduren der Normeninternalisierung, sondern kollektive Lernmechanismen, die der Dialektik von Regelbefolgung und lizensierter Regelüberschreitung gehorchten. Das wohl bekannteste Beispiel für solche sozialisationswirksamen Paradoxien des Kulturerwerbs ist die Stellvertreterrolle, die insbesondere ländliche Jugendliche als lokale Sittenwächter, ja als 'die aufrührerische Stimme des kommunalen Gewissens' (N. Z. Davis) in den Rügebräuchen und Charivaris wahrnahmen.

Ich möchte daher in meinem Beitrag zunächst einige Grundzüge der frühneuzeitlichen Jugendkultur und ihrer rituellen Praxis anhand von bayerischem Quellenmaterial rekapitulieren, um dann in einem zweiten Schritt an einem ausgewählten Beispiel die Frage nach der politischen Instrumentalisierbarkeit dieses rituellen Handlungskomplexes im Spannungsfeld von Adels- und Volkskultur zu stellen.

I. Wem gehörte eigentlich die Nacht in der frühen Neuzeit? Wer verursachte jenes nächtliche *uf der gaßen schreyen, juchtzen oder sunsten ... umblaufen und rumoren*, das noch in jeder Polizeiordnung des 16. und 17. Jahrhunderts ausführlich beklagt wurde?[6] An erster Stelle sind da wohl die ledigen männlichen Jugendlichen zu nennen, denen die nächtlichen Gassen zum Treffpunkt wurden, weil sie sich den Wirtshausbesuch kaum leisten und weil sie sich auf der Gasse noch am ehesten der sozialen Kontrolle der Erwachsenenwelt entziehen konnten. Wer geht schon gerne in eine Spinn- oder Rockenstube, wo die Erwachsenen den Ton angeben oder gar ein eifriger Pfarrer in seiner typisch barocken Besorgnis vor dem aus allen möglichen dunklen Ecken und Winkeln kriechenden Un-

[6] Hohenlohische Polizeiordnung von 1588. In: E. Sehling (Hrsg.), Die evangelischen Kirchenordnungen des 16. Jahrhunderts 15. Tübingen 1977, 589 f.

heil für einen Anstandswauwau gesorgt hatte?[7] Die alters- und geschlechtsspezifischen Eigenarten der Kultur der ledigen Burschen, vor allem die mit dem 'Gasselgehen' verbundenen Werbe- und Eheanbahnungsriten[8], sind ein zu vielschichtiges Thema, als daß ich hier näher darauf eingehen könnte. Erwähnt sei daher nur, daß die Altersgruppe der ledigen *Pursche*, der man vom Beginn der Dienst- und Lehrzeit, d. h. der Loslösung von der Herkunftsfamilie, bis zur Verheiratung angehörte, die öffentliche Kontrolle über den lokalen Heiratsmarkt ausübte und als Träger zahlreicher Volksbräuche, etwa des Karneval oder der Rügesitten des Charivari, fungierte. Über solche Stellvertreterfunktionen wurden die Jugendlichen als die "rauhe Stimme des kommunalen Gewissens"[9] häufig auf eine ausgesprochen paradoxe – die Nutzung sozialer Freiräume mit der Einübung der Normen der Erwachsenenwelt verbindende – Art und Weise in ihre künftigen Rollen hineinsozialisiert. Die winterlichen Mummenschanz- und Besuchsbräuche wie etwa das Perchtenlaufen, die, so als ob ihre Verkleidung nicht schon martialisch genug gewesen wäre, von der

---

[7] Zur 'sittenpolizeilich' motivierten Überwachung der Spinnstuben vgl.: H. Medick, Spinnstuben auf dem Dorf. Jugendliche Sexualkultur und Feierabendbrauch in der ländlichen Gesellschaft der frühen Neuzeit. In: G. Huck (Hrsg.), Sozialgeschichte der Freizeit. Untersuchungen zum Wandel der Alltagskultur in Deutschland. Wuppertal ²1982, 19–49, bes. 25 ff.

[8] K. R. V. Wikman, Die Einleitung der Ehe. Eine vergleichende ethno-soziologische Untersuchung über die Vorstufen der Ehe in den Sitten des schwedischen Volkstums. Abo 1937, bes. 55–162 und 369 ff.; R. Beck, Illegitimität und voreheliche Sexualität auf dem Land. Unterfinning 1671–1770. In: R. van Dülmen (Hrsg.), Kultur der einfachen Leute. Bayerisches Volksleben vom 16. bis zum 19. Jahrhundert. München 1983, 112–150; J.-L. Flandrin, Repression and Change in the Sexual Life of Young People in Medieval and Early Modern Times. In: Journal of Family History 2 (1977) 196–210; Mitterauer, Sozialgeschichte der Jugend 171 ff.; G. Korff, 'Heraus zum 1. Mai'. Maibrauch zwischen Volkskultur, bürgerlicher Folklore und Arbeiterbewegung. In: R. van Dülmen – N. Schindler (Hrsg.), Volkskultur. Zur Wiederentdeckung des vergessenen Alltags (16.–20. Jahrhundert). Frankfurt am Main 1984, 252–259; Medick, Spinnstuben auf dem Dorf 29–31; I. Peter, Gasslbrauch und Gasslspruch in Österreich. Salzburg ²1981, bes. 155–187; A. Dörrer, Tiroler Fasnacht innerhalb der alpenländischen Winter- und Vorfrühlingsbräuche. Wien 1949, 26–54.

[9] N. Z. Davis, Die Narrenherrschaft. In: dies., Humanismus, Narrenherrschaft und die Riten der Gewalt 119.

romantisch-mythologischen Volkskunde des 19. Jahrhunderts in ein naturdämonologisches Interpretationsgewand gesteckt wurden, boten den Jungen einen willkommenen Auslauf, eine Gelegenheit, in der Ruheperiode der ländlichen Ökonomie ihre überschüssigen Kräfte auszutoben, und für die Älteren, die als Publikum figurierten, stellten sie ein ob der damit einhergehenden Rügesitten und deren Unwägbarkeiten reizvolles Gesellschaftsspiel und eine unterhaltsame Abwechslung im Einerlei des winterlichen Alltags dar[10].

Die eindimensionalen Ordnungs- und Reformvorstellungen der gegenreformatorischen Kirche wußten diese libertären Züge der 'impliziten' Volkspädagogik allerdings nicht mehr zu schätzen; ihr waren die lautstarken Halbwüchsigen mit ihrem Imponiergehabe und ihren Raufhändeln, die, wie es in einem Pfalz-Neuburgischen Visitationsbericht von 1575 hieß, prahlerisch und betrunken *mit iren messern auf der gassen und beim tantzhaus mit einander rumpeln*[11], schlicht ein Dorn im Auge. "Bayerns 'katholische Reform' beschränkte sich für den Untertanen nicht auf den Zwang zu regelmäßigen Besuchen von Gottesdienst und Christenlehre, zu Beichte und Kommunion, sondern war Teil eines umfassenden, unter dem Banner der Sittlichkeit und Gottesfurcht vorangetriebenen Disziplinierungsunternehmens"[12]. Da man mit der Belehrung und Bekehrung der Älteren seine schlechten, ja mitun-

---

[10] H. Schuhladen, Zur Geschichte von Perchtenbräuchen im Berchtesgadener Land, in Tirol und Salzburg vom 16. bis zum 19. Jahrhundert. Grundlagen zur Analyse heutigen Traditionsverständnisses. In: Bayerisches Jahrbuch für Volkskunde 1983/84, 1–29; H. Moser, Neue archivalische Belege zur Geschichte des Perchtenlaufens. In: ders., Volksbräuche im geschichtlichen Wandel. Ergebnisse aus fünfzig Jahren volkskundlicher Quellenforschung. München 1985, 35–40; ders., Kritisches zu Tradition und Dokumentation des Perchtenlaufens. In: ebd. 41–57. Zur Interpretation des winterlichen Mummenschanzes als Besuchsbrauchtum weiterführend: U. Jeggle, Spiel und Gesetz. Zum Regelwerk dörflicher Fasnacht. In: H. Sund (Hrsg.), Fas(t)nacht in Geschichte, Kunst und Literatur. Konstanz 1984, 188–198.

[11] W. Kugler, Die Kirchenvisitationen in der Superintendentur Monheim von der Reformation bis zur Gegenreformation. In: Zeitschrift für bayerische Kirchengeschichte 33 (1964) 58.

[12] R. Beck, Der Pfarrer und das Dorf. Konformismus und Eigensinn im katholischen Bayern des 17. und 18. Jahrhunderts. In: R. van Dülmen (Hrsg.), Armut, Liebe, Ehre. Studien zur historischen Kulturforschung. Frankfurt am Main 1988, 135.

ter haarsträubenden Erfahrungen gemacht hatte[13], richteten sich die Missionierungspraktiken der Kirchen bald verstärkt auf die Kinder und Jugendlichen[14]; sie trafen vor allem bei letzteren auf eine breite Palette des aktiven und passiven Widerstandes, der von allen nur erdenklichen Ausreden über das Fernbleiben vom Katechismusunterricht bis zum notorischen Unfug rund um den Besuch des Gottesdienstes und zu spektakulären Protestaktionen reichte. In Nürnberg rollte man 1659 einem ungeliebten Mesner eines Nachts einen großen Stein vor die Tür und lieferte den 'Streifern', die während der Gottesdienstzeiten für Ordnung zu sorgen hatten, regelrechte Gefechte mit Steinen und Schneebällen[15]; in Bayern kam es in den Anfangsjahren der Gegenreformation hin und wieder zu tätlichen Übergriffen gegen Jesuitenprediger, die mit den populären Gewohnheiten allzu harsch ins Gericht gegangen waren[16]. Vor allem aber bekamen übereifrige Landgeistliche, die die neue Sittenstrenge allzu forsch in die Tat umzusetzen und

---

13 So berichtete etwa der Pfarrer von Mögeldorf (bei Nürnberg) bei der Visitation von 1626: *Ich hab unlängsten einem alten Mann von 80 Jahren das Abendmahl reichen sollen. Als ich gefragt, wieviel Götter wären, hat er geantwortet: sechs. Darüber ich ihn erinnere, wo er hingedächte, wäre so alt worden und hätte nit soviel gelernet, daß ein einiger Gott und drei Personen in dreieinig Gottheit wäre. Darauf er gesagt: 'Ei, sollte das nur einer sein, habe ich je gemeint, es sein sechs.'* (K. Leder, Kirche und Jugend in Nürnberg und seinem Landgebiet 1400 bis 1800. Neustadt a. d. Aisch 1973, 159).

14 Der sich im allgemeinen um 1600, in protestantischen Gebieten vielleicht auch schon etwas früher abzeichnenden Verlagerung der religiösen Unterweisung auf Kinder und Jugendliche lag ein negativer Lernprozeß der Volksmissionare zugrunde: Erwachsene empfanden die öffentliche Belehrung und Zurechtweisung häufig als ehrenrührig und blieben deshalb dem Katechismusunterricht fern. Aus diesem Grund schrieb etwa die Hohenlohische Kirchenordnung von 1588 vor, bei Erwachsenen und Alten das Katechismuswissen *auß(er) allerhand bewegenden und erheblichen ursachen* nicht mehr abzuprüfen, sondern sie sehr vorsichtig und geduldig zu unterweisen und im übrigen darauf zu setzen, daß sie in den öffentlichen Kinderlehren *von den Kindern ... lernen* [E. Sehling (Hrsg.), Evangelische Kirchenordnungen 15, 278]. Vgl. auch: J. Schmidlin, Die kirchlichen Zustände in Deutschland vor dem Dreißigjährigen Krieg 3. Freiburg 1910, 28 f.

15 Leder, Kirche und Jugend in Nürnberg 204.

16 S. Riezler, Geschichte Baierns 4. Gotha 1899, 574; F. J. Lipowsky, Geschichte der Jesuiten in Baiern 1. München 1816, 276. Vgl. auch allgemein: E. W. Zeeden, Die Entstehung der Konfessionen. Grundlage und Formen der

die eingespielte Machtbalance zwischen obrigkeitlicher und kommunaler Moral rigoros zu ihren Gunsten zu verändern suchten, die geballte Renitenz der Burschen zu spüren. Als der Benefiziat von Prittriching (Ger. Landsberg) im Jahre 1724 wortgewaltig über den 'Sittenverfall' in seiner Gemeinde wetterte, erreichte er damit nur, daß die *groben Bauernknecht und Bueben* ihm zum Trotz vor dem Pfarrhof und der Kirche *mit größter Bosheit schreyen, singen, iauchsgen, schnalzen und schnöllen mit ihren Gaißlen*[17] – eine bezeichnende Resonanz, die am Erfolg seiner Moralpredigten zweifeln läßt.

In solchen Auseinandersetzungen mit den obrigkeitlichen Sittenreformern, vor allem mit den kompromißlosen unter ihnen, profilierte sich die Gruppenkultur der ledigen Burschen als Vorhut zur Abwehr der Moraloffensive von oben und als Speerspitze zur Verteidigung der Selbstbestimmungsrechte der dörflichen Kultur. Ihr demonstrativer Protest verlieh dem latenten Unwillen der Gemeinde Ausdruck und war insofern geeignet, dem Pfarrer eine Kompromißhaltung nahezulegen, die ihm, wenn er mit seiner Gemeinde in Frieden leben wollte, abverlangte, "daß er den Bedürfnissen und Regeln des Dorfes in seinem Verhalten und Auftreten entgegenkam"[18]. Die entscheidende Schwäche der Reformer bestand wohl darin, daß sie damals noch ziemlich allein auf weiter Flur standen. Als der Pfarrer von Döpshofen (bei Augsburg) 1625 die Tanzvergnügungen abschaffen wollte – auch so ein reformpolitisches Steckenpferd des neuen, asketischen Klerus –, weil sie die Jugend von der Teilnahme an der Kinderlehre abhielten, *sind die Knächt nächtlicherweil mir für den Pfarrhof geloffen, mit Schreien, Toben mir zum Trutz. Der Vogt (hat) solches lassen passiren, was sollen dann wir thun?*[19] Von Gott und seiner weltlichen Obrigkeit im Stich gelassen, blieb dem braven Mann nichts anderes übrig, als sich in den Stoßseufzer zu flüchten.

Konfessionsbildung im Zeitalter der Glaubenskämpfe. München–Wien 1965, 103.

[17] Zit. nach: Beck, Der Pfarrer und das Dorf 136; auch: 133–135.

[18] Ebd. 137.

[19] A. Birlinger, Aus Schwaben 2. Wiesbaden 1874, 227. Ähnliche Vorfälle im protestantischen Mittelfranken: K.-S. Kramer, Ältere Spuren burschenschaftlichen Brauchtums in Mittelfranken. In: Jahrbuch für fränkische Landesforschung 20 (1960) 381–383.

Hinter solchen 'Katzenmusiken'[20] steckten, so mußte man vermuten, nicht selten die Erwachsenen und Besitzenden, die natürlich von nichts gewußt haben wollten und sich insgeheim ins Fäustchen lachten – ein in der ländlichen Kultur weitverbreitetes Muster lizensierten Jugendprotestes, das auf einen starken sozialmoralischen Konsens schließen läßt, die ländlichen Hierarchien bekräftigte und bis in die Aktionsformen der bäuerlichen Aufstände hineinreichte[21]. Dennoch sollte man das Verhältnis zwischen Erwachsenen und Jugendlichen in der ländlichen Kultur nicht verschwörungstheoretisch auslegen; es war stets mehr ein Gewährenlassen als ein Anstiften. Der unterschwellige Konsens zwischen Jung und Alt war in der Regel so stark ausgeprägt, daß

---

20 E. P. Thompson, 'Rough Music' oder englische Katzenmusik. In: ders., Plebeische Kultur und moralische Ökonomie. Aufsätze zur englischen Sozialgeschichte des 18. und 19. Jahrhunderts. Frankfurt am Main–Berlin–Wien 1980, 131–168; N. Z. Davis, Narrenherrschaft 106–135; J. Le Goff – J.-Cl. Schmitt (Hrsg.), Le Charivari. Actes de la table ronde ... . Paris 1981.

21 Am Beginn des bayerischen Bauernaufstandes von 1705/06 stand die Weigerung zahlreicher lediger Bauernsöhne und -knechte, sich mustern und in die kaiserliche Armee einziehen zu lassen – ein Protest, der von den Bauern schon aus wirtschaftlichen Gründen gedeckt wurde [S. Riezler – K. v. Wallmenich (Hrsg.), Akten zur Geschichte des bairischen Bauernaufstandes 1705/06, 1. München 1915, 28 ff.; Chr. Probst, Lieber bayrisch sterben. Der bayrische Volksaufstand der Jahre 1705 und 1706. München 1978, 139–180]. In einem Mandat der 'kurbairischen Landesdefension' der Rebellen vom 23.11.1705 hieß es dazu: "Bei den so großen, immer währenden und dem Landesuntertanen unerschwinglichen Kriegsanlagen, Portionsgeldern, Steuern, Contributionen, Winter- und Sommerquartieren, vielfältigen Durchmärschen, Gelderpressungen ... war an kein Ende zu denken ... . Es wurden vielmehr im Gegenspiel die alten Bedrängnisse mit neuen Mühseligkeiten gehäuft und die kaiserliche Intention dahin gerichtet, die bis auf das Mark ausgesaugten und an Mitteln gänzlich erschöpften Untertanen durch eine ungerechtsame Musterung ihrer zur Bestreitung der Feld- und Hausarbeit höchst nötigen Söhne und Knechte des noch übrigen Trostes zu berauben, so daß der arme Bauersmann, da anstatt der auszumusternden Mannschaft schon vorher eine ergiebige Geldanlage begehrt worden war, mit zweifachen Ruten gestrichen werden sollte. Zur Ab- und Hintanwerfung dieses unerträglichen Joches ist kein anderes Mittel übrig verblieben, als daß das gesamte Vaterland sich einhellig entschließt, die landschützenden Waffen zu ergreifen ..." (ebd. 81). – Zur Rolle der Knabenschaften in bäuerlichen Aufständen vgl. auch: A. Suter, 'Troublen' im Fürstbistum Basel (1726–1740). Eine Fallstudie zum bäuerlichen Widerstand im 18. Jahrhundert. Göttingen 1985, 355–368 und 198 ff.

sich die Frage der Steuerung der Protestaktionen kaum stellte. Gerade wenn es sich um die Zurückweisung von Verhaltenszumutungen handelte, die von außen an die Gemeinde herangetragen wurden, konnte man sich auf die feine Nase der Burschen durchaus verlassen. Erst als im Laufe des 18. Jahrhunderts die neuen Moralvorstellungen auch auf dem Land Fuß zu fassen begannen, zeigten sich die ersten Risse und Entfremdungserscheinungen in dieser scheinbar so festgefügten und traumwandlerisch sicher operierenden Koalition. In dem Maße, in dem sich Teile der Dorfehrbarkeit von ihrem rauhbeinigen Treiben distanzierten, büßten die Burschenschaften allmählich ihren privilegierten Status als Stellvertreter des kommunalen Gewissens ein und gerieten mit ihren Aktionen unter wachsenden Legitimationsdruck. Je stärker sie in die Defensive gerieten, desto schriller wurden freilich ihre Töne. Manchmal kann man diesen Zusammenhang von gesellschaftlicher Marginalisierung und gesteigertem Verbalradikalismus, der seinen Höhepunkt in der kraftmeierischen Protestfolklore der Haberfeldtreiber des 19. Jahrhunderts finden sollte[22], aus den Quellen geradezu heraushören. So hatten 1779 in Schondorf (Ammersee) die ledigen Burschen dem *Herrn Pfarrer, da er in der Predig über dergleichen Nachtschwärmer etwas lauth geredet, die Fenster eingeschlagen und den Prunnen auf das muethwilligste ruinierte ... . Dan so haben diese ledige Pursch unter der Predig in der Kirche lauth ausgerufen: 'Pfaff ... sey einmal still mit deinem Geschwätz, sonst machen wir was anderes ...'*[23]. Es ist kaum anzunehmen, daß dieser rüde Stil, insbesondere die dem Pfarrer angedrohten Prügel, gegen Ende des 18. Jahrhunderts noch den ungeteilten Beifall der Gemeinde fand. Hier verteidigte die Jugendkultur offenbar nur noch sich selbst.

Auch die heimlichen Regenten der Volkskultur hatten ihre Jugendlichen also nicht immer vollständig unter Kontrolle. Die

---

22 In ihrem Bestreben, das Haberfeldtreiben als althergebrachtes 'bayerisches Sittentribunal' (Breibeck) zu beschreiben, sind die Historiker durchwegs auf die geschickte Selbstinszenierung der Haberer, d. h. auf deren Traditions*kostümierung* hereingefallen. Dies gilt in erster Linie für die ältere Literatur, trifft als Einwand jedoch selbst noch auf die ansonsten vorzügliche Studie von H. Ettenhuber zu [H. E., Charivari in Bayern. Das Miesbacher Haberfeldtreiben von 1893. In: R. van Dülmen (Hrsg.), Kultur der einfachen Leute 180–207 und 250–257].

23 Zit. nach: Beck, Der Pfarrer und das Dorf 136.

Spannungen zwischen Jugendkultur und Erwachsenenwelt waren auch damals schon beträchtlich. So genügte es, daß ein Brauerssohn den anderen mit den Worten neckte: *Bist schon alsgmach glazet* (=glatzköpfig), *du muest ain Rhatsherr werden, du Höllkhiechl!*, um eine Schlägerei zu provozieren, bei der die Bierkrüge flogen und *etliche Pünckhl* am Kopf nicht ausblieben[24]. Es war eine prekäre 'balance of power', die jederzeit aus dem Gleichgewicht geraten konnte. Als in einer dunklen Februarnacht des Jahres 1644 kurz vor Mitternacht die Fensterscheiben von zwölf am Marktplatz gelegenen Traunsteiner Wirts- und Bürgerhäusern unter gezielten Schneeballwürfen barsten, dachten die Betroffenen wahrscheinlich sofort an ihre ungebärdigen Jugendlichen – war der Anschlag doch zu massiv und in seiner Zielsetzung zu breit gestreut, um ihn auf den persönlichen Racheakt eines einzelnen zurückführen zu können. Es blieb freilich bei dieser Mutmaßung, da sich niemand hatte erwischen lassen[25]. Für die etablierte Welt waren die Heranwachsenden schon deshalb ein steter Unruhe- und Unsicherheitsfaktor, weil sie noch dem Grundsatz folgte, sich in deren Angelegenheiten nicht über Gebühr einzumischen, sondern sie die Jungen untereinander austragen zu lassen. Dieser libertäre Zug der frühneuzeitlichen Volkskultur mutet weniger überraschend an, wenn man sich vor Augen führt, daß das Normensystem der ländlichen Gesellschaft in der frühen Neuzeit noch relativ alternativenarm war. Er schuf nicht nur gewisse Freiräume für die Jugendlichen, sondern hatte auch den Vorteil, die Beziehungen der Erwachsenen von dem heiklen Komplex jugendlicher Geltungs- und Anerkennungsprobleme und geschlechts- und familienübergreifender Kontaktanbahnungsriten weitgehend zu entlasten. Man beschränkte sich darauf, die Taten und Nei-

---

[24] Stadtarchiv (StA) Traunstein, Ratsprotokoll vom 3. 8. 1689, fol. 60–62.

[25] StA Traunstein, A V 16, 26 (Gerichtliche Vernehmung der Geschädigten vom 24. 2. 1644). – Die Jugendlichen machten sich gerne den Umstand zunutze, daß das Schneeballwerfen im Unterschied zu Steinwürfen auch bei der Strafzumessung als Kavaliersdelikt behandelt wurde, obwohl seine Auswirkungen mitunter durchaus vergleichbar waren. So bombardierten die Augsburger Burschen 1647 die prunkvollen Schlittenparaden der Patrizier derart mit Schneebällen, daß das Schneeballwerfen per Ratserlaß verboten wurde und vier Schrannenknechte eigens dafür aufgeboten wurden, um die Täter in Schach zu halten und weitere Übergriffe zu verhindern (Birlinger, Aus Schwaben 2, 23).

gungen seiner Sprößlinge halbwegs im Auge zu behalten, und verließ sich ansonsten auf die Sozialisationseffekte, die diese Altersgruppe aus sich selbst hervorbrachte. Für die Heranwachsenden stellten diese jugendlichen Freiheiten, die gemeinsam ausgeheckten und durchgeführten Unternehmungen und Streiche einen gemeinschaftsbildenden, quer zu den etablierten sozialen Hierarchien stehenden Erlebnis- und Erfahrungshorizont dar, dessen sozialintegrative Wirkung mit dem Übergang zum Erwachsenendasein und der Übernahme besitz- und statusdifferenzierender Rollen nur ganz allmählich verblaßte[26]. Und durch die bewundernden Blicke, mit denen die Jüngeren die Taten der Älteren verfolgten, pflanzte sich das Wertsystem der ländlichen Gesellschaft gleichsam wie von selbst nach unten hin fort, ohne daß es des erhobenen pädagogischen Zeigefingers bedurft hätte[27].

Die Kehrseite dieser zwischen Jugendkultur und Erwachsenenwelt eingebauten Distanzen waren freilich unangenehme Überraschungen wie die erwähnte Schneeballaktion, vor allem aber die ausgeprägte Neigung der Jugendlichen zur gewalthaften Regelung interner Rivalitäten und Konflikte, wie sie in einer Gruppenkul-

[26] Diesen egalitären Grundzug vor allem der ländlichen Jugendgruppen betonen auch: Davis, Narrenherrschaft 118 und 120; R. Muchembled, Die Jugend und die Volkskultur im 15. Jahrhundert. Flandern und Artois. In: P. Dinzelbacher – H.-D. Mück (Hrsg.), Volkskultur des europäischen Spätmittelalters. Stuttgart 1987, 35–58. – Auf dem Land sind die traditionellen Formen der Jugendkultur erst im Laufe des 20. Jahrhunderts aufgelöst bzw. durch die lokale Vereinskultur ersetzt worden. Gestrichs oral history-Recherchen in einer württembergischen Arbeitergemeinde heben den Traditionsbruch in der Zeit des Ersten Weltkriegs hervor (A. Gestrich, Traditionelle Jugendkultur und Industrialisierung. Sozialgeschichte der Jugend in einer ländlichen Arbeitergemeinde Württembergs 1800–1920. Göttingen 1986, 101 und 115). Den Hintergrund bildet der mit dem Übergang zur Fabrikarbeit bezeichnete sozialökonomische Strukturwandel, der die dörflichen Heiratskreise sprengte und mit sinkendem Heiratsalter die Adoleszenzphase verkürzte (ebd. 102 f.). Zum Vordringen des Vereinswesens: ebd. 111 ff.

[27] Interessant genug die Äußerungen der von Gestrich Befragten, daß die mehrjährige "Abwesenheit so vieler junger Männer" während des Ersten Weltkriegs "das Abreißen wichtiger Traditionen (der Jugendkultur – Ergänzung des Verfassers) zur Folge hatte" (Gestrich, Traditionelle Jugendkultur und Industrialisierung 115). "Den jüngeren ... fehlten während des Krieges die Großen, die ihnen das für die Praxis der dörflichen Jugendsubkultur notwendige 'Handwerkzeug' hätten vermitteln sollen ..." (ebd. 101).

tur, in der körperliche Kraft, Geschicklichkeit und Mut eine zentrale Rolle spielten und die soziale Anerkennung der Männerwelt buchstäblich erst errungen werden mußte, nicht weiter verwunderlich ist. Stellvertretend für die stereotypen Vorfälle, wie sie in ländlichen Gerichtsakten begegnen, hier nur zwei zeitlich unmittelbar aufeinanderfolgende Beispiele aus dem oberbayerischen Siegsdorf, einem Dorf mit Marktcharakter, im Jahre 1616:

Adam, deß Georgen Aufhaimbers im Ärzt (= Eisenärzt – Anm. des Verfassers) *Sohn, hat Nechtlicherweil zu Siechstorf auf der Gassen dem Stephan Peuntner, Weber im Miesenpach* (=Ruhpolding – Anm. des Verfassers), *mit ainem Stain ain Rippen im Leib zerschmettert und ihn sonsten mit Truckhenstraichen überplaut*[28].

Wolf, Knecht des Pämer in Siegsdorf, hat Adam, Knecht des Wolf Sparzenreiter, Nechtlicherweil auf der Gassen, alß sie an (=ohne – Anm. des Verfassers) *alles Gefahr zusammen khomen und nit ainander khennt, mit ainem Mösser ain Stich in die Axl zuegefiegt*[29].

Doch mit ihrem Hang zu Gewalttätigkeiten, mit dem sie im übrigen ja nicht alleine stand, ist die Ledigenkultur keineswegs hinreichend charakterisiert[30]. Man kommt der Sache schon näher, wenn man darin das Spiel mit den symbolischen Gewaltformen im Zuge von Mannbarkeitsriten erkennt, das in seiner rituellen Dynamik von Herausforderung und Erwiderung und in seinen Zwängen des Standhalten-Könnens und Sich-Beweisen-Müssens allerdings leicht in Ernst umschlagen konnte. Ihm gesellte sich ein lokales Revierdenken hinzu, eine Platzhaltermentalität, die in engem Zusammenhang mit der Kontrolle des heimatlichen Heiratsmarkts stand und in den 'Knabenkriegen', wie sie auf dem Land bei verschiedenen Anlässen zwischen den Nachbardörfern ausgetragen wurden, geradezu eine Stellvertreterfunktion für die Ausbildung bzw. Abgrenzung dörflicher Identitäten einnahm[31].

---

[28] StA Traunstein, R 17/2 Pfleggerichtsrechnungen von 1616, Amt Miesenbach, fol. 6.

[29] Ebd. fol. 7.

[30] Der Gewaltaspekt wird besonders hervorgehoben von: Muchembled, Die Jugend und die Volkskultur im 15. Jahrhundert 35–58.

[31] Allerdings noch ohne einen Begriff informeller Gruppenkultur: E. Hoffmann-Krayer, Feste und Bräuche des Schweizervolkes. Zürich 1940, 43–50; ders., Knabenschaften und Volksjustiz in der Schweiz. In: P. Geiger (Hrsg.),

Hinter all dem stand das Bestreben, das eigene Terrain zu behaupten und zu repräsentieren, stand eine Symbolik, fast könne man versucht sein zu sagen: eine Logistik der lokalen Präsenz, die von den Heranwachsenden ein- und ausgeübt und von den Erwachsenen weithin anerkannt wurde. Am unmißverständlichsten äußerte sich dieser Präsenzwille der Jugendkultur, diese symbolische Besetzung von Räumen vielleicht in der demonstrativen Lautstärke ihrer Auftritte, insbesondere in der vielumstrittenen Gewohnheit des Jauchzens. Das klingt merkwürdiger, als es ist: Ausdruck des Selbstbewußtseins und des Wohlbefindens, der 'unbändigen' Lebensfreude und des Vertrauens in die eigene ungestüme Körperkraft, war diese Kehlkopfakrobatik Aufforderung an alle, sich dem eigenen Hochgefühl anzuschließen, und zugleich eine potentielle Kampfansage an die, die nicht mitmachen wollten, in jedem Fall aber ein unüberhörbares 'körpersprachliches' Signal massierter Anwesenheit. Was den Herrschaften ihre Pauken, Trompeten und Fanfaren, das waren den einfachen Leuten, die sich selbst zu Herolden ihrer Botschaften machen mußten, ihre eigenen durchdringenden Kopfstimmen. Auch im Karneval spielte das Jauchzen neben anderen lautstarken Präsenzpraktiken wie dem Schellengerassel, Peitschenknallen usw. eine wichtige Rolle; die meist jugendlichen Aktivisten lenkten damit die Aufmerksamkeit auf sich und bekundeten ihre übermütige Bereitschaft, die Welt auf den Kopf zu stellen[32]. Woher diese aku-

---

Kleine Schriften zur Volkskunde von Eduard Hoffmann-Krayer. Basel 1946, 124–159; H. G. Wackernagel, Der Trinkelstierkrieg vom Jahre 1550. In: ders., Altes Volkstum der Schweiz. Gesammelte Schriften zur historischen Volkskunde. Basel 1956, 222–243; I. Werlen, Die Walliser Mazze – ein Rebellionsritual. In: Zeitschrift für Volkskunde 74 (1978) 167–197; R. Wolfram, Burschenbrauchtum, Rügegerichte und Katzenmusiken in Südtirol. In: Festschrift für Otto Höfler zum 75. Geburtstag. O.O. o.J., 721–741. – Zum Territorialprinzip vgl. auch: Gestrich, Traditionelle Jugendkultur und Industrialisierung 106–111.

[32] Vgl. etwa: W. Mezger, Narretei und Tradition. Die Rottweiler Fasnet. Stuttgart 1984, 66 f. Ähnlich und durchaus repräsentativ für die Geschichte der karnevalistischen Lärmbräuche ist die Entwicklung der Zentralfigur der Überlinger Fastnacht, des um die Mitte des 18. Jahrhunderts erstmals dokumentierten 'Hänsele': Sein ungestümes Peitschenknallen klang dem gesitteten Bürgertum so hart im Ohr, daß *das unanständige schnalzen* schon 1789 *verbotten* und auch während des 19. Jahrhunderts immer wieder untersagt wurde – offenbar ohne jeden Erfolg. 1822 etwa hieß es: *Da das Schnalzen und*

stischen Repräsentationsformen stammten, darüber läßt sich nur mutmaßen: eine Wurzel dieser eigenwilligen Intonationskünste dürfte bei den beliebten Tierstimmenimitationen der Gaukler auf den Jahrmärkten zu suchen sein (vom 'Maulhans', einem Nachtwächter im schwäbischen Meßkirch, wurde voller Bewunderung gesagt, er *kunt schreien wie ein pfaw, ganz hell*[33]), eine andere, wichtigere vielleicht in den Rufsignalen, mit denen sich die Senner und Hütejungen in der voralpinen Weidewirtschaft über größere Entfernungen hinweg verständigten[34]. Die wichtigste aber war sicherlich das Werbeverhalten der ledigen Jugendlichen, die Pose des Sich-in-die-Brust-Werfens sowohl gegenüber dem anderen Geschlecht als auch gegenüber den eigenen Altersgenossen und potentiellen Rivalen[35]. Sucht man die Parallele zu heutigen expressiven Selbstdarstellungsformen der ländlichen Jugendkultur, so wird man sie freilich eher in quietschenden Autoreifen und aufheulenden Motoren beim Kavaliersstart vor der Diskothek als in jener domestizierten Jodlerfolklore finden, mit der sich die Alpenregionen tourismuswirksam vermarkten[36].

Gesichert scheint hingegen, daß diese 'Juchuzer' nirgendwo eine bessere Resonanz fanden, als wenn sie nachts in den engen Gassen der Städte widerhallten. Die großen Städte hatten damit auch die größten Probleme. Damit *Got sein angesicht* nicht *ye lennger ye weiter von unns abwenden werde*, verordnete ein im typischen Reformationspathos abgefaßtes Augsburger Sittenmandat von 1546, daß *kain Hofieren mit Saitenspil/Singen/Pfeyffen noch zun Kirchengängen noch sonst gebraucht soll werden/sich auch menigklich alles Juchzen/plerren/schreyens/unzüchtiger und schandtbarer Gesäng/geberde und reden/ auf den gassen und in*

Peitschen wieder so sehr und bis zur gänzlichen Unerträglichkeit überhand nimmt, so siehet man sich genöthigt, diesen Unfug aufs neue und schärfste einzubiethen. [D. H. Stolz, Die Fasnacht in Überlingen. In: H. Bausinger (Hrsg.), Masken zwischen Spiel und Ernst. Beiträge des Tübinger Arbeitskreises für Fasnachtsforschung. Tübingen 1967, 97 f. und 103].

33 K. A. Barack (Hrsg.), Zimmernsche Chronik 3. Tübingen 1869, 460.

34 Vgl. etwa: R. Weiss, Volkskunde der Schweiz. Grundriß. Erlenbach–Zürich 1946, 231 f.

35 Vgl. auch Peter, Gasslbrauch 117–122.

36 H. Moser, Vom Folklorismus in unserer Zeit. In: ders., Volksbräuche im geschichtlichen Wandel 336–358.

den heusern gentzlich enthalten[37]. Das absolutistische Regiment schließlich begnügte sich nicht mehr mit dieser moralisierenden Perspektive. Seinem law-and-order-Blick erschienen die Rufe der ungebärdigen Jugendlichen vielmehr wie eine öffentliche Aufforderung zu Ungehorsam und Gesetzesübertretung, eine symbolische Herausforderung der Ordnungsmächte, die anzunehmen man entschlossen war, und deshalb führte man vom Schreibtisch aus einen unerbittlichen Feldzug gegen diesen 'Mutwillen' und das *grob Gschray bey der Nacht*[38]. Die lokalen Autoritäten jedoch kannten ihre Pappenheimer besser als die neue, forsche Bürokratenkaste, und daher schwang in ihren Antworten auf die unermüdlich wiederholten Anordnungen von oben, endlich für Ruhe und Ordnung zu sorgen und auch *an den Hochzeiten*, auf denen das rituelle Geschrei seinen Höhepunkt fand, *das Schreyen und Juchezen nit (zu) verstatten*[39], häufig ein unverkennbar resignierter Unterton mit. *Sovil müglich*, so weit es sich machen ließ, wollte man dagegen vorgehen. Im Klartext hieß das nichts anderes, als daß man sich keine allzu großen Chancen ausrechnete. Das Jauchzen war Ausdruck jenes festlichen Hochgefühls, das in der alten, mittelhochdeutschen Bedeutung des Begriffs 'Hochzeit' noch präsent ist, vor allem aber war es eine Art von Abschiedszeremoniell, ein Ehrenerweis der ledigen Burschen für einen der ihren, der nunmehr die Junggesellenfreiheit zugunsten des Ehestandes aufgab. Ihm ein 'Ständchen' zu bringen, wollte und durfte man sich nicht nehmen lassen, und je lauter und lautmalerischer es ausfiel, desto angesehener durfte sich der Bräutigam bei seinen Altersgenossen wähnen[40]. Gegen den sozialen Sinn, der in solchen öffentlichen 'Passageriten' (van Gennep) transportiert wurde, war in der Tat so leicht kein administratives Kraut gewachsen, und die Exekutive war sich, wie ein bayerischer Pfleger im Jahre 1618 formulierte, durchaus im klaren darüber, daß *khain Fridt oder Rhue vor*

---

[37] *Beruff ains Ersamen Rats/der Stat Augspurg/Zu Pflanzung Christlichs/ züchtigs und erbers leben* vom 11.9.1546 (StA Augsburg, Sammlung Anschläge und Dekrete 1490–1649, Nr. 20).

[38] Rentmeisterumrittsprotokolle Oberland, Generalia vom 8.6.1654 (StA Traunstein, A XIII 6, 1, unfol.).

[39] Ebd.

[40] Vgl. etwa: Dörrer, Tiroler Fasnacht 49 ff.

solchen Nachtraben auf der Gassen ist, sintemahlen der Gerichts Ambtman auch nit ganze Nächt auf der Gassen sein kann[41].

II. Im 16. Jahrhundert waren die Berührungsängste der Eliten gegenüber dem einfachen Volk noch erstaunlich wenig ausgeprägt. Vor allem in den kleinherrschaftlichen, von territorialer Zersplitterung geprägten Regionen, wo die Machtausübung weniger bürokratisiert und nach wie vor stärker personengebunden war, hatten die Herren geradezu eine Vorliebe dafür entwickelt, sich von Zeit zu Zeit unters Volk zu mischen und die Festfreuden scheinbar ungeniert mit ihren Untertanen zu teilen. Die Zimmernsche Chronik[42] schildert diese populistischen Neigungen des oberschwäbischen Adels in den prächtigsten Farben, die unverhohlene Freude der Privilegierten am Eintauchen in das Meer der populären Kultur und am geselligen Ringelpiez mit denen, die so unendlich tief unter einem rangierten, daß selbst der hautnahe Kontakt mit ihnen den eigenen Standesqualitäten keinen Abbruch tun konnte. Die sozialen Distanzen waren solche der Geburt und Herkunft, inkorporierte Qualitäten, die so eindeutig und unmißverständlich waren, daß sie der Symbolisierung durch den räumlichen Abstand noch nicht unbedingt bedurften. Man mischte sich mit Verve unter die plumpen Kirchweihtänzer, man umgab sich mit 'Originalen' aus dem Volk, man suchte und genoß den Kontakt mit den gemeinen Leuten in den Wirtshäusern, wo – wie man neidlos anerkannte – die besten Geschichten 'auf die Bahn gebracht' wurden und wo man ungestraft sticheln und die Leute gegeneinander aufhetzen konnte[43].

Natürlich besaßen die adeligen Selbstdarstellungen in Theorie und Praxis ihre eigenen Formen der Stilisierung, die nicht einfach für bare Münze genommen werden dürfen[44]. Wenn sie von sich

---

41 Beschwerdebrief des Pflegers Ladislaus von Törring an den Traunsteiner Rat vom 30. 5. 1618 (StA Traunstein, A V 16, 16).

42 Da die textkritisch überarbeitete Neuausgabe der Chronik [H. Decker-Hauff (Hrsg.), Die Chronik der Grafen von Zimmern. Sigmaringen 1964 ff.] noch nicht vollständig vorliegt, wird im folgenden nach der alten Ausgabe von K. A. Barack (Tübingen 1869) zitiert.

43 Vgl. dazu: N. Schindler, Karneval, Kirche und die verkehrte Welt. Zur Funktion der Lachkultur im 16. Jahrhundert. In: Jahrbuch für Volkskunde NF 7 (1984) 50–55.

44 Vgl. auch: G. Jaritz, Gemeinsamkeit und Widerspruch: Spätmittelalter-

und ihren Heldentaten erzählen, läßt sich niemals exakt unterscheiden, wo der Realismus der Schilderung endet und die Fiktion bzw. die adelsfolkloristische Aufschneiderei beginnt. Zudem wird durch das Aufzeichnen der Geschichte, d. h. durch die chronikalische Erzählform, die situative Erzählkunst auf eine spezifische Weise 'präpariert' und in ihrer Pointenstruktur verändert. Der aristokratische Populismus des 16. Jahrhunderts ist ein überaus schillerndes Phänomen, und er ist alles andere als naiv gewesen; er war die Fortsetzung der Herrschaftspraxis mit anderen, spielerischen Mitteln, eine soziale Kunstfertigkeit, die dem Wettkämpfer- und Spielernaturell der Adligen ungemein entgegenkam. Man suchte den direkten Wettstreit mit dem Volk, weil man keinen Zweifel daran hatte, den Vergleich zu bestehen. In diesen Hegemoniespielen offenbarte sich der hinterhältige Charme einer Klasse, die keine Gelegenheit ungenutzt ließ, ihre Überlegenheit im Alltag zur Schau zu tragen.

Das Konzept der kulturellen Hegemonie[45], das solche Standesgrenzen überschreitenden Sozialkontakte in den Blick rückt, verweist zunächst darauf, daß die "Kontrolle der Wahrnehmung von Wirklichkeit"[46] selbst ein integraler Bestandteil von Herrschaft ist. Seine theoretische Aufmerksamkeit richtet sich auf "die scheinbar 'zwanglose' Zustimmung der beherrschten Klassen, die wortlose Hinnahme jener Wirklichkeitsbilder, welche die herrschende(n) Klasse(n) entwickeln"[47], aber auch auf die offenen und heimlichen Reziprozitäten zwischen den Kulturen der Herrschenden und Beherrschten im weitesten Sinne. Ihm liegt die Annahme zugrunde, daß es herrschafts- und legitimationswirksame Transferleistungen zwischen dominanter und dominierender Kultur gibt,

---

liche Volkskultur aus der Sicht der Eliten. In: Dinzelbacher – Mück (Hrsg.), Volkskultur des europäischen Spätmittelalters 15–33.

[45] T. J. Jackson Lears, The Concept of Cultural Hegemony: Problems and Possibilities. In: American Historical Review 90 (1985) 567–593; R. Williams, Zur Basis-Überbau-These in der marxistischen Kulturtheorie. In: ders., Innovationen. Über den Prozeßcharakter von Literatur und Kultur. Frankfurt am Main 1977, 189 ff.; J. Clarke u. a. , Subkulturen, Kulturen und Klassen. In: ders. u. a. , Jugendkultur als Widerstand. Milieus, Rituale, Provokationen. Frankfurt am Main 1979, 81 ff.

[46] R. Berdahl u. a., Klassen und Kultur. Sozialanthropologische Perspektiven in der Geschichtsschreibung. Frankfurt am Main 1982, 12.

[47] Ebd.

die sich den Dichotomien der konventionellen Herrschaftssoziologie entziehen. Erinnert sei hier vor allem an E. P. Thompsons Darstellung des Herrschaftstheaters zwischen Gentry und Plebs unter den ökonomisch ungleich avancierteren Bedingungen des englischen 18. Jahrhunderts[48]. Ein Großteil der Politik ist immer Theater, aufgeführt einzig und allein zu dem Zweck, Eindruck auf diejenigen zu machen, welche von den Entscheidungsprozessen ausgeschlossen sind und allenfalls ein nachträgliches Akklamationsrecht besitzen. Will man die historische Entwicklung dieses Herrschaftstheaters beschreiben, das der feudalen Herrenklasse auf den Leib geschneidert zu sein schien, mit ihrer Abdankung jedoch keineswegs obsolet geworden ist, so hätte man sich zunächst über die Angriffsflächen der populären Kultur Klarheit zu verschaffen, d. h. jene 'wunden Punkte' aufzusuchen und zu studieren, an denen die Praktiken des Beeindruckens der oberen Klassen wirkungsvoll 'einhaken' konnten. Ich kann hier nicht mehr als einen kleinen Baustein zu diesen Überlegungen beisteuern, in der Hoffnung, daß die Architektur des Gedankens sichtbar wird. Dabei ist mir die exemplarische Untersuchung der Funktionsweise des aristokratischen Hegemonietheaters vorläufig wichtiger als dessen breite empirische Dokumentation. Das Hegemoniekonzept bricht freilich nicht nur mit liebgewordenen Denkgewohnheiten, indem es über die Vorstellung von der vollständigen Teilung der Gesellschaft in Schichten, Klassen und Lager hinauszugreifen versucht, es enthält auch einen politischen Stachel, weil es nach dem Anteil fragt, den die Unterdrückten an ihrer eigenen Unterdrückung genommen haben – "a kind of half-conscious complicity in their own victimation"[49]. Wenn dabei von 'Hegemoniespielen' die Rede ist, dann geschieht das selbstverständlich nicht in der Absicht, die Macht- und Unterdrückungspotentiale der herrschenden Klassen zu verharmlosen, sondern um die Aufmerksamkeit auf die symbolische Wirkungsebene der Herrschaftspraxis zu lenken. Inkorporierte Herrschaftsformen konnten auf die sinnliche Demonstration ihrer sozialen Qualitäten und Qualitätsunterschiede, auf das praktische Ausagieren der ihren Trägern habituell eingeschriebe-

[48] E. P. Thompson, Patrizische Gesellschaft, plebeische Kultur. In: ders., Plebeische Kultur und moralische Ökonomie 169–202; ders., Die englische Gesellschaft im 18. Jahrhundert: Klassenkampf ohne Klasse? In: ebd. 247–289.

[49] Jackson Lears, The Concept of Cultural Hegemony 573.

nen Differenzgefühle (noch) nicht verzichten. Darauf beruht die Janusköpfigkeit ihrer kulturellen Traditionen. Konsens und Konflikt, Spiel und Ernst lagen noch viel dichter beieinander, waren viel weniger trennscharf, als der moderne, soziologisch geschulte Betrachter erwarten würde.

Ich möchte im folgenden ein solches Hegemoniespiel etwas genauer untersuchen, um zu zeigen, wie eng der Konnex zwischen Eliten- und Volkskultur im 16. Jahrhundert noch war und welcher komplexe soziale Sinn in diesen symbolischen Wettkämpfen transportiert wurde. Es handelt sich dabei um einen nächtlichen Tumult, den der damals knapp zwanzigjährige Graf Froben Christoph von Zimmern mit seinem Anhang in einer dunklen Winternacht um 1540 im oberschwäbischen Meßkirch im Stile der traditionellen Jugendkultur und ihrer Freiheiten inszenierte. Der Bericht erhält schon dadurch eine gewisse Authentizität, daß der spätere Verfasser der Chronik auch der Anführer dieser Jugendbande war, mit ihm also eines seiner Jugenderlebnisse zum Besten gibt. Er handelte allerdings nicht auf eigene Faust, sondern, wie er gleich zu Beginn erwähnt, auf Geheiß seines Onkels, des Meßkircher Stadtherrn Graf Gottfried Werner von Zimmern (1484–1554)[50], in dessen Stadtschloß er auch wohnte.

Eins mals zu winters zeiten, wie ein groser schnee lag und grim kalt war, do richt der alt herr an, das sein junger vetter sampt seinen reutern des nachts sich verklaiden solten und unbekannter weis uf die gasen geen und die jungen handwerksgesellen, auch die wächter ermundern, in somma, sie solten sich hören und ohne sonder ursach nit leuchtlichen abtreiben lasen[51].

---

[50] Vgl. N. Schindler, Habitus und Herrschaft. Zum Wandel der aristokratischen Herrschaftspraxis im 16. Jahrhundert. In: ders., Widerspenstige Leute. Volkskultur und Alltagsgeschichte (erscheint Frankfurt am Main 1991). Allgemein zur Adelsentwicklung im 16. Jahrhundert: R. van Dülmen, Entstehung des frühneuzeitlichen Europa 1550–1648. Frankfurt am Main 1982, 132–145; E. Hinrichs, Einführung in die Geschichte der Frühen Neuzeit. München 1980, 165–177; V. Press, Führungsgruppen in der deutschen Gesellschaft im Übergang zur Neuzeit um 1500. In: H. H. Hofmann – G. Franz (Hrsg.), Deutsche Führungsschichten in der Neuzeit. Eine Zwischenbilanz. Boppard 1980, 29–77; R. Endres, Die deutschen Führungsschichten um 1600. In: ebd. 79–109; H. Rössler (Hrsg.), Deutscher Adel 1430–1555. Darmstadt 1965.

[51] Zimmernsche Chronik 3, hrsg. v. K. A. Barack, Tübingen 1869, 460. Alle folgenden Zitate, sofern nicht anders angegeben: ebd. 460–462.

Der Verfasser betont, daß es dieser Aufmunterung von oben gar nicht bedurft hätte, so begeistert waren die jungen Aristokraten von diesem Auftrag.

... sie luefen die ganz nacht im flecken umbher, iez waren sie samenthaft mit gewerter handt bei ainandern, dann tailten sie sich in die gassen. Do ward menigclich ab der gasen triben, die wachter im schnee umbher gewalget; dann hieben sie zusammen mit den weren und schrien, das menigclich zum fenster user luegt. Es konte sich niemands uß dieser componia, were sie weren, verrichten.

Wir haben es also eindeutig mit einem Fall von lizensierter Unruhe zu tun. Der adlige Stadtherr, der die Angelegenheit nicht nur tolerierte, sondern sogar in die Wege geleitet hatte, verfolgte mit dieser Inszenierung einen doppelten Zweck: für seine Nachkommenschaft, die Herrschenden in spe, stellte sie eine Mutprobe, ja eine Art von Wehrübung dar und für seine Untertanen eine Probe aufs Exempel, ob die städtische Ordnungsmacht auch wirklich funktionierte. Für die eine Seite seiner Intention spricht die Begeisterung, mit der die Aristokratensprößlinge 'ins Feld zogen'. Auch die Söhne der upper class brauchten ihren Auslauf und begrüßten jede Möglichkeit, ihr Mütchen zu kühlen – insofern unterschieden sich ihre Bedürfnisse kaum von denen anderer Jugendlicher. Der Unterschied lag jedoch darin, daß der anonyme nächtliche Angriff sich nicht mit der symbolischen Selbstdarstellung einer Gruppe begnügte, sondern zugleich als Test der städtischen Ordnungsmächte konzipiert war und dadurch per se eine politische Dimension besaß. Es war daher nur folgerichtig, daß sich die Hauptstoßrichtung der Herausforderung auf das Zentrum der Ordnungsmacht, nämlich auf die Person des Stadtammanns, richtete. Man lauerte dem Provisor auf, der für seinen Herrn in einer Gastwirtschaft Wein holen wollte, wälzte ihn im Schnee, daß er sein Barett verlor, nahm ihm den Wein ab, trank ihn aus *und der provisor wardt mit der leren kanten wider heim geschickt.* Diese gezielte Provokation konnte und durfte der Ammann, der sich bisher abwartend verhalten hatte, nicht hinnehmen. Als der arg gebeutelte Untergebene zurückkam und ihm berichtete, *wie es so greusenlich uf der gassen zugieng,* ließ er, obwohl es schon auf Mitternacht zuging, Alarm geben und seine Leute und einige Bürger zusammentrommeln, um dem Spuk ein Ende zu machen; *mit denen zog er mit gewerter handt stark uf der gassen und wolt ie wissen, wer die weren, die ein solliche ungestime unfure hetten.* Das war allerdings genau das, was die Aristokratenbürschchen bezweckt hatten. Die städtischen Ordnungshüter hatten ihre Herausforderung angenommen, und nun entspann sich in den nächtlichen Gassen ein regelrechtes Räuber-und-Gendarm-Spiel, das sich über die ganze Stadt erstreckte und von einer Lautstärke war, daß gewiß niemand mehr ein Auge zutun konnte. ... *wann der stattamann am markt, so waren sie am graben, do triben sie ir geferdt; kam dann der aman daselbst hin, so waren sie in der obern stat oder (am) sewmarkt. Also wardt er mit seinen beistendern lang, biß nach miternacht, uf der gasen umbher triben.*

Die Spielregeln dieser Verfolgungsjagd waren relativ klar abgesteckt, obwohl sich die beiden Parteien niemals zu Gesicht bekommen hatten. Die Herausforderer gaben nun, da sich die Ordnungsmacht gesammelt hatte und sie in die Unterzahl geraten waren, ihre Übergriffe auf und beschränkten sich darauf, sich den Verfolgern im Schutze der Dunkelheit immer wieder zu entziehen. Sie verlegten ihren gesamten Ehrgeiz darauf, die Ordnungshüter durch unerwartete Rochaden ein ums andere Mal ins Leere laufen zu lassen und sie auf diese Weise zum Narren zu halten. Für die Herausforderer bestand das Ziel des Spiels darin, den Verfolgern möglichst oft durch die Maschen zu schlüpfen und das städtische Terrain durch geschickte defensive Schachzüge so lange wie möglich zu behaupten. Dazu gehörte vor allem genaue Ortskenntnis, das Wissen um die Winkel, Verstecke und Durchschlüpfe, das solche strategischen Manöver erst ermöglichte. Andererseits war die Vertrautheit mit den Lokalitäten natürlich verräterisch, sagte sie doch den Verfolgern auf Anhieb, daß es sich bei den Unruhestiftern nicht um Fremde handeln konnte. Spätestens im Laufe der Hetzjagd wird ihnen ein Licht aufgegangen sein, welche Sorte von Störenfrieden man höchstwahrscheinlich vor sich hatte. Es mag auch sein, daß der Stadtammann schon von Anfang an eine gewisse Ahnung von der Identität des Gegners besaß, was sein langes Zögern erklären würde, seine Leute in die kalte Winternacht hinauszujagen. Jedenfalls setzte auch er offensichtlich nicht auf Konfrontation, sondern beschränkte sich nach Feldherrnart darauf, die Räume enger zu machen und die Maschen allmählich dichter zu knüpfen, um den unsichtbaren Gegner einzukreisen und ihn langsam, aber sicher zu stellen. In der Tat wurde der Bewegungsspielraum der Jugendlichen nach einiger Zeit so stark eingeengt, daß sie die Gasse räumen und sich in das Haus des Schmieds Balthus Henne zurückziehen mußten, das *geradt gegen dem rathaus über in der gasen, so man an sewmarkt hinabgeet*, gelegen war. Damit war die Partie eigentlich schon verloren, denn nun saß man in der Falle und konnte nur noch hoffen, daß die Ordnungspartei das Versteck nicht ausfindig machen würde. Doch die Hoffnung erfüllte sich nicht, da den Jugendlichen ein peinlicher Fehler unterlief: *In dem aber wardt es von inen übersehen, das sie die liechter nit ußlaschten, sonder die hunder den offen stalten.* Dem Ammann war schon zu Ohren gekommen, daß die Kontrahenten das öffentliche Feld geräumt und in einem Haus Zuflucht gesucht hatten, *er wust aber nit, in welchem.* Deshalb *schlich er mit etlichen ganz still* in den Gassen auf und ab und beobachtete die Häuser. Dabei entdeckte er nach einiger Zeit den schwachen Lichtschein im Haus des Schmieds. *Das machte im ein argwon, es gieng nit recht zu im haus, sonderlich zu sollicher unzeit und späte in der nacht.* Er ließ das Haus umstellen, klopfte an und verlangte vom Besitzer Auskunft darüber, *wen er im haus het.* Als der Schmied, vermutlich nicht ganz freiwillig, so tat, *als ob er erst vom bett ufgestanden* und von nichts wüßte, begehrte der Ammann Einlaß, um das Haus zu durchsuchen. Nach einigem Palaver erklärte sich der Hausherr schließlich bereit, der Forderung der Obrigkeit nachzukommen, und man einigte sich darauf, daß *nur der statаman und der jung Conradt Burger die stegen hinauf gelassen* (werden sollten – Ergänzung des Verfassers), *die andern muesten hienunden im haus warten*, um die Verletzung des häuslichen Friedensbezirkes möglichst gering zu halten. Damit nahm die Affäre eine ebenso abruptes wie pointiertes Ende, denn als die beiden Abgesandten der städtischen Ordnungspartei *in die stuben kammen* und der dort versammelten Jungaristokraten *ansichtig wurden, do wunschten sie einandern ein bona dies und schiden gleich widerumb ab.*

Deutlicher als in diesem Moment der Identifizierung der Übeltäter lassen sich Statusprivilegien wohl kaum zur Schau stellen. Als man die Herrensöhnchen erkannte, wechselten schlagartig die Rollen, und die sich im Recht wähnenden Vertreter der Stadtobrigkeit mußten sich damit begnügen, ihren Gegenspielern einen artigen Gruß zu entbieten und ihnen freien Abzug zu gewähren. Jeden anderen, der sich einen derart dreisten Schabernack erlaubt hätte, hätte dafür das Lochgefängnis und eine empfindliche Geldstrafe erwartet, die 'Unantastbaren' jedoch standen über dem Gesetz, und kein Normalsterblicher durfte es wagen, die Hand gegen sie zu erheben. Sie und nur sie konnten es sich leisten, die ganze Stadt eine Nacht hindurch ungestraft in Aufruhr zu versetzen. Die Macht der sozialen Distinktion war groß genug, um den vermeintlichen Triumph der Verfolger schlagartig in eine Demütigung zu verwandeln, und man kann sich leicht vorstellen, wie schwer es ihnen fiel, die Missetäter nach der stundenlangen Jagd in kalter Winternacht nicht ihrer gerechten Bestrafung zuführen zu dürfen.

Als man dem regierenden Herrn Gottfried Werner am nächsten Tag die Nachricht vom Ausgang der nächtlichen Vorfälle überbrachte, *mecht er sein wol lachen*, und wir werden annehmen dürfen, daß es ein befreiendes Gelächter war, das Züge der Erleichterung darüber an sich trug, daß die Sache noch einmal gutgegangen war. Als der Drahtzieher im Hintergrund hatte er in der Tat gut lachen, war sein Kalkül doch voll aufgegangen. Er durfte sich als der eigentliche Sieger fühlen, weil er beiden Gruppen auf einen Streich ihre Herrschaftslektion erteilt hatte: die jungen Aristokraten hatten ihren Spaß gehabt und sich wacker geschlagen, doch sie hatten auch gelernt, daß die Volkskultur ihren eigenen Willen, ihren eigenen Ordnungssinn und ihre eigenen Ordnungsmächte besaß, deren strategisches Geschick dem der Herrenschicht durchaus ebenbürtig war und die man schon aus diesem Grund zu respektieren hatte – eine Lehre, die zum Elementarwissen künftiger Herrschaftsträger gehörte. Der Chronist bemerkt selbst etwas kleinlaut, daß ihm und seinem Anhang dieses Erlebnis Warnung genug gewesen sei, *solche guglfuren und umreisen*[52] künftig zu unterlassen. Aber auch die andere Seite, die städtische Obrigkeit also, hatte die Prüfung zur vollen Zufriedenheit bestanden: sie hatte, wie füglich von ihr zu erwarten, die Rabauken zur Strecke gebracht und die Ordnung wiederhergestellt, hatte dabei polizeitaktisches Augenmaß bewiesen und die Verhältnismäßigkeit der Mittel gewahrt, und sie hatte nicht zuletzt und bis zum bitteren Ende dem Standesunterschied den gebührenden Tribut gezollt. Wieder einmal hatte sie gezeigt bekommen, was die Aristokratie ist: ein Menschenschlag sui generis, von dem wenige schon ausreichen, um die Menge in Schach zu halten, und der – wie von einem

---

[52] Zimmernsche Chronik 3, 462.

unsichtbaren Schutzschild umgeben – nur seinen eigenen Gesetzen unterworfen ist. Der Graf konnte sich zufrieden in seinem Sessel zurücklehnen: seine Herrschaft, daran bestand kein Zweifel, war intakt, und genau das hatte er wissen wollen.

Zweierlei erscheint an diesem sorgfältig inszenierten Testfall bemerkenswert, nämlich die Risikobereitschaft des Regisseurs und der bittere Nachgeschmack, den ein solches Spiel bei den genasführten Untertanen hinterlassen mußte. Man muß sich seiner Sache schon sehr sicher sein, um seine Karten derart auszureizen wie der Zimmernsche Graf. Wir neigen unwillkürlich dazu, uns vorzustellen, was alles hätte passieren können, wenn die bewaffneten Trupps in einer dunklen Gasse unversehens aufeinandergestoßen wären: Mord und Totschlag hätte die Folge sein können. Doch ein solches 'Versicherungsdenken' war dem adligen Regisseur offensichtlich fremd: er baute darauf, daß bestimmte Spielregeln intuitiv eingehalten würden, daß vor allem der Übergang der Herausforderer von der Aggression in die Defensive auch von der Verfolgerpartei zur Kenntnis genommen und im Sinne einer sukzessiven Deeskalation der Gewaltmittel verstanden würde, kurz: er vertraute mit Erfolg darauf, daß sich auch für die Verfolger der vermeintliche Ernstfall allmählich als Spiel entpuppen würde.

Zum anderen lag der wehrhafte Kriegerhabitus des Mittelalters für die Adeligen noch nicht weit genug zurück, um den pädagogischen Wert extremer Bewährungssituationen grundsätzlich in Zweifel zu ziehen[53]. Kriegerkasten lebten nun einmal gefährlich, und diese elementare Form des Risikos prägte ihre gesamte Lebensführung. Mutproben, die dem Prinzip der besiegten Furcht gehorchten, gehörten zum üblichen Erziehungs- und Initiationsrepertoire der Herrenklasse. Es war ganz und gar nicht unwichtig, wie man sich aus der Affäre zu ziehen verstand. Diese aristokratische Turniermentalität, in der die Form der situativen Selbstbehauptung Noblesse begründete, bildete einen Ansatzpunkt für vielfältige Strategien der Sublimierung und Substituierung des kriegerischen Habitus im Übergang vom Mittelalter zur Neuzeit: man denke nur an die höfischen Saufduelle in der zeremoniellen Form des Zutrinkens, die dem maskulinen Wettkampfgeist Genüge leisteten und ihm zugleich seine gewalthaften Spitzen abbrachen. Seine systematische Schranke fand die-

---

[53] Vgl. Schindler, Habitus und Herrschaft.

ser Zivilisierungsprozeß der adeligen Kriegereliten in der Logik einer körperbezogenen Repräsentation, auf die die feudale Herrschaftspraxis nicht verzichten konnte. Weil Herrschaft verkörpert werden mußte und im Übergang zur Neuzeit weniger denn je auf nackter Gewalt beruhte, bildete die aristokratische Elite vornehmlich in den kleinen Herrschaften, wo face-to-face-Beziehungen noch dominierten, eine situative Verhaltenskunst aus, die es ihr erlauben sollte, ihre Überlegenheit gegenüber den Untertanen gleichsam hautnah unter Beweis zu stellen. Man war sich keineswegs zu vornehm, um nicht hin und wieder den Wettstreit mit dem Volk zu suchen und sich mit ihm im direkten Abtausch zu messen. Die populistischen Weiterungen des adeligen Turniergeistes hatten durchaus ihre sportliche Note. Man zog in diesen Vergleichen schon einmal den kürzeren, doch das war nicht weiter tragisch, solange es die Ausnahme blieb und man sich im allgemeinen auf die Überlegenheit der eigenen Formen der Körperertüchtigung verlassen konnte. Man gönnte den Untergebenen den kleinen Triumph – wurde er doch mehr als aufgewogen durch die Begeisterung der Leute über die Herablassung der Oberen. Die herablassende Anerkennung, die man der Volkskultur erwies, indem man von Zeit zu Zeit ihre Vergnügungen und Bräuche teilte, zahlte sich hundertfach aus, denn zum einen ist Loyalität stets das Produkt wechselseitiger Anerkennung und zum anderen sitzt der Respekt vor dem anderen niemals tiefer, als wenn er im direkten Kräftemessen miteinander errungen worden ist.

Nun zogen die Aristokraten allerdings nicht blauäugig in solche Wettbewerbe. Die Ausgangsbedingungen waren nie gleich, auch wenn die Zweikampfsituation die Fiktion der Chancengleichheit noch so sehr in den Vordergrund rückte. Zumindest zwei Strukturelemente möchte ich hervorheben, die, Momente der Zivilisierung des Kriegerhabitus ebenso wie der 'Verallgemeinerung' von Herrschaft im Rahmen körperbezogener Repräsentation, dafür sorgten, daß die Hegemonie der Adelseliten auch in den spielerischen Auseinandersetzungen mit dem Volk gewahrt blieb. Zum einen wäre auf die Drohgebärde als auf jene Form der Ökonomisierung der Gewaltherrschaft zu verweisen, die inkorporierte Herrschaft dadurch zu veralltäglichen sucht, daß sie auf ihre tatsächliche Ausübung verzichtet und sich mit der Symbolisierung ihrer Gewaltpotentiale begnügt. Der Respekt der Untertanen erwächst bei dieser Herrschaftsvariante aus einer sorgfältig dosierten Ökonomie der Herrschaftsmittel, d. h. daraus, daß man die zur Verfügung stehenden schweren Waffen zwar vorzeigt, aber bewußt nicht einsetzt. Der unbestreitbare Rationalisierungseffekt, der solchen körperbezogenen Ansätzen des feudalen Herrschaftstheaters innewohnt, wurde jedoch dadurch eingeschränkt, daß man zumindest hin und wieder ein Exempel statuieren mußte, weil sich die Beherrschten von der bloßen Pose kaum beeindrucken bzw. bluffen ließen. Die Drohgebärde blieb also an den Gewalthabitus gebunden; sie beschränkte ihn lediglich auf den exemplarischen Auftritt, auf die punktuelle, gezielte, in ihren Wirkungen genau kalkulierte Demonstration der Macht. Machtdemonstrationen – das ist der Kern dieses Herrschaftskalküls – sind dann am wirkungsvollsten, wenn sie sich mit der Andeutung ihres Gewaltarsenals begnügen können. Auch unter diesem Aspekt muß man den nächtlichen Überfall der Aristokraten auf die eigene Stadt sehen: Das mutwillige Treiben der Adelsjugend war nur eine Symbolisierung herrschaftlicher Macht bzw. der militärischen Überlegenheit der Herrschenden. Wenn schon die Nachwuchskrieger clever genug waren, um die Stadtobrigkeit eine Nacht hindurch in Atem zu halten, wie würde es dann erst aussehen, wenn der regierende Herr seine Truppen gegen die Untertanen mobilisieren würde? Wenn man schon Mühe hatte, die spielerische Herausforderung zu parieren, wie konnte man dann zu bestehen hoffen, wenn die Herrschaft wirklich einmal Ernst machte? Fünfzehn Jahre nach dem Bauernkrieg verspürte der Graf gewiß keine Neigung, die Probe aufs Exempel zu wagen, es mußte ihm aber sehr wohl daran gelegen sein, die Zweifel an der Ebenbürtigkeit der Kräfte in den Köpfen seiner Untertanen zu vertiefen.

Der zweite Punkt, den ich hervorheben möchte, betrifft das geradezu machiavellistische Machtkalkül, das die geschilderte Szenerie durchzieht und ihr den Charakter eines Planspiels verleiht. Die Weichen sind von Anfang an so gestellt, daß die Untertanen auf das Reagieren zurückgeworfen sind; falls nichts Unvorhergesehenes dazwischenkommt, haben sie kaum eine Chance, die Oberhand zu gewinnen. Bemerkenswert ist vor allem die Instrumentalisierung der 'rebellischen' Jugendbräuche zur Herrschaftslektion: man verstand es sehr wohl, auf der Klaviatur der Volkskultur zu spielen, und die Kunst dieser Hegemoniespiele bestand im wesentlichen darin, den Eindruck des voraussetzungslosen Kräftemessens zu erwecken, während doch in Wirklichkeit alles so arrangiert war, daß der Ausgang des Geschehens mit einiger Wahrscheinlichkeit der intendierten pädagogisch-praktischen Maßnahme entsprach. Nicht zuletzt in dem strategischen Geschick, das in solchen Ränkespielen zur Geltung kam, gründeten die handlungsorientierten Überlegenheitsgefühle der Aristokratie. Dem planvollen situativen Arrangement und der Eleganz, mit der man sich aus der Affäre zu ziehen trachtete, suchte man die Tölpelhaftigkeit des Volkes gegenüberzustellen, dem die feingesponnenen Fäden zu Fallstricken werden sollten. Gewiß war man nicht immer clever genug, um diesem Ideal des 'Meisters der Intrige'[54] zu entsprechen, und häufig genug hatte man die Rechnung ohne den Wirt gemacht, aber dennoch spricht die Zimmernsche Chronik Bände davon, wie sehr man in dieses aktionistische, im Gegensatz zum stubenhockerisch erworbenen Bildungskapital stehende Selbstbildnis verliebt war. Weniger durch die Summe der Kräfte, die man auf sich vereinigen konnte, wähnte man sich dem Volk überlegen als vielmehr durch ihren ebenso gezielten wie begrenzten Einsatz. Es war ein hautnahes Herrschaftstheater, dem der Coup, die gelungene Überraschungsaktion als das höchste der Gefühle galt und dessen Effekte ihre Herkunft aus den archaischen Riten des körperlichen Kräftemessens noch nicht verleugneten; es war ein Miteinander im Gegeneinander, in dem die Wertschätzungen der Adels- und der Volkskultur eine so enge Komplizenschaft miteinander eingingen, daß es den auf Abstand bedachten stadtbürgerlichen Eliten schwerfallen mußte, diese robuste kulturelle Allianz zu sprengen. Denn dem Volk imponierte man kaum durch große Reden und hehre Prinzipien, sondern eher schon dadurch, daß man auch in bedrängter Situation mit allen Tricks und Finessen seinen Mann zu stehen wußte.

Das klingt nach einer festgefügten paternalistischen Koalition zwischen Herrschenden und Beherrschten, und über weite Strecken mag dieser Eindruck auch zutreffen. Aber die Sache hatte einen entscheidenden Haken: sie beruhte letzten Endes auf der *Düpierung* der Untertanen. Man kann es drehen und wenden, wie man will – zum Schluß mußten sich die Meßkircher Ord-

---

[54] Trotz einiger zurecht monierter begrifflicher Unschärfen ist dieser 'strategische Vorsprung' der Oberschichten gegenüber dem Volk, der sich u. a. in einem stärker instrumentellen Umgang mit den Volksbräuchen niederschlug, überzeugend herausgearbeitet bei: E. Le Roy Ladurie, Karneval in Romans. Von Lichtmeß bis Aschermittwoch 1579–1580, 177 ff. und 315.

nungshüter von den eigenen Herren übel an der Nase herumgeführt fühlen. Und wer wie sie den Schaden hat, braucht bekanntlich für den Spott nicht zu sorgen. Die ganze Nacht durch die Stadt gescheucht und schließlich auch noch um die fällige Genugtuung gebracht worden zu sein, das mußte das populäre Gerechtigkeitsempfinden verletzen und als Schikane verstanden werden. Eine solche Demütigung vergißt man nicht so leicht; sie sitzt zu tief, um nicht nach Rehabilitierung zu verlangen und das Revanchebedürfnis nachhaltig zu schüren. Man sieht, das paternalistische Herrschaftstheater von Respekt und Gehorsam bewegte sich auf einem schmalen Grat der Akzeptanz, solange es noch ohne eingebaute Distanzen und gleichsam von Angesicht zu Angesicht ausgetragen wurde. Nur wenn die Handlungen beider Parteien am Ende auf einen gemeinsamen Wertekonsens rekurrieren konnten, ließ sich der Eindruck von Willkür vermeiden. In Meßkirch gelang das nicht, und insofern hat der Schlußakkord des Geschehens im Haus des Schmieds etwas ungemein Entlarvendes: nur ihre nackte Standesqualität und nichts sonst schützte die Jungaristokraten noch vor dem Zugriff der Obrigkeit. Für einen Moment entschleierte sich der Kern des Herrschaftsverhältnisses und sorgte für klare, ja zu klare, jeder paternalistischen Illusion entkleidete Verhältnisse. Der unverhohlenen Statusdemonstration auf der einen Seite entsprachen auf der anderen Gefühle ohnmächtiger Wut darüber, daß man die Übeltäter einfach laufen lassen mußte. Für die Herrschaftspraxis, die auf ein Minimum wechselseitiger Anerkennungsleistungen angewiesen war, erwies sich das insofern als dysfunktional, als sich der populäre Unmut nunmehr direkt gegen die 'Herrschersöhnchen' und ihren privilegierten Status richtete, der es einem nicht erlaubte, sie für ihre Schandtaten zur Rechenschaft zu ziehen. Aus den bäuerlichen Beschwerden wissen wir, welch brisante Rolle solche Ohnmachtsgefühle der Untertanen, wie sie insbesondere durch die herrschaftliche Jagd und die niemals exakt regulierbaren Scharwerksdienste ausgelöst wurden, im Vorfeld von Aufständen und Revolten spielten. Die pure Herrschaftsdemonstration, die die Untertanen unmißverständlich in ihre Schranken wies, war stets ein Spiel mit dem Feuer, denn nur zu leicht konnte die Bewunderung der Überlegenen in Tyrannenhaß umschlagen. Es wird sich daher empfohlen haben, solche drastischen Lehrstücke sparsam zu dosieren und sie am besten ganz zu unterlassen. Die Gelegenheit dazu bot sich mit der staatlichen Reorganisation und Absicherung der Feudalherrschaft seit dem späteren 16. Jahrhundert, die dem gesellschaftlichen Verkehr zwischen Herrschenden und Beherrschten zunehmend höhere rechtliche, bürokratische und standespolitische Schranken setzte. Der hohe Adel begann sich nun auf die Bühne der höfischen Gesellschaft zurückzuziehen, wo er, abgeschirmt vom gemeinen Publikum, sein Theater vornehmer Selbstdarstellung ungestört in Szene setzen konnte[55]. Schon zwanzig Jahre nach dem Meßkircher Vorfall erscheint dem Chronisten die hemdsärmelige Art und Weise, in der seine Vorfahren ihre Händel mit den Untertanen austrugen, nur noch wie eine skurrile persönliche Marotte[56] – Adelsfolklore, die vergangenen wilden Zeiten nachhing und die langen Abende am Kamin mit Gesprächsstoff anreicherte. Soziale Exklusivität ist fortan untrennbar mit der Idee räumlicher Distanznahme verbunden; das Prinzip der Unantastbarkeit transformiert sich in das der Unerreichbarkeit.

Die Kunst der klassenübergreifenden sozialen Begegnung scheint im Laufe des 16. Jahrhunderts an eine systematische Grenze gestoßen zu sein. Man mag in dieser Entwicklung mit einem gewissen Recht den Ansatzpunkt für eine neue Herrschaftstechnologie, für die Ausdifferenzierung relativ geschlossener Standeskulturen mit jeweils eigenen Distinktionssystemen erblicken. Ebensowenig wird sich leugnen lassen, daß der aristokratische Populismus in der Übergangsphase zur Neuzeit voller Häme und Infamie war. Dennoch bewahrte dieses 'deep play'[57] noch ein soziales Wissen vom Volk als dem kulturellen Widerpart, das in der absolutistischen Folgeperiode allmählich verlorengehen sollte. Keinem höfischen Mann von Welt wäre es im 17. Jahrhundert mehr eingefallen, sich in einem spontanen Weitsprungwettbewerb

[55] R. Vierhaus, Höfe und höfische Gesellschaft in Deutschland im 17. und 18. Jahrhundert. In: E. Hinrichs (Hrsg.), Absolutismus. Frankfurt am Main 1986, 116–137; R. zur Lippe, Hof und Schloß – Bühne des Absolutismus. In: ebd. 138–161.

[56] Vgl. die distanzierte Einschätzung der Verhaltensweisen seines Onkels – *ein wunderberlicher, seltzamer herr ..., der vil abenteuerlicher gebreuch und maniern an im gehapt* (Zimmernsche Chronik 4, 274).

[57] Vgl. C. Geertz, "Deep play": Bemerkungen zum balinesischen Hahnenkampf. In: ders., Dichte Beschreibung. Beiträge zum Verstehen kultureller Systeme. Frankfurt am Main 1983, 202–260.

mit seinen Untertanen zu messen[58]. In den aristokratischen Anstandsbüchern stand über den Pöbel meist nur noch, daß man den Umgang mit ihm tunlichst vermeiden solle[59]. Es hat den Anschein, als ob die Gesellschaft in der frühen Neuzeit nicht nur wirtschaftlich, sondern auch kulturell um einiges ärmer geworden wäre.

---

[58] Zimmernsche Chronik 1 (Decker-Hauff) 341 f.

[59] Etwa: J. M. von Loen, Der Adel. Ulm 1752 (Reprint Königstein am Taunus 1982) 416–419.

Alltagsleben und Elite im Spätmittelalter. Zivilisierte und Barbaren

Gábor Klaniczay

I. Historiker, die sich mit dem Mittelalter und der frühen Neuzeit auseinandersetzen, kämpften lange um eine geeignete Charakterisierung der Unterschiede, denen sie in solchen Quellen begegneten, welche die Lebensstruktur der genannten Perioden betreffen. Um die romantische oder antiquarische Neugierde des 19. Jahrhunderts zu verlassen, mußten sie umfassendere Konzeptionen für die Analyse der unterschiedlichen Überlieferung erarbeiten. Die Konzeption des 'Alltagslebens' – 'la vie quotidienne', 'daily life' – war seit dem Anfang des 20. Jahrhunderts eine Kategorie, die mit den üblichen politischen, juristischen, institutionellen und philologischen Annäherungsmethoden nicht zu untersuchen war. Es wurde nötig, eine breitere und tiefere Sphäre von Alltag zu analysieren, in der Absicht, jene materiellen Strukturen zu erschließen, welche die Lebensbedingungen der gegebenen Periode bestimmten. Etwas später wurde auf der Grundlage der Entwicklung anthropologischer und psychologischer Theorien eine ähnliche, allumfassende Konzeption zustande gebracht: die 'Mentalitätsgeschichte', die sich den Fakten des Alltagslebens von der entgegengesetzten Seite näherte, d. h. von den zeitgenössischen Abstraktionen und der Wahrnehmung von Raum, Zeit, Natur, Geschlechtern und den das Verhalten in den gegebenen Bereichen des Alltagslebens regulierenden Normen. Die Geschichte der 'materiellen Zivilisation' (Realienkunde, Sachkulturforschung) und die unterschiedlichen Zweige der 'historischen Anthropologie' übernahmen die Ziele dieser beiden Methoden und versuchen, sie bei der Darstellung der Mittel einer interdisziplinären Methodologie zu kombinieren und zu nuancieren. All diese Annäherungsweisen haben ein gemeinsames Merkmal: die Annahme, daß die tief verwurzelten Eigenheiten des Lebens – seien sie materiellen, sozialen oder geistigen Charakters – in einer gegebenen Periode und an einem bestimmten Ort innerhalb eines einzigen Rahmens zu charakterisieren sind, welcher danach in weitere soziale, territoriale und chronologische Einheiten – 'Lebensformen' – strukturiert werden kann[1].

Parallel dazu kann auch die Herausbildung dualistischer Interpretationssysteme beobachtet werden. Obwohl die Alltagsgeschichte auch die reichlich zur Verfügung stehenden Beschreibungen des Festes umfaßt, versuchten die Erforscher des letzteren Gebiets, sich in logischer Konsequenz zu separieren und ihre Untersuchungen auf der Grundlage des bedeutenden Unterschiedes zwischen dem 'Alltagsleben' und den ritual und zeremoniell regulierten oder spielhaft verwirklichten 'festlichen Gelegenheiten' aufzubauen. Die historische Differenzierung und Wechselwirkung von 'Volkskultur' ('popular culture') und 'Elitenkultur' ('elite culture') erwies sich in gleicher Weise als ein wichtiger Interpretationsrahmen, der imstande ist, grundlegende sozio-kulturelle Gegensätze (wie z. B. kirchlich – weltlich, Religion – Magie, schrift-

---

[1] Alltagsgeschichte: Alwin Schultz, Das höfische Leben zur Zeit der Minnesinger I–II. Osnabrück 1965 (1889); ders., Deutsches Leben im 14. und 15. Jahrhundert. Wien–Prag–Leipzig 1892; Otto Borst, Alltagsleben im Mittelalter. Frankfurt am Main 1983; Harry Kühnel (Hrsg.), Alltag im Spätmittelalter. Graz–Wien–Köln 1986; George G. Coulton, Life in the Middle Ages I–IV. Cambridge 1928; Charles-Victor Langlois, La vie en France au moyen âge de la fin du XIIe au milieu du XIVe siècle. Paris 1926–28; Edmond Faral, La vie quotidienne au temps de Saint Louis. Paris 1942; Robert Delort, Le Moyen Age. Historie illustrée de la vie quotidienne. Lausanne 1972; Jacques Le Goff, L'historien et l'homme quotidien. In: ders., Pour un autre Moyen Age. Paris 1977, 335–348. – Mentalität: neben Werken von Marc Bloch, Lucien Febvre, Georges Duby, Emmanuel Le Roy Ladurie vgl. die Zusammenfassung von Jacques Le Goff, Les mentalités: une histoire ambiguë. In: ders. – Pierre Nora (Hrsg.), Faire de l'histoire III. Paris 1974, 76–94. – Sachkultur: Fernand Braudel, Civilisation matérielle, économie et capitalisme, XVe–XVIIIe siècle. Les structures du quotidien: le possible et l'impossible. Paris 1979; Europäische Sachkultur des Mittelalters (Veröffentlichungen des Instituts für mittelalterliche Realienkunde Österreichs 4 = Sb. Ak. Wien, phil.-hist. Kl. 374) Wien 1980; Adelige Sachkultur des Spätmittelalters (Veröffentlichungen des Instituts für mittelalterliche Realienkunde Österreichs 5 = Sb. Ak. Wien, phil.-hist. Kl. 400) Wien 1982; Bäuerliche Sachkultur des Spätmittelalters (Veröffentlichungen des Instituts für mittelalterliche Realienkunde 7 = Sb. Ak. Wien, phil.-hist. Kl. 439) Wien 1984. – Lebensformen: Johan Huizinga, Herbst des Mittelalters. Studien über Lebens- und Geistesformen des 14. und 15. Jahrhunderts in Frankreich und in den Niederlanden. Stuttgart [10]1969; Arno Borst, Lebensformen im Mittelalter. Frankfurt am Main–Berlin 1973.

lich – mündlich, institutionell – gemeinschaftlich, höfisch, städtisch – dörflich) zu interpretieren und auch die bedeutenden Mechanismen der historischen Veränderung (wie z. B. Vulgarisierung, Konflikt, Unterdrückung, Reform) anzudeuten. Ähnliche Verdienste sind der jüngsten Erneuerung einer 'prosopographisch' orientierten 'Geschichte der Elite' einerseits und einer 'Sozialgeschichte von unten' andererseits zuzuschreiben. Die Kategorisierung nach 'Geschlechtern' erwies sich als eine weitere sehr inspirierende binäre Alternative der historischen Analyse, auch bezüglich der hier behandelten Perioden. Der Gegensatz von 'öffentlichen' und 'privaten' Sphären scheint ebenfalls zunehmende Popularität zu gewinnen[2]. Schließlich will ich zu den dualistischen Interpretationssystemen diejenigen rechnen, welche 'Natur' und 'Zivilisation' gegenüberstellen, ob sie nun mit der Geschichte des Körpers, den Lebensbedingungen, den Umweltproblemen, mit der Evolution von Normen bzw. Verhaltensmustern oder den Institutionen zusammenhängen, die eine Dominanz der Zivilisation über die Natur zu sichern versuchen[3].

---

[2] Alltag – Fest: Richard Alewyn – Karl Sälzle, Das große Welttheater. Die Epoche der höfischen Feste in Dokument und Deutung. Hamburg 1959; Jacques Heers, Fêtes, jeux et joutes dans les sociétés d'Occident à la fin du Moyen Age. Paris 1971. – Volkskultur – Elitenkultur: Mikhail Bakhtin, Rabelais and his World, bearb. von H. Iswolsky. Bloomington 1984; Peter Burke, Popular Culture in Early Modern Europe. London 1978; Robert Muchembled, Culture populaire et culture des élites dans la France moderne. Paris 1978; Natalie Z. Davis, Society and Culture in Early Modern France. Stanford 1975. – Prosopographie – Eliten: Neithard Bulst – Jean-Philippe Genet, Medieval Lives and the Historian. Studies in Medieval Prosopography. Kalamazoo/Mich. 1986; Lawrence Stone – Jeanne C. Fawtier Stone, An Open Elite? England 1540–1880. Oxford 1984. – Sozialgeschichte 'von unten': E. P. Thompson, The Making of the English Working Class. London 1963. – Öffentliche und private Sphären: Philippe Ariès – Georges Duby (Hrsg.), A History of Private Life II. Revelations of the Medieval World, bearb. von A. Goldhammer. Cambridge/Mass.–London 1988.

[3] Michel Foucault, Surveiller et punir. La naissance du prison. Paris 1975; ders., Histoire de la sexualité. La volonté de savoir. Paris 1976; Philippe Ariès, L'enfant et la vie familiale sous l'ancien régime. Paris 1960; Carolyne W. Bynum, Holy Feast and Holy Fast. The Religious Significance of Food to Medieval Women. Berkeley 1987; Peter Brown, The Body and Society. Men, Women and Sexual Renunciation in Early Christianity. New York 1989; Keith Thomas, Man and the Natural World. Changing Attitudes in England 1500–1800. Harmondsworth 1984.

Es versteht sich von selbst, daß all diese – teils übereinstimmenden, teils einander ergänzenden – Interpretationsrahmen, mit ihren individuellen Verdiensten und Fehlern, für das Thema der vorliegenden Studie relevant sind. Sie alle können Anhaltspunkte für die Charakterisierung der Beziehung der Elite zum Alltagsleben am Ausgang des Mittelalters bieten, und jeder von ihnen könnte ausgewählt und mit Ergänzungen aus dem Bereich der anderen Methoden integriert werden. Der Ausgangspunkt der vorliegenden Studie, Norbert Elias' Theorie über den "Prozeß der Zivilisation", gehört der zweiten, als dualistisch bezeichneten Gruppe an[4]. Da sich diese Theorie auf Gewohnheiten, Normen, Umgangsformen und Sitten bezieht, die in der frühen Neuzeit die Manifestation des spätmittelalterlichen Alltagslebens – wie Tischzuchten, Kleidung, die Beziehung zu den körperlichen Funktionen, das Verhalten an öffentlichen und privaten Orten – regulierten bzw. modifizierten, ist ihre Bedeutung hinsichtlich des gewählten Themas offensichtlich. Von besonderer Wichtigkeit waren, laut Elias, die in diesem Gebiet verlaufenden Veränderungen, die zu den Ambitionen der mittelalterlichen und frühmodernen Elite (ritterlich, städtisch, intellektuell und höfisch) beigetragen haben, sich selbst zu distinguieren. Der Vorteil der Theorie des Prozesses der Zivilisation besteht darin, daß sie die unleugbare Originalität der spätmittelalterlichen und frühmodernen Weltanschauung – die von Erforschern der Entwicklung der Naturanlagen bzw. von historischen Anthropologen betont wurde – in Betracht zieht, während sie gleichzeitig die möglichen Mittel, Förderer, die geistigen und sozialen Bedingungen sowie die den Unterschied zwischen dem mittelalterlichen Menschen und uns selbst überbrückenden historischen Veränderungen darstellt. Die Umrisse dieser Veränderung (eine zunehmende Selbstdisziplin, eine Unterdrückung der körperlichen Funktionen und die Distanzierung von ihnen, eine sich vertiefende Kluft zwischen Eliten- und Volkskultur, die Vervielfachung von neuen Technologien und Zivilisationsmitteln, welche die Natur in allen Aspekten betreffen, die zunehmende Zahl neuer Institutionen, die fähig sind, die sozialen und geistigen Dispositionen einer Reihe neuer Normen entsprechend zu restrukturieren), wurde seit dieser Zeit auch im Laufe

---

[4] Norbert Elias, Über den Prozeß der Zivilisation. Soziogenetische und psychogenetische Untersuchungen. Bern–München 1969 (1939); ders., Die höfische Gesellschaft. Neuwied–Berlin 1969.

anderer theoretisch wichtiger historischer Forschungen bestätigt und ausführlich beschrieben (Michel Foucault, Philippe Ariès, Fernand Braudel, Peter Burke)[5].

Um zu betonen, wie angebracht es ist, Elias' Interpretationsrahmen im gegenwärtigen Kontext neu zu beleben, muß schließlich folgendes berücksichtigt werden: Seine Analyse umfaßt die frühmoderne höfische Gesellschaft und beschreibt in dieser Hinsicht ein bedeutendes historisches Wirkungsfeld, in welchem das Modell der Zivilisation breite Entfaltungsmöglichkeiten hatte; sie stellt damit auch ein sehr spezifisches historisches Moment in der Beziehung der höfischen Elite zum Alltagsleben dar. Innerhalb des politischen und sozialen Rahmens der sich vergrößernden Adelspaläste bildete sich um das gesamte Alltagsleben ein neuer Bereich feierlicher Repräsentation, der die Grenzen zwischen Alltagsleben und Fest, zwischen privater und öffentlicher Sphäre verwischte. All dies beeinflußte die Regeln der Kommunikation, des Verhaltens und des rituellen Systems. Die sich neu entwickelnden Normen, die durch Bräuche, durch Anstandsschriften, höfische Etiketten, durch zivilisierte Eßgeräte vermittelt wurden, führten nicht nur ein zunehmendes Bewußtsein verfeinerten Alltagslebens in höfisch-aristokratischen Kreisen herbei, sondern initiierten auch neue Mittel, um sich von den anderen Gesellschaftsschichten unterscheiden und die unzivilisierten Anschauungen dieser anderen Schichten in bezug auf deren Alltag kritisieren zu können. So müssen wir in jenem Zeitraum des 15. und 16. Jahrhunderts ein sehr komplexes, konfliktvolles Beziehungsgeflecht untersuchen.

II. Im Rahmen der Erörterung der von Elias beschriebenen historischen Veränderungen möchte ich versuchen, die von ihm gegebene Erklärung über die Intensivierung des Zivilisationsprozesses in der Renaissance neuerlich zu untersuchen. Seine Beobachtungen ba-

---

[5] Zur Rezeption und Analyse von Norbert Elias: Rod Aya, Norbert Elias and the Civilizing Process. In: Theory and Society 5 (1978) 219–228; Peter Gleichmann – Johan Goudsblom – Hermann Korte (Hrsg.), Materialen zu Norbert Elias' Zivilisationstheorie. Frankfurt 1979; Roger Chartier, Norbert Elias, interprète de l'histoire occidentale. In: Le Débat 5 (1980) 138–143; ders., Social Figuration and Habitus. Reading Elias. In: ders., Cultural History. Cambridge 1988, 71–95; Werner Schulte (Hrsg.), Soziologie in der Gesellschaft. Tagungsberichte Nr. 3. Bremen 1981, 764–833. Zu Foucault, Ariès, Braudel und Burke siehe oben.

sieren auf der zunehmenden Zahl und dem verfeinerten Charakter der Anstandsschriften dieser Periode (Erasmus, Castiglione, Dedekind und della Casa). Zweifellos stellen diese Werke in der langdauernden Verhaltensentwicklung einen Wendepunkt dar. Diese Feststellung kann jedoch mit Elias' weitumfassender Darstellung des Zivilisationsprozesses schwer vereinbart werden.

Seine Beschreibung zeigt eine stufenweise, geradlinige Entwicklung vom spätmittelalterlichen Ritterwesen in Richtung verfeinerter hierarchischer Modelle der absolutistischen königlichen Höfe des 17. und 18. Jahrhunderts. Diese These dient dazu, die 'soziale Genese' der absolutistischen Staaten zu erklären, welche die Adeligen ihrer militärischen Funktionen beraubte und sie dazu zwang, neue Arten der sozialen Distinktion anzunehmen, indem sie 'Höflings-Gefangene' der weitgehend separierten absolutistischen Hofhaltung der Herrscher wurden und sich an ihre starren Unterscheidungsprinzipien anpaßten.

In Italien jedoch, im Paradies der Renaissancehöfe, existierten prunkvolle Höfe, die keine Staaten beherrschten. Statt des entwaffneten Adels finden sich dort Soldaten, 'parvenues *condottieri*', die von einem Hof zum anderen schwärmten, zusammen mit Künstlern und Humanisten, welche einen Mäzen suchten und gleichzeitig unter den erniedrigenden Bedingungen des Hoflebens litten. Auch bedeutendere Mitglieder des Bürgertums sind an den italienischen Höfen anwesend[6]. Die Anstandsschriften dieses höfischen Milieus – wie *Il libro del Cortegiano* – stellen kein burgundisches Modell der starren Hierarchie und der strengen gesellschaftlichen Distinktionen dar, im Gegenteil: sie schildern ein freies, spielhaftes und oft überraschendes System. Ein wichtiger Aspekt ihrer kulturellen Neuartigkeit ist eine zunehmende Offenheit gegenüber den unterschiedlichen Elementen der städtischen Volkskultur, wie Tänzen, Komödien, Festzügen, Maskenbällen, Karneval, obszönen Scherzen und sexuellen Ausschweifungen[7].

---

[6] Marzio A. Romani (Hrsg.), Le corti farnesiane di Parma e Piacenza. In: Centro Studi "Europa delle Corti". Roma 1978 (mit wichtigen Studien von A. Tenenti und A. Stegmann); Cesare Vasoli, La cultura delle corti. Bologna 1980; Lauro Martines, Power and Imagination. City-States in Renaissance Italy. New York 1980; Europäische Hofkultur im 16. und 17. Jahrhundert (Wolfenbüttler Arbeiten zur Barockforschung 8) Hamburg 1981.

[7] Adriano Prosperi (Hrsg.), La corte e il cortegiano. Rom 1980; Jacques Heers, Fêtes des fous et carnevals. Paris 1983, 138–139.

Norbert Elias hob hervor, daß die Intensivierung des Zivilisationsprozesses, der grundlegende Manifestationen der menschlichen Natur unterdrückte und sublimierte, gerade in der Renaissance stattfand. Was die italienischen Beispiele angeht, so scheinen sie zu Elias' Feststellung im Gegensatz zu stehen und eher mit Michail Bachtins These vereinbar zu sein, der in der Renaissance das fruchtbarste und intensivste Eindringen des von ihm als 'Volkskultur' bezeichneten Phänomens in die höheren Zivilisationssphären beobachtete[8]. Anscheinend bedarf hier Elias' Theorie einer Korrektur. Ich schlage eine Reihe von Elementen dieser Korrektur vor, indem ich zeitlich einige Schritte zurück mache und die mittelalterlichen christlichen Bestrebungen zur Zivilisierung des Alltagslebens untersuche.

Die im Christentum angenommene negative Wertung der irdischen und körperlichen Freuden[9] führte im Mittelalter zu unterschiedlichen Versuchen, diese Bereiche entsprechend asketischer Prinzipien zu unterdrücken, zu sublimieren und zu zivilisieren. Dieses hauptsächlich in Klöstern und Schulen ausgearbeitete Modell[10] wurde vom Klerus gegenüber unterschiedlichen Gruppen der Laiengesellschaft vertreten, wegen deren Barbarei und Bäuerlichkeit sie sich oft beklagten. Nach der Herausbildung einer höfischen Kultur im 11. und 12. Jahrhundert taten die Priester alles, was in ihren Kräften stand, um zur Zivilisation der ritterlich-weltlichen Kultur beizutragen. Sie dienten als höfische Kleriker, kritisierten und verachteten ihre Umgebung (wie etwa Johannes von Salisbury oder Walter Map). Sie erarbeiteten neue Modelle des höfischen Verhaltens (wie Petrus Alphonsi, Andreas Capellanus oder Fra Bonvicino da Riva)[11]. Sie unternahmen die ersten

---

[8] Bakhtin, Rabelais 15–30.

[9] Aline Rousselle, Porneia. De la maîtrise du corps à la privation sensorielle IIe–IVe siècles de l'ère chrétienne. Paris 1983; Michel Foucault, Histoire de la sexualité 3: Le souci de soi. Paris 1984; Brown, The Body.

[10] Hugo de Sancto Victore, De institutione novitiorum. In: Migne, Patrologiae Cursus Completus, Series Latina 176, coll. 925–952; vgl. Jean-Claude Schmitt, Le geste, la cathédrale et le roi. In: L'Arc 72 (1978) 9–12; Pseudo Boetius, De disciplina scolarium, hrsg. von Olga Wijers. Leiden–Köln 1976; Jean de Garlande, Morale Scolarium, hrsg. von J. L. Paetow. In: Memoirs of the University of California 4 (1927) 2, 185–257; Astrik Gabriel, The Educational Ideas of Vincent of Beauvais. Notre Dame/Ind. 1956.

[11] Alfons Hilka – Werner Sjöderhjelm (Hrsg.), Die "Disciplina clericalis" des

Versuche, die Prinzipien einer christlichen Pädagogik – welche die instinktiven Funktionen der menschlichen Natur bezähmte und regulierte – schriftlich festzulegen. In seinem Werk "De civilitate morum puerilium" folgte Erasmus nicht der Tradition der primitiven ritterlichen Tischzuchten, sondern eher dem im 12. Jahrhundert von Hugo von St. Victor vertretenen neoplatonischen, christlichen und pädagogischen Ideal.

Neben der Übernahme der sich aus den asketischen Prinzipien des mittelalterlichen Christentums entwickelnden Zivilisationsideen entlehnten und erweiterten die Höfe des Spätmittelalters und der Renaissance auch das symbolische Kapital der Kirche für die zeremoniell-liturgische Gestaltung feierlicher Anlässe. Die Säkularisierung unterschiedlicher religiös-kultischer Formen (Heiligenkult, Legenden, künstlerische Darstellungen, Pilgerfahrten, Prozessionen) durch die ritterliche und höfische Kultur im 14. und 15. Jahrhundert ist ein gut dokumentierter historischer Prozeß. Nicht zufällig wurden die traditionellen Experten der kirchlichen Hierarchie, wie z. B. Päpste und Kardinäle, im Italien des 15. Jahrhunderts führende Gestalten der Anpassung dieser Formen für den weltlichen Gebrauch. Paolo Cortesis 1510 erschienenes Werk "De Cardinalatu", das die höfischen Tätigkeiten der *cardinale-senatore* beschreibt, ist der wichtigste Vorläufer von Castigliones "Il libro del Cortegiano", welches dem Papst Julius II. gewidmet war, der angeblich für das Zustandekommen des Buches am meisten beigetragen hatte[12].

In Anbetracht dieser vielfältigen Verpflichtungen der höfischen Zivilisation der Renaissance gegenüber dem mittelalterlichen Christentum kann man die wesenhaften Elemente ihrer Neuartigkeit besser betonen. Parallel zu den oben erwähnten Entwicklungen ist eine gewisse Rehabilitation und auch ein gewis-

Petrus Alphonsi. Heidelberg 1911; für A. Capellanus vgl. John F. Benton, The Court of Champagne as a Literary Center. In: Speculum 34 (1961) 551–591; Arno Schirokauer – Thomas Perry Thornton (Hrsg.), Höfische Tischzuchten. Berlin 1957; C. Stephen Jaeger, The Origins of Courtliness – Civilizing Trends and the Formation of Courtly Ideals 939–1210. Philadelphia 1985.

12 Säkularisierung: Jakob Burckhardt, Die Kultur der Renaissance in Italien. Leipzig [14]1925; Huizinga, Herbst; Sidney Anglo, Spectacle, Pageantry and Early Tudor Policy. Oxford 1969; zu Cortesi vgl. Adriano Prosperi, Libri sulla corte ed esperienze curiali nel primo 500 italiano. In: ders., La corte 82–83.

ser Kult früher verachteter Dinge oder Erscheinungen wahrzunehmen. Mit einem sich vermindernden Gefühl der Sündhaftigkeit des Körpers, der Sexualität und der Nacktheit, mit einem zunehmenden Kult der Natur und der Natürlichkeit sowie mit einer wonnigen Verschleierung der irdischen Freuden und feierlichen Erscheinungen der Volkskultur wandten sich die Höfe, die Humanisten und Künstler der Renaissance eben denjenigen Gebieten zu, die früher als drohende, feindliche Umgebung betrachtet worden waren und welche die Zivilisation besiegen sollte[13].

Sobald jedoch diese Sphären in die höfische Kultur einbezogen worden waren, wurden es Bereiche, die Freude bereiteten, und mußte sich die zähmende, regulierende und zivilisierende Aktivität auch auf die sich solcherart offenbarenden Phänomene erweitern. Es seien hierzu einige Beispiele angeführt: Während an den Renaissancedarstellungen des nackten, sogar erotischen Körpers einerseits die Überschreitung früherer Tabus offensichtlich zu erkennen ist, wurde andererseits – wie es Bachtin scharfsinnig beobachtete[14] – ein neuer Kanon entwickelt, laut dem die Obszönität des grotesken Körpers unterdrückt und hinter der Fassade der athletischen Schönheit verborgen werden mußte. Dieser neue Kanon bewirkte normative Distinktionen (alt und jung, hoch und niedrig – wie es im "Cortegiano" zu lesen ist) sowie Bestrebungen, der Norm zu entsprechen, etwa mit Hilfe von 'kosmetischen Eingriffen'.

Vom neuen Ideal der Natur, vom Gartenkult der Renaissance – der ein bezähmter Abschnitt der Natur ist – führt der Weg in 150 Jahren zu den Projekten von Le Nôtre, die laut Saint-Simon "die Natur mit Hilfe des Geldes und der Kunst unterjochten und unterwarfen"[15]. Man sammelte leidenschaftlich Tiere, die im fürstlichen *serraglio* untergebracht und von Spezialisten gezähmt wurden. In den unterschiedlichen utopischen Werken von Thomas Morus können die naturumgestaltenden Bestrebungen der Renaissance wahrgenommen werden. Schließlich bestätigt "Il libro del Cortegiano", daß nicht die Natürlichkeit ausschlaggebend ist, sondern das, was natürlich zu sein scheint, mit je-

---

[13] Peter Stallybrass – Allon White, The Politics and Poetics of Transgression. London 1986.

[14] Bakhtin, Rabelais 319–322.

[15] Elias, Höfische Gesellschaft 338.

ner berühmten *sprezzatura* (die eine der Tugenden ist, die der Höfling am meisten üben sollte)[16]. Und bezüglich der wahrhaften Natur läßt Castiglione nur soviel Zweifel wie einige Jahrzehnte später Giovanni della Casa: sie soll durch die Macht der Vernunft und der Gewohnheiten bezähmt werden – die menschlichen Manieren sollen veredelt werden, wie die verfeinerten Pflanzen oder die gezähmten Wildtiere. Die Pastoralnostalgie erscheint in der Renaissancedichtung des 16. Jahrhunderts (Ronsard, du Bellay). Sie wird aber nicht durch den Kult der Natur, eher durch den wiederholt verlorenen Kontakt zur Natur herbeigeführt[17].

Das dritte Beispiel bezieht sich auf die Volkskultur, die Peter Burke als eine verbale, rituale und symbolische Kultur definiert hat, der jeder angehört[18]. Noch einmal muß betont werden, wie sehr die höfische Gesellschaft den feierlichen Aspekten des städtischen und bäuerlichen Lebens des Spätmittelalters und der Renaissance verpflichtet ist. Maskenbälle, Tänze, unterschiedliche Spiele, spöttisch-satirische Rituale, grobe Scherze, unverschämte Narreteien, große Karnevale, wo sich Fürsten, Höflinge, Bürger und Bauern gemeinsam unterhielten (die Medici zeigten z. B. eine spezifische Neigung, Karnevale zu unterstützen) – all dies gehörte nicht nur dem höfischen Leben der Renaissance an, sondern bildete gleichzeitig eine der hauptsächlichen kulturellen Traditionen, worauf es basierte[19]. Offenbar wollten sich aber die Höflinge auch auf diesem Gebiet unterscheiden. Castigliones Gespräche sind voll Besorgnis: Welche Figuren sollte ein Höfling in öffentlichen Tänzen vermeiden? Unter welchen Bedingungen kann er es wagen, an Wettkämpfen, Spielen oder Kämpfen gegen Leute von niedrigem gesellschaftlichen Status teilzunehmen? – Obwohl die höfische Kultur in der Mündlichkeit genauso tief verwurzelt war wie die Volkskultur selbst, so versuchten sich die Höflinge in diesem Be-

---

[16] George M. Logan, The Meaning of More's Utopia. Princeton 1983, 148 ff.; Castiglione beschreibt die Bedingungen von *sprezzatura* im ersten Buch von "Il Cortegiano"; vgl. Erich Loos, Baldassare Castigliones "Libro del Cortegiano". Studien zur Tugendauffassung des Cinquecento (Analecta Romanica 2) Frankfurt am Main 1955.

[17] Elias, Höfische Gesellschaft 340–341, 384 ff.

[18] Burke, Popular Culture 23–64.

[19] André Chastel (Hrsg.), Laurent de Médicis – Ambre, l'altercation et les chansons de Carnaval. Lettre à Frédéric d'Aragon. Paris 1946; Heers, Fêtes de fous 133–140; Burke, Popular Culture 23–27.

reich zu unterscheiden: neben den ausführlichen Ratschlägen von Castiglione und della Casa konnten sie das dritte, sehr populäre Handbuch der Zeit, "La civil conversazione" von Stephano Guazzo[20], verwenden. Damit verwandelte sich die anfängliche Offenheit in der zweiten Hälfte des 16. Jahrhunderts in eine zunehmende Tendenz zur aristokratischen Isolierung. Die höfische Zivilisation hat bis zu dieser Zeit ihren Elitekanon im Bereich von Sprachlichkeit und Konversationsgattungen zustande gebracht. Die populären Tänze erhielten eine geometrisch ausgearbeitete Choreographie[21], und es blieb immer weniger Raum für Spontaneität und Teilnahme der Volksschichten an den Festen der Höfe.

Diese Tendenz wurde nicht nur durch den zunehmenden Aristokratismus der höfischen Gesellschaft herbeigeführt. Infolge der steigenden Größe und der politischen Bedeutung der Höfe wurde es immer schwerer, ihren Lebensrhythmus den ritualen Zyklen und den periodischen feierlichen Anlässen der Volkskultur anzupassen. Um einen späteren Beobachter zu zitieren: "Die Höflinge veränderten die Ordnung der Natur, sie machten Nacht aus Tag und Tag aus Nacht. Während andere schliefen, standen sie auf und unterhielten sich und während andere wach sind und arbeiten, ihren Pflichten entsprechend, schlafen sie, um ihre in den Ausschweifungen verlorene Energie wieder zu erwerben"[22]. Sie lebten in einer ständig feiernden Gesellschaft, die durch ihre eigene Mikrowelt herbeigeführte spezielle Höhepunkte hatte: Ankunft von Botschaftern, fürstliche Besuche, Hochzeiten, Begräbnisse. In der langfristigen Entwicklung wurden die täglichen Ereignisse im Lebens des Fürsten (Aufstehen, Spaziergänge, Mahlzeiten, Spiele, Jagd) zu starken Regulatoren der höfischen zeremoniellen Strukturen.

So forderte die innere Logik des höfischen Lebens dasselbe wie die Mentalität der Höflinge: man zog sich von den Szenen der Volkskultur zurück und behielt von ihren Elementen bloß diejenigen bei, die sich umgestalten, zivilisieren und an seine spezifischen Bedürfnisse anpassen ließen[23].

---

[20] Brescia, Sabbio 1574. Vgl. Amedeo Quondam, La forma del vivere. Schede per l'analisi del discorso cortegiano. In: Prosperi, Il corte 58–63.

[21] Rudolf zur Lippe, Vom Leib zum Körper. Naturbeherrschung am Menschen in der Renaissance. Hamburg 1988 (1974).

[22] Alewyn – Sälzle, Welttheater 31.

[23] Bakhtin, Rabelais 100–116; Burke, Popular Culture 270–280.

All diese Prozesse sind allerdings ein Ergebnis zahlreicher Konflikte, unter welchen im 15. und 16. Jahrhundert eine Reihe von Tendenzen zu beobachten waren. Im Schatten der sich herausbildenden weltlichen Macht des Prinzen wurde das Übertreten der mittelalterlichen Werte oft bis zum Extrem getrieben. Was die Moral der Höflinge anbelangt, schlägt neben Machiavelli auch Castiglione Scheinheiligkeit und List vor – die Amoral ist notwendige Folge der Kämpfe um fürstliche Gnade, der Machtspiele, der Intrigen des höfischen Lebens. Damit gehen lockere Sitten einher, von den sakrilegischen Orgien der Borgia zur verfeinerten Erotik der höfischen Gesellschaft in Fontainebleau. Die höfischen Gelehrten schrecken sogar vor okkulten Experimenten und astrologischen Spekulationen nicht zurück, in zunehmender Zahl erscheinen hermetische und magische Traktate[24]. Besonderen Genuß bereitet das Exotische: Am Anfang des 16. Jahrhunderts 'sammelte' Kardinal Ippolito Medici (Bastard von Giuliano, Prinz von Nemours) eine Reihe von Barbaren (arabische Ritter, mongolische Bogenschützen, schwarze Ringkämpfer, indische Taucher, türkische Jäger) und genoß die babylonische Verwirrung der vielen gesprochenen Sprachen[25]. Auch der erwähnte Kult der körperlichen Freuden, der Nacktheit oder der Karnevale konnte dieselben Neigungen zur Transgression und zum Exotischen, die in der höfischen Gesellschaft mit provokanter Stärke vertreten waren, befriedigen.

Die Absicht der Regulierung erreichte die Renaissancehöfe von außen, von den humanistischen Intellektuellen, die ihre frivole Umgebung mit Verachtung betrachteten und sich von den Höfen hinwegsehnten. Die Mehrheit der humanistischen Anstandsschriften (von Pier Paolo Vergerio, Aeneas Silvius Piccolomini zu Erasmus oder Guevara) wurden mit dem ausgesprochenen Ziel geschrieben, den jungen Fürsten zu einem besseren Verhalten im Leben zu erziehen und den schadhaften Einfluß der höfischen Umgebung zu kompensieren[26]. Der Begriff *civilitas* (der von der

---

[24] Frances Yates, Giordano Bruno and the Hermetic Tradition. London 1964; ders., The Rosicrucian Enlightenment. London 1972; R. J. W. Evans, Rudolf II. and his World. Oxford 1973.

[25] Burckhardt, Kultur 273.

[26] Aloys Böhmer, Anstand und Etikette in den Theorien der Humanisten. In: Neue Jahrbücher für das klassische Altertum 14 (1904) 223–242, 249–285, 330–355, 361–390; Pauline M. Smith, The Anti-Courtier Trend in Sixteenth

Antike vererbt wurde) ist mit dem feinen Benehmen keinesfalls gleichbedeutend[27]. Er ist eher mit der langen Tradition der Hofkritik verwandt. In einer an die Medici gerichteten Rede stellte 1516 der Florentiner Humanist Lodovico Allamanni *habito civile* und *costumi cortesani* einander scharf gegenüber[28]. Diese humanistische Tendenz der Hofkritik wurde unterschiedlich aufgenommen. Im 15. Jahrhundert beeinflußte sie kaum die wirklich höfischen Manieren. Castiglione und seine Nachfolger waren die ersten, die die platonischen und stoischen Ideale mit den Realitäten des Hoflebens in Übereinstimmung zu bringen versuchten, mit der Milderung der Übertreibungen und mit dem Vorschlag eines 'goldenen Mittelweges'. Was am besten von den humanistischen Kritikern adaptiert werden konnte, war nicht der artistisch-philosophische Inhalt, sondern die formellen Bedingungen eines zivilisierten alltäglichen Verhaltens – im Werk "Galateo" von Giovanni della Casa kann man kein einziges Wort über Moral oder klassische Kultur finden.

Sogar für die Annahme einiger praktischer Aspekte der humanistischen Ideale war eine zweite, radikalere Version der Hofkritik notwendig, die Kritik der protestantischen oder post-tridentinischen katholischen Prediger. Deutsche Nachfolger und Übersetzer von Erasmus, oder leidenschaftliche protestantische Moralprediger (wie Sebastian Brandt, Geiler von Kaisersberg usw.) bezweifelten die Superiorität des Hofmanns genauso harsch wie Antonio de Guevara und Lodovico Vives, katholische Moralprediger des spanischen Hofes[29]. Höfische Zivilisation schloß denselben Kompromiß mit beiden religiösen Empfindlichkeiten: Sie gab die provokativen und spektakulären Transgressionen auf und strukturierte das höfische Verhalten um, natürlich nicht genau den asketisch-christlichen Prinzipien entsprechend, aber zumindest gemäß den Regeln des zivilisierten Selbstzwanges und der Disziplin.

In meiner ersten Argumentation wollte ich damit folgendes

Century French Literature. Genf 1966; Claus Uhlig, Hofkritik im England des Mittelalters und der Renaissance. Berlin–New York 1973.

27 Philippe Ariès, L'enfant, analysiert die Unterschiede zwischen "civilité"- und "courtoisie"-Literatur; vgl. Elias, Zivilisation 91, 140.

28 Prosperi, Il corte 83–84.

29 Antonio de Guevara, Menosprezio de Corte y alabanza de aldea. Valladoid 1539; vgl. Quondam, La forma 63–86; Peter Burke, The Courtier Abroad, or the Uses of Italy, Ms.

erörtern: Die Intensivierung des Prozesses der Zivilisation während der Renaissance hatte eine Doppelwirkung: einerseits eine normverletzende Abweichung vom Weg, den die Entwicklung der mittelalterlich-christlichen oder der burgundisch-ritterlichen Gesellschaft einschlagen wollte, und andererseits eine Gegenreaktion, mit Hilfe derer die westliche Zivilisation dieses breitere Feld des Alltagslebens angliederte und disziplinierte.

III. Der zweite Aspekt, den ich hinsichtlich der spätmittelalterlichen und der frühneuzeitlichen Phase des Zivilisationsprozesses erörtern möchte, ist die geographische Verbreitung dieses zunehmend neuen Modells in Europa. Seit ihrem Entstehen dienten die Ideale und die Alltagsgewohnheiten der Zivilisation nicht nur der sozialen Distinktion des höfischen Milieus, sondern ebenso den kulturellen Distinktionen der unterschiedlichen Nationen. Während der italienischen Feldzüge von König Karl VIII. von Frankreich wurden die zukünftigen Träger der Zivilisation von den italienischen Fürsten wegen ihres schlampigen Äußeren und der "Unordnung" im französichen Hof als barbarisch betrachtet. (Dasselbe Bild über die unzivilisierten, obszön sprechenden und stinkenden, Käse essenden Franzosen wird in Castigliones Beschreibung aufgezeigt.) In der, in den "Colloquia" des Erasmus gegebenen Gasthaus-Typologie werden die unzivilisierten Gewohnheiten der Deutschen bedauert[30].

Um solch einen ungünstigen Ruf zu vermeiden, versuchten einige Höfe, die neuen Ideale schnell und erfolgreich zu übertreffen. König Matthias' humanistischer Hof versuchte in Ungarn, mit den zeitgenössischen italienischen Höfen in Vornehmheit und intellektuellem Prestige zu rivalisieren, und die ungarischen Humanisten träumten davon, die Musen in die bisher nicht kultivierten Gebiete Pannoniens zu locken[31]. Ein italienischer Beobachter in England kommentierte die höfischen Feste von König Heinrich VIII. folgendermaßen: "All der Reichtum und die Zivilisation der Welt sind hier zu finden und diejenigen, die die Engländer Barbaren

[30] Italienische Anschauungen von unzüchtigen Franzosen sind oftmals in Castigliones "Cortegiano" erwähnt. Vgl. Martines, Power 234; über die Wirtshaus-Typologie von Erasmus vgl. Elias, Zivilisation 91–92.

[31] Dezső Csánki, I. Mátyás udvara [Der Hof von Matthias I.]. Századok 1883; Matthias Corvinus und die Renaissance in Ungarn 1458–1541. Ausstellungskatalog Schallaburg. Wien 1982.

nennen, bezeichnen sich meiner Ansicht nach selbst als solche. Ich habe elegante Verhaltensweisen, extremes decorum und sehr große Höflichkeit beobachtet"[32].

An anderen Orten bedeutete Übernahme eine geringe Veränderung in Stil und Inhalt. Elias analysierte kurz, wie sich die höfischen Regeln des zivilisierten Verhaltens in Deutschland in eine Art allumfassendes moralisches Programm umgestalteten, das auch von Intellektuellen, Predigern, Lehrern und Bürgern verkörpert wurde, die seine Übernahme betrieben, um den zu jener Zeit üblichen schlechten Ruf der deutschen Nation zu beseitigen[33].

Aber all diese Nachahmung war bei weitem nicht allgemein evident. Widerstand und Ablehnung waren in der Kultur des Zeitalters genauso selbstverständlich. Es kann beobachtet werden, daß demonstrative Darstellungen der Transgression zivilisierter Normen in der Renaissance – die sowohl durch aktuelle Gewohnheiten vertreten als auch in satirischen oder bewußt übertriebenen und ungebundenen literarischen Formen ausgedrückt wurden – eher von denjenigen Ländern und Höfen stammten, die noch unschlüssig waren, ob sie die neuen italienisch-spanischen Stiltendenzen übernehmen sollten. Die Tätigkeit und das Verhalten von François Rabelais und seine Beziehungen zum Hof von Franz I. – der gegen Kaiser Karl V., dem Hauptrepräsentanten der spanisch-höfischen Zivilisation, Krieg führte – kann in dieser Hinsicht ein gutes Beispiel bilden[34].

Ähnlich war der Fall bei der deutschen grobianischen Literatur. Diese auf Vorbilder des 14. Jahrhunderts (z. B. "Der deutsche Cato") zurückgreifende Gattung setzte sich ausdrücklich zum Ziel, den Leser mit Hilfe von "Lob und Torheit" und durch übertriebene Beispiele des unzivilisierten Verhaltens zu bestürzen. Die wuchernden Serien von Fastnachtspielen, der grobianischen Tischzuchten, der Mahnungen zur Saufbruderschaft, der "Schelmenzunftordnungen", der Schlaraffenland-Beschreibungen begannen 1492 mit Köbels Version, die durch Sebastian Brandt, Hans Sachs und andere kontinuierlich verbessert wurden, um 1549 von einem

---

32 Zitiert in Anglo, Spectacle 123.

33 Elias, Zivilisation 90–96.

34 Bakhtin, Rabelais 437–454; Richard M. Berrong, Rabelais and Bakhtin. Popular Culture in Gargantua and Pantagruel. Lincoln–London 1986.

Wittenberger Gelehrten, Friedrich Dedekind, synthetisiert zu werden. Das Werk von Dedekind wurde von Caspar Scheidt, dem Lehrer von Fischart, dem deutschen Übersetzer von Rabelais, unmittelbar ins Deutsche übersetzt und ergänzt und hatte in den folgenden hundert Jahren noch drei weitere deutsche Übersetzer und Fortsetzer[35]. Wie können wir all diese Begeisterung für die pantagruelischen Schilderungen der lustigen und aggressiven Barbarei interpretieren, die nicht nur die Regeln der zivilisierten Sitten der körperlichen Gewohnheiten, der Reinheit, des Essens, des Trinkens und des öffentlichen Verhaltens übertreten, sondern dies auch geistreich und empörend begründen?

Die Aufrichtigkeit der von den Schriftstellern formulierten Ziele der moralisch-pädagogischen Erziehung braucht nicht bezweifelt zu werden. Eine gewisse Faszination an der Darstellung der Barbarei kann jedoch nicht ausgeschlossen werden, ganz zu schweigen vom breiten Publikum dieser populären Gattung – das teilweise wahrscheinlich auch Anhänger des grobianischen Benehmens war.

Das Bild der populären grobianischen Literatur in Deutschland kann durch Dedekinds Übersetzungen auf interessante Weise ergänzt werden. Während diese ausgezeichnete Satire die italienischen, spanischen oder französischen Schriftsteller nicht dazu inspiriert hat, sie zu übersetzen oder neu zu bearbeiten, wurde sie an zwei entgegengesetzten Polen Europas übersetzt: 1592 von Mátyás Csáktornyai [einem lutherischen Lehrer in Marosvásárhely (Tirgu Mures), Siebenbürgen] ins Ungarische und 1605 unter dem Titel "The Schoole of Slovenrie or Cato turnd wrong side outward"[36] ins Englische. Die Popularität des Werkes in England wird darüber hinaus durch den Umstand bestätigt, daß es auch Swift beeinflußte und weiter bearbeitet wurde von Thomas Dek-

[35] Arno Schirokauer – Thomas Perry Thornton (Hrsg.), Grobianische Tischzuchten. Berlin 1957; Friedrich Dedekind, Grobianus. De morum simplicitate (1549); Caspar Scheidt, Grobianus. Von groben Sitten und unhöflichen Gebärden. Darmstadt 1979; Adolf Hauffen, Caspar Scheidt, der Lehrer Fischarts. Studien zur Geschichte der Grobianischen Litteratur in Deutschland. Straßburg 1889; Böhmer, Anstand 260–285.

[36] Die Übersetzung von Csáktornyai, Grobian verseinec magyar enekbe valo forditasa. Clausumburgi 1592; Ernst Rühl, Grobianus in England (Palaestra 38) Berlin 1904, 2–165.

ker (1609) und in einem Oxforder Universitätsdrama, das unter dem Titel "Grobiana's nuptials"[37] erschien.

Diese Art der beifälligen Verstärkung des Bildes der monströsen, unzivilisierten Barbaren kann sowohl als eine Art von kultureller Legitimierung wie auch als eine verachtenswerte Satire betrachtet werden, um zu beweisen, daß ein beachtlicher Teil der Elite des Spätmittelalters und der Renaissance diese Unsitte der Übernahme der neuen zivilisierten Verhaltensweisen bevorzugte.

In dieser Hinsicht kann es sehr lehrreich sein, das Schicksal der zivilisierten Verhaltensweisen und des Alltagslebens in Ungarn und einige Parallelen aus anderen Königreichen Mitteleuropas zu untersuchen. Vom 13. Jahrhundert an wurde Ungarn durch die ritterlich-kulturellen Modelle des Westens intensiv beeinflußt. An den Höfen der Könige Béla III., Imre und Andreas II. kamen mit dem Geleit der ausländischen Königinnen unterschiedliche Gruppen von westlichen Rittern und Künstlern in das Land (so z. B. Peire Vidal und Gaucelm Faidit). Andreas II. war einer der Organisatoren des fünften Kreuzzuges (1217), und auch im Bereich des Lebensstiles scheint er ein Bahnbrecher der westlichen höflichen Manieren gewesen zu sein: In seiner Umgebung führte er die modischen Gewohnheiten des Rasierens ein, und ein Dokument hat sein Lob eines seiner Ritter "wegen der Eleganz seines Benehmens"[38] bewahrt. Nach diesen frühen Einwirkungen und nach der Herausbildung einer ritterartigen Klasse im 13. und 14. Jahrhundert war das 14. und 15. Jahrhundert die bedeutendste Periode der ritterlich-höfischen Kultur Ungarns, die Zeit der Herrschaft der Anjou-Könige und Sigismunds von Luxemburg. Zwei Ritterorden (St. Georg-Orden und Drachenorden), zahlreiche neue Schlösser, das Zunehmen des ritterlichen Kultes der Heiligen Ladislaus und Georg und viele andere Merkmale bezeugen diese späte Blütezeit[39].

---

[37] Rühl, Grobianus 161–192.

[38] *Propter laudabilem morum ipsius elegantiam*, zit. in Agnes Kurcz, Lovagi kultúra Magyarországon a 13–14. században [Höfische Kultur in Ungarn im 13. und 14. Jahrhundert]. Budapest 1988, 194; vgl. James R. Sweeney, Hungary in the Crusades, 1169–1218. In: International History Review 3 (1981) 467–481.

[39] Dezső Dercsényi, Nagy Lajos és kora [Das Zeitalter von Ludwig des Grossen]. Budapest 1942; Erik Fügedi, Castle and Society in Medieval Hungary (1000–1437). Budapest 1986, 50–145.

Die höfisch-aristokratischen Kreise hatten aber zu diesen eingeführten Idealen eine eigenartige, doppeldeutige Beziehung. Die Gattin von Andreas II., Gertrud von Meran, wurde 1217 ermordet, während der König an einem Kreuzzug teilnahm – und ihre deutschen Verwandten und ihr Geleit wurden verjagt. Den ersten tiefgreifenden Versuchen, die gesellschaftspolitischen Strukturen nach 1241 durch unterschiedliche königliche Reformen (von Béla IV. und Stephan V.) dem westlichen Modell anzupassen, folgte die Wiedergeburt der Faszination des Orientalischen während der Herrschaft von König Ladislaus IV. (dem Kumanen), der die höfischen Manieren verachtete und lieber mit seinen kumanischen Soldaten und Konkubinen zusammenlebte. Die Klagen des ungarischen Klerus und des päpstlichen Nuntius nicht beachtend, garantierte er 1279 gesetzlich die Rechte der Kumanen, auf ihren traditionellen spitzen Hauben, ihrer mongolischen Kleidung und ihrer Haartracht[40] zu beharren. Diese blieben auf dem Lande mehr als hundert Jahre lang in Mode und rivalisierten mit der Anziehungskraft der westlichen ritterlichen Mode. Für die ersten Jahrzehnten des 14. Jahrhunderts erschließen einige Dokumente eine Art von Ausstrahlung dieser stilistischen Merkmale auf ganzen Mitteleuropa: Der Anonymus Leobiensis (1310) bedauert die Verbreitung der gleichen Bekleidung in der Steiermark und den deutschen Regionen und die Praxis, daß die Leute einen Zopf trugen "wie Ungarn oder Juden"[41]. 1330 beklagt sich Peter von Zittau über die "seltsamen Neuartigkeiten in Kleidung, Lebensweise und Moral" in Böhmen und den umgebenden Regionen, die sich unter anderem darin äußerten, daß die Leute ihren Bart oder Schnurrbart *more barbarorum* lang wachsen ließen[42]. Diese 'barbarische' Auferstehung, die eine Gegenreaktion auf den zunehmenden Einfluß der westlichen Kultur bildete, veranschaulicht die unsichere Lage der fremden Modelle in diesen Regionen. Während die kulturelle Wirkung des ritterlichen Verhaltens und Lebensstils im Laufe der folgenden Jahrhunderte gering blieb, traten immer wieder ähnlich plötzliche Gegenreaktionen auf, wenn

40 Géza Nagy, A magyar viseletek története [Geschichte der ungarischen Trachten]. Budapest 1900, 100–109; Károly Szabó, Kun László. Budapest 1886.

41 *... ut Judei vel Ungari comam dividebant.* In: Script. Rer. Aust. I, 947.

42 *... more barbarorum barbas longas nutriunt ...*: Peter von Zittau, Chronicon Aulae Regiae. In: Fontes Rerum Bohemicarum IV, 404.

man den fremden kulturell-politischen Einfluß an den königlichen Höfen zu aggressiv empfand. Diese Situation wurde in Ungarn nach der Niederlage bei Mohács (1526), als nämlich das Land nach dem Sturz des nationalen Königtums dreigeteilt wurde, noch komplizierter. Ein Drittel wurde von den Türken besetzt, ein anderer Teil (der nordwestliche) ging in den Besitz der Habsburger über und die östlichen Territorien wurden im Siebenbürgischen Fürstentum vereinigt. Was das Problem für das Alltagsleben des Adels anbelangt, mußte er sich vor den orientalisch-türkischen Einflüssen hüten, aber auch die 'absolutistischen' höfischen Modelle vom westlichen Typus mit ähnlicher Vorsicht behandeln. Viele Adelshöfe, wie auch der Fürstenhof von Siebenbürgen, versuchten eher, auf der italienischen Orientierung des Zeitalters von Matthias zu beharren, aber auch dies führte unterschiedliche Konflikte herbei.

Eine Kritik des Fürsten Sigismund Báthory aus der zeitgenössischen Chronik von István Szamosközi am Ende des 16. Jahrhunderts sei als ein hervorragendes Beispiel angeführt: "Dieses italienische Gesindel verdarb seine Seele durch niederträchtige Schmeichelei ... Sie kamen aus unbestimmten Teilen Italiens in einem elenden, schäbigen und schmutzigen Zustand an. Aber als sie sich ihren Landsleuten anschlossen und mit ihrer Hilfe an Sigismund herankamen ..., veränderten sie sich, sie prahlten in seidenen Kleidern, mit vollem Beutel, sie warfen all den Schmutz der Entbehrung weg wie die Schlangen bei der Häutung im Frühling ... . Ihre schmeichelnden Worte, ihre heuchlerische Liebenswürdigkeit entwaffnete den Fürsten so sehr, daß all seine Gefühle, all seine Innenwelt angesteckt und er durch die Ausschließung jedes Anstandes gleich zur Jagd des Vergnügens angespornt wurde ... Er lud Sänger, Harfen- und Flötenspieler sowie andere Halbnarren ein, er stellte weiters Gemüse- und Blumenhändler, Köche, Bäcker, Wurstfüller, Käsemacher an, die in italienischem Stil prahlten, dann kamen die Schauspieler, Clowns, Hofnarren, Tänzer, Schneider, Ballspieler und andere Experten der gottlosen Eitelkeiten ... Auch Magier und Zauberer fehlten nicht ... . Sie lobten andauernd die Schönheiten der italienischen Städte, die Großartigkeit der dortigen Fürsten, die Würde der Kardinäle ..., während sie die Gebräuche der Ungarn, die zu keiner freundlichen Unterhaltung fähig wären und jeder lockenden Schönheit entbehrten, in Anwesenheit des Fürsten bemängelten. Sie stellten ihre Ungezwungenheit und Verfeinerung der vermeintlichen Grobheit und Rohheit der Ungarn gegenüber. Sie bewegten ihn [den Fürsten], diese Barbarei mit den italienischen Gewohnheiten zu vertauschen ...". Szamosközi beschreibt ausführlich die 'lächerliche' italienische Kleidung, die Sigismund unter dem Einfluß seiner Höflinge akzeptierte[43]. In England war zu dieser Zeit folgendes Sprichwort gebräuchlich: *Inglese italianato e diavolo incarnato*[44], und ähnliche waren in Frankreich und Deutschland zu hören. Wie die angeführten Zitate bezeugen, waren damit übereinstimmende Meinungen auch in Ungarn geläufig.

Ein besonderes Beispiel zeigt sehr anschaulich, in welchem Maße diese nationalen Feindseligkeiten, die mit kulturellen Konflikten einhergingen und durch unterschiedliche Gewohnheiten und Kleidung ausgedrückt wurden, die Denkweise der Zeitgenossen beeinflußten. Im 17. Jahrhundert vermerken die Aussagen und gerichtlichen Konfessionen ungarischer 'Hexen' und 'Zeugen' über die angeblich an der österreichisch-ungarischen Grenze abgehaltenen 'Hexensabbate', daß der Teufel "deutsche Kleidung" getragen habe, während die deutsche Bevölkerung, nicht verwunderlich, den Teufel als *more ungarico* gekleidet beschrieb[45]. Unter diesen Bedingungen war ein Zivilisationsideal des 'teuflischen' westlichen Gewaltherrschers, das seitens der höfischen Elite auftrat, mehr oder weniger zum Sturz bestimmt.

IV. Ich möchte nun versuchen, diese Situation bezogen auf das Alltagsleben des ungarischen Adels im 15. und 16. Jahrhundert zu verifizieren. Es stellt sich dabei die Frage, in welchem Maße er die neuen höfischen Verhaltensweisen, die auf die oben beschriebene Art angekommen waren, akzeptierte.

Während sie das Niveau der italienischen oder deutschen Höfe in vielen anderen Gebieten der kulturell-intellektuell-politischen

---

[43] István Szamosközi, Történeti maradványai [Geschichtliche Fragmente], hrsg. von Sándor Szilágyi. Budapest 1876, II, 11–16; vgl. Tibor Klaniczay, Gli antagonismi tra Corte e società in Europa centrale: la Corte transilvanica alla fine del XVI secolo. In: Cheiron 1 (1983) 31–58.

[44] Peter Burke, The Courtier.

[45] Eine Liste dieser Quellen habe ich zusammengestellt in: Hungary: The Accusations and the Popular Universe of Magic. In: Bengt Ankerloo – Gustav Henningsen (Hrsg.), Early Modern European Witchcraft: Centres and Peripheries. Oxford 1989, 252, Anm. 112.

Repräsentation zu erhalten versuchten, waren die königlichen Höfe des Matthias und der beiden Jagiellonen, Wladislaus und Ludwig II., im Gegensatz dazu geneigt, in ihrem Alltagsleben und in ihren Manieren dieses neue Ideal abzulehnen. Als König Ferdinand von Aragon Pferdetrainer zu König Matthias schicken wollte, antwortete dieser in einem etwas beleidigten Ton: "Wir wünschten nie Pferde, die mit krummen Beinen in spanischer Art herumspringen, da wir sie zu nichts Ernsthaftem anwenden können, nicht einmal zum Spielen. Wir brauchen keine Pferde, die sich mit nach innen beugenden Fußknöcheln recken, die Pferde, die wir wünschen, müssen fest und kräftig auf ihren Füßen stehen"[46]. Galeotto Marzio berichtet über König Matthias, daß er es ablehnte, die ihm vom Fürsten von Ferrara geschenkten Gabeln zu benutzen und weiterhin mit seinen Fingern aß. Selbst fünfzig Jahre später, am königlichen Hof von Ludwig II., wurden keine Gabeln benutzt[47]. Ihre Zahl stieg in den adeligen Mitgiften erst nach 1530 an – Péter Apor, der siebenbürgische Schriftsteller des frühen 18. Jahrhunderts, erwähnt sie jedoch immer noch als eine rezente fremde Neuerung. Gebratene Tiere wurden bis zum 18. Jahrhundert in einem Stück serviert und auf der Tafel zerlegt (Elias beschreibt die westlichen Veränderungen, wo seit dem 17. Jahrhundert die Tiere schon zerlegt serviert wurden), und bis zu dieser Zeit wird auch oft erwähnt, daß bei Tisch nur einige Löffel am Hauptende lagen und denjenigen überreicht wurden, die sie brauchten[48].

Die etwas ungeschliffenen Eßgewohnheiten bedeuten keinen Mangel an verfeinerter Kochkunst. Die Zahl der Zubereitungsarten des Essens ist für uns unvorstellbar. In einer wohlhabenden

---

[46] Vilmos Fraknói (Hrsg.), Mátyás király levelei [Die Briefe von König Matthias]. Budapest 1893–95, II, 229.

[47] Galeottus Martius Narniensis: De egregie, sapienter, iocose dictis ac factis regis Mathiae, ad ducem Iohannem filium liber, hrsg. von Ladislaus Juhász. Leipzig 1934, 17–18; József Fógel, II. Ulászló udvartartása [Die Hofordnung von Wladislaus II.]. Budapest 1913; ders., II. Lajos udvartartása [Die Hofordnung von Ludwig II.]. Budapest 1917.

[48] Zur Benützung von Gabeln: Béla Radvánszky, Magyar családélet és háztartás a XVI. és XVII. században [Familienleben und Haushalt im Ungarn des 16. und 17. Jahrhunderts]. Budapest 1896 (Nachdr. 1986) 139–140; vgl. Braudel, Civilisation 174; Elias, Zivilisation 172 ff. – Veränderungen im Servieren von Braten: ebd. 158–162; Péter Apor, Metamorphosis Transylvaniae, hrsg. von Ödön Wildner – Jenő Sugár. Budapest 1927, passim.

adeligen Familie des 16. Jahrhunderts bestand das Mittagessen im allgemeinen aus zehn bis zwanzig, das Abendessen aus sechs bis vierzehn unterschiedlichen Gerichten. Die Familien- und Verwandtentreffen, Feste und Hochzeiten waren mit einer traditionell demonstrativen Gastfreundlichkeit verbunden, mit der jeder Gast, der den fürstlichen oder adeligen Hof besuchte, empfangen wurde. Lodovico Ariosto schrieb nach einer vorangegangenen Erfahrung, daß er nicht wieder nach Ungarn kommen wolle, denn "sie essen und trinken zu viel und sie betrachten es als eine Sünde, wenn jemand das nicht tut"[49]. Im 16. Jahrhundert gab es in Siebenbürgen eine Etikette, laut der das Glas Schnaps immer geleert werden sollte, sobald ein Toast gesprochen wurde (die fremden Gesandten wurden dieser Etikette enthoben)[50].

Dieses grobianische Gepräge könnte durch viele Beispiele aus dem festlichen Leben am Hof der Jagiellonen bestätigt werden. Man kann hier ähnliche 'transgressive' Merkmale bezeugen, die an den siebenbürgischen Höfen durch italienische Höflinge eingebürgert wurden. Bei spezifischen Gelegenheiten, wie etwa Fronleichnam des Jahres 1501, wo auch eine festliche Vorstellung der Explosion der Sarges Mohammeds gegeben wurde, floß Wein aus den Quellen, und gebratenes Huhn, Trauben sowie Schnecken wurden unter das Publikum geworfen. Die späte Blüte des Turniers wurde in spektakuläre Karnevale integriert, als König Ludwig II. in Gestalt eines 'wilden Mannes' gegen den Teufel kämpfte, der durch seinen Freund Georg von Brandenburg personifiziert wurde. Es ist kein Zufall, daß ungarische und polnische Höflinge und Kanzler ihn mehrere Male zu einer rationaleren Disziplin zu überreden versuchten – allerdings vergebens[51].

[49] Radvánszky, Magyar családélet 197 ff.; Ariosto zitiert in Lajos Elekes, Királyi és főúri udvar [Königlicher und aristokratischer Hof]. In: Sándor Domanovszky (Hrsg.), Magyar müvelődéstörténet II. Budapest 1939, 296.

[50] Die Beschreibung stammt von Franco Sivori, zitiert in: Tibor Klaniczay, Gli antagonismi 39.

[51] 1501: die Beschreibung von Tommaso Dainero in: István Szamota, Régi utazások Magyarországon és Balkán félszigeten 1054–1717 [Alte Beschreibungen von Ungarn und der Balkanhalbinsel]. Budapest 1891, 497. – Fasching, Turnier: Radvánszky, Magyar családélet I, 165–172; Erik Fügedi, Turniere im mittelalterlichen Ungarn. In: Josef Fleckenstein (Hrsg.), Das ritterliche Turnier im Mittelalter. Beiträge zu einer vergleichenden Formen- und Verhaltensgeschichte des Rittertums. Göttingen 1985, 390–400; vgl. Richard

Wenn wir diese Situation mit den Augen der zeitgenössischen ungarischen Intellektuellen betrachten, erkennen wir einen bedeutenden Mangel. Es gibt viele Beispiele für die Kritik an höfischen Eitelkeiten und Unmoral; in vielen Fällen vertrauen sie auf den internationalen locus communis in diesem Literaturzweig. Andererseits sind Übersetzungen aus den zahlreichen europäischen Anstandsschriften des 15. und 16. Jahrhunderts sehr selten: Neben dem drittrangigen Schulauszug von Sebald Heyden[52], der mittelalterlichen Auswahl aus "Catos Lehren"[53] und einer katechismusartigen Adaption von Erasmus' "De civilitate morum puerilium"[54], war Dedekinds "Grobianus"[55] die einzige Anstandsschrift, die ins Ungarische übersetzt wurde, deren Zivilisierungswert allerdings, wie gezeigt werden konnte, ziemlich doppeldeutig ist.

Der mangelnde Übernahme dieser Literaturgattung in Ungarn kann nur teilweise durch das Fehlen eines nationalen königlichen Hofes oder durch die kontinuierliche Kriegsführung erklärt werden. In derselben Periode bildete sich ja auch die Renaissancedichtung des Bálint Balassi, eines einsamen Genius, aus, der die ungarische Tradition der höfischen Liebe begründete und dessen Dichtung auf internationalen Vorbildern, auf folkloristischen Motiven und dem ritterlich-heroischen Lebensstil der ungarischen

Bernheimer, Wild Men in the Middle Ages. A Study in Art, Sentiment and Demonology. Cambridge/Mass. 1952. – Versuche zur Disziplinierung des Hofes: István Zombori, II. Lajos udvara – Szydlowiecki kancellár naplója alapján [Der Hof Ludwigs II. – nach dem Tagebuch des Kanzlers Szydlowiecki]. In: Ágnes R. Várkonyi (Hrsg.), Magyar reneszánz udvari kultúra [Höfische Kultur der ungarischen Renaissance]. Budapest 1987, 107–117.

52 Lajos Dézsi (Hrsg.), Heyden Sebald 'Gyermeki beszélgetései' 1531-ből [Kinderunterhaltungen von Sebald Heyden aus dem Jahr 1531]. In: Irodalomtörténeti Közlemények 7 (1897) 214–215; über Heyden vgl. Bömer, Anstand 262.

53 Libellus elegantissimus, qui inscribitur Cato, de praeceptis vitae communis. Az az igen szep könyveczke, mely neveztetik Catonak, ki tanit ez közönseges eletben kinekkinek eletit es erkölczet, hogy hogy kellyen eszessen szabni es hordozni. Debreczini 1591, Czaktornyai.

54 Az Erkölcznek tisztesseges (emberseges) volta, kire tanit Erasmus, mely rövid kerdisekre ozlattatot, es meg öregbittetet Reinhardus Hadamarius altal. Debreczini 1591, Czaktornyai.

55 Vgl. Anm. 36.

Soldaten basierte, die an den türkischen Grenzen kämpften (er selbst starb bei der Belagerung von Esztergom 1590)[56].

Daß der Großteil des ungarischen Adels oder auch die Intellektuellen kaum die Anziehungskraft des westlich-mediterranen kulturellen Zivilisationsmodells fühlten, hatte eher verschiedene andere, in ihrer Mentalität wurzelnde Gründe und war weniger durch ihre aktuellen Lebensverhältnisse begründet. Sie behaupteten wiederholt, wie sehr sie die "großen Komplimente" verachteten[57]. Ein protestantischer Intellektueller zu Ende des 16. Jahrhunderts schreibt spöttisch über "Höflinge, die versuchen, ihre Schritte in Kreisform zu gestalten oder sie so sorgfältig zu erwägen, als ob sie Schneider der Gesten gewesen wären, um in ihren lächerlichen Sprüngen keinen Fehler zu begehen. All dies ist nicht geziemend, Männer sollten Strenge und Ausdauer zeigen. Es sind die Frauen, die durch Gehensart, Kleidung oder die Variationen ihres Haarstils den Menschen schmeicheln sollten". Die ungarischen Adeligen äußerten sich lobend über die schwerfällige, unkultivierte Armee ihrer Ahnen[58]. Ein polnischer Höfling, Gruszczyński, schrieb 1581 ein Büchlein über "die Pflichten der guten Gesellschaft" (Powinności dobrego towarzystva) auf der Grundlage eines höfischen Experimentes in Siebenbürgen während der Herrschaft des Fürsten István Báthory, wo man wieder der männlich-militärischen Wertordnung begegnet[59].

---

[56] Rabán Gerézdi, A magyar világi líra kezdetei [Anfänge der profanen Lyrik in Ungarn]. Budapest 1962.

[57] József Turóczi Trostler (Hrsg.), Magyar Simplicissimus. Budapest 1956, 97.

[58] Sándor Iván Kovács – Péter Kulcsár, Szepsi Csombor Márton összes művei [Gesammelte Schriften von Márton Szepsi Csombor]. Budapest 1968, 322; vgl. József Jankovics, Udvarellenes tendenciák a 17. század eleji magyar költészetben [Antihöfische Tendenzen in der ungarischen Lyrik des beginnenden 17. Jahrhunderts]. In: Várkonyi, Magyar 86–106; ... *rudis illa, atque inculta Majorum nostrorum multitudo ex ipsis Scythiae penetralibus ... ad haec Loca migrasset ...*; József Podhradzky (Hrsg.), Cuspinianus János beszéde, Budának romlása emlékezetére ... [Die Rede des Johannes Cuspinianus zum Gedächtnis der Zerstörung von Buda]. Buda 1842, 79.

[59] Helena Kapelus, Zápolya János Zsigmond udvara Gruszczyńsky epigrammáiban [Der Hof von Johann Sigismund Zápolya in den Epigrammen von Gruszczyńsky]. In: Tanulmányok a lengyel-magyar irodalmi kapcsolatok történetéből [Studien zur literarischen Verbindung zwischen Polen und Ungarn]. Budapest 1969, 145–160.

Übrigens ist hier erwähnenswert, daß im Polen dieser Periode viel mehr europäische Anstandsschriften eingeführt wurden als in Ungarn. "Il libro del Cortegiano" z. B. wurde von Lukasz Górnicki 1566 übersetzt oder besser adaptiert, unter dem Titel "Der polnische Höfling" (Dworzanin polski). Näher betrachtet ist der durch das Werk vermittelte Eindruck der ungarischen Situation ähnlich. Auf den Schauplätzen und in der Struktur des Werkes kommen keine Damen vor, da "sie in Polen nicht genug gebildet sind, um an den Unterhaltungen teilzunehmen". Die über Malerei und Bildhauerei handelnden Teile waren für die polnischen Höflinge gleichfalls irrelevant. Die mysogenischen Phrasen von Gasparo Pallavicino waren gegen die effeminierten Höflinge italienischen Typs gerichtet[60].

Was wieder Ungarn anbelangt, gab es hier scheinbar nur drei Alternativen zur Amoral der das Fremde nachäffenden Höfe: die stoische Isolation der Intellektuellen, das Akzeptieren einer strengen protestantischen Moral oder das bewußte Aufrechterhalten der gemütlichen Barbarei. Wahrscheinlich hatten die beiden letzteren gemeinsame Merkmale. Péter Bornemisza, einer der berühmten protestantischen Prediger der zweiten Hälfte des 16. Jahrhunderts, schlug 1571 vor, die religiösen Äußerungen bezüglich der Gesellschaft in Ungarisch und in einem plebejischen Ton "in der Art eines Bauern und eines Grobians" auszudrücken[61].

Das Ideal der absichtlichen Barbarei basierte wahrscheinlich auf einer spezifischen historisch-kulturellen Tradition, auf der orientalischen, 'skythischen' Identität der Ungarn oder dem 'sarmatischen' Bewußtsein der Polen, die beide im Mittelalter wurzelten und in der frühen Neuzeit als Faktoren der nationalen Identifizierung bzw. ethnischen Charakterisierung zunahmen. Die ersten Beschreibungen der ungarisch-skythischen Identität treten in einer zu Ende des 12. Jahrhunderts verfaßten anonymen Chronik auf. Sie entwickelten sich gegen 1270 in eine ausführliche Identifizierung der Hunnen und Ungarn bei Meister Simon von Kéza, gerade zu der Zeit, als sich die kumanischen Gewohnheiten zu verbreiten begannen[62]. Im Zeitalter des im italienischen

---

60 Vgl. Burke, The Courtier.

61 Péter Bornemisza, Ördögi kisirtetekről, avagy röttenetes utálatosságáról ez megfertéztetett világnak [Von teuflischen Gespenstern ...], hrsg. von Sándor Eckhardt. Budapest 1955, 152.

62 Sándor Eckhardt, Sicambria, capitale légendaire des français en Hongrie.

Stil errichteten Hofes von Matthias ist in der Chronik des adeligen Notars János Thuróczy eine sehr lange Erörterung zum selben Bezug zu lesen. Es sei hinzugefügt, daß diese Darstellung von Matthias (den Thuróczy als zweiten Attila bezeichnete) gleichermaßen akzeptiert und von seinem humanistischen Chronisten Antonio Bonfini weiter entwickelt wurde[63]. Dieselbe Phraseologie über die wilden, in Pelzen gekleideten skythischen Kämpfer wurde im 1581 verfaßten Werk des humanistischen Bischofs Miklós Oláh, "Attila", völlig ausgebildet[64]. Die Ähnlichkeit des sarmatischen Selbstbewußtseins des polnischen Adels (dessen ausführliche Beschreibung hier nicht möglich ist) wurde zu der Zeit immer mehr evident, als Polen des öfteren von siebenbürgischen Fürsten beherrscht wurde. Im 17. Jahrhundert arbeitete ein polnischer Franziskaner, Wacław Dembołecki, bereits die Hypothese über die skythisch-sarmatische Identität aus[65].

Diese orientalisch-barbarische Identifikation wurde auch in äußeren Merkmalen ausgedrückt, wie etwa dem reichlich bunten Prunk der Kleidung. Die Triumphprozessionen und Einzüge der ungarischen Könige, adeligen Botschafter und Kardinäle in Italien des 15. und 16. Jahrhunderts können dies reichlich illustrieren. Die Schätze des Matthias wurden 1485 von 24 Kamelen getragen, und er führte auch zahlreiche türkische Gefangene vor. Kardinal Tamás Bakócz zog 1514 mit Elefanten und exotisch gekleideten Truppen in Rom ein; der polnische Kardinal Jan Łaski vollführte im selben Jahr einen *triompho*, mit dem er ver-

---

In: ders., De Sicambria à Sans-Souci. Paris 1943, 11–51; Jenő Szűcs, Theoretische Elemente in Meister Simon von Kézas 'Gesta Hungarorum'. In: ders., Nation und Geschichte. Studien. Budapest 1981, 263–328.

63 Kálmán Benda, A magyar nemzeti hivatástudat története [Geschichte des ungarischen Nationalbewußtseins]. Budapest 1937, 10–39; Antonius de Bonfinis, Rerum ungaricarum decades, hrsg. von I. Fógel – B. Iványi – L. Juhász – P. Kulcsár. Leipzig–Budapest 1936–1974, I, 79 ff.; Johannes de Thurocz, Chronica Hungarorum, hrsg. von E. Galántai – J. Kristó. Budapest 1985.

64 Nicolaus Olahus, Hungaria – Athila, hrsg. von C. Eperjessy – L. Juhász. Budapest 1938; vgl. Katalin Péter, Das Skythische Selbstbewußtsein des ungarischen Adels. In: Vera Zimányi (Hrsg.), La Pologne et la Hongrie aux XVIe–XVIIIe siècles. Budapest 1980, 121–133.

65 Jerzy Michalsky, Le sarmatisme et le problème d'européisation de la Pologne. In: Zimányi, La Pologne 113–120; Áron Petneki, Oriens in Occidente. Ungarn und Polen als exotisches Thema in der Kunst des 16. und 17. Jahrhunderts. In: ebd. 145–149.

suchte, jenen von Bakócz im mythologischen und orientalischen Prunk zu übertreffen. Die farbigen ungarisch-siebenbürgischen Adelskleidungsstücke repräsentierten die spezifische Herkunft dieses orientalischen Geschmacks. Oft wurden Mäntel türkischen Typs (*kaftán*) getragen und eine spezifische Broderie und Dekoration wurde angewandt[66]. Die weit verbreitete Anwendung von nicht nach innen gewendeten Pelzen gehörte zu den exotischen Merkmalen dieses osteuropäischen Stiles. Das kämpferische Bewußtsein der Adeligen wurde durch ein Stück Wolfs- oder Leopardenfell (*kacagány*) ausgedrückt, das an der Schulter getragen und durch die Füße des Tieres verbunden wurde. Die spezifischen mit Pelz geränderten Hüte, die sowohl für Ungarn, Polen und Kosaken charakteristisch waren und durch Federn geschmückt wurden, gehören auch in diesen Bereich[67].

Dieses Ideal wurde an den 'zivilisierten' Höfen Italiens, Frankreichs oder Deutschlands im 15. und 16. Jahrhundert nicht nur akzeptiert, sondern sogar intensiv gerühmt, als exotische Manifestation der orientalischen Unterscheidung. Die ungarischen und polnischen Adeligen neigten dazu, diesem exotischen Prestige eine falsche Deutung zu geben, da es ihnen die Anstrengung ersparte, sich den neuen Stufen des Zivilisationsprozesses anzupassen. Ein seltsamer 'Zentrum-Peripherie'-Wirkungsmechanismus ist in der Verteilung der Zivilisierungsmodelle innerhalb des frühmodernen Europa wahrzunehmen, der zur späten Verbreitung des "Prozesses der Zivilisation" in Ostmitteleuropa beigetragen hat[68].

V. Die neuerliche Auseinandersetzung mit Norbert Elias' Theorie über die im 15. und 16. Jahrhundert verlaufende Phase des Zivilisationsprozesses hat enthüllt, daß diese Entwicklung kein bloßer Akkumulationsprozeß war, wie es Elias darstellte, sondern durch bedeutende Abweichungen begleitet und unterbrochen wurde (wie etwa die transgressive Manifestation in unterschiedlichen italieni-

[66] Áron Petneki, Intrada. Az ünnepélyes bevonulás formája és szerepe a közép-kelet európai udvarokban [Formen und Funktionen der Intrada in mitteleuropäischen Höfen]. In: Várkonyi, Magyar 281–291; Julian Raby, Venice, Dürer and the Oriental Mode. London 1982.

[67] Radvánszky, Magyar családélet I, 56–76.

[68] Für ein Gesamtbild über diese 'verspätete Entwicklung': Jenő Szűcs, The Three Historical Regions of Europe. In: Acta Historica Academiae Scientiarum Hungaricae 29 (1983) 131–184.

schen Höfen der Renaissance und des Manierismus). Die frühmoderne Intensivierung des Prozesses war das Ergebnis von entgegengesetzten Tendenzen und unterschiedlichen Reaktionen, die durch den transgressiven Charakter der höfischen Kultur der Renaissance hervorgerufen worden waren.

Die Expansion dieses Modells von den 'Zentren' der Renaissance und der frühmodernen höfischen Kultur auf die 'Peripherien' ging mit kulturellem Widerstand, Nebenwirkungen und ähnlich vielfältigen Gegenreaktionen einher. Die neuen Ideale der Zivilisation waren oft mit Aspekten der politisch-kulturellen Dominanz verbunden, und diese wurden in den betroffenen Ländern mit begründetem Mißtrauen und Ambivalenz empfangen. Die bewußte Barbarei und der Grobianismus, charakteristische transgressive Verhaltensweisen innerhalb der Renaissancekultur, die überall in Europa beobachtet werden konnten, hatten im Kontext der geographischen Verbreitung eine spezifische Bedeutung und durchliefen eine interessante Metamorphose. Mit einer Tradition des Orientalismus in Mitteleuropa verbunden, wurde diese Attitüde in eine spezifische Wertordnung, eine Art gegenhegemonische Strategie umgewandelt, die die Gewohnheiten, das Alltagsleben und die materielle Kultur der Elite dieser Länder intensiv beeinflußte.

Selbstverständlich ist dies bloß ein möglicher Rahmen für die Integration der charakteristischen Merkmale des Alltagslebens im frühmodernen Mitteleuropa, der durch Anwendung anderer Interpretationsmodelle, die am Anfang unserer Studie genannt wurden, ergänzt werden kann. Einige davon seien zusammenfassend erwähnt.

Wenn man sich demselben Gebiet aus dem Aspekt der 'civilisation matérielle' annähert, beharrt man weniger auf solchen kulturellen Strategien und überlegt eher die Implikationen eines breiten Rahmens der regionalen Unterschiede und die relative Rückständigkeit der wirtschaftlichen und der technologischen Entwicklung in diesen Ländern. Die Geschichte der Mentalitäten wird die Frage stellen, inwiefern diese Attitüden gemeinsam waren, sie wird mehr auf der Trennung der politisch-kulturellen Ideologien der Elite und den breiteren und tieferen psychologischen Tendenzen beharren, die für die Menschen dieses Zeitalters im allgemeinen charakteristisch waren. Eine historische Anthropologie des frühmodernen Mitteleuropa würde dieses Bild sicher durch zahlreiche wichtige Bereiche ergänzen, wie z. B. durch die Beziehungen zur Natur oder durch die komplexe symbolische Bedeutung dieser Barbarei.

Was die 'dualistischen' Interpretationskonzeptionen betrifft, könnte dieses Bild durch die Untersuchung der Unterschiede zwischen den alltäglichen und den festlichen Formen, den privaten und den öffentlichen Manifestationen ergänzt werden. Die geschlechterbezogene Annäherung würde veranschaulichen, wie sehr die Erscheinungen der bewußten Barbarei mit einer männlichen Kultur und einem militärischen Bewußtssein zusammenhingen. Und schließlich besteht in Mitteleuropa anscheinend ein geringerer Gegensatz zwischen der sog. 'Volks'- und 'Elitenkultur' als in West- oder Mediterraneuropa. Obwohl die frühmoderne Tendenz der protestantischen und katholischen Reform auch hier dazu neigt, ähnliche Ablehnungen und Refomversuche der Volkskultur herbeizuführen wie diejenigen, die Peter Burke im Westen betrachtet hat[69], sind sie viel weniger wirkungsvoll und nie regelmäßig. Die höfischen, kirchlichen und die intellektuellen Repräsentanten der 'Elitenkultur' begannen sich aus den Sphären der Volkskultur erst während der Aufklärung zurückzuziehen und nicht im 16. Jahrhundert wie in Westeuropa. Diese relative Verspätung kann durch eine Reihe unterschiedlicher Gründe für die 'Mode' der absichtlichen Barbarei in Mitteleuropa erklärt werden, ohne den vorangegangenen Interpretationen zu widersprechen.

Die Komplexität dieses Bildes ist inspirierend – die Untersuchung des Alltagslebens der Elite zu Ende des Mittelalters und am Beginn der frühen Neuzeit ermöglicht einen unerwarteten Einblick in die Entwicklungsprobleme Mitteleuropas.

---

[69] Vgl. Burke, Popular Culture 270–286.

Spiritual Life and Material Life in the Middle Ages: a Contradiction? (The Example of Cistercians in Northern Europe)

BRIAN PATRICK MCGUIRE

When we distinguish between material and spiritual life in the Middle Ages, we deal with the period in a manner its own inhabitants would have recognised and understood. Ever since Socrates, and perhaps even before him, Western thought and language have been characterized by a material-spiritual dualism. Christianity in its Pauline form built on this dualism and distinguished between the body that holds us down to earth and the soul that seeks heaven. Because of the doctrine of the Resurrection, orthodox Christianity could not quite eliminate the body. After death the soul would have to await reincorporation[1]. But it is clear from the dualist heresies that plagued the medieval church how deep this sense of a split in existence reached into the consciousness of people from all different backgrounds[2].

One aspect of this medieval concentration on an opposition between the material and the spiritual can be found in monastic descriptions of change and reform in the church. The standard historical model in medieval accounts tells of a monastery or group of monasteries that flourished with spiritual fervour and then was attacked by material concerns. Consequently, the original devotion diminished and material concerns took over. Medieval monastic writers thus opposed spiritual and material, as we can see in the

---

1 See the forthcoming work of Caroline Walker Bynum, as previewed at the 23rd International Congress on Medieval Studies, Kalamazoo, Michigan, May 1988: The Theology of the Resurrection and Bodily Miracles in the Thirteenth Century.

2 Rosalind and Christopher Brooke, Popular Religion in the Middle Ages (London, 1984) 101: "Ordinary, unsophisticated people, townsfolk and peasants, were not likely to recognize at once how radically this faith differed from orthodox Christianity". See also Emmanuel Le Roy Ladurie's classic: Montaillou, village occitan de 1294 à 1324 (Paris, 1975).

first chapters of the late twelfh-century *Exordium Magnum Cisterciense*, a summary of the first hundred years of the Cistercian Order. After the Cluniac reform in the tenth century, a period of decline is seen, but with the advent of Citeaux, the monastic spirit was again given life[3].

The compiler of the *Exordium Magnum* as an historian is not distant in his point of view from modern medieval historians, such as R. W. Southern and Maurice Keen, who have seen the development of medieval society in terms of the growth, triumph and decline of a reforming but unified church[4]. For both medieval and modern interpreters, the history of the Christian church has been dominated by waves of reform, and once these reforms stop working, then crass materialism in an institutional church takes over. In such a model there is a contradiction, or at least a fundamental opposition, between the call to a deeper, more intense spiritual life for the individual and the material concerns of getting enough to eat, finding an appropriate place to live, and maintaining a sense of well-being in society.

Body-soul dualism as a basis for historical explanations unites us with our medieval ancestors and can make one wonder if we have gotten all that further in the way we explain the growth and decline of individuals and societies. Most of us describe our own thoughts and efforts in terms that come directly or indirectly from Saint Paul himself. We feel full of good intentions and aspirations, but we are weighed down, "burdened", by bad habits that have taken over our bodies[5]. We have only to look at the present obsession in the West, especially in America, with keeping fit and

---

[3] This view is apparent in Jean Leclercq, "The Monastic Crisis of the Eleventh and Twelfth Centuries", in: Noreen Hunt (ed.), Cluniac Monasticism (Hamden/Conn., 1971) 217–237; Bruno Griesser (ed.), Exordium Magnum (Rome, 1961) esp. 59–61.

[4] R. W. Southern, Western Society and the Church in the Middle Ages. Pelican History of the Church (Harmondsworth, 1970) 302: "All the great and fruitful movements in Europe between 1050 and 1300 were part of a search for order and organization, and they had all failed in varying degrees to attain their objective". Maurice Keen, The Pelican History of Medieval Europe (Harmondworth, 1968) 313: "That consciousness of Christian union, in matters political as well as religious, which marks off medieval from modern Europe, did not exist any more".

[5] As Romans 7:5. – "While we were living in the flesh, our sinful passions aroused by the law, were at work in our members to bear fruit for death".

protecting the body from all kinds of poisons in order to realise that dualism is very much alive today. In the cult of the body we, like our medieval ancestors, become fearful of what we put into our bodies and how this input affects our spiritual state[6]. One should think this way of thinking might lead to a stronger sense of unity in the soul/body complex, but instead the material/spiritual distinction often brings an opposition between "base" instincts and salvation, whether this-worldly or other-worldly.

This view of a contradiction between spiritual and material lives has led to what might be called the *reformist mentality*, which insists that the material aspect of life somehow must be decreased so that spiritual life can be increased. One cannot combine the two, and so one must achieve a radical transformation in the content of life. Here the letters of Bernard of Clairvaux from the first half of the twelfth century come to mind. Bernard uses the word *conversio* to sum up his insistence that becoming a monk means leaving the material world. We must change, be turned inside out, become something other. In so doing we give up material goods and gain spiritual ones. The change can be described in everyday terms, as when Bernard wrote to anxious parents that he as abbot would become their young son's mother and father:

> "Have comfort. Do not worry. I shall look after him like a father, and he will be to me a son until the Father of mercies, the God of all consolation, shall receive him from my hands ... I will be for him both a mother and a father, both a brother and a sister ... I will temper and arrange all things that his soul may advance and his body not suffer"[7].

Also 7:14–15 – "We know that the law is spiritual; but I am carnal, sold under sin. I do not understand my own actions. For I do not do what I want, but I do the very thing I hate".

[6] See Time magazine, 22 August 1988, 50 ("Hollywood Goes on the Wagon: A new film tests the old saw that drunks are funny"): "Today Americans know there is a price to be paid for every excess, fiscal or physical".

[7] Jean Leclercq – Henri Rochais (ed.), Sancti Bernardi Opera VII: Epistolae (Rome, 1974) 110: *Confidite, consolamini: Ego ero illi in patrem, et ipse erit mihi in filium, quousque de meis manibus excipiat eum Pater misericordiarum et Deus totius consolationis ... Ego ero illi pater, ego mater, ego frater et soror ... ego ei omnia sic temperabo et sic dispensabo, ut et spiritus proficiat, et corpus non deficiat.* Translated by Bruno Scott James, The Letters of Saint Bernard of Clairvaux (London, 1953) 169, letter 112.

Here Bernard did not require a total split between soul and body. He implied he would look after the body's needs, but what really mattered was that biological bonds would be replaced by spiritual ones. This was a basic requirement of monastic conversion, and it could be applied to the institution as well as to the individual. The monastery had to distance itself from the bonds of the world in order to become a heavenly abode. The spiritual mission of monastic life could only be realised in opposition to the requirements of material life in human society.

Bernard spoke of the filth of secular life and the dust of the world[8], while later Cistercian writers insisted it was necessary that their abbots be involved in the world in order to protect the interests of their monastery. In the first decades of the thirteenth century, a description of the abbots at Øm abbey in Denmark was compiled[9]. The first abbots (until about 1200) were seen as spiritual men, whose material accomplishments were hardly mentioned. But the abbots of the early thirteenth century were evaluated also for their ability to take care of the monastery's material interests. Some of these abbots are described as incompetent in the material sphere, and our writer welcomed their resignations. One particular abbot felt so harassed by the duty of meeting with peasants at the local courts to defend his monastery's interests that he after one such traumatic encounter returned to the monastery and died a few days later[10]. There is sympathy for him but also an insistence that the abbot must look after both internal matters in the monastery and its external relations in society. The abbot who cannot take care of both sides of life is not fit to head the monastery. This is the case with the eighth abbot, Jens:

... in interioribus satis ydoneus, in exterioribus minus eru-

---

[8] Ibid.: ... *abrasa spurcitia vitae saecularis ac terreno deterso pulvere ....*

[9] Contained in M. Cl. Gertz, Scriptores Minores Historiae Danicae Medii Aevi II (København, 1918–22, reproduced 1970) 192–195, to be referred to as SM II. See also: Brian Patrick McGuire, Conflict and Continuity at Øm Abbey (Museum Tusculanum 8) Copenhagen, 1976, 54–62.

[10] SM II, 195: ... *in ultimo colloquio, quod habuit cum secularibus, contra se satis durum et asperum, in toto corde suo rogavit dominum, ut cito ab huiusmodi angustiis liberaretur. Et exaudivit dominus vocem ipsius; placita enim erat deo anima eius. Unde correptus infirmitate in ipso colloquio, adductus est ad claustrum die altera, in ipsa egritudine decubans, donec expiravit.*

> *ditus. Vir bone complexionis et honeste conversationis, omnium paci studens et quieti ...*[11].
>
> (... well-enough suited in interior affairs but less learned in external ones. A man of good appearance and a decent way of life, seeking peace and quiet in all things.)

Jens was able to give up office as abbot and return to that of prior. Here he belonged, unlike his predecessor, Gunner, who is said to have exhausted himself for the good of the house and to have been "gifted in both spiritual and temporal matters"[12]. Gunner was the ideal abbot, who went on to be elected bishop and in that office to look after Cistercian interests.

The pragmatism of the Øm abbey account reflects a change in attitude from the first decades of the Cistercian advance. By 1200 the Order had left the reformist mentality for what might be called a *maintenance mentality.* The monks desired most of all to preserve the position attained in the previous century, both in material terms (property and privileges in society) and in spiritual matters (the liturgy, the bonds among the monasteries, and the position of the Order in the church). To some extent, as we shall see, Cistercian monasteries in the coming centuries did succeed in maintaining a balance and harmony in spiritual and material life. In doing so, monks and abbots were to a great extent only asserting the ideals so clearly manifested in the practical advice found in the Rule of Saint Benedict.

Today it is fashionable to write about the monks in terms of a gap between ideals and reality, as if the first are static while the second changes[13]. When one looks at the way the monks themselves interpreted their lives, it is apparent that ideals affected everyday life and contributed to a creative tension in institutional life.

---

11 SM II, 194.

12 Ibid.: *Septimus fuit dominus Gunnerus, qui multas similiter pro domus utilitate sustinuit fatigationes. Hic, spiritualibus et temporalibus donis preditus ....*

13 Louis J. Lekai, The Cistercians: Ideals and Reality (Ohio, 1977); John R. Sommerfeldt (ed.), Cistercian Ideals and Reality (Cistercian Studies Series 60) Kalamazoo/Michigan, 1978; Kaspar Elm (ed.), Die Zisterzienser. Ordensleben zwischen Ideal und Wirklichkeit (Cologne, 1980).

THE MAINTENANCE MENTALITY AT WORK

In what I call the maintenance mentality, members of a monastic institution seek to assert their rights and claims to recognition and privileges in secular society. The basic of such claims is the monks' view that only a strong secular base can provide them with the spiritual quiet and isolation they need in order to get on with their divine task, prayer at all times of day and night. As the Rule of Saint Benedict says at the end of the fourth chapter, "... the workshop in which we must diligently perform all these things is the seclusion of the monastery and our stability in the community"[14].

If we accept the maintenance mentality as an understandable response to the monks' position in society, we can understand the anger and even deceptiveness they showed in asserting themselves. This was the case at Øm abbey in the 1260s, when the monks were confronted with a bishop of Århus who, unlike his predecessors, refused to concede the monks' special role in his diocese. His harassment of the monastery ended in its almost total destruction[15]. From the very beginning of this controversy, the monks at Øm seem to have realised what was in store for them and that no matter what they did, the bishop would have his way[16]. Their abbot convinced the monks it was still important not to concede the bishop the right to come and be fed by them whenever he wanted.

As so often in monastic experience, a monastery here asserted itself in a matter of material life, but in so doing, it emphasized its spiritual identity. As the abbot said to the bishop, "If you wish to come here for the sake of hospitality, all that is necessary will be given you; but if you come for procurations or something

---

[14] Transl. Anthony C. Meisel and M. L. del Mastro (New York, 1975) 54. The Latin text is: *Officina vero, ubi haec omnia diligenter operemur, claustra sunt monasterii et stabilitas in congregatione.*

[15] McGuire, Conflict and Continuity, esp. 93–113. The Danish historian Svend Erik Green-Pedersen has some enlightening observations on how the Øm controversy ended, "Øm Klosters kamp og mordet på Erik V Klipping", in: Kongemagt og Samfund i Middelalderen: Festskrift til Erik Ulsig (Arusia–Historiske Skrifter VI) Århus, 1988, 117–119.

[16] SM II, 211.

owed you, then nothing at all will be handed out to you"[17]. What the abbot meant was that the bishop as the monastery's guest had the right to the same hospitality as any other guest. The Rule of Saint Benedict was quite clear. No one was to be turned away: "All guests to the monastery should be welcome as Christ, because he will say, 'I was a stranger, and you took me in'" (Matt 25:35; RB ch. 53). But if the bishop insisted on a right to collect yearly procurations in return for land his predecessor had given the monastery, the monks would have to refuse any such debt to him. If he asked for spiritual gifts, he would get them. If he tried to collect material goods as his right, they would not be given.

The monks realised that the food would have tasted the same no matter what it was called, procurations or hospitality. But for them food as part of material life was a sign of their spiritual life, their rights and privileges in a society that was beginning to close in on them and challenge them[18]. Many monastic controversies of the Middle Ages were concerned with food, not just because food is important for the body, but also because food is a sign of the spiritual life, an invitation to the next world in the Eucharist[19].

To sit down to a meal with the bishop on his conditions was to recognise his spiritual authority in the monastery. This the monks would not do. When the bishop asked for his dinner, the abbot replied with a pointed form for humour:

> "Is our meal not ready?"
> "I think that it is ready, but not here".
> But he angrily stretched out his hand to the large house called the 'bishop's house' and said, "Is this not our house?"
> And the abbot, "Our monks say it is their house and not yours"[20].

[17] SM II, 216: *Si gratia hospitandi vultis venire, vobis dabuntur omnia necessaria; si causa procurationis vel debiti, nichil omnino administratur vobis.*

[18] For the larger Danish context, my 'Cistercians in Denmark' (Cistercian Studies Series 35) Kalamazoo, 1982, ch. 5 ("Catastrophe and Recovery 1257–1307"), esp. 172–179.

[19] As the priest would say at communion in the Latin mass: *Quod ore sumpsimus, Domine, pura mente capiamus: et de munere temporali fiat nobis remedium sempiternum.*

[20] SM II, 216: *"Estne cibus noster preparatus?" Cui abbas: "Credo bene, quia preparatus est, sed non hinc". At ille truculentus extendit manum suam ad magnam domum, quae dicitur 'domus episcopi', dicens, "Nonne hec est*

The monks at Øm refused to concede material privileges to the bishop because they were convinced that these would detract from the monastery's spiritual independence. It was important for monks to be able to feed the hungry, but they insisted on doing so on their own conditions. As an exempt monastery, Øm had to say no to a bishop who pretended he had the right to exercise a visitation and to depose the abbot. One single meal understood in the wrong sense could have been the beginning of the end to Øm's spiritual position. For us it might seem more a matter of stubbornness or pride, a futile insistence on distinctions that were no longer in accord with the monastery's actual situation and dependence on the bishop. But here our distinction between ideal and reality has little to do with the way the monks experienced their own situation. For them material concessions and spiritual life were indistinguishable and inseparable.

In the *Life* of Bishop Gunner of Viborg, the former abbot of Øm, a Cistercian writer, probably from Øm's mother house at Vitskøl, tried in the aftermath of the Øm controversy to describe a monk-bishop who combined the enjoyment of material consumption with spiritual fervour[21]. Gunner loved a good meal and knew how to impress the citizens of his cathedral town at yearly meals held at a nearby house for nuns, Asmild. He enjoyed drinking but invented a system to make sure he did not take too much. When one of his hosts foiled him and Gunner got drunk, he laughed at himself[22]. But he also took care not to repeat the performance. When strong German beer made for riotous behaviour by a local peasant, Gunner used the incident in a brimstone sermon to warn others[23]. His biographer describes him as a warm, generous man, full of hospitality and courtesy, but never forgetting that he was first of all a monk and only secondarily a bishop. Perhaps this

---

domus nostra?" Et abbas: "Monachi nostri dicunt eam esse domum suam et non vestram".

21 SM II, 265–78. See my "Monastic and Episcopal Biography in the Thirteenth Century: The Danish Cistercian Account of Bishop Gunner of Viborg", in: Analecta Cisterciensia 39 (1983) 195–230.

22 SM II, 276–277: *Quod episcopus paulo post recognoscens bibere statim desiit, blandis verbis et graciosis dicendo, "Factus sum insipiens, vos me coegistis".*

23 SM II, 273: ... *talem potum ab omni christiano esse vitandum et detestandum, qui ex simplici viro et sano insanum fecit et dementem.*

portrait is idealized, an attempt to show how a good bishop could treat the Cistercian monks that came to him, but we find here a Cistercian manifestation of the maintenance mentality when it is not being challenged. Gunner wanted to maintain good relations among laity and clergy, between monasteries and bishops, and he plodded on through his many tasks, visiting churches that were badly looked after and insisting on maintaining standards. In the unambitious, gentle portrait we have of him, everyday life in the Danish medieval church for once becomes accessible.

The reformers of the twelfth century worked for a transformation of monastic life into something less material and more spiritual, while thirteenth-century abbots were more interested in maintaining what had been gained and in using the material as a basis for a continuation of spiritual life. Wherever we look in medieval monastic life, we usually find a tension between reform and maintenance. If we turn from the thirteenth-century Jutlandic abbeys to English monasteries two centuries later, we see a similar situation. Thanks to the editing of C. H. Talbot, many of the letters of English abbots to the General Chapter at Citeaux are available to us[24]. These indicate something other than the decline and corruption that Cromwell's commissioners a few decades later claimed to find in their visitations. The picture that emerges is hardly a sympathetic one, for the abbots could be harsh in their characterizations of each other. Behind the rhetorical facades and many repetitions, one finds genuine animosity and ill-will. But the very existence of the collection shows how the international bonds of the Order continued to influence everyday life. At the same time the collection reveals the strains on English houses in terms of financial contributions to the Order. The abbot of Fountains in one letter claimed to the abbot of Citeaux that he had spent a thousand marks in defending the Order's interests[25].

---

[24] Letters from the English abbots to the Chapter at Citeaux 1442–1521 edited for the Royal Historical Society (Camden Fourth Series 4) London, 1967.

[25] Ibid., 242–3: *In quibus vero annis, ut norunt penes omnes abbates Anglie, multas passi sumus tribulaciones et dolores a filiis matris mee, qui pugnaverunt contra me .... Pro huiusmodi vero insolenciis et enormitatibus reprimendis et resistendis, si de nobis ipsis liceret veritatem scribere, lausque in ore proprio non vilesceret, nos de bonis et pecuniis huius monasterii de fontibus infra viginti annos ultra mille marcas auri expendimus.*

The Cistercians in the early years of the sixteenth century can be looked upon as an overprivileged and decadent order, only interested in keeping their immense land holdings and enjoying their incomes. Or they can be considered as men steeped in a venerable tradition, fighting for society's acceptance of their claims, and returning daily to a round of prayer and quiet that for centuries had justified the monks' material basis.

Lay Response to the Maintenance Mentality

One of the most valuable indications that the maintenance mentality was acceptable to non-monastic members of medieval society can be found in fourteenth-century attempts to found new monasteries. We are used to thinking of the Cistercians as being unable to start new houses during this turbulent century. The statistics reveal ten new houses in the first half of the century and only five in the second half[26]. It is important, however, to consider not only those houses that got started but also those which lay people unsuccessfully tried to found. Foundation attempts indicate continuing sympathy on the part of the aristocracy to the monastic presence and role in society. At a time when the old orders are supposed to have lost their fire, lay people still looked for their prayers.

In the first decades of the fourteenth century, a widowed member of what might be called the country gentry tried to found a Cistercian monastery for women on the island of Lolland in southeastern Denmark. The area called Opager had belonged to the lady Valborg's son, who had recently died, and Valborg was free to decide for herself how the land could be put to work. Before the monastery could be founded, however, the son's creditors took possession of it, and so began a legal battle that lasted many years and ended without the new foundation ever being realised. Thanks to letters drawn up at Avignon by Pope John XXII, we can follow the story in great detail[27].

After her son's death, Valborg had had an altar consecrated at Opager, and here she wanted to found a house for women under

[26] Lekai, Cistercians 91 ("The End of Prosperity").

[27] These documents are most easily available in the collection Diplomatarium Danicum (= DD) (Copenhagen, 1938–39). See Række II, Bind 8, nr. 436 and 437 as well as II, 10, 104, respectively from 1322 and 1329.

the care of the Cistercian abbot of Sorø on Zealand, by this time probably the richest and most powerful Cistercian house in Denmark. The foundation had been ratified by King Erik Menved, but the son's creditors seized the land and brought a case to a Danish secular court, probably in the early 1320s, after which Valborg applied to the papal court.

This determined woman did not stop at sending an appeal there. Valborg went to Avignon herself. In her own "vulgar idiom", as it is called, she explained her situation and asked for help. The pope appointed a canon of Uppsala, Niels Sigwast, along with other clerics to settle the dispute. The case dragged on through the 1320s. In the final settlement Valborg was adjudged the properties, but the favourable decision does not seem to have done any good for her. So far as we know, no house of nuns was ever established at Opager.

Valborg's failed attempt to found a new Cistercian monastery for women could be looked upon as a typical expression of how the bonds of international society no longer affected local conditions in the 1320s. Despite what appears to have been the pope's personal backing, she was unable to regain her property. The Avignon judge even conceded that he only could reinstate her "insofar as he was able", thus hinting at an awareness that a papal judgment and Danish reality were quite different matters[28]. When Pope John wrote a full account of the case to the Cistercian abbot of Holme on the Danish island of Fyn and ordered him to intervene in 1329, Valborg was already dead[29]. She had followed the case to the end at Avignon and then apparently had died there. Valborg had made the pope himself the executor of her testament, in which she reaffirmed the foundation of the monastery. The long papal description of the case gives us a sense of Valborg's absolute determination to get nuns to Opager. She could hardly have hoped for a clearer or more forthright judgment. But she failed.

Such a case does not just indicate how difficult it was to found a new monastic house in the turbulent fourteenth century in a Denmark which for many years had no king at all. Valborg's determination also shows how important it could be for a laywoman

---

[28] DD II, Bind 10, nr. 104, 109: ... *ad ea quantum potuit/restituit et reintegravit* ....

[29] Ibid., 110.

to leave behind her a new monastic foundation. Valborg's feelings about founding a monastery can only be guessed at from the text of the papal charter, but the trip to Avignon, her representations at the papal court, and the impression she seems to have made on an otherwise turgid bureaucracy all indicate a woman who believed that her own salvation was closely linked to the prayers of the nuns she wanted to bring to her part of Denmark.

Denmark in the period 1320–40 provides not only a tale of anarchy but also a witness to the continuing power of monastic institutions over the minds of men and women. At the same time Valborg was working for her house for women on Lolland, the Cistercians of Sorø were trying to maintain a new daughter house at Knardrup near Copenhagen. Knardrup was a royal foundation that was challenged by upstart families and here, as at Opager, the property was occupied[30]. In this case, however the monks were actually thrown out and had to return to Sorø for some years. In the 1340s Knardrup was apparently reestablished. Male and female donors, just as in the halcyon days of the twelfth century, even if less frequently, still were insisting on starting and maintaining monastic foundations as guarantors of their own salvation. The monks in turn obliged the donors by becoming bankers for them, as can be seen in the case of Esrum monastery in Northern Zealand. Here a generous gift of property in 1337 by a knight's daughter emphasized how important it was for the monks to remember the woman[31]. A wax candle was to burn day and night in the church to remind them of her generosity and of her spiritual needs. A yearly remembrance for the monks with five courses for dinner and three for supper would also bring to mind what the lay family had done for them.

Three years later, this same female donor borrowed money from the monks of Esrum and claimed they were the only people to whom she could turn in her need[32]. The language of brotherhood and love is combined in the charter with the relatively new

---

[30] See DD II, Bind 10, nr. 116 from 1329, as well as my 'The Cistercians in Denmark' 194-195.

[31] DD II, Bind 12, nr. 34 from 25 June 1337: Ingefred, daughter of knight Peder Jonsen gave Esrum the village of Uggeløse in return for keeping the anniversary of her and her parents' death.

[32] DD III, Bind 1, nr. 64 from 7 September 1340: *precipue cum iam pridem pro variis et multiplicibus meis obligacionibus explicandis ac utilitatibus*

function of the monasteries as lenders of money to aristocrats in a liquidity crisis. In the same year, 1340, the monks of Løgum in Southern Jutland revealed that a Cistercian house could be a borrower as well as a lender. They handed over to a layman their properties in return for cash[33]. The pressures of the first decades of the fourteenth century had apparently put the monastery into debt.

In such transactions, which are conveyed to us only in terms of how the monks interpreted and defined them, we still get a sense of how important it must have been for land-rich lay people to make sure that the monasteries remained part of the landscape. The maintenance of monastic foundations, and even their multiplication, remained throughout the Middle Ages an essential activity for members of the privileged classes from the king on downwards. From the early fourteenth century, gifts to monasteries emphasize the yearly meals when monks are to be visibly reminded of their donors' generosity[34]. Prayers and food go together. Without one, the other is impossible. Material and spiritual aspects of life combine into a totality.

The very failures to found new houses remind us of a continuing effort to expand, in spite of a society where most odds were against the establishment of new foundations. Monks and churchmen could spend decades chasing the lands that were supposed to be their legal right, but which local families claimed as their own. What the father or mother conceded, the sons or nephews often regretted and resisted. In all these conflicts, we see the medieval monastery functioning as an entity. For its members and its benefactors, the monastery's spiritual role was inseparable from its material claims. Land, food and prayers: all three were seen as integral parts of a monastic way of life that society needed in order to deal with its members' own sense of incompleteness.

---

prosequendis gravis me pecunie necessitas involvisset, et alibi sedulo requirens minime remedium invenirem ... .

33 DD III, 1, 73. The monks were supposed to get the properties back after the "benefactor" or banker died.

34 The best-known description of the meals monks are to enjoy in order to remember their benefactor is that of Duke Kristoffer to the monastery at Sorø, 14 April 1315: DD II, Bind 7, nr. 261. Four times a year the brothers were to have white bread, beer and meed, and six dishes for lunch, five for dinner!

We get a hint of the integral role of the monastery in society even at the end of the Middle Ages in a story about a Brother Rus, written down at the end of the fifteenth century in several North European languages. In the Low German and Danish versions, the tale takes place in Saxony, but the High German version places events at Esrum monastery in Denmark[35]. The story is a familiar one of temptation, the pursuit of material goods, and abuses of the Rule, but it ends with the monastery's rehabilitation when its abbot realises what has happened to him and his monks.

According to the story, the devil one day sent one of his demons to a monastery where he entered as a novice and immediately ingratiated himself with the abbot because of his great talents as a cook. The recruit, called "Brother Rus", became the abbot's righthand man and soon fulfilled his every wish, even procuring women for the abbot. His abilities were soon also cultivated by other monks, and in no time at all the monastery became totally corrupt.

One day, however, a peasant who worked at the monastery happened upon an assembly of devils in the woods. They were all reporting to Lucifer on their activities, and finally Rus' turn came. He gave a glowing report of his success in leading the monks astray. The peasant hurried back to the abbot and told him what he had seen. The abbot's eyes were opened. He realised he had placed himself in the power of the devil's own emissary. The abbot called his monks together and told them the bad news. They agreed to reform themselves and did penance for their sins.

The story does not end here. When Brother Rus returned to the abbot, he was exposed and banished. Subsequently the abbot got a letter from the king of England, who complained that the same demon was harassing his daughter and refused to leave her alone unless he could return to his monastery! The abbot went to England and took charge of Brother Rus. But this time the abbot knew who he was dealing with and made good use of a willing recruit. The English king gave the abbot lead for his church's roof as a reward for his services, and the abbot ordered Rus to transport all this on his back to the monastery:

"From this lead, I want to have
So much as Rus at one time can bear

[35] Christian Bruun, Broder Russes Historie 1555 (Copenhagen, 1868) 9.

On his back over the cold water
To the monastery in the Saxon land,
Lord, it is now my wish.
And after this I wish no more".
The King said, "It shall be done:
Take the lead that you see there.
If Rus can take all of it,
Then it will all belong to you,
To serve the best interest of your monastery".

The abbot said to Brother Rus:
"There is lead over in that house.
You are to bring it immediately to the monastery.
Let us see if you can now bear it.
Now hurry up and don't be late.
Come quickly and give me your answer again"[36].

The abbot was also brought home by Rus in record time. The demon was then ordered to live near the monastery in a deserted spot, where he never again would be able to tempt anyone.

The story ends with the triumph of the reformed abbot over the unreformable demon. In a postscript, which probably belongs to the Reformation period, the monk's way of life is dismissed as useless. In the main text of the Danish version, however, I detect an evaluation of the monks which probably belongs to the last decades of the fifteenth century[37]. Whether or not the author of Brother Rus' story was lay or clerical, the appearance of such a tale reflects a late medieval acceptance of the monastery's place

---

[36] Ibid. p. B v: *Aff dette bly, dette vil ieg høre / Saa megit som Rus kand en tid føre / Paa ryggen offfver det kalte Vand / Til Klaaster udi Saxen land / Herre det er nu min begere / oc siden begerer ieg inted mere / Kongen sagde det skal saa ske / annamer det bly som i der see / Kan Rus det oc alsammen føre / da skal det eder alt sammen til høre / oc der met eders klaasters beste gøre. / Abbeden sagde til broder Rus / der ligger bly udi det hus / Det skalt du strax til Klaaster føre / lad see du kant aff sted nu føre / Nu skynde dig oc ver ey seen / Kom snart oc sige mig svar igen.*

[37] The book was printed in 1555 and in the postscript are phrases that are good Lutheran theology: *Thi bør Jesu alleniste ære from oc icke nogen Paffue eller Muncke i Rom / Thi de kunde ingen hielpe aff nød / de gaa selff paa veyen, til den evige død.* What surprises me is that there seems to have been no attempt by the post-Reformation editor to revise the medieval bulk of the poem: here the monks' place in church and society is not challenged.

in society. The monks can abrogate their Rule, but they are also capable of returning to it. Once they do so, they can actually put the devil to work and make use of him for completing their church[38].

Devils that take men on miraculous journeys and even do good works for the church go back at least to the thirteenth century to tales found in the Cistercian writer Caesarius of Heisterbach[39]. There is nothing new in the Rus legend, but its formulation at the very close of the Middle Ages underlines the maintenance model of monastic life. Spiritual life was seen as attainable in the context of solid material institutions and in a daily life where collective prayer was all important. In the story of brother Rus, which recently has been interpreted as a Reformation attack on monasticism, spiritual life and material life still belonged together. Both the roof lead and the monks' prayers were necessary to continue the monastery's life. As the author of the account describes the monk's reaction when the abbot told them of Brother Rus' tricks: *De begyndte strax at læse og siunge / de tiente Gud met hierte oc tunge* (They started immediately to read and sing / They served God with heart and tongue).

The Reformer in the Midst of Maintainers: Saint Bridget at Alvastra

In this context of spiritual-material life as a wholeness, at least as it was perceived by later medieval monks, we find the occassional reformer who yearned for change and the establishment of more ascetic values. Such is the case with Saint Bridget (1303–73), whose dreams and projects were finally realised in the foundation of a unique new order. Here priests lived in the same monastery

---

38 We know that in the fifteenth century many monastic buildings were completed after building programmes had lain dormant for more than a hundred and fifty years. This was the case, for example, at Øm abbey in Jutland. See Olaf Olsen, "Krønike of udgravning: Øm kloster i historisk og arkæologisk belysning", in: Convivium (Copenhagen, 1979) 1–22. The segment of Esrum abbey still visible today dates from the fifteenth century.

39 Joseph Strange (ed.), Dialogus Miraculorum (Cologne, 1851; reprinted Ridgewood/New Jersey, 1966) distinctio quinta, de daemonibus, esp. ch. 37: *De daemone, qui Everhardum militem transtulit Jerusalem.* Also Mathilde Hain, "Lebendige Volkssage im *Dialogus Miraculorum* des Caesarius von Heisterbach", in: Archiv für Mittelrheinische Kirchengeschichte 2 (1950) 130–40.

as nuns in order to take care of women's spiritual needs and in every area except the sacramental one to be subservient to the abbess[40]. The Bridget who is known for her revelations and her political dealings with popes and princes started out, of all places, at a Cistercian monastery in Sweden. Here, at Alvastra, a house that in the 1340s already had existed for two centuries, Bridget began to restructure her own life and that of those around her.

I have tried to get behind the impressive structure of the *Revelations* of Saint Bridget by turning to the accounts of those who shared her everyday life at Alvastra in the years from 1343, when her husband died, until 1346, when she went to Rome[41]. At first glance a male Cistercian house would seem to have been unsuitable for a noble woman, however devout she might have been. Cistercian customs and statutes from the earliest years of the Order made it quite clear that male houses were not to tolerate the proximity of women, even on a brief visit[42]. Bridget nevertheless actually decided to settle down in buildings contiguous to the monastery[43]. She was right there on the monks' property, as it

---

[40] For the spread of the Birgittine Order, see Tore Nyberg, Birgittinische Klostergründungen des Mittelalters (Bibliotheca Historica Lundensis XV) Leiden, 1965.

[41] I have been for the most part dependent on Isak Collijn's magnificent edition of *Acta et Processus Canonizacionis Beate Birgitte* (Samlingar utgivna af Svenska Fornskriftsällskapet, Ser. 2. Latinska Skrifter I) Uppsala, 1924-31, to be referred to as 'Acta Birgitte'. The best general introduction to Bridget I have found is Birgit Klockars, Birgitta och hennes värld (Kungl. Vitterhets Historie och Antikvitets Akademien, Historiska serien 16) Stockholm, 1971. The same writer has some helpful observations on the Cistercian influence on Bridget in: Birgitta och Böckerna: En Undersökning af den heliga Birgittas källor (Kungl. Vitterhets Historie och Antikvitets Akademien, Historiska serien 11) Stockholm, 1966, ch. 13 ("Klosterregler och Ordensgrundare"), esp. 189–92. Johannes Jørgensen's biography of Bridget (translated to English in 1954) still provides the best non-Scandinavian language introduction to her.

[42] In 1205 a Cistercian abbot was soundly criticized by the General chapter for allowing the French queen, Ingeborg of Denmark, to stay overnight at his monastery. See J.-M. Canivez, Statuta Capitulorum Generalium Ordinis I (Bibliothèque de la Revue d'Histoire Ecclésiastique 9) Louvain, 1933, 1205, nr. 10. See also Bernard Lucet, Les codifications cisterciennes de 1237 et de 1257 (Paris, 1977), dist. X, 22 (20): *De mulieribus ne abbatias ingrediantur.*

[43] According to prior Peder of Alvastra, she was ordered by divine revelation to remain *per aliquos annos in domibus contiguis monasterii sancte Marie*

were, and present in the church at the same times of day and night as the monks. We have a fairly precise description of the content of her everyday life, perhaps one of the few descriptions we have of how a person spent time in a fourteenth-century monastery:

> At night she got up several times to pray, and when the cock crowed, she got up for good and remained in the church, until the singing of prime. Then for the sake of being warmed from the icy cold, she went to a heated room and there read part of the psalter ... and then returned to the church until the main meal, praying and hearing the canonical hours. After she ate, she went back to prayer immediately for a while and then spent time on pious works for decorating altars and the priests' garments. She had chalices made and gave them to the churches and was never free from some task until at the hour of vespers she returned to the church until supper. Afterwards she took care of business with her servants and then went to compline. Thereafter she refused to speak. Indeed she spoke with no one until the first hour of the next day[44].

This account was given by one of Bridget's companions, who after her death participated in the enquiries made about Bridget's life. Here we meet the late medieval church's exactitude and detail when it was a question of canonizing a saint. Everything had to be known, and in the hundreds of pages printed from the process

---

de Alvastro ... (Acta Birgitte 509). According to Edvard Ortved, Bridget was given a residence outside the northeast corner of the church, next to the graveyard [Cistercieordenen og dens Klostre i Norden, II. Sveriges Klostre (Copenhagen, 1933) 93]. As Ortved points out, it is likely that Bridget only had access to the part of the church delegated to the monastery's *familiares*. Even so, the longstanding presence of a woman right on the threshold of the cloister was enough to cause controversy.

44 Acta Birgitte 65: *Item in noctibus pluries surrexit ad orandum, sed in galli cantu surrexit ex toto et remansit in ecclesia, quousque prima fuit cantata, et tunc propter refocillacionem frigoris adivit estivarium et ibi legit partem psalterii ... et revertebatur ad ecclesiam usque ad prandium orando et audiendo horas canonicas, post prandium morabatur statim in oracione ad tempus et deinde vacabat operi pio pro ornatu altarium et vestium sacerdotum, et calices fieri fecit et ecclesiis dedit, et numquam alii vacabat operi, deinde hora vesperorum ad ecclesiam revertebatur usque ad cenam, facta cena ex expeditis negociis cum familiaribus legit completorium suum et postea negabat loqui, ymo nemini loquebatur usque ad horam primam sequentis diei.*

of canonisation, we get valuable glimpses into what it was like for Bridget to be at Alvastra, and for Alvastra to have Bridget[45].

Bridget was not an easy or even a welcome guest. Her husband had come to Alvastra to die there as one of its monks. A few days before his death he gave her his ring and asked Bridget to keep it on her finger as a reminder to pray for him. Soon after his death, Bridget removed the ring, much to the surprise of the monks. She announced that from now on she would not be bound to any human being, only to Christ, so the ring had to go[46]. Brother Gerekin at Alvastra, a venerable figure who had never been outside the monastery for more than forty years and who was famed for his endless prayer vigils, objected to Bridget's proximity to the monks. Gerekin was highly respected, for he in prayer continually saw nine choirs of angels. When the host was elevated at the mass he often saw Jesus "in the form of a boy". "Why does this lady sit here in a monastery of monks?", Gerekin objected. "She brings a new custom contrary to our rule". As a good monk, he insisted on the force of custom, *consuetudo.* Once a new practice was accepted, he indicated, it easily became a custom. But Gerekin was convinced of the necessity of Bridget's presence when he received a vision in which a voice told him to accept Bridget in the monastery:

> "Don't be surprised. She is God's friend and has come for this [purpose] so that under this mountain she can collect flowers, from which all even beyond the sea and the world's boundaries will receive medicine"[47].

The same brother Gerekin apparently then became one of Brid-

[45] I have learned much from Richard Kieckhefer, Unquiet Souls: Fourteenth-Century Saints and Their Religious Milieu (Chicago, 1984), where Bridget can be seen in the context of the other saints of her period. In her I do not find, however, the *intensity* which Kieckhefer says describes the saints of this age. For me Bridget is in many ways perceived by her surroundings not so much in terms of the violence of her fervour but in terms of her strength of will. This trait brings to mind Bernard of Clairvaux, and it would probably be fruitful to compare the spiritual attitudes and material activities of these two monastic founders. The "cistercian-bernardine" factor in Bridget's life deserves further study.

[46] Acta Birgitte 479: ... *volo carere anulo et viro meo et me recommendo deo.*

[47] *Noli mirari, hec est amica Dei et ad hoc venit, ut sub monte isto flores col-*

get's staunchest supporters. In another vision he saw Bridget lifted up from the earth. From her mouth lightning came and a voice said:

> "This is the woman who coming from the extremity of the earth will propagate wisdom to numberless peoples. This will be a sign to you, that she from the mouth of God will tell you when your life is to end. So you will rejoice in her words and in her coming, and your desire will be fulfilled more quickly, so that you do not see the evils which God is about to inflict on this house"[48].

From the twelfth century onwards it had been unusual, if not unthinkable, for a woman to be given the place in a male Cistercian house that Bridget acquired[49]. She made her way on the basis of revelations, especially one in which the Lord is supposed to have told her:

> "I am above all rules ... I allow you to reside for the time being near the monastery, not so I can dissolve the rule or add a new custom, but more that my wondrous work will be shown in a holy place"[50].

Two hundred years after its foundation, a Cistercian monastery could be called a holy place. From the descriptions of Bridget's

---

ligat, de quibus omnes eciam ultra mare et fines mundi recipient medicinam (Acta Birgitte 82).

48 Acta Birgitte 82: *Hec est mulier, que a finibus terre veniens propinabit innumerabilibus gentibus sapienciam, et hoc erit tibi signum, quod ipsa de Dei ore dictura est tibi finem vite tue, et exultabis in verbis et adventu eius, et complebitur cicius desiderium tuum, ne videas mala, que inducturus est Deus super domum istam.* The evils referred to here are probably the loss of life resulting from the plague at Alvastra. See Ortved, Cistercieordenen 97.

49 By the second half of the twelfth century, Cistercian monks had begun to visit, counsel, and hear about the revelations of holy women. But these relationships were always maintained with women who lived at a physical distance from the monastery. The idea of a woman right on the periphery of the cloister complex was unthinkable. See my "The Cistercian and the Transformation of Monastic Friendships", in: Analecta Cisterciensia 37 (1981) 1–63, esp. 10–13.

50 Acta Birgitte 82: ... *qui sum super omnes regulas, permitto tibi residere ad tempus presens prope monasterium, non ut dissolvam regulam, nec ut consuetudinem novam adducam, sed magis ut opus meum mirabile in sancto loco ostendatur.*

contacts with the monks, we can see that many of them were considered by their surroundings to be holy men who themselves had visions. This side of Alvastra's life is especially apparent in the deposition about Bridget made by her Cistercian confessor, Peder, who was subprior of Alvastra when she arrived and later became prior[51]. Peter wrote of a namesake, the gatekeeper, who for three years was seriously ill with an infection in his foot that caused great pain. As death approached, he would continually cry out, "I desire, I desire, o my desire". When the brethren asked him what he meant, death or salvation, he answered:

> "I desire my God, my lover and redeemer .... I saw him and from my desire and his vision I rejoice, because if I could live for a hundred years in this illness, I would accept it and be content"[52].

After his death, Bridget prayed for the gatekeeper Peder and had a vision in which Christ told her that since great lords and learned masters did not want to come to him, he collected the poor and ignorant in the kingdom of heaven. "This poor monk has found wisdom beyond Solomon", Bridget was told.

The theme is a familiar one that goes right back to the parable of the guests invited to the wedding feast in the Gospel (Matt. 22:1–10). Here Bridget's revelations convey to the monks at Alvastra the treasure that their house held, even in a simple monk. Bridget in these stories becomes almost a lightning rod for conducting and witnessing divine power in the buildings and inhabitants of Alvastra. She conveys that power to them in a way they can understand and tolerate, even if she starts out by abrogating the monastery's integrity because she insists on living there. It is as if Bridget's presence multiplied the number of visions that the monks had, as in the case of a monk who for twelve years had been tempted to say blasphemous things against the Eucharist and against the name of Mary. Bridget's prayers cured him, and

---

[51] For Peder, see Carl Gustav Undhagen (ed.), Sancta Birgitta Revelaciones I (Samlingar utgivna af Svenska Fornskriftsällskapet, Ser. 2, VII, 1) Uppsala, 1978, 11.

[52] Acta Birgitte 532: *Desidero Deum meum, amatorem meum et redemptorem meum et anime mee. Vidi eum et ex desiderio et visione eius gaudeo. Quod si centumannis vivere possem in ista infirmitate, optarem libenter et contentus essem.*

then at the end of his life he was able to achieve in a spiritual vision a pilgrimage to Jerusalem that he had never been able to make in life. In the spirit he saw all the holy places he had longed to visit[53].

The visions and experiences of Bridget at Alvastra reveal a vitality of spiritual concerns at a Scandinavian Cistercian monastery among its monks. This involvement would otherwise be unapparent to us. In other records concerning Alvastra (and most late medieval Cistercian houses), it is possible only to see its land transactions and its financial obligations towards the General Chapter[54]. In these pedestrian sources we find the very abbot who tried to get Bridget canonized involved in a scandal concerning payments to Clairvaux. Mads Knop, as he was known, in 1380 threw out the visitor from Clairvaux and later was himself deposed[55]. The Cistercian Order in the fourteenth century was plagued by wars, schism and economic crisis. It tried to maintain its international structure by establishing an elaborate system of payments[56]. Abbot Mads Knop in turning away the visitor opened up his abbacy at Alvastra to the charge of neglect and the "dilapidation" of the monastery[57].

In stimulating the spiritual vitality of the monastery, Bridget challenged the very assumptions of the monks about their sources of spiritual power. Like most medieval women visionaries, she had to convince her surroundings that she was not a crackpot. One Alvastra brother, Paul, went around saying that Bridget "did

---

[53] Acta Birgitte 539.

[54] See Ortved, Cistercieordenen, on Alvastra. This remains the fullest treatment of the monastery's history. As can be seen from the section on Bridget at Alvastra (pp. 90–101), Ortved did not succeed in organising his materials very well and often just repeats the contents of the sources in a totally descriptive and non-analytical way.

[55] DD IV, 2, Nr. 58, 59, 124. I agree with Ortved that the Alvastra abbot's behaviour may have been connected with different alignments in the papal schism that had arisen in 1378 (Ortved, Cistercieordenen 107–108).

[56] See Peter King's invaluable 'The Finances of the Cistercian Order in the Fourteenth Century' (Cistercian Studies Series 85) Kalamazoo, 1985.

[57] DD IV, 2, Nr. 124 from Alvastra on 7 April 1381. Abbots Peder of Esrum from Denmark and Tideman from Varnhem declare that after an investigation of complaints at Alvastra they have removed abbot Mads Knop and have ordered him to the General Chapter.

not have a sound mind but was imagining things" (*non habere cerebrum sanum sed esse fantasticam*)[58]. When Bridget was told this, she is supposed to have smiled and said that the brother was to be commended for recognising her weaknesses:

> "... until now I certainly have not had a sane mind when I loved the world more than my God. But now because I desire to love nothing except God and please none except him, I hope that I will have a good and sound mind, so that I can please God and displease the world"[59].

Bridget asked for the brother's prayers. She knew how to handle the criticism or scepticism of the monks, and prior Peder claims that she usually won them over. In his own case, Peder had not wanted to follow her order that he should write down her revelations. When he refused to do so, he was immediately stricken with an illness that only went away when he changed his mind. Here Bridget is depicted as the type of saint whose strength of will manifests God's own will. To a sick brother, for example, she revealed that the man all during his life as a monk had been hiding from himself and his confessors the truth about his motivation for conversion. It is seen as God's will that Bridget got into the man's submerged consciousness to read the thoughts he cannot face[60].

Prior Peder's deposition also gives us some insight into the effect Bridget's presence had on the monastery as a centre for attracting people in need. They came to Bridget in order to get advice or help while she lived there[61]. One wonders how the monks responded to this flow of visitors. We know that in the aftermath of the death of Bernard of Clairvaux in the mid-twelfth-

---

58 Acta Birgitte 488.

59 Ibid.: ... *namque usque nunc certe non sensi sane, quando mundum plus dilexi quam Deum meum. Nunc autem de cetero, quia nichil desidero diligere nisi deum et nulli placere nisi ei, spero me bonum et sanum cerebrum habituram, quo placeam deo et displiceam mundo.*

60 Acta Birgitte 92.

61 As the parish priest who was bewitched by a woman and went to Alvastra so that Bridget would free him from his temptation (Acta Birgitte 513). The canonisation account does not make it clear whether many lay people were allowed to see Bridget at Alvastra, but it indicates that she did have such contacts. See Acta Birgittre 554, where Bridget appeared after her death to a woman who used to see her when she was at Alvastra.

century, the abbot of Citeaux ordered Bernard to stop performing so many miracles at his grave. The abbot feared that Clairvaux would become a place of pilgrimage for lay people and distract the monks from their prayers and quiet[62]. For Alvastra the "problem" of Bridget's presence was partly solved by her departure to Rome and partly by the foundation of a religious house for her new community at nearby Vadstena. The Cistercian house became a side attraction, a place she had spent time in, but not the centre of her cult.

Prior Peder told the canonisation commission that from his boyhood he had suffered from continual headaches, but as soon as Bridget prayed for him he was cured and felt no more pains for thirty years[63]. Bridget had the direct connection to God that was needed in the Middle Ages to cope with the evils of the day, the pain and human suffering that were the lot of almost everyone. What is surprising about her development is not the power she seemed to manifest but the way she chose to take a Cistercian monastery as her base. For an order that was supposed to be on the decline in the fourteenth century, the Cistercians had devout and learned monks who responded to Bridget's holiness and made it possible for her to share their life. It could not have been easy for the monks to have this spiritual bombshell on the very fringes of their everyday life, and one can imagine a sigh of relief at Alvastra when Bridget made her way to Rome. But the monks were sufficiently impressed by her holiness to vouch for her and to provide their testimony for the canonisation commission.

Sixty-year old brother Lawrence, seventy-year old Daniel, fifty-year old Magnus and the other elders of the convent agreed on the following description of Bridget at Alvastra:

> "... that she resided in their monastery continuously for four years and spent her time carefully on vigils and prayers, alms

---

[62] Griesser, Exordium Magnum Cisterciense, dist. 2, ch. 20, 117: *Enimvero domnus Cisterciensis, qui cum aliis pluribus abbatibus sui ordinis ad exequias viri Dei venerat, considerans tantam importunitatem tumultuantis populi et ex praesentibus futura coniciens vehementer timere coepit, ne, si crebrescentibus signis tam intolerabilis illuc populorum turba concurreret, earum improbitate disciplina periret ordinis et sanctae religionis fervor in eodem loco tepesceret.*

[63] Acta Birgitte 535–6.

> and other holy works, by day in front of the monks who saw it, and by night, as they learned from her companions..."[64].

Thanks to the phenomenon of Saint Bridget, Alvastra emerges from the shadows of fourteenth-century records. One wonders how many other well-established monastic houses would reveal similar sources of spiritual energy if they had been blessed by similar saintly figures.

Saint Bridget is sometimes seen as a monastic reformer who could be extremely harsh on the Cistercians and who reminded them that they were not living up to their rule. She could condemn an abbot for burying someone who was excommunicated and predict the abbot's own swift death[65]. Here she could take on the words of Christ, "He who spurns me will be spurned". In all this vindictiveness it should not be forgotten that Bridget accepted Alvastra as a holy place that was the ideal point of departure for her visions and her political mission in the world. In leaving for Rome, Bridget by no means rejected Alvastra. In Rome she continued what she had begun at Alvastra: revelations, conversations with both important and common people, and the improvement of her surroundings in both material and spiritual ways. In Bridget's life experience we find the reformer thriving in the midst of men set on maintaining existing standards and institutions. Bridget, like her reforming predecessor Bernard, set out to transform her surroundings. She could only do so because she worked within an institution that was both solid and flexible. Both Bridget and Bernard could count on the international thrust of the Cistercian Order. Bernard helped to form it, while Bridget could change it in gaining acceptance as a woman at a male monastery. In the

---

[64] Ibid. 67: ... *quod in eorum monasterio resedit quatuor annis continue et sedula vacabat vigiliis et oracionibus, elemosinis et aliis piis operibus de die coram videntibus omnibus monachis et de nocte, ut didicerunt de familiaribus suis.*

[65] Undhagen, Sancta Birgitta Revelaciones I:13, 275–6: *Hic prior ordinis Cisterciensis sepelivit excommunicatum. Cumque legisset ultimam commendacionem pro eo, domina rapta in spiritu audivit: "Iste fecit, ut potuit, et sepelivit. Iam scito pro certissimo, quod ipse post istum mortuum primus sepelietur ...".* This is not necessarily an abbot of Alvastra. The Danish house of Herrisvad in Skåne was also within Bridget's reach. According to new research, she resided nearby in the 1340s. See Tore Nyberg's review of my "The Cistercians in Denmark", in: Historisk Tidsskrift 86 (1986) 318.

intense, quiet, rather unspectacular recounting of episodes from her stay at Alvastra, we find Bridget in her sanctity benefiting from monks whose main ambition was to maintain material gains already made. Because Bridget fit into everyday life at Alvastra with prayers, vigils and manual labour, she was able to convince the monks of her sanity and of the truth of her visions. In living their life, she opened heaven for the monks.

In Bridget of Sweden, as in other late medieval spiritual women, piety and practicality meet. Bridget was just as willing to make mass vestments as to receive visions from Christ. She expresses at Alvastra what Julian of Norwich calls the homeliness of God. At the age of ten, Bridget had seen the crucified Christ, who had told her: "In such a way I am now suffering". For Bridget the evils men did were a continuing contribution to the crucifying of Christ. His sufferings became the centre of her life, and her visions became a means to convey Christ's pain to those around her. Bridget got her message across to monks who were sceptical at first but who eventually embraced her spiritual vision and physical presence. In Bridget, spiritual and material life were combined in the minds of those who experienced her life and approved of the way she lived.

Revising Huizinga

Johan Huizinga's *The Waning of the Middle Ages*, with its portrait of late medieval, especially fifteenth-century, religious, social and political life in the Low Countries continues to haunt us today[66]. Huizinga's elegant prose and artistic eye reveal to us what appear to be grotesque exaggerations of religious expression in the presence of suffering and blood, as well as in the conversion of abstract symbols into crass realities in religious art. Huizinga's view has been boiled down into a contemporary understanding of the late Middle Ages as an hysterical period[67]. Here ironically we meet the very evaluation that characterizes late medieval

---

[66] The book was first published in Dutch in 1919 as *Herfstij der Middeleeuwen.* I dealt with the book in the concluding chapter of an essay collection on cultural flowering and social crisis in the fourteenth century: Brian McGuire (ed.), Kulturblomstring og samfundskrise i 1300-tallet (Copenhagen, 1979, 1985).

[67] As in Barbara Tuchman's bestseller, A Distant Mirror. The Calamitous Fourteenth Century (New York, 1978).

people's judgment of many religious mystics. Margery Kempe in England, for example, was considered an intrusion and imposition on her surroundings, while Bridget could be judged a "fantastic" whose mind was not sound. But Bridget (and to a certain extent Margery) won over the opposition and scepticism around them. Bridget's experience at Alvastra points out to us how a traditional monastery could respond to the spiritual impulses coming from such a visionary powerhouse.

In dealing with late medieval spiritual life, especially as shown by women, we can now turn to an historian of the calibre of Caroline Walker Bynum, whose recent book, *Holy Feast and Holy Fast*, has brought into focus ways in which holy women of the High and Late Middle Ages conveyed their religious experiences[68]. Bynum shows how women's spirituality in its literary form and actual expression was different from that of men. Women used food to exercise control on themselves and their surroundings. This concern gave them different means of expression than those possessed by learned churchmen. In Bridget's visions, food was apparently not a central theme, but Bynum's holistic interpretation of late medieval female spirituality can be used in order to show how women of the period were not bothered by the traditional dualism of male spiritual figures.

If we consider Bynum's emphasis on the theme of suffering in late medieval social and religious life[69], we can see Bridget as an exponent of the sufferings of Christ as a means for both men and women to translate their physical suffering and sense of spiritual inadequacy into union with Christ. Bridget's intensity of vision and self-confidence in bringing together disparate worlds of court, cloister and secular church underline the strength of late medieval spirituality. Instead of seeing it as Huizinga did in terms of neurosis and exaggeration, we can approach the spiritual life of the period as being solidly based in men's and women's perception of their material condition.

---

[68] Subtitled: The Religious Significance of Food to Medieval Women (Los Angeles, 1987).

[69] Ibid. 294–296. Also 403, n. 20, her response to Huizinga: "... Huizinga sees something decadent about the fourteenth- and fifteenth-century proliferation of symbols and allegories and holds that increasingly the categories simply generated other categories without much regard for their referents in 'reality'. I see this piety as deeply experiential".

Food and land are among the very central concerns of medieval people. Land was necessary to grow food and food was necessary to sustain the body so that the spirit could do all it had to do in order to save the whole person. In the Cistercian monasteries of the fourteenth century, medieval people were still able to find institutions that owned land which made food which in turn sustained monks carrying out a necessary spiritual task, the *opus dei.* For Bridget there could be no better point of departure for her own work in making God's will better known through her visions. In the material conditions of the monastery and in its spiritual life, she could find a basis for her own religious experience and thus for her future religious order.

Besides Bridget's years at Alvastra, we have looked at the story of Brother Rus, English Cistercian letters to Citeaux in the late fifteenth century, and attempts at founding new Cistercian houses in fourteenth century Denmark. In doing so we have only barely touched on the content of everyday life and the way it was perceived by those who experienced it. I have tried to distinguish between reformers who wanted change and traditionalists who insisted that their institutions were satisfactory and merely had to be maintained. The monks at Øm abbey, for example, judged their abbots on the basis of how hard they fought for the privileges and properties which the monastery considered to be its right. In such terms, the period 1250–1550 might be seen in monastic terms as an arid march from one legal battle to another in order to preserve and protect what was supposed to have been won in the twelfth century.

Such a focus on legal battles would concentrate too narrowly on the monks' caution and self-righteousness. Their desire to maintain what had been won was also connected to a conviction that their foundations also maintained the very structure of society and even postponed Judgment Day[70]. When Bridget challenged these monks and said she herself was in God's presence and heard his voice, the monks were bound to be sceptical. But her

---

[70] As in the familiar exemplum story, which I know of for the Cistercians in Caesarius of Heisterbach, and later "borrowed" and put into Dominican garb, that the monks' prayers ensure that God puts off the day of judgment for the time being (Strange, Dialogus Miraculorum XII 58, where Mary says to Christ: "Parce dilecte fili mi, parce, et si non propter illos, saltem propter amicos meos personas ordinis Cisterciensis, ut se praeparent").

way of life was too convincing to be ignored. She gained a place as part of the monks' everyday life.

In Bridget's stay at Alvastra we find a temporary union of spiritual and material life that benefited both Bridget and the Cistercians. She gained stability. They got a saint. Every saint can be seen as a person who in the exercise of spiritual power exerts political influence on his or her surroundings. Bridget is no exception. But in Bridget and in her Cistercian friends, there was no contradiction between spiritual life and its material basis. As so often in the Middle Ages, we cannot find one without the other[71].

[71] I am grateful to Gerhard Jaritz at the Institut für mittelalterliche Realienkunde Österreichs for setting the topic of this paper, one that I on my own initiative probably would not have dared to approach. Since I met Dr. Jaritz at the Cistercian conference at Kalamazoo, Michigan in 1984, I have been inspired by his excellent work on material life in a monastic context. See his "The Standard of Living in German and Austrian Cistercian Monasteries of the Late Middle Ages" and "Cistercian Migrations in the Late Middle Ages", in: Goad and Nail: Studies in Medieval Cistercian History X, ed. E. Rozanne Elder, (Cistercian Studies Series 84) Kalamazoo, 1985, 56–70 and 191–200. Also helpful have been his "Ebrach und Rein in Spätmittelalter und früher Neuzeit", in: 120. Bericht des Historischen Vereins Bamberg (1984) 323–40; "Klosteralltag und Welt im Spätmittelalter: Das Beispiel der Kartäuser", in: Kartäuserregel und Kartäuserleben (Internationaler Kongreß vom 30. bis 3. Juni 1984) (Salzburg, 1985) 47–68; "Das 'Neue' im 'Alltag' des Spätmittelalters. Annahme – Zurückweisung – Förderung", in: Alltag und Fortschritt im Mittelalter (Veröffentlichungen des Instituts für mittelalterliche Realienkunde Österreichs 8 = Sb. Ak. Wien, phil.-hist. Kl. 470) Vienna, 1986, 83–93.

The Impact of the Reformation on Daily Life

ROBERT W. SCRIBNER

I

In November 1525 the Town Council of Zürich announced that all gravestones in the city would have to be removed within a month, or else they would be confiscated and used for building material. Such an act of impiety towards ancestors and the dead was as astonishing to many contemporaries as it is to the anthropologist or folklorist today: as it seemed to the orthodox chronicler Hans Salat, the world had become godless[1]. The Reformation created a deep rift in European culture which reached far down into the texture of daily life. The Swiss folklorist Richard Weiss saw it as a more powerful source of division than linguistic or political boundaries; in Switzerland he held it to have formed two confessionally distinct cultures with marked differences in modes of speech, in dress, in food, even in the way in which land was tilled[2].

Weiss was merely providing a regional example of a commonplace of twentieth-century scholarship, of a notion embedded even in those recent interpretations which emphasize the long-running processes to which Catholic and Protestant worlds were subject – confessionalization, acculturation or the 'reform of popular culture'. On the one hand, there is a religion of cultic observance set in a sacralized world, appealing to the senses and emphasizing collective religious mentalities, what John Bossy has called 'traditional Christianity'. On the other hand, a religion of non- or even anti-ritual forms, expressing rational and individual thought modes, set in a desacralized world in which there were not specially sacred times, spaces, places, persons or things[3].

---

[1] See Hans Trümpy, "Die Reformation als volkskundliches Problem", in: Kontakte und Grenzen. Festschrift für Gerhard Heilfurth (Göttingen, 1969) 253–4.

[2] Richard Weiss, Volkskunde der Schweiz (Zürich, 1946) 309–10.

[3] See John Bossy, Christianity in the West (Oxford, 1985) 98, 102, 121; Peter Burke, "The Repudiation of Ritual in Early Modern Europe", in: idem, The Social Anthropology of Early Modern Italy (Cambridge, 1987) 223–38, esp. 226–28.

That this is a deceptively oversimplified, indeed even a false picture of the religious culture of early modern Europe is gradually becoming apparent from a number of directions. First, there is a substantial body of evidence of so-called 'Catholic survivals' within Protestant culture which indicates that the break with the past was neither as dramatic nor as complete as conventional wisdom would have us believe. This is true not just of Lutheran areas, with their more moderate forms of Reformation, but also of those dominated by the more radical Reformed tradition[4]. Second, as we uncover more about the popular side of the Reformation by investigating how it spread beyond the circles of theologians, churchmen and social elites, we find that there is often more continuity with pre-Reformation mentalities than we have hitherto recognized. Often the process of religious reform worked not by repudiating traditional thought modes but by presupposing them in order to modify or transform them[5]. Third, a growing

---

[4] See, for example, Karl-Sigismund Kramer, "Protestantisches in der Volkskunde Frankens", in: Hessische Blätter für Volkskunde 60 (1969) 77–92; Gertrud Frauenknecht, "Die evangelische Pfarrkirche Veitsbronn als Ziel einer Wallfahrt", in: Festschrift Matthias Zender. Studien zu Volkskultur, Sprache und Landesgeschichte (Bonn, 1972) 384–94; Pieter J. Meertens, "Vorreformatorische Relikte in den reformierten Niederlanden", in: Festschrift Matthias Zender 395–411; Karl Bohnenberger, Volkstümliche Überlieferungen in Württemberg (Forschungen und Berichte zur Volkskunde in Baden-Württemberg 5) Stuttgart, 1980, esp. 24, 59–60; Richard Andree, "Katholisches Überbleibsel beim evangelischen Volk", in: Zeitschrift des Vereins für Volkskunde 21 (1911) 113–25. These studies go back well into the early modern period, see for example Georg Christoph Pisanski, Beleuchtung eines Überbleibsel des Heidentums und Pabsthums in Preußen (Leipzig,1756); Georg Christoph Zimmermann, Theologische Abhandlungen des Aberglaubens (Frankfurt–Leipzig, 1740; orig. ed. 1721); Bartholomaeus Anhorn, Magiologia (Basel, 1675); Rudolf Gwerb, Bericht von dem aberglaubigen und verbottnen Leuth- und Vych besegnen (Zürich, 1646). For other similar works from the seventeenth century, see Albrecht Jobst, Evangelische Kirche und Volkstum (Stuttgart, 1938) 81. They originate from the first attempts made by the evangelical clergy to disseminate their beliefs to the rural inhabitants of Germany; see Johannes Rivius, De officio pastorali ministrorum ecclesiae in pagis (Basel, 1549), which sets out the problems facing a rural pastor and how to deal with them, including the attachment of the peasant population to their old 'superstitions' (p. 7).

[5] See R. W. Scribner, "Ritual and Reformation", in: idem, Popular Culture and Popular Movements in Reformation Germany (London, 1987) 103–22;

body of literature exploring Protestant 'popular religion' has uncovered a good deal that contradicts the normative view presented by 'official' Protestant belief[6].

This is not to claim that confessional differences were unimportant. Religious allegiance patently contributed to local and regional differentiation through the impact of ecclesiastical forms, through contrasting attitudes towards daily life rooted in distinctive theological beliefs, through the construction of distinctive religious life-styles, through different sets of social norms and prohibitions, and through personal and social networks determined primarily by confessional allegiance[7]. Thus, there were areas in

---

and "Incombustible Luther: the Image of the Reformer in Early Modern Germany", in: ibid. 323–53; see also the processes of evangelical propaganda discussed in R. W. Scribner, For the Sake of Simple Folk. Popular Propaganda for the German Reformation (Cambridge, 1981) 229–50.

[6] What we might call the earliest 'ethnography of popular Protestantism' began with the desire of Protestant clergymen to chronicle the customs of their locality, for example Heinrich Andreas Pröhle, Kirchliche Sitten. Ein Bild aus dem Leben evangelischer Gemeinden (Berlin, 1858); see also Heinrich Gebhardt, Zur bäuerlichen Glaubens- und Sittenlehre (Gotha, ²1890). It continued with the first attempts at a "protestantische Volkskunde", in: Albrecht Jobst, Grundzüge evangelischer Volksfrömmigkeit (Dresden, 1937); idem, Sammlung kirchlicher Sitten (Dresden, 1938); idem, Evangelische Kirche und Volkstum (Stuttgart, 1938). This direction has been continued in the work of scholars of 'popular religion', for example, Georg Schreiber, "Volksreligiosität im deutschen Lebensraum", in: Volk und Volkstum. Jahrbuch für Volkskunde (München, 1936) 36–68, a Catholic exploration which however directed attention to the 'interaction between the confessions' (pp. 63–4); Josef Klapper, "Religiöse Volkskunde im gesamtschlesischen Raum", in: Volk und Volkstum 69-99; Karl Bornhausen, "Religion und Volkstum in Schlesien", in: Schlesisches Jahrbuch 6 (1933–34) 89–95; idem, "Religion und Volkstum in Schlesien", in: Jahrbuch des Riesengebirgvereins 17 (1928) 3–19; Richard Weiss, "Grundzüge einer protestantischen Volkskultur", in: Schweizerisches Archiv für Volkskunde 61 (1965) 75–91; Martin Scharfe, Evangelische Andachtsbilder (Stuttgart, 1968); Trümpy, Die Reformation als volkskundliches Problem. Less useful are Dieter Narr, "Zum Charakterbild protestantischer Frömmigkeit", in: Hessische Blätter für Volkskunde 60 (1969) 63–79; and Martin Scharfe, "Der Heilige in der protestantischen Volksfrömmigkeit", in: ibid. 93–106. For the most recent overview see Wolfgang Brückner – Gottfried Korff – Martin Scharfe (eds.), Frömmigkeitsforschung (1986).

[7] For these points, see Matthias Zender, "Konfessionsgebiete als Beispiel regionaler Differenzierung", in: Günter Wiegelmann – Matthias Zender – Ger-

which confession played a dominant role in the choice of marriage partners and those in which one's confessional allegiance was plain in one's baptismal name or in the number of godparents present at a baptism. Demographic differences between large and small families have also been explained in terms of fundamentally different Catholic and Protestant attitudes towards ancestors and progeny. The evangelical propagandist Heinrich von Kettenbach put this latter point succinctly as early as 1523 when he argued that what was previously spent on the cult of the dead could be more fruitfully passed on to one's heirs. Calvinist parents in Geneva seem to have taken this advice a step further by limiting the number of heirs through a doubling and trebling of birth intervals[8]. The physical landscape could also be said to have been 'confessionalized', accurately revealing to the interested traveller the religion of the inhabitants of any territory. Thus, as one passed through Franconia, the sudden absence of roadside image shrines betrayed that one had passed from a Catholic into a Protestant area. Ironically, one was more likely to encounter here a well-preserved gothic church, while luxuriant baroque churches were more frequently seen in Catholic areas[9]. Similarly, in the countryside around Marburg one could easily discern the faith of peasant women from their local costumes and hairstyle, and the same was true in parts of Alsace, Westphalia or Lusatia[10].

hard Heilfurth (eds.), Volkskunde. Eine Einführung (Berlin, 1977) 163–70, esp. 163.

8 On confessional marriage see Hans-Christoph Rublack, "Konfession als demographischer Faktor", in: Horst Rabe – Hansgeorg Molitor – Hans-Christoph Rublack (eds.), Festgabe für Ernst Walter Zeeden (Münster, 1976) 62–96; on baptismal names: Erich Wentscher, Die Rufnamen des deutsche Volkes (Halle, 1928) 25; Adolf Bach, "Deutsche Eigennamen in volkskundlicher Betrachtung", in: Wilhelm Pessler (ed.), Handbuch der deutschen Volkskunde 3 (Potsdam, 1938) 325; Adolf Bach, Die deutschen Personennamen (Berlin, 1943) 360–361; Eva Ammermüller, "Konfessionelle Unterschiede in den Taufnamen?", in: Rheinisches Jahrbuch für Volkskunde 21 (1973) 9–113; on family size and birth intervals: Alfred Perrenoud, "Mathusianisme et protestantisme: 'un model demographique weberien' ", in: Annales E. S. C. 29 (1974) 975–988. Kettenbach's comment in: Gespräch eines Evangelischen mit einem Altmütterlein aus Ulm (Nuremberg, 1523) reprinted in: Otto Clemen, Flugschriften aus der Zeit der Reformation 2 (Leipzig, 1907) 63.

9 Kramer, Protestantisches in der Volkskunde Frankens 77.

10 Zender, Konfessionsgebiete 167; Eva Nienholdt, "Die Volkstracht", in:

This neat picture of sharp cultural division is nonetheless deceptive, for the unevenness of development over space and time often made the reality of 'confessionalization' rather more complex. There were many confessionally mixed areas, where Catholic and Protestant lived alongside one another, not merely village to village but also house to house, just as there were many areas where official religion changed back and forth with the change of ruler, as in the Upper Palatinate or Rhine Palatinate. Such unevenness may explain the fact that weathercocks on church towers may in some localities be taken as a sign that the area is Catholic, in others that it is Protestant[11].

There is also a lack of cultural consistency which allows a custom to 'switch confessional allegiance', so to speak. This can be seen in the celebration of birthdays and namedays (the feast of one's patron saint). The birthday was a medieval custom, joined before the Reformation by the nameday, which became established as a Lutheran custom in the seventeenth century. However the Counter-Reformation advocated celebration of the nameday, perhaps to underline the cult of the patron saint, with the result that evangelical believers gave it up. By the nineteenth century the customs were reversed: birthdays were an evangelical custom, namedays Catholic. But even this distinction was no reliable index of confessional allegiance: in evangelical Siebenburgen, the nameday was celebrated and not the birthday, while in Ermland and Upper Silesia, Catholics celebrated birthdays rather than namedays[12]. Eva Ammermüller has traced a similar switching of confessional fashion in baptismal names. In the seventeenth century, an Old Testament baptismal name almost certainly indicated evangelical confessional adherence[13]. By the nineteenth century, however, many names which had been preferred by Protestants in the seventeenth century had become biconfessional, while many biconfessional names had become exclusively Catholic[14].

There was a similar development in baptismal customs. Ca-

Handbuch der deutschen Volkskunde 3, 81, 89–90, 117; Adolf Bach, Deutsche Volkskunde (Heidelberg, [3]1960) 351.

11 Zender, Konfessionsgebiete 164.

12 Zender, Konfessionsgebiete 168; Bach, Deutsche Volkskunde 278.

13 Bach, Deutsche Eigennamen in volkskundlicher Betrachtung 325.

14 Ammermüller, Konfessionelle Unterschiede in den Taufnamen 102–103.

tholics had favoured baptism as quickly as possible after birth, within 1–3 days, while Protestants initially deferred it. By the eighteenth century Protestant practice had changed and consistorial ordinances in Thuringia in 1711 and 1747 commanded baptism within two to three days and by the nineteenth century it was common evangelical custom to baptise a child as quickly as possible within two to three days of birth[15]. Similarly, Confirmation had been rejected by Protestants in the sixteenth century, but the practice began to reemerge in parts of Lutheran Germany in the mid-seventeenth and was a firmly anchored custom in Thuringia from 1718. The practice even revived, if more slowly, in Protestant Swizerland and was firmly re-established there in the nineteenth century. By the middle of that century it could be a matter of life-long spiritual agony for someone to have taken the Lord's Supper within having first been confirmed, as the Lutheran parson Heinrich Pröhle related from his own pastoral experience. By the second decade of the twentieth century Confirmation was regarded by Protestants in Württemberg as more important than Baptism or the Lord's Supper: refusing Confirmation to a child could lead to the family concerned leaving the church. It had become an important community and family festival, with children, houses and processional route to the church decked in greenery, lily of the valley and myrtle blossom[16].

Such matters reveal shifting fashions among evangelical and Catholic believers alike, often in consequence of changes in official norms. But clear distinctions between the confessions could also flow from the reverse effect, the inability of official prohibitions to establish themselves as normative for popular behaviour. Thus, it is certainly misleading to speak of a 'reformation of popular culture' as any kind of effective or unitary process. For example, festive processions to mark the onset of winter survived in Protestant areas, despite attempts to prohibit them, albeit with the central figure transmuted or neutralized. St. Nicholas thus became merely a holy man, rather than the Catholic saint, or he was

[15] Zender, Konfessionsgebiete 166; for the eighteenth century, Pröhle, Kirchliche Sitten 129.

[16] Pröhle, Kirchliche Sitten 142–143; Paul Wurster, Das kirchliche Leben der evangelischen Landeskirche in Württemberg (Tübingen, 1919) 105; Jobst, Sammlung kirchlicher Sitten 29.

replaced by Knecht Ruprecht, St. Nicholas' former companion[17]. The celebration of the end of winter and the beginning of summer in the mid-Lent ceremony of *Todaustragen* continued despite attempts to prohibit it or to reshape it into an evangelical ceremony with antipapal overtones. It is attested from the seventeenth to nineteenth century in Thuringia, Saxony, the Erzgebirge, Lusatia and Franconia[18].

The inability of Protestant authorities to prohibit rogation day processions which sought divine protection for ripening crops against pests and damaging storms led to a distinctively evangelical form of the *Hagelfeier*, a procession around the fields with hymns and prayers, which was only displaced by a *Hagel-* or *Flurpredigt* in the course of the eighteenth century; the latter was in its turn abolished in Thuringia only in 1808[19]. The custom of the *Flurumgang* was continued in both Saxony and Franconia, although in the latter region it was separated from the custom of marking the bounds *(Flurumritt)*, which became a purely secular ceremony directed at checking the correct position of boundary stones and markings[20]. All such practices had fallen into disuse by the end of the nineteenth century, much to the relief of ecclesiastical authorities, for although they might be called acceptable

---

[17] Wiegelmann – Zender – Heilfurth (eds.), Volkskunde 145.

[18] August Witzschel, Sagen aus Thüringen 2 (Vienna, 1866) 297–307; idem, Kleine Beiträge zur deutschen Mythologie, Sitten und Heimatkunde in Sagen und Gebräuchen aus Thüringen 1 (Leipzig, 1866) 193; 2, 199, 334; Johann Georg Theodor Grässe, Sagenschatz des Königreichs Sachsens (Leipzig, 1894) 38, 115–116; A. Meiche, Sagenbuch der sächsischen Schweiz (Leipzig, 1894) 115–116; on Franconia: Karl-Sigismund Kramer, Volksleben im Fürstentum Ansbach (Würzburg, 1961) 106, citing Georg Christoph Zimmermann, Theologische Abhandlung des Aberglaubens (1721) who attests the custom from his own experience in Wiesenbach, south-west of Rothenburg.

[19] Pröhle, Kirchliche Sitten 59 on the Thuringian abolition; on the *Hagelfeier* in general see Hans Bächthold-Stäubli (ed.), Handwörterbuch des deutschen Aberglaubens 3 (Berlin, 1931) 1314–1316; on attempts in Lüneburg to prohibit the *Hagelfeier*, extending from the *Kirchenordnung* of 1527 until the nineteenth century see Richard Andree, Braunschweiger Volkskunde (Braunschweig, 1896) 258–259.

[20] On Franconia: Karl-Sigismund Kramer, Bauern und Bürger im nachmittelalterlichen Unterfranken (Würzburg, 1957) 62; on Saxony: Grundriß der sächsischen Volkskunde 99.

evangelical customs, there was a continual fear that they were too close to Catholic practice[21].

Similary, there developed distinctive evangelical forms of May-day, Whitsun and harvest festival[22]. The Catholic custom of showering the congregation with wafers on Whitsun, following the lowering of a dove to symbolize the descent of the Holy Spirit, was retained in evangelical parts of lower Franconia merely with the dove omitted. The wafers were especially popular with children and growing numbers were distributed in the seventeenth century, reaching a peak in the 1670s[23]. The harvest celebration was a festive ritual as elaborate as anything found before the Reformation: as the last wagonload of grain was brought in, the mowers made a circle around the last sheaf, from which the fullest ears of grain were selected and laid in a cross shape on a rake, accompanied by the singing of a hymn. The mowers decorated their scythes and wove a garland from the last ears cut, then marched in procession to the farmhouse, where the garland was presented to the farmer's wife, in return for a blessing and thanksgiving. As the hymn *Nun danket alle Gott* was sung, the mowers stroked their scythes and the garland was formally hung in the farmhouse parlour[24]. This ceremony is rich in symbolic action but might be called typically evangelical in its dependence solely on lay participation and the use of hymns of thanksgiving.

One Christmas custom which could not be displaced from evangelical churches was the dressing and display between Christmas and the Feast of the Magi of the *Bornkinnel*, a wooden Christchild figure holding an orb crowned with a cross in one hand, the other raised in a blessing. This was an ancient pre-Reformation custom, and it survived in Saxony into the twentieth century as a distinctively evangelical and largely, but not exclusively, urban practice[25]. We could cite many other examples of popular determination to preserve much-loved and revered customs, a determination also evident in resistance to ecclesiastical authorities attempting to change what was regarded as tradi-

---

[21] The explanation put forward by Jobst, Sammlung kirchlicher Sitten 17–18.

[22] See Pröhle, Kirchliche Sitten 261–268 for these.

[23] Kramer, Unterfranken 114.

[24] As described in Jobst, Sammlung kirchlicher Sitten 53.

[25] Grundriß der sächsischen Volkskunde 159.

tional evangelical practice. Attempts to introduce a new hymnal in Quedlinburg in 1787 met determined resistance by Protestants who feared that they would lose their 'old faith', and a similar attitude inspired refusal to accept a new hymnal in the Basel territory[26]. Such examples reveal the emergence of a distinctive lay evangelical mentality in opposition to official norms, with resistance strong enough to enforce official accomodation to its viewpoint. The strength of religious conviction behind this mentality can be seen in popular opposition around Ulm and Nuremberg, as well as in Saxony and Württemberg, to the installation of lightning-conductors on churches in the eighteenth century, on the grounds that they represented an interference in God's ordinances for the world[27].

II

There is clearly a need to revise our notions about the impact of the Reformation on daily life. Just how radical that rethinking needs to be is revealed if we consider one of the most accepted of commonplaces, that the Reformation led to a secularization or *Entzauberung* of the world, so that for evangelical believers there were no more especially sacred times, persons, places or things, because the entire world was recognized as God's creation. In this section of the paper, I want to indicate how misleading this view is. Indeed, when the Thuringian pastor Heinrich Gebhardt set out to characterize the religious belief of the evangelical peasantry in the second half of the nineteenth century, he came to exactly the opposite conclusion: evangelical peasant piety was dependent on a complex structure of holy names, times, places and objects[28]. Feastdays still marked out holy times or periods such as the *Zwölfer*, the twelve days between Christmas and the feast of the Magi, which were held in common with Catholics to be days on which protective measures could be taken against evil spirits. Thus, in Mecklemburg a hatchet was chopped into the threshold of the barn and the cattle driven out over it to protect them from

---

26 On Basel: Eduard Strubin, Baslerbieten Volksleben. Sitte und Brauch im Kulturwandel der Gegenwart (Basel, 1952); on Quedlinburg: R. Freudenthal, Das Feuer im deutschen Glauben und Brauch (Berlin, 1931) 447.

27 Narr, Zum Charakterbild 75, note 30.

28 Gebhardt, Zu bäuerlicher Glaubens- und Sittenlehre 68–72.

sorcery for the coming year, while brooms bound on the *Zwölfer* were held to provide protection against witches[29].

Good Friday, Easter eve and Whitsun were no less sacred times in many Protestant areas such as Mecklemburg or Saxony. Thorns laid in the four corners of a cattle stall on the evening of Good Friday would heal any sick cattle within. Water taken from a running stream on Easter or Whitsun eve had special healing qualities, as did the dew collected before sunrise on Easter or Whitsun morning[30]. The north German custom of the Easter Day fire, over which young men sprang and through which cattle were driven to increase fertility, was still in use at the end of the sixteenth century. Its ashes could be sprinkled over fields to increase their fertility and to protect crops against mice, and when shaken with water they protected cattle against illness[31]. There was even a remnant of the holiness of Marian feasts in the way the birth of the Virgin (September 8) was celebrated in Saxony as late as the beginning of the nineteenth century: it was the custom to go to a spring before sunrise and silently to scoop up water in which to bathe, in the belief that it brought the user great beauty[32]. The powers associated with all these practices derived from the sacredness of the time at which they were performed.

There were equally powerful beliefs associated with the time or day on which ecclesiastical rituals were performed, as we shall see later in the case of baptism, marriage or burial, while the time of celebration of the Lord's Supper seemed for evangelical believers to share at least some of the sacredness of the Mass. Thus, clothes worn to take communion were held to have healing power, leather amulets *(Lederfleckchen)* taken to communion by a pregnant woman could later be laid under her back to help in giving birth. Bread taken to the communion service was given to calves to help wean them, and grain taken to the Lord's Supper

---

29 Karl Bartsch, Sagen, Märchen und Gebräuche aus Mecklenburg (Wien, 1880) 233, and on the *Zwölfer* in general, 242–250.

30 On *Karfreitag*: Bartsch, Sagen 258; on *Oster-* and *Pfingstwasser*: Bartsch, Sagen 259–260, and Carl Seyfarth, Aberglauben und Zauberei in der Volksmedizin Sachsens (Leipzig, 1913) 253–256; Andree, Braunschweiger Volkskunde 242.

31 Andree, Braunschweiger Volkskunde 242, citing Joh. Timeus, Vom Osterfeuer (Hamburg, 1590).

32 Witzschel, Sagen aus Thüringen 2, 243.

celebration on Good Friday could be fed to poultry to protect them against hawks[33]. At least some of the power associated with the Eucharist was transferred to the Protestant Lord's Supper: communion wine was held in Saxony and Württemberg to have healing qualities, as was communion given to the sick in Hessen. In parts of Württemberg, however, communion for the sick was not taken willingly for fear that the recipient would not rise from the sickbed, an old Catholic belief[34].

There is no doubt that many of these beliefs were transferred from Catholic practice, just as there was no doubt that many Protestants regarded the older faith as possessing greater access to sacred power. It was common, from the sixteenth century onwards, for Protestants to turn to Catholic priests for help in the confidence that they were more effective wielders of thaumaturgic power than the evangelical clergy. Thus, Protestants on the Weichsel even in the nineteenth century sought holy water and blessed candles from Catholic priests, and Catholic blessed water was much sought after for its sacred qualities. In 1616 Protestant officials in Coburg tried to use holy water to interrogate witchcraft suspects, and in 1624 Franconian Protestants attempted to work magic with it[35]. In Wieseth in Franconia, evangelical since 1559, a pre-Reformation water used to heal eye-sickness was still in use as healing water in 1671. A similar water used to heal eye illness was sought after in Lauterbach in Hessen in the eighteenth century, when the local consistory condemned its use[36]. In 1730

---

[33] On clothes, a belief common to both Catholic and Protestant: Ludwig Strackerjan, Aberglauben und Sagen aus dem Herzogtum Oldenburg (Oldenburg, 1909) I, 83, 113; bread for calves, grain on Good Friday: Karl Bohnenberger, "Aus Glauben und Sagen", in: idem (ed.), Volkstümliche Überlieferungen in Württemberg (Stuttgart, 1980) 24; for leather amulets: Seyfarth, Aberglaube 156.

[34] Seyfarth, Aberglaube 274; Bohnenberger, Aus Glauben und Sagen 24; H. Höhn, "Sitte und Brauch bei Tod und Begräbnis", in: Württembergisches Jahrbuch für Statistik und Landeskunde 1913, 313; Heinrich Franz, "Der Tod im hessischen Volksglauben", in: Hessische Blätter für Volkskunde 24 (1925) 44.

[35] For numerous testimonies of this, see Strackerjan, Aberglauben 1, 120; Bach, Deutsche Volkskunde 278 (Weichsel); on Coburg: Kramer, Protestantisches in der Volkskultur Frankens 81.

[36] On Wieseth: Jobst, Evangelische Kirche und Volkstum 62; on Lauterbach in Hessen: Andree, Katholisches Überbleibsel 116.

water blessed in the name of St. Francis Xavier was sought after by Protestants in Saxony and on the Swabian Alb as a means of ensuring fertility of their fields[37].

It was probably the power of healing associated with various pilgrimage sites that ensured their survival long after they had been protestantized. A spring near Braunschweig was still revered in 1584, with the regular placing of ex votos attesting its attraction as a healing shrine[38]. Pilgrimage to Veitsbronn in Franconia, which continued into the twentieth century, may have been the result of healing waters there. It was one of six evangelical churches in eastern Franconia where pilgrimages refused to die out with the Reformation. At Ems on the Lahn pilgrimage to St. Daniel at Arzheim near Koblenz still continued a hundred years after the Reformation. The pilgrimage to Büchen in Holstein, site of a miraculous host, was abolished only with great difficultly, even after the host itself had been destroyed. The site was still visited in 1581, and the local pastor still complained of the pilgrimage in 1590, when a final solution was found by completely destroying the chapel. Five evangelical villages still visited the church at Meiches in Hessen in the seventeenth century, where they made offerings in the belief that they would be healed of their illnesses[39].

There are numerous other evangelical pilgrimage sites attested in the seventeenth and eighteenth centuries, although it is possible that some of them, and indeed some of those already mentioned, may have attracted Catholics from outside their boundaries, rather than local evangelical inhabitants. However, they certainly represented more than mere archaic 'survivals'. Their very persistance shows that they met a perceived religious need, and reflected a consistent attitude towards a world in which especially sacred places had certainly not disappeared. Even in the nineteenth century, Protestants in East Prussia made pilgrimages to Heiligelinde near Rössel or to Bialutten near Soltau. They brought offerings, had their illnesses blessed and sought *Ablaß*[40].

---

37 Schreiber, Volksreligiosität 63; Grundriß der sächsischen Volkskunde 161.

38 Andree, Katholisches Überbleibsel 115.

39 On Veitsbronn: Frauenknecht, Veitsbronn 385–387; for Ems an der Lahn: Bach, Deutsche Volkskunde 277; for Büchen in Holstein: Andree, Katholisches Überbleibsel 117.

40 Bach, Deutsche Volkskunde 278.

It was the same attitude which led to the continued use of weather bells in Protestant territories. It is exemplified in the case of Neudrossenfeld in Franconia, where the pastor prohibited the ringing of weather bells in 1591. When the church tower was struck with lightning, he faced a knowing rebuke from his parishioners and was told what was apparent to everyone else, that the bell was *ein getaufte und zum wetter gesegnete glock.* In this church the weather bells remained until the nineteenth century[41]. Memory of the power of such sacramental objects was long, and a form of blessed bread, believed to be efficacious in repelling fire in the same way as St. Agatha's Bread or even the Eucharist, was still in use in Franconia around 1600. The old Catholic belief was also retained in a *Feuersegen* extant in nineteenth century Saxony, involving a spell said over a loaf of bread to provide protection against fire[42].

All these examples have in common the notion of consecration or blessing as a means of imparting sacred power to objects, so that they are set aside from the merely profane world. It is illuminating in this context that evangelical churches were unable to dispense with consecrations, as the first generation of reformers had insisted. It is unclear how quickly evangelical forms of consecration began to reappear, since they are rarely mentioned in *Kirchenordnungen.* They are said to have been a development of the sixteenth century and are well attested for the seventeenth century, so much so that by 1700 they had become a firmly established practice. They appear thereafter with increasing frequency and were used in a wide variety of forms: the consecration of church foundation stones, churches, either new or restored (perhaps given impetus by the rebuilding of churches after the Thirty Years' War), pulpits, cemeteries, fonts, organs (largely in the seventeenth century), bells, altars (attested for 1650), a *Lehrtafel* in 1693 and even a *Beichtstuhl* in 1719. Seventeenth century church lawyers took pains to stress that the consecration of a church, for example, was merely a matter of setting a place aside for worship and not of creating it as somewhere specially sacred. Yet there remained an element of ambiguity, and church space did acquire

---

41 Kramer, Protestantisches in der Volkskultur Frankens 82.

42 Kramer, Bauern und Bürger in Unterfranken 125–126; Witzschel, Sagen aus Thüringen 293.

a certain sacrality, especially the altar. For example, there was the custom of walking around the altar on certain ritual occasions such as the blessing of a woman after confinement in childbirth, or during a wedding ceremony. A midwife bringing a child to baptism would genuflect before the altar, a practice prohibited by the Leipzig Theology Faculty in 1665 in case it gave rise to 'superstition', that is, to the belief that the altar was especially sacred[43]. Yet many evangelical beliefs in the apotropaic or healing qualities of certain objects are only explicable in terms of the assumption that they acquired these qualities either at a sacred time or a sacred place. Thus there were beliefs in the healing powers of a bridal garland, of the prayerbook a bride had in church with her at her wedding, and of the gown used for baptism[44].

I want to mention here only three other broad examples of Protestant belief in sacrality: bibles, prayers and the sign of the cross. There is a large body of evidence that bibles, hymnbooks and catechisms were ascribed special power and used as particularly sacred objects. Occasionally this is also extended to certain other religious books, such as very popular Pietist works. The power attributed to them was the greater if they were inherited family bibles or hymnbooks. They were used for healing and protective magic, being laid under a bed or a pillow. In Protestant Baden, a recommended cure for palsy was to lay a bible face down on the sufferer, opened at the passage describing how Christ cured an epileptic. A bible or hymnbook laying open on a table provided protection against storms, while a page torn from a bible hung up in a barn protected the cattle from sorcery. These books could be used in divination, as they were in Samland to discover the name of a thief, and their sacred character was attested in the belief that they were incombustible, a quality which accompanied sainthood in Catholic belief. Resistance to the introduction of the new hymnal in Quedlinburg in 1787 was accompanied by the challenge that it should prove its sacredness by facing the ordeal by fire *(Feuerprobe)*[45].

---

[43] Paul Graff, Geschichte der Auflösung der alten gottesdienstlichen Formen in der evangelischen Kirche Deutschlands (Göttingen, 1921) 285, 402–409; on walking around the altar during weddings or after confinement: Bartsch, Sagen 46.

[44] Kramer, Ansbach 186; Seyfarth, Aberglaube 274.

[45] For extensive discussion: Regine Grube-Verhoeven, "Die Verwendung von

These beliefs and customs were typically evangelical and clearly arose from evangelical emphasis on the Word of God as the most potent and sacred religious experience. The same belief was attached to the spoken word as to its objectified form in the Bible and, by extension, in the hymnal. It is also reflected in the belief that the *Vater Unser* was a prayer of great magical potency, a belief shared by Protestant and Catholic alike. Biblical inscriptions shared the same power of protection and healing, and there are evangelical versions of the medieval use of amulets whose efficacy depended on the words of Scripture written upon them, including the most popular, the opening words of St. John's Gospel. Inscriptions on houses and barns were a variant of this practice found predominantly during the early modern period, and especially extant from the seventeenth century onwards[46].

Finally, there was an enormous range of spells and charms in the form of *Zaubersprüche*. The early reformers had tried to replace these with simple prayers seeking consolation and expressing trust in God, but they proved impossible to eradicate. From the seventeenth century onwards they became widely available in printed collections. The only difference between their Catholic and Protestant versions was that evangelical *Zaubersprüche* were less likely to invoke the Virgin or the saints, and relied on invocation of the name of Christ or the Trinity. Many *Zaubersprüche* relied on ritualized use of the sign of the cross, which proved to be as popular an apotropaic symbol with evangelical believers as it was with Catholics. It was made when driving cattle out to pasture, when ploughing fields, when sowing seed, on sowing beets (cut into the first beet with a spade), on beginning mowing, or on

---

Büchern christlich-religiösen Inhalts zu magischen Zwecken", in: Zauberei und Frömmigkeit (Volksleben 13) Tübingen, 1966, 24, 27, 30, 49, who gives the examples from Baden and Quedlinburg; for Samland: Hermann Frischbier, Hexenspruch und Zauberbann. Ein Beitrag zur Geschichte des Aberglaubens in der Provinz Preussens (Berlin, 1870) 118; for the power of the family bible: Seyfarth, Aberglaube 150.

[46] On the *Vater Unser*: Strackerjan, Aberglauben 2, 77, 120, 290; on the power of the Word: Seyfarth, Aberglaube 150 and Grube-Verhoeven 18–23, and on amulets: 23–28; see also Kramer, Ansbach 186 on Protestant amulets. On Hausinschriften, see Helmut Nachtigall, Haus- und Torinschriften in Hessen (Giessen, 1985) esp. 21–26, and Robert Tuor, Berner Hausinschriften (Bern, 1981) 8–9.

dropping fishing nets. It was inscribed on the first loaf of bread pushed into the oven, and on a fresh loaf before the first slice was cut. A sign of the cross was made on the breast before putting on clean underwear, and when setting out on a journey three crosses were made with a whip before driving out of the farmyard[47].

These practices could be interpreted as mere acts of piety, and indeed there existed in Protestant belief a penumbra of ambiguous actions and objects which could be interpreted in this way, rather than as possessing inherent sacrality. Here evangelical popular religion was scarcely different from Catholic, except that the shadowy area was larger under Catholic belief because of its overt support for a sacramental system. On the other hand, we could say that there was a covert evangelical sacramentalism. Moreover, there were many evangelical practices that were far less ambiguous, for example when the sign of the cross was put on doors on St. John's Day as a protection against the attacks of the devil. This was but a continuation of pre-Reformation practice, as was the continuation of the ancient custom of signing doors and roofbeams with the formula *K+M+B* during the *Zwölfer*, still practiced in the early twentieth century in evangelical parts of Württemberg such as Aalen, Cannstadt or Gerabronn[48].

It should now be clear that we can definitely speak of evangelical belief in especially sacred times, places and things, and even to some extent persons. In the last section of this paper I want to examine another area of evangelical practice, ritual life, in order to discuss how far the Reformation created a religion that was anti-ritual in its emphasis. We have already seen that certain

---

47 On *Zaubersprüche*, see R. W. Scribner, "Cosmic Order and Daily Life: Sacred and Secular in pre-industrial German Society", in: idem, Popular Culture and Popular Movements 7; to the literature cited there add Carl Ganzlin, Sächsische Zauberformeln (Bitterfeld, 1902) and Irmgard Hampp, "Vom Wesen des Zaubers im Zauberspruch", in: Der Deutschunterricht 13 (1961) 58–76; for examples of 'protestantized' conjurations: Seyfarth, Aberglaube 91. For the customs cited: Jobst, Sammlung kirchlicher Sitten 50; the crosses made before cutting bread in Wurster, Das kirchliche Leben 260.

48 On the *K+M+B* formula, representing the names of the Magi, interspersed with three crosses, see Adolf Eberhardt, "Sitte und Brauch in der Landwirtschaft", in: Bohnenberger, Volkstümliche Überlieferungen 60; Wurster, Das kirchliche Leben 260; on the crosses used on St. John's Day: Jobst, Sammlung kirchlicher Sitten 53.

forms of ritual action – consecrations and the practice of Confirmation – were reintroduced in Protestant practice not long after the first generation of reform. We might also mention here that the taking of vows, with offerings and gifts provided in fulfilment of them, was also not considered irreconcilable with evangelical religion, and this is attested by Jobst as a nineteenth century practice, although he charcterized it as 'entirely evangelical'[49]. In the last section of this paper I want to concentrate my attention on life-stage rituals, especially those associated with childbirth and death.

III

Childbirth

The claim that the Reformation was a liberation from the tyranny of ritual observance is nowhere more apparent than in the lives of women experiencing childbirth. From the moment of birth until her ritual purification six weeks later, the *Wöchnerin* was an unclean and dangerous woman being surrounded by all kinds of prohibitions and taboos. The upheaval of cultural and gender norms precipitated by the Reformation was strikingly expressed in Halle in 1522 and in Magdeburg in 1525 when several women caused great scandal by attending church within six weeks of giving birth, without first undergoing any form of ritual purification[50]. With the institutionalization of religious change, the old ceremony of 'churching' was prohibited in many *Kirchenordnungen* throughout Germany[51]. Yet this change did not meet with universal approval, and there was a continuing demand for the ceremony throughout the sixteenth century. Thus, the 1552 *Kirchenordnung* of Heinrich IV von Reuss commented that it was still being observed in several places and ordered it abolished, while in Querfurt several places continued to use the ceremony after it had been officially

---

[49] Jobst, Sammlung kirchlicher Sitten 11.

[50] Staatsarchiv Magdeburg Rep. A2, 500, Nicolaus Demuth to Cardinal Albrecht von Mainz, 21 August 1522 (Halle); Rep. A2, 617, fol. 164, Bastian Langhans to Cardinal Albrecht von Mainz, 30 March 1525 (Magdeburg).

[51] See the earliest prohibitation from 1537 in the territory of Freiberg and Wolkenstein: Emil Sehling, Die evangelischen Kirchenordnungen des XVI. Jahrhunderts (Leipzig, 1902–1913) 1/I, 467 and subsequently in the duchy of Saxony, 1540: ibid. 170.

abolished there, so that the 1555 Visitation held it necessary to interrogate pastors about their observance of the prohibition[52]. We have no information about the grounds for this continuing demand, although there may have been health grounds for continuing the practice of six weeks' postnatal confinement: in Electoral Saxony there were complaints as early as 1528 that women had been forced to resume normal life too soon after giving birth and that some had died as a result[53].

Whatever the reasons, the new churches soon found it expedient to introduce some form of ceremony to mark the reappearance of a woman in the church community following childbirth, and it was retained in numerous *Kirchenordnungen* of the sixteenth century: Anhalt (1532), Wittgenstein (1555), Waldeck (1556), Pomerania (1563), Lippe (1571), Electoral Brandenburg (1572), Mansfeld (1580), Hoya (1581), Solms-Braunfels (1582) and Lauenburg (1585). This usually took the form of a prayer of blessing for the new mother, giving thanks for the successful birth, as was stipulated in 1534 in the *Kirchenordnungen* for Harzgerode and Cöthen[54]. It was sometimes explicitly stated that the ceremony was not to be observed 'as under the papacy', but the period of six weeks confinement was explicitly retained in many places, as it was in the principality of Anhalt in 1532, where the fee for churching was also to be paid as of old[55].

It was not only the Lutheran tradition which retained the ceremony, for it also survived in the Calvinist Netherlands and in Anabaptist communities in the Netherlands and south Germany. Moreover, whereas a Lutheran territory such as the county of Mansfeld refused to allow any special form of blessing or ceremony for women whose children were stillborn (on the grounds that this would deepen their sorrow), this was permitted in Netherlands Reformed communities[56]. From the sixteenth century through to the present, a ceremony of blessing for *Wöchnerinnen* seems to

---

52 Sehling, Kirchenordnungen 1/I, 156, 460.

53 Sehling, Kirchenordnungen 1/I, 170. The same views were expressed in the duchy of Pomerania in 1569: Sehling, Kirchenordnungen 5, 387.

54 See Graff, Geschichte der Auflösung 311–312; Sehling, Kirchenordnungen 1/II, 585, 588.

55 Sehling, Kirchenordnungen 1/II, 542–543.

56 For the Netherlands: Meertens, Vorreformatorische Relikte (as note 4) 403; for Mansfeld: Sehling, Kirchenordnungen 1/II, 223.

have been in continual use in the Lutheran tradition, although the six-week period was not always observed. Rather, it was linked to the baptism of the child, and where children were baptized earlier the blessing of the mother was also performed earlier[57].

The existence of an evangelical version of this traditional ceremony should not be seen as a matter merely of 'Catholic survival'. It was related to the pre-Reformation ritual of purification in the same way that the evangelical celebration of the Lord's Supper was related to the Mass. If there is continuity with the pre-Reformation world, it is to be found elsewhere, in the substratum of popular belief surrounding the very act of childbirth and postnatal confinement. The time before the churching of the *Wöchnerin* and the baptism of the child was a time of great danger for both, in which they were exposed to the threat of sorcery and attacks from demons. When a newborn child was first wrapped in its swaddling clothes, the evangelical midwife would cross her arms three times over the baby and invoke a blessing in the name of the Father, Son and Holy Spirit, an action that could be understood both as an act of piety and as a protective blessing[58]. It was a Protestant custom for a candle to be left burning alongside the child at night to prevent it falling into the hands of the devil, perhaps being removed and a changeling put in its place[59]. The new-born child was not to be carried over the threshold of the house before it was baptized. The acceptable Lutheran interpretation of this custom was that it was symbolic – the child's first journey in life was to be that to its baptism. However it could also be understood as a means of protecting it from sorcery[60]. Certainly this seems to be the purpose of another Lutheran custom, that of placing the bible and a hymnbook in the cradle during the period before baptism[61]. Similary, the *Wöchnerin* was not to leave the safety of her room for nine days after birth or to go out-

---

57 On the ceremony in various centuries: Jobst, Evangelische Kirche und Volkstum 72; idem, Sammlung kirchlicher Sitten 21–22; Pröhle, Kirchliche Sitten 176–178; Grundriß der sächsischen Volkskunde 82.

58 Jobst, Grundzüge evangelischer Volkskunde 41.

59 Jobst, Sammlung kirchlicher Sitten 26.

60 Pröhle, Kirchliche Sitten 129–130. That Pröhle takes the trouble to repudiate the idea that the child was not safe from witchcraft shows that this was a plausible explanation for the custom.

61 Grundriß der sächsischen Volkskunde 82.

side in the hours of darkness. She was not to venture beyond her own courtyard, and was to go out for the first time for her own churching. She was to perform no work, neither cooking, washing nor spinning, and certainly nothing that would lead her to cross the street. If she did have to go out, according to Braunschweig belief, she had to knock three times on the church door in order to prevent her journey being harmful[62].

It is the ritual structure of these beliefs that makes them ethnographically significant. The *Wöchnerin* is in the middle of a rite of passage, in a state of transition that both makes her dangerous and exposes her to danger. Her liminal being is expressed in the Franconian belief that she should not go near a well or it would dry up, or in that from the Vogtland that if she crossed strange ground, it would become barren. In the Erzgebirge, she was not to cross a garden for beets, or else nothing would grow in it again. This theme of the threat to fertility constituted by her liminal ambiguity is also contained in the belief from Langenfeld near Salzungen that if she went out before her churching and met a young bride or newly married couple, either the woman or her child would die in childbirth[63]. In terms of the underlying ritual structure, there is a need for some form of ritual action to remove this ambiguity and to bring woman and child safely through this powerful rite of passage. This seems to underlie the custom, also preserved in Protestant usage, whereby a *Wöchnerin* who dies before her churching is carried into the church to make it posthumously[64]. The Protestant form of churching thus does not lack ritual elements homologous with the pre-Reformation form, especially in the practice of the *Wöchnerin* who is churched during weekly worship making a threefold circuit of the altar while reciting a prayer[65].

Burials and the Dead

As in the case of churching, examination of Protestant burial practice shows that the Reformation certainly did not remove ritual

[62] For these beliefs, see Jobst, Sammlung kirchlicher Sitten 21; Ernst Samter, Geburt, Hochzeit und Tod. Beiträge zur vergleichenden Volkskunde (Leipzig, 1911) 22–24; Andree, Braunschweiger Volkskunde 209.

[63] For these beliefs, Samter, Geburt 25.

[64] Jobst, Sammlung kirchlicher Sitten 21.

[65] Ibid. 22.

elements from daily life, nor did it result in complete neglect of the dead, as its early Catholic critics claimed. The earliest evangelical believers did not wish to dispense either with burial in consecrated ground or with a formal rite of separation conducted by the church. Indeed, when evangelical believers were denied Christian burial during the first phase of the Reformation movements, it enabled the charge of impiety to be levelled at the orthodox authorities responsible[66]. It did not take long for a specifically evangelical form of funeral liturgy to develop, although there was greater variation here than in any other evangelical ritual. What is thought of as the typical form for evangelical burials, the *Leichenpredigt*, did not emerge immediately, and the first evangelical burials took a loose form, with a funeral procession, hymns and prayers, all aimed at avoiding the implication that any liturgical action might contribute to the salvation of the deceased. Interment was to be seen as consolation for the living and as a confession of faith in the hope of resurrection in Christ[67].

By the end of the sixteenth century, at the latest, evangelical funeral rites had attained some formal consistency. This consisted of a procession from the place of death to the church or cemetery, led by a funeral cross and accompanied by the tolling of bells and the singing of hymns. There was a formula for the interment, and a ritual strewing of earth over the body. There was an address to the deceased and a blessing, usually with verses from the bible and the sign of the cross. There could also be an address, either at the place of death or in the church, and a funerary sermon. Prayers for the soul of the deceased were not excluded, and from the 1520s onwards seem to have been a matter of free choice in the Lutheran tradition[68]. Evangelical funeral rites developed over the following generations in fluid fashion, which certainly allowed a broad spectrum of popular belief to cohere around what was officially approved in documents such as *Kirchenordnungen* or *Agenden*. Many of these reveal the continuance of a very potent relationship between the living and the dead, even within the parameters of evangelical belief.

At the moment of death, it was customary for Protestants,

---

[66] As occurred in Ulm in 1524 and Regensburg in 1528.

[67] Graff, Geschichte der Auflösung 351–363.

[68] Ibid. 354–361.

as well as for Catholics, to open a window in the house to allow the soul to escape (the official view was that this was a means of ventilating the deathroom). The death was announced to all living creatures in the household, including cattle and bees. Neighbours closed their windows to prevent the soul entering their own dwellings. In Württemberg it was customary to read a blessing immediately after the death, usually from the prayerbook: *Der Herr segne Dich und behüte Dich.* It was believed that if this blessing was omitted, ill-willed neighbours could wake the deceased and put to him any question, which he would be forced to answer[69]. The corpse had to be washed, otherwise the deceased would have no rest in the grave; the water or spirits used in this washing were held to have healing power. Around Braunschweig it was the custom that the bowl used for this water had to be smashed. Candles were burned beside the corpse while it awaited burial, although in evangelical custom this was done only at night and not during the day as well, as in Catholic usage. All clocks in the house were stopped and were restarted only after returning from the funeral, thus marking out the sacred time of the rite of separation[70].

Many customs were associated either with the notion of assuring rest for the soul or preventing it from returning to its accustomed haunts. In Protestant Württemberg, it was believed that the soul hovered on earth for forty days after death and that prayers offered for it during this period could improve its lot, a clear survival of belief in Purgatory[71]. The custom of moving the furniture around, indeed turning around or turning over everything in the house – all tools and everything edible or capable of growth (seeds, grain, flour, vegetables) – , seems to be designed to disrupt the familiar environment to which the soul might seek to return[72].

It was a common belief in most parts of Germany that the dead had the power to call others after them, and numerous prac-

---

69 Höhn, Sitte und Brauch 316.

70 Ibid.; Andree, Braunschweiger Volkskunde 224; Erwin Rudolf Lange, Sterben und Begräbnis im Volksglauben zwischen Weichsel und Memel (Würzburg, 1955) 93.

71 Wurster, Das kirchliche Leben 259.

72 Höhn, Sitte und Brauch 322; Franz, Tod 48; Placidus Berger, Religiöses Brauchtum im Umkreis der Sterbeliturgie in Deutschland (Münster, 1966) 120, 128; Lange, Sterben und Begräbnis 79–80.

tices are founded on avoiding such *Nachziehen* or *Nachzehren*[73]. It was considered important to avoid the gaze of the corpse before the eyes were closed or covered, the sheet on which the deceased had laid was put in the grave with him, and nothing was to be put into the grave that had been worn by a living person[74]. There was even the practice, attested in 1798, of tying down the corpse with bands of straw, a custom which surfaced in Jena as late as 1901[75]. Special care was taken with a newborn infant whose mother had died in childbirth, for it was believed that she would return to reclaim her child. A bride should not look back on the way to her wedding, or else she would soon be a widow, a belief founded in the notion that the dead followed behind at weddings, looking for a companion[76]. The danger associated with any rite of passage is emphasized here, where two such rites intersect, so to speak. There is a similar notion underlying the belief that a child should not be carried to its baptism past an open grave[77].

Such beliefs reflect the active relationship the dead continued to have with the living, most explicitly expressed in the manner in which watch was kept between death and burial, and in the conduct of the *Leichenmahl.* Either an empty chair was set behind the door, covered with a cloth, or an empty place was laid at table, as was the custom in East Prussia. In the Hanoverian Wendtland a *Leichentrunck* was taken in a nearby inn after the funeral, and a glass of beer and a roll were set out on an empty beertun for the soul of the deceased[78]. This sense of community with the dead also seemed to play a role in the merriment and dancing which accompanied the watch over the dead. This was a practice condemned in several *Kirchenordnungen*, such as that from the

---

[73] Andree, Braunschweiger Volkskunde 228; Lange, Sterben und Begräbnis 137–156; Franz, Tod 44–63, esp. 51.

[74] Witzschel, Sagen aus Thüringen 253.

[75] Berger, Brauchtum 21.

[76] Höhn, Sitte und Brauch 313, 316; Gebhardt, Glaubens- und Sittenlehre 70; Samter, Geburt 148–149.

[77] Gebhardt, Glaubens- und Sittenlehre 70.

[78] Emil Schnippel, "Leichenwasser und Geisterglaube in Ostpreussen", in: Zeitschrift des Vereins für Volkskunde 20 (1910) 394–398, esp. 397; Paul Sartori, Die Speisung der Toten (Dortmund, 1903) 25–28.

county of Hoya in 1581, and which the seventeenth century tried unsuccessfully to outlaw[79].

Such customs reflected the notion that the deceased had merely altered his state but was still present as a 'living corpse' (*lebender Leichnam*) who could see, hear, think, walk, experience emotions and above all, because of his supernatural liminal state, could protect or bring harm[80]. This belief influenced the custom, embedded in both Catholic and Protestant practice, of making offerings to the dead, for example, by placing either money or food in the grave as a *Wegzehrung*. Around Braunschweig, it was a *Terpfennig* given as part of a bargain struck with the dead, expressed in the accompanying words *Ik gewe dik dat dinige, blif mik von den minige*[81]. In Franconia, the Upper Palatinate, Saxony, Württemberg and Westphalia, it was usual to lay a lemon in the hands of the corpse, often with the deceased's initials picked out with cloves. The mourners, sometimes also the pastor and the gravediggers, were also given a lemon, which was either thrown into the grave or else taken home. The meaning of the custom, which flourished from the seventeenth to the beginning of the twentieth century, has eluded ethnographic interpretation, although it survived official attempts at prohibition in both Franconia and the Upper Palatinate[82].

We have already alluded to the danger involved in the rites of separation, an integral part of any rite of passage. This time of danger is marked by the period between death and interment, when clocks were stopped. It is strikingly expressed in the custom that there should be no activity in the house following a death: no cooking, washing, baking, spinning, cutting of wood, no work in the fields, no digging or putting anything into the earth. The woman of the house was also not to be leave it before the burial.

---

[79] Peter Löffler, Studien zum Totenbrauchtum in den Gilden, Bruderschaften und Nachbarschaften Westfalens vom Ende des 15. bis zum Ende des 19. Jahrhunderts (Münster, 1975) 58–63.

[80] Berger, Brauchtum 18.

[81] Andree, Braunschweiger Volkskunde 229.

[82] Kramer, Ansbach 233; Walter Hartinger, 'denen Gott genad'. Totenbrauchtum und Armen-Seelen-Glaube in der Oberpfalz (Regensburg, 1979) 75; Seyfarth, Aberglaube 25; Höhn, Sitte und Brauch 258; Löffler, Totenbrauchtum 260, note; for the best discussion of this custom: Adolf Schwammberger, Vom Brauchtum mit der Zitrone (Nuremberg, 1965).

There were elaborate ceremonies aimed at protecting the house from the return of danger (in the form of *Nachzehren*) as the corpse was taken away for burial. In Mecklemburg, ash which was to contain no living matter was strewn between the coffin and the house door; as soon as the coffin had passed the threshold, this was swept up while moving backwards out of the house, and the ash was strewn around outside[83]. The coffin was set down three times on the threshold, or objects were laid in a cross across it. The water in which the corpse was washed was also used in numerous ways to create a boundary over which the deceased could not return[84].

Many of these customs and beliefs were common to evangelical and Catholic alike, but there were also specifically evangelical burial customs such as the laying of funeral wreaths, placed both in and on the grave, as well as hung in the church in memory of the deceased. There were typical forms of evangelical foundation for funeral rites in the founding of biers, palls and funerary crosses[85]. By the nineteenth century, it was customary to rent a pall from churchwardens, and there were frequent complaints that the palls had become old, dirty and threadbare; founding a new pall served to commemorate the dead in evangelical fashion, to maintain dignity in the rites of burial and to express local pride. The wreaths provide an interesting example of how popular custom could defy official disapproval. Ecclesiastical authorities came to dislike the custom by the beginning of the eighteenth century, either on grounds of cost or because it had overtones of 'superstition'. There was an attempt to replace them with a more durable version, which would be loaned by local officials and hung in a set place in the church when not in use. However, there was great resistance to the removal of the old, dried wreaths, and the new wreaths were so little used that the cost of producing them was not even covered by returns from their rental. The attempt to reform the custom had be given up[86]. The same was true of official

---

83 Bartsch, Sagen 95.

84 For these customs, see Höhn, Sitte und Brauch 337; Lange, Sterben und Begräbnis 93–99; Schnippel, Leichenwasser 394. In the same way, an axe could be laid across the threshold to emphasize drawing the boundary: Lange, Sterben und Begräbnis 79.

85 Kramer, Ansbach 164.

86 Hartinger, 'denen Gott genad' 76; Kramer, Ansbach 232.

attempts to outlaw the custom of the *Leichentrunck*, prohibited in Ansbach in a *Polizeiordnung* of 1616, without any lasting effect, for it was still in use everywhere in the land in the eighteenth century, and in 1734 statutes for the celebration of baptism, weddings and funerals were forced to permit it provided that it be celebrated in moderation[87]. Similarly, Protestant authorities in Westphalia struggled in vain throughout the sixteenth and seventeenth centuries to control funeral banquets, but were forced by the eighteenth to allow them provided 'superstitious practices' were kept in check[88]. The same occurred with the tolling of bells, which Calvinist reformers attempted in vain to remove from the burial service in the Upper Palatinate, although by 1598 the Visitor virtually admitted defeat by conceding that it remained the custom throughout the entire land[89]. Protestant attempts in Westphalia during the sixteenth and seventeenth centuries to outlaw the use of candles used to accompany funeral processions were no more successful – in the long run, popular desire to use them outlasted official prohibitions[90].

IV

It is clear that German Protestants, no less than Catholics, lived in a sacralized world, indeed even in a form of 'sacramental' world, in which mastery over the exigencies of daily life was achieved through recourse to rituals enabling the efficacious wielding of sacred power. Protestants experienced an 'economy of the sacred', although it was admittedly underdeveloped by contrast with the rich resources available to Catholics. Within the framework of this Protestant economy of the sacred there developed distinctive forms of *Volksfrömmigkeit*, often formed 'from below' in opposition to official Protestant belief. 'Popular' and 'official' Protestant belief developed in a process of mutual accomodation, passing through a succession of phases or cycles which renders it extremely difficult to fall back on any kind of 'regressive method' to chart their development[91]. It is a major task for the historian of popular

[87] Kramer, Ansbach 232.

[88] Löffler, Totenbrauchtum 58–66.

[89] Hartinger, 'denen Gott genad' 68.

[90] Löffler, Totenbrauchtum 196.

[91] On the 'regressive method': Peter Burke, Popular Culture in Early Modern

Protestantism to delineate these phases and cycles more carefully, but one feature is clear, the pragmatic nature of popular religious behaviour. Protestants were as ready as Catholics to use whatever was available and whatever seemed to work. The pragmatism or practical functionalism is summed up in two revealing sentences often used to justify recourse to popular rituals: *es hat geholffen* and *wenn man krank ist, so gehet man zum Arzt*[92]

The enduring significance of ritual activity is contained in its ability to structure daily life around meaningful events, whether in the cycle of production and reproduction, within the annual cycle or within the life cycle. Structure is also, however, a matter of creating ordered relationships by drawing boundaries, in the case of popular religious belief boundaries between the sacred and the profane worlds. Protestantism may have removed the stronger form of Catholic sacramentalism, in which created things could be the bearers of sacrality, but it did not remove the division of the world into sacred and profane by means of bounding lines and activities. Beyond the safe boundaries of the profane world lurked the unknown, the liminal realm of the 'other', the 'sacred'. Thus, Saxon belief held that children should not be left on the borders of a field because they might be seized by spirits and replaced by a changeling[93]. The domestic threshold was an all-important boundary, socially as well as sacrally. It was a boundary against evil spirits and pursuit. Women in confinement were not to cross its limits, a coffin was set down on it three times to prevent the return of the dead person, the water used to wash the corpse was to be buried directly under the eaves, so creating a boundary the dead could not cross, the apotropaic formula *K+M+B* was inscribed upon it[94]. This attests that if there was a desacralized

---

Europe (London, 1978) 82–87; for a critique: Bob Scribner, "Is a History of Popular Culture Possible?", in: History of European Ideas 10 (1989) 179.

92 In 1566 a Calvinist Visitor in the Upper Palatinate, anxious to root out recourse to cunning folk, demanded of Hans Pemler from Münchhof bei Floss to know why he kept going to a cunning woman *(Segenssprecherin)* in Gleissental and was given the reply: *So er krank sei, laufe er doch auch zu den Doktoren*: Hartinger, 'denen Gott genad' 179.

93 Witzschel, Sagen aus Thüringen 2, 292.

94 For various examples of boundaries: Will-Erich Peuckert, Schlesische Volkskunde (Frankfurt, 1978) 48 (threshold); Seyfarth, Aberglaube 57, 85, 215, 220, 250 (*Dachtraufe*).

Protestant world, in the sense intended by Weber, it was constantly surrounded by a sacral world, and the borders between them were highly porous.

Even the weaker Protestant form of sacramentalism may not have managed to dispense with a 'sacrality of object'. Certain objects in daily life performed a recurring ritual function that seem to reveal them as sacramental means of defining, delineating and even crossing the boundaries between sacred and profane, especially the broom and the axe, with their function of sweeping, cleansing, separating, dividing[95]. This has led some folklore scholars to speak of a *Dingheiligkeit* or, more weakly, a *Dingbedeutsamkeit* inherent in the form, shape and function of certain objects. The latter term is intended to indicate that such objects have no sense of 'sacredness', merely that they can become signifiers in a metalanguage[96]. Thus, the hearth can form, as it did in lower Saxony, the symbolic centre of a household, and the hook on which the house kettle was hung can feature in symbolic action, such as in taking possession of a house on sale or transmission in inheritance[97]. The ritual role of such objects seems to have a quality beyond the merely lingustic or symbolic, beyond ascribing a semiotic value to objects; they display rather a quality of inner-worldly sacredness, of transcendence, of being set apart from daily life and their mundane function[98].

Such questions cannot be explored further here in any ade-

---

[95] On the broom: Samter, Geburt 32–36, 52, 155, 170, 190–191; Bächthold-Stäubli, Handwörterbuch 1, 1129–1147; on the axe: ibid. 746; Lange, Sterben und Begräbnis 97–98; Bartsch, Sagen 233.

[96] On *Dingheiligkeit* and *Dingbedeutsamkeit*: Karl-Sigismund Kramer, "Zum Verhältnis zwischen Mensch und Ding", in: Schweizerisches Archiv für Volkskunde 58 (1962) 91–101, commenting on Leopold Schmidt's suggestion of the term *Gestaltheiligkeit* to describe the inherent sacrality often ascribed to objects. Semiotically, this is the same as the relationship described by Julia Kristeva, "From Symbol to Sign", in: Toril Moi (ed.), The Kristeva Reader (Oxford, 1986) 62–73.

[97] On the hearth and the kettle hook: W. Bomann, Bäuerliches Hauswesen und Tagewerk im alten Niedersachsen (Weimar, 1941) 75–76; Andree, Braunschweiger Volkskunde 122, 219.

[98] On inner-worldly transcendence, see Terence Turner, "Transformation, Hierarchy and Transcendence: A Reformulation of van Gennep's Model of the Structure of the Rite of Passage", in: Sally F. Moore – Barbara G. Myerhoff (eds.), Secular Ritual (Assen/Amsterdam, 1977) 53–70.

quate detail; it suffices to have demonstrated that Protestantism neither desacralized the world in any absolute sense nor created an anti-ritual religion. If we cast our minds back to the incident in Zürich with which we began, we may perhaps reflect that the gravestones were removed precisely because they were so important. In the end, the Zwinglian position proved unteneable[99]; the Catholic chronicler Salat need have had no fears, for the new Protestant world was far from godless and far from merely profane.

---

[99] If fact, even the reformed Swiss gradually reintroduced many outlawed customs such as organs, church music and choral music, and created new rites around Baptism, the Lord's Supper and Confirmation; see Iso Baumer, "Vielfalt in der Schweizer Volksfrömmigkeit", in: Michael N. Ebertz – Franz Schulthers (eds.), Volksfrömmigkeit in Europa (Munich, 1986) 102–117, esp. 103–104; and as the pastor Rudolf Gwerb testified in the seventeenth century, magical practices were far from eradicated in the Zürich territory (see note 4).

Les images et la culture matérielle au bas moyen-âge

JEAN-PIERRE SOSSON

Les documents iconographiques[1] éclairent la culture matérielle, voire en révèlent des pratiques ou des aspects qui n'entrent pas ou guère dans le champ de l'écrit. De nombreuses études en témoignent[2]. Pourtant ils suscitent réserve et scepticisme. Davantage à propos des *realia*[3] qu'ils portent qu'à l'égard des schèmes

---

[1] Peut-être vaudrait-il mieux parler de "document artistique" (cfr. intervention de G. Duby lors d'un colloque organisé conjointement par la VIe Section de l'Ecole pratique des Hautes Etudes et la Fondation Calouste Gulbenkian et dont les Actes ont été publiés dans 'La sociologie de l'art et sa vocation interdisciplinaire. L'œuvre et l'influence de Pierre Francastel' (Paris, 1976) 68.

[2] Il est inutile de fournir ici des très nombreuses références. Pour l'iconographie et l'histoire des mentalités, on renverra aux Actes du Colloque 'Iconographie et histoire des mentalités' (Paris, 1979) notamment 3–21. Pour l'histoire de la culture matérielle, on prendra connaissance des études de Harry Kühnel et de ses collaborateurs de l'"Institut für mittelalterliche Realienkunde Österreichs' (Krems) ainsi que de la revue éditée par cet Institut: 'Medium Aevum Quotidianum'. Dans le cadre qui est le nôtre, on citera surtout E. Vavra, "Kunstwerke als Quellenmaterial der Sachkulturforschung", dans: Europäische Sachkultur des Spätmittelalters (Veröffentlichungen des Instituts für mittelalterliche Realienkunde Österreichs 4 = Sb. Ak. Wien, phil.-hist. Kl. 374) Vienne, 1980, 195–232. On notera enfin que le 'Lexikon des Mittelalters' (Munich–Zurich, 1977 sq.) aborde systématiquement les dimensions iconographiques des sujets qu'il traite. Concernant l'histoire des techniques, une étude récente, particulièrement attentive aux problèmes de critique: P. Mane, Calendriers et techniques agricoles (France–Italie, XIIe–XIIIe siècles). Paris, 1983.

[3] Nombre de médiévistes ont souligné les dangers de la démarche, notamment: G. Duby, L'économie rurale et la vie des campagnes dans l'Occident médiéval I (Paris, 1962) 194: " ... Le XIIIe siècle a laissé des images assez nombreuses d'instruments paysans ... Mais on ne peut être sûr que ces représentations aient copié exactement la réalité, et ne procèdent pas de types iconographiques figés par les routines d'atelier"; W. Kula, Problemi e metodi di storia eco-

de pensée dont ils témoignent[4]. A l'égard des premiers, ce scepticisme est paralysant. Aucune quête heuristique sérieuse ne la fonde[5]. L'approche archéologique le dément fréquemment. Et il repose sur une erreur de perspective: vouloir d'emblée attribuer à l'image les caractéristiques du "croquis documentaire, représentatif à des fins utilitaires d'un objet isolé", c'est s'interdire d'en tirer parti car lieu de rencontre du perçu du réel et de l'imaginaire[6],

nomica (Milan, 1972) 128: "Il problema più difficile è forse quello di riuscire a distinguere in una data testimonianza iconografica cio che è convenzione stilistica e cio che, invece, è riproduzione della realità. Il realismo del dettaglio non si accorda, necessariamente, con il realismo dell'insieme"; L. Genicot, "Art médiéval et histoire médiévale", dans: Revue d'histoire ecclésiastique LXII (1967) 766–775. Nonobstant cette prudence critique, J. David, "L'histoire des techniques et les 'images'", dans: Documents iconographiques et culture matérielle. Actes de la Journée d'études du 19 octobre 1984, éd. J.-P. Sosson (Bruxelles, 1985) 9, observe très justement qu'"il est assez curieux de constater que l'histoiren adopte souvent ... une attitude qu'il n'a généralement pas vis à vis des autres sources. Tantôt il fait fi de toute prudence et prend toute information tirée d'une miniature ou d'un tableau comme argent comptant, tantôt il n'a que mépris pour les 'images' et les rejette".

4 A leur propos, des remarques critiques capitales ont été formulées par J. Heers [L'Occident aux XIVe et XVe siècles. Aspects économiques et sociaux (Nouvelle Clio 23) Paris, ^{4}1973, 350–356] et surtout par H. Toubert, "Iconographie et histoire de la spiritualité médiévale", dans: Revue d'histoire de la spiritualité 50 (1974) 270–272), qui insiste sur le "risque de surinterpréter l'image" (271) ou d'enclencher une "circularitéde l'information" (271) "texte–image–texte" [Cfr. J.-P. Sosson, "Peinture de chevalet, miniature et gravure des anciens Pays-Bas méridionaux, de van Eyck à Bruegel: une source pour l'histoire des campagnes", dans: Actes du Colloque Francqui, 28–29 novembre 1980. Philosophie, histoire, philologie, archéologie (Bruxelles, 1983) 109], car "le choix des textes que l'on projette sur une image est arbitraire" (272). On soulignera, de surcroît, avec Hubert Damisch, "Sémiologie et iconographie", dans: La sociologie de l'art et sa vocation interdisciplinaire. L'œuvre et l'influence de Pierre Francastel (Paris, 1976) 33, qu'il est un tantinet naïf de croire que toujours et partout "l'image de peinture ... ne reçoit d'articulation signifiante que dans et par la référence textuelle qui la traverse et éventuellement s'y marque".

5 Notamment L. Genicot, "Art médiéval et histoire médiévale", dans: Revue d'histoire ecclésiastique 63 (1967) 773.

6 Voir, à ce propos, P. Francastel, "Signification et figuration", dans: La réalité figurative. Eléments structurels de sociologie de l'art (Paris, 1965) 97 sq. L'œuvre de J. Bosch en est un exemple parlant.

"elle ne constituera [jamais] le double, l'équivalent [immédiatement] utilisable d'un élément détaché du réel"[7]. De surcroît, même au stade de la "description pré-iconographique", soit l'identification de "pures formes [...] comme représentations d'objets naturels"[8], E. Panofsky a justement souligné que "nous déchiffrons en réalité 'ce que nous voyons' en fonction de la manière dont les objets [...] furent exprimés par des formes en diverses conditions historiques"[9].

Il s'imposerait donc de définir une méthode capable de fournir à l'historien de la culture matérielle des matériaux absolument sûrs, dont le réalisme et la représentativité seraient attestés.

Une méthode ... Le propos est parfaitement illusoire. Car l'historien ne fait de l'œuvre d'art ou d'un élément excisé de celle-ci un "document" qu'en fonction de SES interrogations, de SES cadres de références[10]. Tout au plus songera-t-on à quelques préalables méthodologiques[11]. A mieux apprécier aussi la portée du document iconographique en dissipant quelques illusions relatives et à l'étendue des champs d'activités qu'il touche et à sa

---

7 P. Francastel, op. cit., loc. cit., 101.

8 E. Panofsky, Essais d'iconologie. Les thèmes humanistes dans l'art de la Renaissance, trad. de l'anglais par C. Herbette et B. Tesseydre (Paris, 1967) 17.

9 E. Panofsky, op. cit., 25.

10 Voir, à ce propos, l'intervention de A. Chastel, dans: La sociologie de l'art et sa vocation interdisciplinaire. L'œuvre et l'influence de Pierre Francastel (Paris, 1976) 103–104. Dans la même perspective: J. David, "L'histoire des techniques et les 'images'", dans: Documents iconographiques et culture matérielle. Actes de la Journée d'études du 19 octobre 1984, éd. J.-P. Sosson (Bruxelles, 1985) 10, qui souligne que le problème premier n'est pas nécessairement de déterminer si telle figuration est réaliste ou non, mais de savoir si, en fonction de la question posée, elle est utilisable ou pas.

11 Nous les avons déjà formulés dans: "Peinture du bas moyen âge et géographie historique. A propos d'une réalisation en cours; la photothèque du Centre belge d'histoire rurale", dans: Sources de la géographie historique en Belgique. Actes du Colloque de Bruxelles, 25–27. IV. 1979 (Bruxelles, 1980) 376–385; "Peinture de chevalet, miniature et gravure des anciens Pays-Bas méridionaux de van Eyck à Bruegel; une source pour l'histoire des campagnes", dans: Actes du Colloque Francqui, 28–29 novembre 1980 (Bruxelles, 1983) 108–115; "Documents iconographiques et culture matérielle; en guise d'introduction", dans: Documents iconographiques et culture matérielle. Actes de la Journée d'études du 19 octobre 1984 (Bruxelles, 1985) 5–8.

variété, en s'efforçant d'en définir, en l'occurrence, le ou les apports. L'une et l'autre démarche feront l'objet des pages qui suivent. Elles feront surtout référence à des exemples touchant la peinture de chevalet et la miniature des anciens Pays-Bas méridionaux aux XVe et XVIe siècles[12].

Les Préalables Méthodologiques

Ils s'ordonnent autour de quelques approches indispensables et toujours complémentaires: heuristique et sérielle, terminologique, matérielle, historique, celle des *realia* eux-mêmes et des possibles procédures de vérification.

L'HEURISTIQUE

L'artiste représentait-il ce qu'il voyait? Schématisait-il? Laissait-il quelque cours à son imagination? S'inspirait-il d'œuvres antérieures, ou de modèles d'atelier? Questions essentielles. Mais prématurément posées. En l'état actuel des recherches, les problèmes heuristiques sont toujours premiers. Faute de corpus exhaustifs[13], l'historien est encore trop souvent contraint à généraliser à partir de quelques exemples. Partant dans l'impossibilité de répondre aux trois questions préalables à toute exploitation "historique" des documents iconographiques: où? à partir de quand? avec quelle fréquence? Comment dès lors apprécier leur représentativité, déceler l'exceptionnel, mettre en évidence les latences, opérer des classements qui distingueraient formes usuelles, variantes. Bref tirer parti du sériel[14] et de la longue durée.

[12] Photothèque d'histoire des campagnes, Université catholique de Louvain à Louvain-la-Neuve, Collège Erasme, Place Blaise Pascal, 1, B–1348 Louvain-la-Neuve.

[13] Il y a lieu de signaler ici, pour la miniature, deux entreprises de très grande portée: le Répertoire des manuscrits enluminés (C.N.R.S. et Institut d'histoire des textes), une photothèque et un fichier iconographique par l'Institut d'histoire des textes.

[14] Des fichiers iconographiques exhaustifs permettraient une telle approche. On songera pour la peinture de chevalet des anciens Pays-Bas méridionaux au XVe siècle à celui du Centre national de Recherches "Primitifs flamands" (Bruxelles, Institut royal du Patrimoine artistique) qui prend appui sur la quasi totalité des œuvres conservées. Un traitement statistique des données devrait renouveler complètement l'iconographie des "Primitifs flamands". Un exemple désormais classique: G. et M. Vovelle, Vision de la mort et de l'au-

Toujours au stade de l'heuristique, il y aurait lieu d'être attentif au mode de constitution et aux problématiques spécifiques des corpus existants, – nous y avons insisté ailleurs[15], – aux fins d'éviter le risque d'ensembles documentaires partiellement ou totalement hétérogènes, voire de possibles et probables pertes d'informations. Le champ couvert peut ne pas correspondre exactement aux questions posées.

Il importerait donc de ne procéder qu'à des dépouillements exhaustifs, – une 'croûte' peut posséder une charge documentaire plus forte qu'un chef-d'œuvre, – et cohérents afin d'éviter des coupures chronologiques arbitraires et permettre l'application des règles critiques imposées par la nature du matériau. En d'autres termes, s'obliger à l'examen complet d' "ensembles iconographiques" soigneusement définis dans l'espace, le temps et la technique[16].

LA TERMINOLOGIE

C'est un euphémisme que dire que la mise au point de "listings" visant une exploitation plénière de vastes ensembles de "documents iconographiques" pose de sérieux problèmes de terminologie: le moindre n'est pas d'intégrer, pour qu'il n'y ait pas perte d'informations, des *realia* qu'on ne peut nommer avec précision[17].

L'APPROCHE MATÉRIELLE DE L'ŒUVRE

Mauvais état de conservation, restaurations imprudentes, autant de facteurs susceptibles de réduire la valeur documentaire d'une œuvre. P. Mane l'a récemment noté à propos des calendriers

---

delà en Provence d'après les autels des âmes du purgatoire, XVe–XXe siècles (Paris, 1970).

15 J.-P. Sosson, "Documents iconographiques et culture matérielle; en guise d'introduction", dans: Documents iconographiques et culture matérielle, ed. J.-P. Sosson (Bruxelles, 1985) 6.

16 C'est la méthode qui a été adoptée pour la Photothèque d'histoire des campagnes de la section louvaniste (Louvain-la-Neuve) du Centre belge d'histoire rurale (cfr. L. Genicot et J.-P. Sosson, "Réalisations et projets du Centre belge d'histoire rurale", dans: Etudes rurales 31 (1968) 132–141.

17 Voir C. van den Bergen-Pantens, "Projet de fichier iconographique: problèmes de méthode", dans: Documents iconographiques et culture matérielle, éd. J.-P. Sosson (Bruxelles, 1985) 92–109.

sculptés des XIIe et XIIIe siècles en France et en Italie[18]. Et le danger est grand de l'oublier lorsqu'on travaille, cas le plus fréquent, sur des photographies.

En ce qui concerne la peinture de chevalet et la miniature, il faudra donc s'assurer de l'originalité de la couche picturale: des repeints, des surpeints, des restaurations peuvent avoir altéré certains détails, pis introduit des anachronismes[19]. Le piège est parfois difficile à déceler: des blasons ajoutés après coup peuvent induire en erreur quant à la date et au commanditaire de l'œuvre.

Mais il y a plus. Le support sera pris en compte: l'emploi du chêne, par exemple, est traditionnel et largement spécifique aux anciens Pays-Bas[20]; il y a donc là une précieuse indication d'ordre géographique. Le dessin sous-jacent[21] le sera également: il pourrait révéler plusieurs mains, partant témoigner de l'existence d'un atelier, ce qui risque de n'être pas sans conséquence sur le réalisme supposé de l'œuvre[22]. Les dimensions, la technique, la fonction[23] d'une œuvre, autant d'éléments permettant aussi d'apprécier les possibilités concrètes de réalisme de telle ou telle représentation de *realia*.

L'APPROCHE HISTORIQUE

Elle rend compte ou contribue à rendre compte de la signification du "document iconographique" et du ou des niveaux où celle-ci est pertinente. Trois thèmes devraient en constituer la trame; l'auteur de l'œuvre, l'atelier où elle fut réalisée, le milieu auquel elle était destinée et le poids de l'imaginaire.

---

[18] P. Mane, Calendriers et techniques agricoles (France–Italie, XIIe–XIIIe siècles) Paris, 1983, 52 sq.

[19] Un exemple classique: le clipper zélandais du XVIIIe siècle figurant sur la Nativité du Maître de Flémalle (Dijon).

[20] J. Marette, Connaissance des Primitifs par l'étude du bois (Paris, 1961) 73.

[21] Bibliographie commode dans: D. Hollanders-Fabart et R. Van Schoute (éd.), Le dessin sous-jacent dans la peinture. Colloques I et II (Louvain-la-Neuve, 1979). De très nombreux matériaux ont été rassemblés par l'équipe de Louvain-la-Neuve (R. Van Schoute). Il s'imposerait de les soumettre à un questionnaire prenant en compte les interrogations de l'historien.

[22] On songera ici à de possibles travaux en série.

[23] Décorative, symbolique, visionnaire, fonctionnelle.

L'auteur

La portée des données chronologiques, géographiques et sociologiques que nous livre, si il est possible de l'établir, sa biographie, doit être mesurée.

Données chronologiques: tout au plus un *terminus ante quem*[24]. L'inertie iconographique, l'existence possible de modèles d'atelier ou de recueils de modèles[25], l'éventualité d'une reprise pure et simple d'éléments appartenant à une ou des œuvres plus anciennes font que la date de naissance ou de début de carrière d'un artiste donné ne pourra tenir lieu de *terminus a quo*.

Données géographiques, notamment celles touchant d'éventuels voyages à l'étranger. Ces dernières risquent d'introduire dans l'œuvre d'un artiste des données exorbitantes à son milieu géographique habituel[26].

Données socio-professionnelles enfin. Généralement négligées car n'intervenant guère dans le processus d'une attribution, elles permettraient peut-être d'attribuer à certains artistes un souci d'exactitude plus grand que chez leurs confrères. On sait, par exemple, que Lancelot Blondeel (1498–1561), Jan Provoost (ca. 1465–1529) et Pierre Pourbus (1523–1584) dressèrent des cartes et des plans[27].

L'atelier

La prise en compte de l'atelier, voire de réseaux d'ateliers dans le cadre d'un *Verlagssystem*, que nous révèlent de mieux en mieux analyses technologiques et de laboratoire, devrait être éclairante sur les modèles d'atelier, la possibilité de travaux en série, la

---

[24] P.-M. Vêche, "Apport de la peinture de chevalet des anciens Pays-Bas méridionaux aux XVe et XVIe siècles à l'étude de la céramique usuelle. L'expérience de la photothèque du Centre belge d'histoire rurale", dans: Documents iconographiques et culture matérielle, éd. J.-P. Sosson (Bruxelles, 1985) 88.

[25] Voir, par exemple, U. Jenni – T. Falk – D. Kuhrmann, "Vom Musterbuch zum Skizzenbuch", dans: Die Parler und der Schöne Stil 1350–1400. Europäische Kunst unter den Luxenburgern III (Cologne, 1978) 139–150.

[26] On songera ici à certains paysages.

[27] On songera, par exemple, au "Plan de l'abbaye des Dunes, à Koksijde", de P. Pourbus [cfr. D. D. de Vos, Stedelijke Musea Brugge. Catalogus schilderijen, 15de en 16de eeuw (Bruges, 1979) 182].

réalisation de copies. Autant d'éléments susceptibles de peser lourdement sur le réalisme des *realia*[28].

Le milieu et le poids de l'imaginaire

Dans certains cas, le milieu auquel l'œuvre était destinée en a dicté ou imposé plus ou moins directement le programme[29]. L'analyser pourrait peut-être aider à mesurer le réalisme de celle-ci. Une œuvre destinée à un public populaire, – on songera ici aux métiers, – fera sans doute une plus large place au pittoresque, au détail vécu que celle commandée par une élite, appréciant davantage un art savant, rationnel, accueillant aux spéculations humanistes. L'hypothèse ne paraît pas complètement déraisonnable. Elle est cependant dangereuse: le risque n'est pas illusoire de vouloir expliquer la création artistique et en interpréter les manifestations, quasi mécaniquement, à partir d'un schéma socio-économique particulier, partant réducteur, voire artificiel[30].

De surcroît, en voulant trop expliquer, on risque de leurrer. Notamment en gommant la création artistique, l'imaginaire de l'artiste autant que celui de son client. On admet difficilement que l'imaginaire peut bel et bien précéder le réel. P. Francastel a bien montré, par exemple, que les peintres toscans du Quattrocento ne se sont pas inspirés des modèles de la nouvelle architecture

---

[28] Nous avons insisté sur l'importance socio-économique des ateliers et des réseaux d'ateliers dans "L'histoire economique et sociale et la problème de l'auteur de l'œuvre en peinture: corporations, cour ducale, marché", dans: Le dessin sous-jacent dans la peinture. Colloque IV, éd. D. Hollanders-Favart – R. Van Schoute (Louvain-la-Neuve, 1982) 66–72 et "Strucures associatives et réalités socio-économiques dans l'artisanat d'art et du bâtiment aux Pays-Bas (XIVe–XVe siècles), Perspectives de recherches", dans: Artistes et production artistique au moyen âge I: Les hommes, éd. X. Barral I Altet (Paris, 1986) 111–121.

[29] Il n'est pas sans danger de soutenir que les artistes ont toujours été l'unisson de leurs commanditaires. Cfr. à ce propos P. Francastel, "La Contre-Réforme et les arts en Italie à la fin du XVIe siècle", dans: id., La réalité figurative II (Paris, 1965) 316–358.

[30] Il faut avouer que les tentatives de couplage création artistique-conjoncture économique sont souvent très loin d'être convaincantes. Ne serait-ce qu'en raison du fait que la pertinence et la représentativité des indicateurs conjoncturels à disposition, – lorsqu'ils existent, – ne résistent guère à la critique.

florentine pour la bonne raison qu'ils n'existaient pas encore[31]. Et on pourrait peut-être aboutir à des constatations du même genre en ce qui concerne certains paysages "vus" à travers des traités d'agronomie ou "construits" par l'imaginaire d'une société ou d'un milieu[32].

LES REALIA ET LES PROCÉDURES DE VÉRIFICATION

On ne transpose pas indifféremment sur une surface à deux dimensions quelque élément du réel que ce puisse être. Aucun objet ne sera jamais représenté, par le trait ou la couleur, dans toutes ses dimensions, sous tous ses angles. Il sera souvent difficile, sinon impossible, de préciser la technique et les matériaux employés pour tel ou tel type de construction, d'en mesurer l'échelle. Apprécier l'exactitude d'un *realia*, en définir avec précision toutes les composantes rencontre donc dès l'abord un handicap qui ne peut être évité. Trois démarches devraient permettre d'en atténuer les effets:

- tenir compte de la situation des *realia* sur le tableau ou dans la miniature (à l'avant-plan ou à l'arrière-plan), de l'échelle de la représentation, de sa fonction (décorative, symbolique, visionnaire, fonctionnelle), de la technique employée par l'artiste (*sfumato*, trait);
- opérer un classement qui distinguera formes usuelles, variantes, formes uniques et incertaines[33];
- procéder à des vérifications, soit en confrontant les "documents iconographiques" aux matériaux archéologiques, soit en soumettant la représentation à une analyse technologique élémentaire (ce moulin à eau peut-il fonctionner?), soit en constituant des séries qui, partant de documents récents mais sûrs, remonteraient le temps, pour autant qu'il y ait identité fonctionnelle et stabilité des formes.

---

[31] P. Francastel, "Imagination et réalité dans l'architecture civile du Quattrocento", dans: id., La réalité figurative (Paris, 1965) 269–281.

[32] A ce sujet: The iconography of landscape. Essays on the symbolic representation, design and use of past environments, éd. D. Cosgrove – C. Daniels (Cambridge, 1988).

[33] On prendra connaissance de l'article de M. Jacobs – P. Peremans, "De studie van archeologica op schilderijen", dans: Handelingen der Maatschappij voor geschiedenis en oudheidkunde te Gent XX (1976) 61–81.

Appliquée avec quelque rigueur, cette "grille critique" permet de faire de sérieux tris. Un exemple:[34] environ 11% des documents enregistrés par la Photothèque d'histoire des campagnes de Louvain-la-Neuve touchent la céramique (4 dessins, 42 miniatures, 47 gravures, 95 peintures); 32 des 95 peintures retenues sont inutilisables et près des 3/4 appartiennent au XVIe siècle. De surcroît, les représentations qu'elles portent ne seront utiles que rapprochées de modèles connus par l'archéologie. Encore qu'elles permettent peut-être de resituer les objets dans leur cadre contemporain et quotidien.

Champ Couvert, Variété

Rares sont les domaines de la culture matérielle pour lesquels il n'existe pas de représentations. Mais, selon les époques, des préférences s'observent: au moyen âge, plus de faucheurs que de forgerons[35].

Des lacunes étonnent. P. Mane[36], par exemple, observe, à propos des calendriers sculptés français et italiens des XIIe et XIIIe siècles, qu'il n'y a pas trace de techniques de pointe: aucun moulin, aucun pressoir, aucune houe, même aucune charrue. Dans le cadre de la vie des campagnes, le cas de la peinture de chevalet et de la miniature des anciens Pays-Bas méridionaux aux XIVe et XVe siècles en fournit des exemples parlants. On sait l'importance du textile dans ces régions: aucun document touchant le tissage; seul le filage à la quenouille est représenté, de façon d'ailleurs très stéréotypée. Le travail du cuir n'est pas évoqué. Pas plus que celui de la pierre ou de l'argile (seuls les fabricats sont pris en compte). La forge et le maréchal-ferrant le sont à peine: 14 documents sur plus de 2000. La grande variété de l'outillage du charpentier et du menusier n'apparaît guère[37]. Et les outils figurés ne le sont que rarement en action. En l'état actuel des dépouillements, aucun document ne touche le défrichement, l'essartage, l'écobuage, l'épandage, le marnage, l'arpentage.

---

[34] P. M. Vêche, op. cit.

[35] J. David, op. cit., 10.

[36] P. Mane, "L'apport de l'iconographie dans l'étude de la vie matérielle au moyen âge. L'exemple de la vie agricole à travers les calendriers français et italiens aux XIIe et XIIIe siècles", dans: Documents iconographiques et culture matérielle, éd. J.-P. Sosson (Bruxelles, 1985) 4.

[37] J. David, op. cit., 22.

Plus intéressants, dans le cadre qui est le nôtre, les accents mis sur tel ou tel secteur, sur telle ou telle activité de la vie des campagnes. Les représentations des travaux des champs touchant céréales et foins font apparaître des ordres de grandeur qui ne doivent sans doute rien au hasard:

CEREALES		FOINS	
Moisson	229	Fauchage	63
Labour	136	Ameulonnage	14
Semaille	62		
Battage	45		
Ameublissement	42		
Hersage	23		
Vannage	16		
Glanage	0		
Total	553		77

Louvain-la-Neuve. Photothèque d'histoire des campagnes, XVe–XVIe s.
Nombre de documents touchant les céréales et les foins.

Il en est de même des documents touchant de près ou de loin l'élevage: les équidés dominent avec 260 documents, suivis des bovins avec 132, des porcins avec 122, de la volaille avec 108, des ovins avec 54. Ou encore de la transformation des produits agricoles: la viande: 84 documents; le lait: 21; le pain: 9. L'importance de certains secteurs d'activités étonne: 85 documents illustrent l'arboriculture, 20 l'apiculture.

Lacunes et/ou déséquilibres de l'information mais aussi poids des stéréotypes, notamment lorsque des actions sont représentées. L'abondance des documents se réduit alors en fait à quelques séries-types (dont il s'imposerait d'ailleurs de repérer les têtes de série, les archétypes), voire à des idéogrammes. Le phénomène réduit à l'évidence l'abondance des documents, mais il offre l'avantage de révéler des familles d'attitudes possibles, des gestuelles plus ou moins vraisemblables. En témoignent quelques exemples, tirés de la miniature des anciens Pays-Bas méridionaux aux XVe et XVIe siècles, et touchant les semailles de la moisson (à la sape, à la faux et à la faucille).

Le seul fait de mettre ces scènes en série montre leur caractère stéréotypé et l'invraisemblance de certaines attitudes.

L'Apport

Forme, utilisateur, utilisation des *realia*: trois éléments où, par rapport au texte, l'apport du "document iconographique" est essentiel.

En ce qui concerne la forme, c'est l'évidence. Encore qu'il ne faut pas se faire trop d'illusions: les dimensions échappent le plus souvent; dresser une typologie morphologique n'est pas sans aléas. En témoigne le cas des colombiers figurés (une soixantaine de documents) dans la peinture des anciens Pays-Bas méridionaux au XVe siècle. D. Metral[38] montre bien qu'on peut discerner deux types: le colombier sous comble et le colombier-tour. Mais que dire de plus. On ignore tout des dimensions, de l'orientation, des matériaux utilisés. Et aucune correspondance ne peut être établie entre la forme, la capacité et l'appartenance de telles constructions.

Touchant l'utilisateur, il est tentant de vouloir situer son milieu. Reste à savoir, comme le note J. David[39], si l'artiste n'a pas "enrichi" ou "appauvri" une scène en y introduisant des objets coûteux ou bon marché. Préciser l'utilisateur, au moins d'un outil, est plus facile.

Le "document iconographique" nous donne enfin les moyens d'observer des gens au travail, le maniement d'un outil. Encore faut-il être conscient qu'un souci esthétique peut fausser la réalité. Sans parler du fait que certaines scènes, notamment dans les calendriers, ont visiblement valeur d'idéogramme.

[38] D. Metral, "Apports de la peinture des anciens Pays-Bas méridionaux aux confins des moyen âge et des Temps modernes. Exemple de l'architecture rurale: le colombier", dans: Documents iconographiques et culture matérielle, éd. J.-P. Sosson (Bruxelles, 1985) 25–32.

[39] J. David, op. cit., 22.

ANNEXE

Semailles et moissons, principalement dans les calendriers et livres d'heures des anciens Pays-Bas méridionaux aux XVe et XVIe siècles (dessins de Mademoiselle R. Van Driessche)

NB: Chaque figure est identifiée par son numéro de cliché et de dossier de la Photothèque d'histoire des campagnes de la Section louvaniste du Centre belge d'histoire rurale (Collège Erasme, 1, place Blaise Pascal, 1348 Louvain-la-Neuve). On trouvera ci-dessous les cotes des manuscrits concernés.

756 = Louvain-la-Neuve, CGD, ms A2, f. 6r.
757 = Ibid., f. 7r.
760 = Ibid., f. 10r.
787 = Anvers, Mayer van den Bergh, ms 946, f. 4v.
789 = Ibid., f. 5v.
809 = Vienne, Oesterr. NB, cod. ser. n. 2844, f. 5v.
810 = Ibid., cod. ser. n. 2844, f. 5v.
819 = Ibid., cod. 13239, f. 7v–8r.
820 = Ibid., cod. ser. n. 13239, f. 8v–9r.
823 = Ibid., cod. ser. n. 13239, f. 11v–12r.
831 = Ibid., cod. 1944, f. 6r.
843 = Ibid., cod. ser. n. 2625, f. 6r.
844 = Ibid., cod. ser. n. 2625, f. 7r.
847 = Ibid., cod. ser. n. 2625, f. 10r.
859 = Ibid., cod. 1858, f. 10v–11r.
866 = Ibid., cod. 1856, f. 7r.
879 = Ibid., cod. 1857, f. 8r.
880 = Ibid., cod. 1857, f. 9r.
881 = Ibid., cod. 1857, f. 10r.
890 = Ibid., cod. 1862, f. 7r.
891 = Ibid., cod. 1862, f. 8r.
898 = Ibid., cod. 1984, f. 6v–7r.
899 = Ibid., cod. 1984, f. 7v–8r.
902 = Ibid., cod. 1984, f. 10v.
909 = Ibid., cod. 2032, f. 6v–7r.
913 = Ibid., cod. 2032, f. 10v–11r.
920 = Ibid., cod. 1887, f. 7v–8r.
928 = Bruxelles, BR, ms IV 104, f. 6r.
929 = Ibid., ms IV 104, f. 7r.
932 = Ibid., ms IV 104, f. 10r.
942 = Ibid., ms IV 369, f. 10r.
946 = Ibid., ms II 7607, f. 6r.
949 = Ibid., ms II 7607, f. 9r.
957 = Ibid., ms IV 40, f. 9r.
960 = Ibid., ms IV 40, f. 12r.
968 = Ibid., ms II 1571, f. 7r.
969 = Ibid., ms II 1571, f. 8r.

972 = Ibid., ms II 1571, f. 11r.
985 = Ibid., ms IV 480, f. 7v.
986 = Ibid., ms IV 480, f. 8v.
989 = Ibid., ms IV, f. 11v.
1009 = Ibid., ms II 158, f. 7v.
1011 = Ibid., ms II 158, f. 8v.
1024 = Ibid., ms II 158, f. 105r.
1032 = Ibid., ms 9785, f. 7r.
1046 = Ibid., ms IV 456, f. 8r.
1049 = Ibid., ms. IV 456, f. 11r.
1074 = Paris, BN, Donation Smith-Lesouëf, ms 38, f. 6r.
1076 = Ibid., ms 38, f. 7r.
1082 = Ibid., ms 38, f. 10r.
1083 = Ibid., ms 38, f. 10v.
1097 = Ibid., BN, ms lat. 1188, f. 7r.
1109 = Ibid., ms lat. 10555, f. 8r.
1112 = Ibid., ms lat. 10555, f. 11r.
1131 = Ibid., ms lat. 1416, f. VIIv.
1136 = Ibid., ms lat. 1416. f. Xr.
1147 = Ibid., ms nouv. acq. lat. 215, f. 14v.
1150 = Ibid., ms nouv. acq. lat. 215, f. 17v.
1159 = Ibid., ms lat. 1314, f. 3v.
1160 = Ibid., ms lat. 1314, f. 4.
1163 = Ibid., ms lat. 1314, f. 5v.
1181 = Munich, Bayerische Staatsbibl., ms lat. 28346, f. 11r.
1182 = Ibid., ms lat. 28346, f. 11v.
1185 = Ibid., ms lat. 28346, f. 13r.
1217 = Bruxelles, BR, ms IV 280, f. 6v.
1225 = Ibid., ms IV 280, f. 10v.
1236 = Munich, Bayerische Staatsbibl., ms lat. 23637, f. 4v.
1237 = Ibid., ms lat. 23637, f. 5r.
1252 = Ibid., ms lat. 23250, f. 6v.
1254 = Ibid., ms lat. 23250, f. 7v.
1260 = Ibid., ms lat. 23250, f. 10v–11r.
1283 = Ibid., ms lat. 23638, fd. 8v.
1285 = Ibid., ms lat. 23638, f. 9v.
1307 = Ibid., ms lat. 28345, f. 8v.
1309 = Ibid., ms lat. 28345, f. 9v.
1315 = Ibid., ms lat. 28345, f. 10v.
1338 = Paris, Arsenal, ms 568, f. 4r.
1339 = Ibid., ms 568, f. 5r.
1346 = Ibid., ms 638, f. 6v.
1347 = Ibid., ms 638, f. 7v.
1350 = Ibid., ms 638, f. 10v.
1361 = Rome, Vaticane, ms vat. lat. 3770, f. 4r.
1362 = Ibid., ms vat. lat. 3770, f. 4v.
1374 = Naples, BN, La Flora, f. 8r.
1380 = Ibid., La Flora, f. 11r.
1396 = Madrid, BN, ms Vitr. 25-5, f. 6v.
1397 = Ibid., ms Vitr. 25-5, f. 7v.

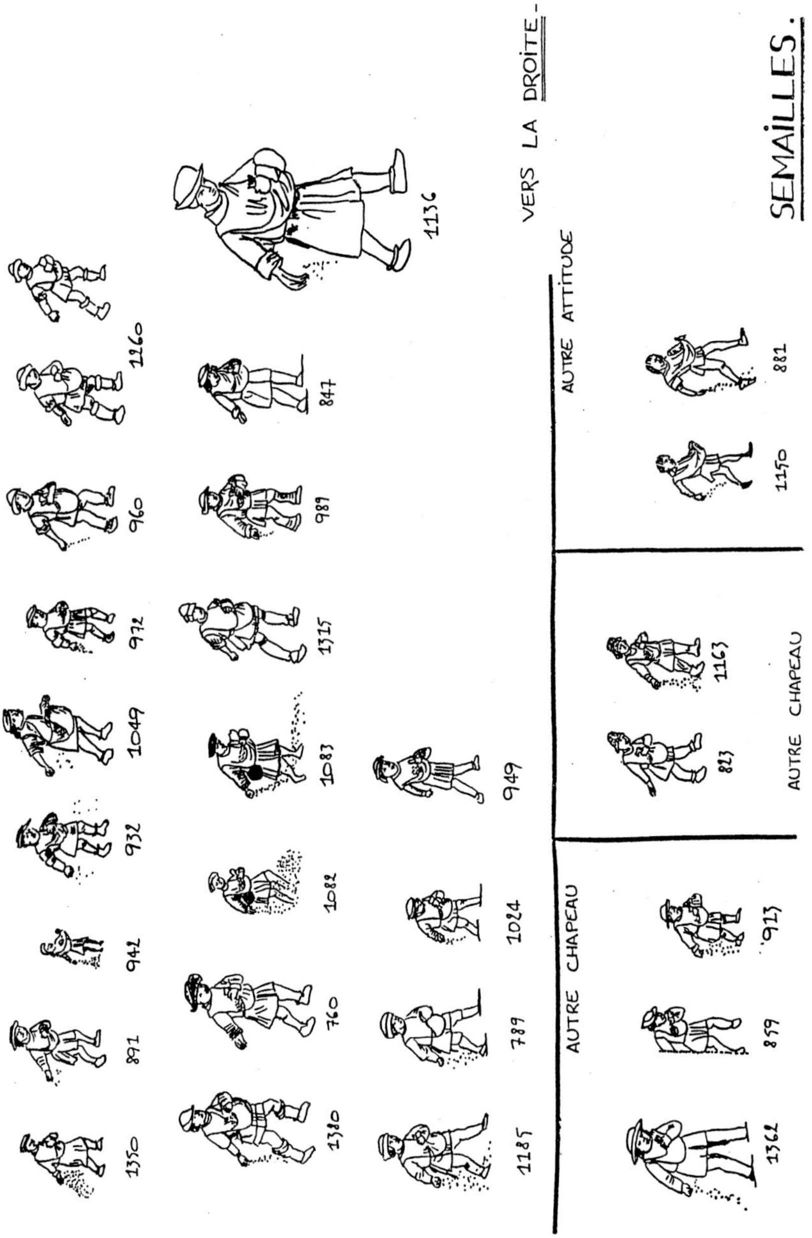
SEMAILLES.
VERS LA DROITE
AUTRE ATTITUDE
AUTRE CHAPEAU
AUTRE CHAPEAU

Planche 1

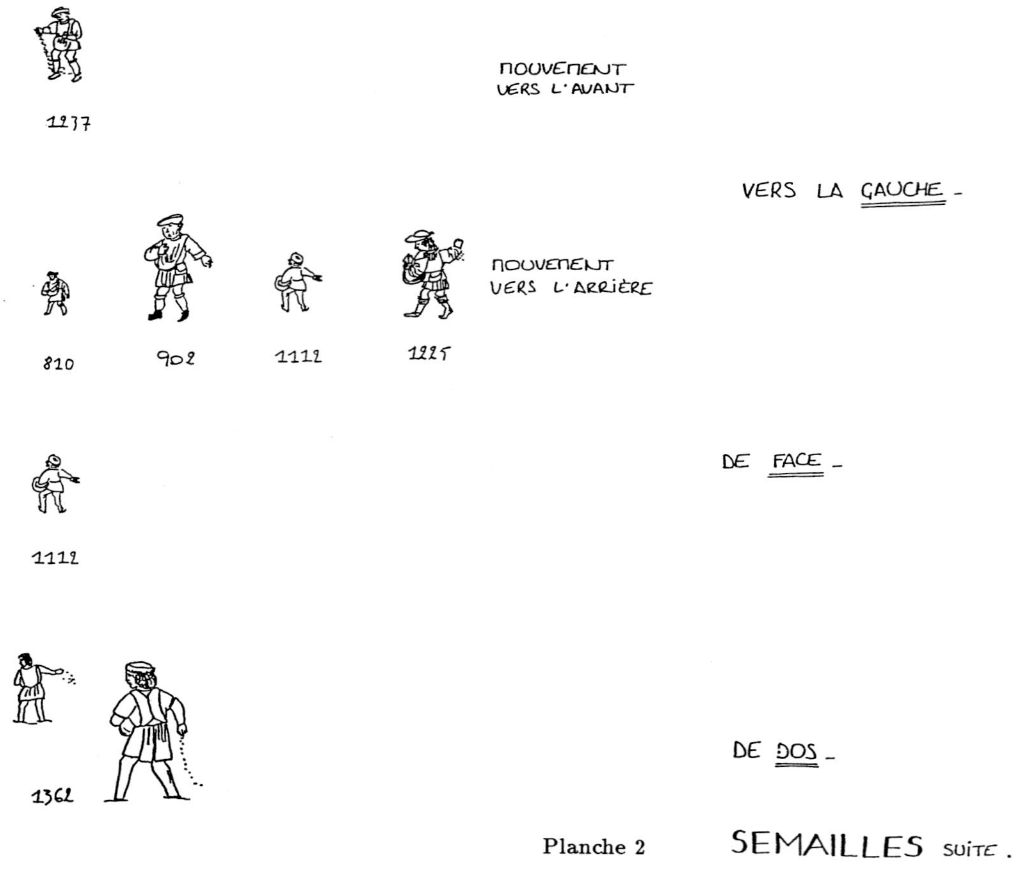

NOUVEMENT VERS L'AVANT
1237
VERS LA GAUCHE -
NOUVEMENT VERS L'ARRIÈRE
810
902
1112
1225
DE FACE -
1112
DE DOS -
1362
SEMAILLES suite.

Planche 2

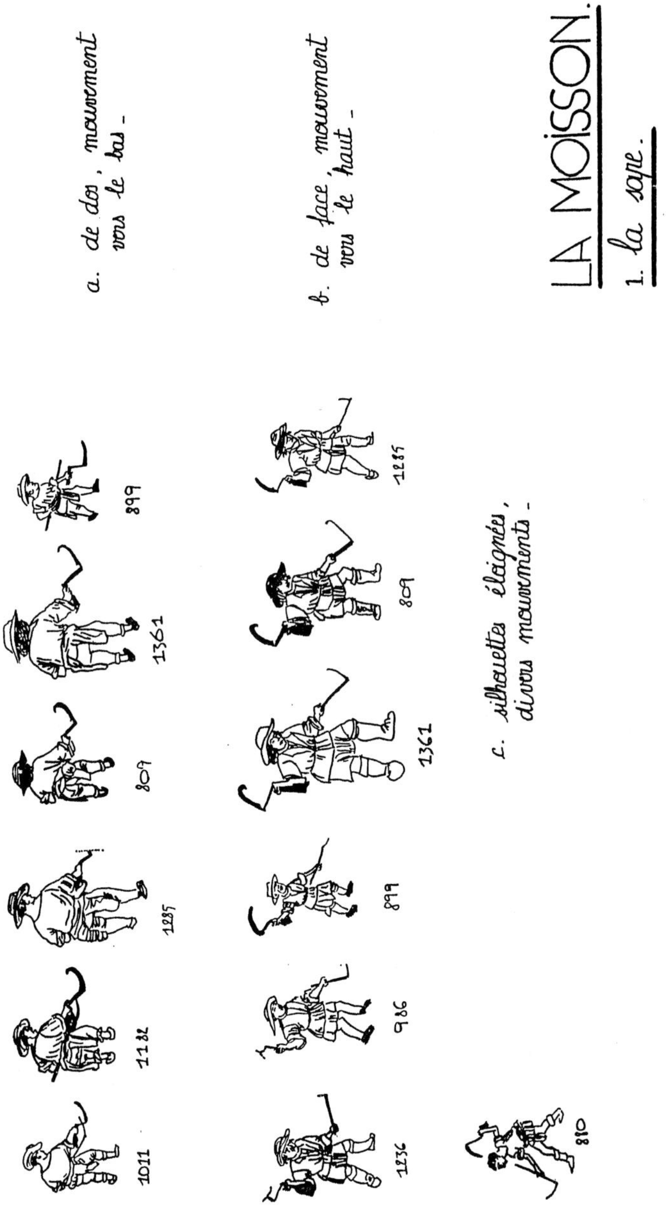
LA MOISSON.
1. la sape.
a. de dos, mouvement vers le bas_
b. de face, mouvement vers le haut_
c. silhouettes éloignées, divers mouvements_
1011
1132
1285
809
1361
899
1236
986
899
1361
809
1285
810

Planche 3

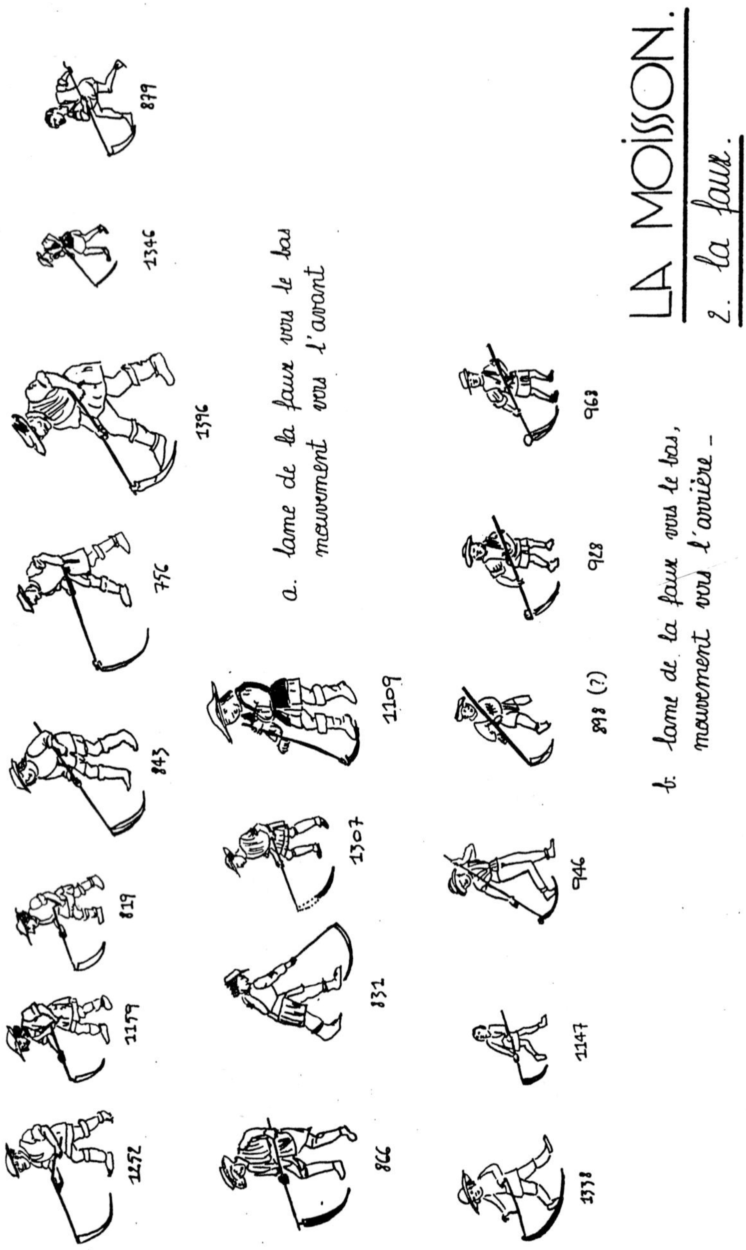
LA MOISSON.
2. la faux.
a. lame de la faux vers le bas
mouvement vers l'avant
b. lame de la faux vers le bas,
mouvement vers l'arrière –
879
1346
1396
756
843
819
1159
1252
1109
1307
832
866
963
928
898 (?)
946
1147
1338

Planche 4

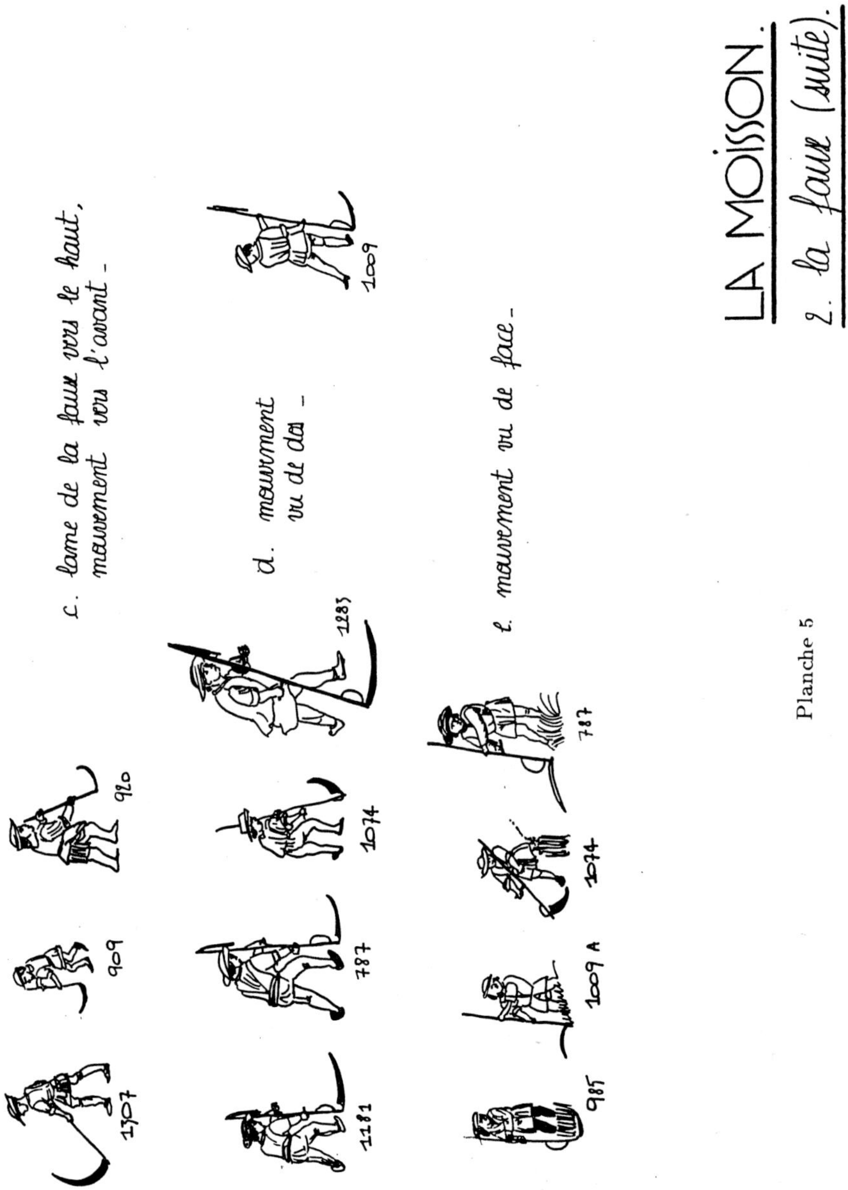
LA MOISSON.
2. la faux (suite).
c. lame de la faux vers le haut, mouvement vers l'avant –
1307
909
920
d. mouvement vu de dos –
1181
787
1074
1283
1009
e. mouvement vu de face –
985
1009 A
1074
787

Planche 5

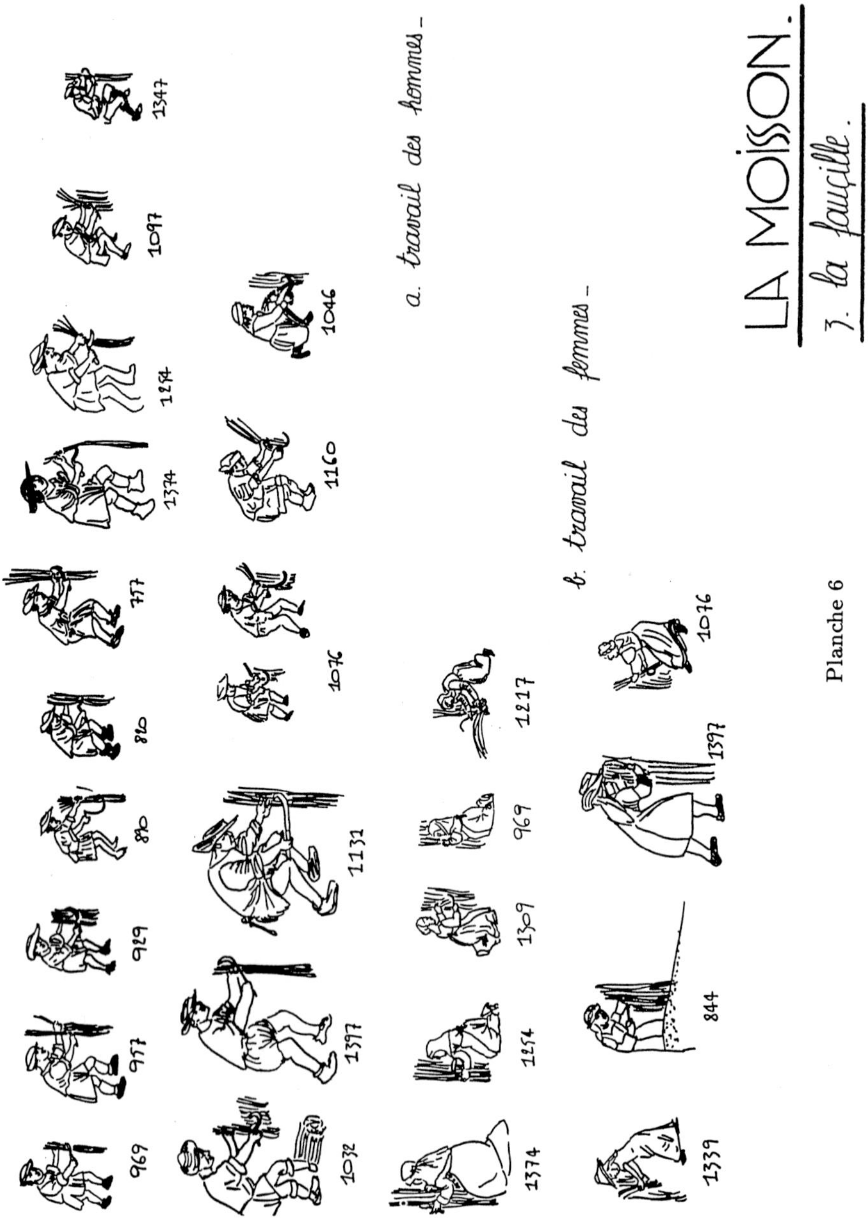
LA MOISSON.
1. la faucille.
a. travail des hommes
b. travail des femmes
969
977
929
890
820
777
1374
1274
1097
1347
1032
1397
1131
1076
1160
1046
1374
1254
1309
969
1217
1339
844
1397
1076

Planche 6

Le costume et la mode dans la civilisation médiévale[1]

FRANÇOISE PIPONNIER

L'une des plus anciennes manifestations d'intérêt pour l'histoire du costume nous est fournie par les archives de René d'Anjou. Vers la fin de sa vie, en 1478, ce prince fit ordonner à ses secrétaires de chercher des informations sur les vêtements portés par ses prédécesseurs. Sans doute avait-il pris conscience au cours de sa longue existence et de ses pérégrinations à travers la France et l'Italie de la diversité et de l'incessante évolution des costumes portés par les rois et les princes auprès de qui s'était déroulée son existence. Nous ne savons malheureusement pas quelle suite fut donnée à cette ordonnance de René d'Anjou et ne pouvons en déduire quels aspects de ces évolutions avaient suscité sa curiosité.

C'est à ce même milieu social, à l'évolution des formes et décors de son vêtement que les recherches d'histoire du costume se sont d'abord et longtemps intéressées[2]. La nature de la documentation la plus aisément accessible a favorisé cette tendance. La sculpture, la peinture, la miniature représentent le plus souvent ces hauts personnages et mettent en évidence la diversité de leurs costumes. Parmi les écrits, ceux des chroniqueurs et des moralistes ne signalent guère, et généralement pour les déplorer, que les changements survenus dans les manières de se vêtir. Les principaux ouvrages réalisés sur le costume médiéval au XIXe siècle et au début du XXe siècle se sont fondés sur ce type de documents, et se sont efforcés tour à tour de décrire l'évolution des formes et de définir des styles et des influences. L'histoire du costume se constituait alors comme l'un des chapitres de l'histoire de l'art.

---

[1] Les études iconographiques utilisées tant dans le texte de l'article que pour son illustration ont été réalisées par Perrine Mane (Centre de Recherches Historiques, E. H. E. S. S.)

[2] Les plus notables dans le domaine français: J. Quicherat, Histoire du costume en France ... (Paris, 1877); F. Boucher, Histoire du costume (Paris, 1965).

C'est par le biais de l'histoire de l'économie et des échanges que les matières premières du costume, donnée fondamentale pour les historiens de la culture matérielle, sont entrées dans le champ de l'histoire générale. Le commerce puis la production des tissus de laine, des soieries, des futaines et, plus près de nous, des pelleteries, ont fait l'objet de nombreuses publications. Les plus récentes de ces recherches prennent en considération les aspects techniques, voire écologiques de ces productions. La signification sociale et les hiérarchies du costume ont été étudiées à partir des lois somptuaires et règlements urbains qui tentent d'imposer à chaque groupe le vêtement convenable en fonction de sa situation dans la société. Les documents comptables, inventaires et testaments ont permis de cerner de plus près encore la réalité des ensembles vestimentaires effectivement portés par les membres des diverses classes sociales.

Le demi-chapitre que lui a consacré Fernand Braudel dans son ouvrage sur la civilisation matérielle[3] a confirmé la réhabilitation du costume comme sujet digne de l'attention des historiens les plus sérieux. C'est depuis cette époque, encore très récente, que des historiens des mentalités ont commencé à s'intéresser aux significations symboliques des costumes et de leurs couleurs. Leur approche est certes très différente de celle des historiens de la culture matérielle, mais elle se montre fructueuse pour eux aussi, d'une part en leur rappelant toute la charge émotionnelle et symbolique du phénomène vestimentaire, d'autre part, comme toutes les autres recherches traitant de ce sujet, en suscitant la quête des sources et leur analyse approfondie, elle met à la disposition des historiens des ensembles d'informations toujours plus riches et soumis à une critique scientifique rigoureuse[4].

Pour répondre au propos très général que le Centre de Krems a choisi d'aborder en 1988, il a paru opportun de tenter de dresser un bilan des connaissances actuelles, mais aussi des lacunes concernant le costume médiéval, du point de vue de l'histoire de la culture matérielle. Les processus de production, puis les principaux aspects de la consommation vestimentaire seront d'abord évoqués, avant d'examiner comment la question de la mode peut

[3] F. Braudel, Civilisation matérielle et capitalisme (Paris, 1967).

[4] Le premier numéro de la revue d'histoire médiévale, 'Les Cahiers du Léopard d'Or' (Paris, 1989), est consacré au costume (Le vêtement. Histoire, archéologie et symbolique vestimentaires).

être envisagée, voire renouvelée dans la perspective des recherches interdisciplinaires sur les *realia.*

1. Costume et modes de production

Le costume, pris au sens le plus large, est un ensemble complexe d'objets dont l'homme dispose pour se protéger, se parer, se travestir, ou encore exprimer son appartenance à un groupe ou signifier sa dignité. Trop souvent, le sujet est traité de manière fragmentaire: le costume civil séparé du costume militaire, du costume liturgique, des bijoux et joyaux. La place relative et le jeu réciproque de ces divers éléments dans l'ensemble vestimentaire dont dispose chaque groupe humain ou chaque individu ne peuvent plus alors être saisis dans leur ensemble. Une vue globale exigerait des compétences fort diverses, en particulier pour ce qui concerne les techniques de fabrication des divers types de vêtements, parures ou armures. Il faudrait envisager une collaboration, des rencontres entre spécialistes, ayant pour objectif l'étude des transformations de telle ou telle matière première, mais aussi celle du produit fini, élaboré souvent à partir de plusieurs matières premières. La réponse à bien des questions non résolues, par exemple l'influence réciproque du costume civil et de l'armure à la fin du Moyen Age et au XVIe siècle ne semble pouvoir être obtenue qu'à ce prix.

La production des éléments du costume comporte une série de processus à plusieurs étages partant de la culture des plantes textiles ou tinctoriales, de l'élevage ou de la chasse, de l'extraction des métaux, voire même de la récolte de la paille ou de l'exploitation du bois. En raison de l'importance du commerce qu'elle a suscité, la fabrication des tissus de laine, de soie ou même du coton, a depuis longtemps attiré l'attention des historiens. Les régions les plus actives, les plus spécialisées dans les productions de qualité ont été étudiées tour à tour: la Flandre, l'Italie, l'Angleterre, la Normandie entre autres. Mais sont restées dans l'ombre les opérations préliminaires, en amont du tissage. Le filage, travail féminin souvent exercé à domicile n'apparaît qu'indirectement dans les documents, son universalité est cependent attestée par les trouvailles archéologiques, et aussi par certains textes. Les lacunes sont nombreuses encore pour reconstituer l'ensemble des activités de production concernant les tissus de laine ordinaires destinés à la consommation courante. Des évolutions considérables se sont produites dans le courant du Moyen Age, depuis le tissage dans le gynécée seigneurial jusqu'à l'implantation plus ou moins précoce d'une production rurale dominée par les marchands-entrepreneurs des villes voisines, la ville ayant été, entre-temps, le centre de production quasi exclusif.

Des interrogations demeurent aussi concernant les techniques de tissage. Pour s'être constamment intéressés à l'innovation, à l'introduction de nouveaux métiers plus performants, comme le fameux métier horizontal à marches, les historiens des techniques ont négligé les procédés les plus simples, mais sans doute les plus répandus. Devant la variété des possibilités étudiées par les ethnologues[5], on en vient à se demander si certains vêtements, des capes par exemple, ne pouvaient pas être tissés d'une seule pièce sur des métiers spéciaux et non taillés dans des métrages de draps.

La préparation des fibres végétables et leur tissage restent encore plus mal connues. Le travail domestique y intervient pour une part prépondérante, ce qui rend la documentation plus rare. La valeur du matériau, très inférieure à celle de la laine ou de la soie, explique le long silence des textes et le moindre intérêt des historiens économistes. La relative simplicité des procédés de fabrication, leur évolution très lente, ont détourné de ce thème les spécialistes des techniques.

Le tricotage, ses techniques et ses produits sont étudiés depuis plusieurs années par une historienne polonaise[6]. Pour la période médiévale, les trouvailles archéologiques lui ont procuré l'essentiel de ses informations. Pour bien d'autres vêtements faits de cuir, de bois, ou pour les fragments textiles, l'analyse des objets de fouille constitue l'un des champs les plus prometteurs pour la progression des recherches.

Le travail des métaux en vue de la réalisation des diverses pièces du costume militaire a retenu l'attention de nombreux spécialistes. Mais déjà celui de l'orfèvre, qui façonne à partir de l'or, et plus fréquemment de l'argent, des parures et des accessoires, est beaucoup moins bien connu. Concernant l'élaboration de parures plus simples, faites d'alliages cuivreux, de fer, d'étain ou d'os, les informations les plus utiles actuellement sont procurées par les

---

[5] Cf. H. Balfet, "Construction de vêtements par fabrication du matériau", dans: Vêtement et Sociétés 1 (Paris, 1981) 81–90.

[6] I. Turnau, "Bonneterie et industrie textile", dans: Annales E. S. C. 5 (1971) 1119–1132.

trouvailles archéologiques, soit d'ateliers complets ou d'outils s'y rattachant, soit d'objets découverts sur leur site d'utilisation.

Le plus souvent, jusqu'à présent, les modalités de la production ont été analysées à partir des règlements imposés par les autorités urbaines. Le recueil d'ordonnances concernant les métiers parisiens, de la fin du XIIIe siècle, anciennement publié[7] et largement commenté risque, me semble-t-il, de donner une image faussée du travail artisanal si l'on considère la situation parisienne comme exemplaire, avec une spécialisation déjà poussée à l'extrême et une stricte codification. Si l'on prend en considération une ville moins exceptionelle, comme Dijon, capitale d'un important duché cependant, on constate d'abord que les autorités urbaines n'ont pas éprouvé avant le second quart du XVe siècle le besoin de réglementer les métiers de l'habillement et que ces ordonnances concernent un petit nombre de métiers. La liste des professions rencontrées dans le corpus des inventaires dijonnais confirme le regroupement des artisans du vêtement sous un nombre limité d'intitulés. N'y figurent en effet que des orfèvres, des armuriers, des chapeliers, des cordonniers, des chaussetiers, des pelletiers, des brodeurs et des tailleurs.

Nous disposons aussi en France, pour les deux derniers siècles du Moyen Age, d'ensembles documentaires encore très incomplètement exploités. Les inventaires mobiliers, lorsqu'ils sont suffisamment détaillés, offrent la possibilité d'analyser les outillages, les matières premières, les produits finis ou semi-finis, le cadre de l'activité, bref toutes les données matérielles concernant le travail artisanal du point de vue de celui qui l'exécute et non pas uniquement de celui des autorités qui le réglementent.

Cette série documentaire apporte d'intéressants témoignages sur les modalités diverses de l'exercice du métier de tailleur. A Dijon[8], le duc de Bourgogne a au moins un tailleur attaché à sa personne et qui travaille en ville, à son domicile, sans doute avec l'aide de quelque valet, car il dispose d'un vaste atelier et d'au moins deux tables de tailleur. Le commun des tailleurs dijonnais est moins largement installé; ceux-ci ne possèdent qu'un équipement réduit de ciseaux, de dés à coudre et de fil. Con-

---

[7] G. Depping (éd.), Le livre des métiers d'Etienne Boileau (Paris, 1837).

[8] Archives départementales de la Côte d'Or, fonds de la mairie de Dijon B II 356.

trairement aux chaussetiers, chez qui l'on rencontre des stocks de draps et des provisions de chausses toutes faites, les tailleurs ne travaillent qu'à façon; les clients leurs apportent les matières premières nécessaires. L'énumération chez un tailleur des robes appartenant à ses clients montre que son travail ne se bornait pas à couper et assembler des draps neufs, mais qu'il lui arrivait aussi de retourner des vêtements usés ou décolorés sur leur endroit. Ce même atelier, où ne figurent que des vêtements féminins témoigne sans doute d'une certaine spécialisation, ou d'un niveau d'habileté différent. Au XVe siècle, en effet, les façons des robes féminines sont plus simples que celles des vêtements masculins.

Il n'est pas possible d'entrer ici dans le détail des diverses fabrications des vêtements, mais il faut souligner l'apport décisif des études iconographiques. De nombreuses représentations de tailleurs, de cordonniers, d'armuriers avec leurs outils, leur mobilier et les gestes de leur travail, sont en cours d'étude dans notre équipe parisienne. L'archéologie aussi livre des fragments de vêtements, des tissus, du cuir, des chaussures, des bonnets, et surtout des accessoires métalliques dont l'analyse permet d'élucider les procédés de fabrication, ainsi que les outillages utilisés.

Quelle pouvait être, au Moyen Age, la part de l'artisanat domestique dans l'ensemble des activités de production ayant pour finalité l'obtention de vêtements? Très importante sans doute à l'époque de l'économie domainiale, elle dut régresser avec la naissance puis l'essor de l'artisanat urbain puis rural. Demeurent cependant du ressort de l'activité domestique, et donc féminine, les tâches longues et fastidieuses demandant peu de force physique et peu de technicité: l'apprêt des fibres à partir des végétaux récoltés ou de la laine, le filage, plus secondairement le tricotage. Pour ce qui est de la couture à domicile, la documentation écrite est rare. Nous voyons bien dans les comptes de René d'Anjou les femmes de chambre de son épouse lui confectionner des chemises. Pour les milieux sociaux plus modestes, nous disposons d'indices archéologiques. Par exemple à Dracy, village bourguignon proche de Beaune, des dés à coudre à la mesure de doigts féminins, ou des petits ciseaux du type forces, trouvés dans une maison paysanne, y attestent la pratique de la couture[9]. Nous ne pouvons malheureusement pas déterminer si ces travaux domestiques concer-

[9] A. Abramowicz, J. Chapelot, A. Nadolski, J.-M. Pesez, T. Poklewski, "Le village bourguignon de Dracy", dans: Archéologie du village déserté (Paris,

naient la coupe et la couture à partir de matières premières neuves ou la réparation de vieux vêtements, leur rapiéçage ou leur retournage.

Il ne faut pas imaginer en effet que tous les vêtements étaient confectionnés sur mesure par un tailleur avec le tissu acheté chez le drapier et apporté par leur destinataire. Certains étaient vendus tout prêts: parfois les chausses, régulièrement les chapeaux, souliers, ceintures, bourses, etc. On doit aussi évoquer la circulation des vêtements déjà portés, soit par des voies commerciales, avec le négoce de la friperie, soit par le jeu des aumônes, des dons et des legs. L'énorme ensemble des testaments foréziens[10] des XIIIe–XVe siècles atteste, dans tous les milieux sociaux, l'habitude de léguer des vêtements déjà utilisés. Mais on observe aussi dans ces documents l'importance des legs destinés à l'achat de tissus ou de parures; donc des legs qui relèvent d'un autre système de dons, sans doute plus ritualisés. Encore peu étudiée, bien qu'elle apparaisse clairement dans toutes les comptabilités princières ou urbaines, la pratique des dons vestimentaires est l'une des modalités d'acquisition des vêtements qui a dû jouer un rôle important dans la constitution de la garde-robe de certaines catégories sociales.

2. La consommation vestimentaire

La consommation vestimentaire, c'est-à-dire l'étude des ensembles de pièces réellement portées est un peu mieux connue que les processus de production et d'acquisition. Les sources sont inégalement abondantes mais variées. Chacune d'elles exige une analyse critique différente et leur degré de crédibilité est fort variable. Comme toujours, les sources "involontaires", peuvent être utilisées avec le maximum de sécurité: les données archéologiques, mais aussi les textes dont la finalité n'est pas de décrire des vêtements ou des manières de se vêtir, comme les comptabilités, les testaments, les inventaires mobiliers. L'iconographie doit faire l'objet d'une critique particulièrement attentive afin d'éliminer les éléments improbables et les stéréotypes, présents même dans les

1970) 169; F. Piponnier, "Une maison villageoise au XIVe siècle: le mobilier", dans: Rotterdam Papers II (Rotterdam, 1975) 160.

[10] Conservés aux Archives départementales de la Loire. Parmi diverses études que leur a consacré cet auteur: M. Gonon, La vie familiale en Forez au XIVe siècle et son vocabulaire d'après les testaments (Paris, 1961).

représentations des XIVe et XVe siècles, période dont les historiens de l'art vantent pourtant le souci de réalisme. Sous réserve de cette critique préalable, ces diverses sources se complètent mutuellement et permettent d'appréhender les composantes du vêtement, leurs variantes et, dans les meilleurs cas, le part des vêtements dans la composition des fortunes privées, leurs rythmes de renouvellement et la diversité de leurs modes d'acquisition.

Adoptant une démarche inverse de celle qui est habituellement pratiquée, partons du costume qui évolue le moins vite, celui des classes populaires, qui est donc celui du long terme historique. Ses origines remontent au costume des peuples indo-européens, introduit pense-t-on par les Celtes dans tout l'Occident. Il a été peu influencé par le modèle antique, la tunique très ample et la toge, étant réservées aux élites romanisées. Pendant la plus grande partie du Moyen Age, seule l'iconographie permet de saisir ce costume de base, par exemple celle des calendriers sculptés ou peints[11]. A partir du XIIIe et surtout du XIVe siècle la documentation iconographique se multiplie et se diversifie. C'est aussi l'époque où apparaissent, dans le domaine français, celui que je connais le mieux et où je puiserai mes exemples, des séries de testaments, d'inventaires, d'actes notariés, où se trouvent en grand nombre des informations précises concernant aussi les classes populaires[12].

Le costume féminin est le plus simple, il se compose d'une tunique longue, mais pas jusqu'à terre, ceinturée. La tête est recouverte d'un voile, puis d'un capuchon qui devient ultérieurement le chaperon, délaissé enfin en faveur de carrés de toile drapés de façons diverses qui donneront par la suite naissance à la coiffe. Pour se protéger du froid, les femmes peuvent procéder à la superposition de deux tuniques. Elles disposent aussi de "pelissons", des gilets de peau retournée et, plus exceptionnellement, de robes doublées de fourrures de qualité médiocre. Le port de capes ou manteaux semble, d'après les textes, inconnu des femmes du peuple.

Le costume populaire masculin, surtout paysan, conserve l' usage des braies gauloises pendant tout le Moyen Age. Celles-ci figurent dans l'iconographie et aussi dans les inventaires du

---

11 P. Mane, Calendriers et techniques agricoles (France–Italie, XIIe–XIIIe siècle) Paris, 1983, 123–139.

12 M. Closson, P. Mane, F. Piponnier, "Le costume paysan au Moyen Age: sources et méthodes", dans: L'Ethnographie LXXX (1984) 291–306.

XIVe siècle; mais il semble qu'elles soient alors toujours faites de toile. Dès le début du XVe siècle, les paysans ont adopté aussi, pour se protéger les jambes, les chausses plus ajustées, en tissu de laine. La tunique masculine, plus courte que celle des femmes, peut être retroussée dans la ceinture à l'occasion d'un travail. La tête est recouverte par des couvrechefs beaucoup plus divers que ceux des femmes: du bonnet à trois pièces (caule) de toile au grand chapeau de paille ou de feutre, en passant par toutes les variétés de bonnets ou de capuchons séparés ou attachés à un manteau ou à une cape. Dans le domaine des vêtements de protection contre le froid, le costume paysan représenté sur les calendriers fait preuve de beaucoup d'imagination. Il est long ou court, avec ou sans manches, large ou étroit.

La diffusion tardive et parcimonieuse du linge de corps en toile dans les classes populaires fait partie des affirmations répétées sans être jamais solidement étayées. N'est-ce pas faute d'une documentation antérieure suffisante que ce phénomène est attribué au bas Moyen Age? La faible quantité de vêtements de dessous possédés correspond à la même rareté de vêtements de dessus. Parmi les inventaires de paysans modestes, les plus complets ne comptent guère que cinq ou dix pièces. Par ailleurs, les vêtements de toile, de moindre valeur que ceux de laine, doivent être plus souvent omis.

L'iconographie suggère l'emploi d'accessoires systématiquement négligés par l'écrit dès lors qu'ils ne comportent pas de métaux précieux; en particulier, à la fin du Moyen Age, les ceintures garnies de boucles et appliques métalliques. Les archéologues retrouvent régulièrement ces éléments faits d'alliage cuivreux, d'étain ou d'os jusque sur les sites de villages les plus modestes, mais aussi certains petits bijoux tels que bagues ou fermaux, ces fibules qui servaient à clore la fente des robes sous le menton. Contrairement aux habitudes observées dans le haut Moyen Age, et bien attestées par les trouvailles faites dans les sépultures, les femmes ont abandonné entre-temps le port des boucles d'oreille et des colliers.

Dans ce costume de base, la fonction de protection est prédominante, mais non exclusive d'une recherche qui, déjà, le rattache à la fonction de parure. Celle-ci se traduit dans le port des bijoux et accessoires, mais aussi l'emploi, occasionnel puis de plus en plus fréquent de tissus de couleur, en particulier bleus. Ce modèle a connu de nombreuses variantes dont les motivations sont de plusieurs ordres. La diversification selon les âges s'observe le plus facilement dans l'iconographie. Le nourrisson a une vêture propre, destinée à le protéger des dangers physiques, du froid, mais aussi de la maladie et des maléfices. Des recherches récentes ont mis en évidence le caractère moins contraignant qu'on ne le pensait, et très pratique à l'usage, du maillot médiéval[13]. Pratique encore, la chemise et la robe flottantes que porte l'enfant sorti du berceau, avant l'acquisition de la propreté. A l'autre extrémité de la vie, le vieillard plus frileux est représenté emmitouflé dans des vêtements très longs et enveloppants.

La recherche d'une protection spécifique peut être aussi fonction de l'exercice de certaines activités. L'iconographie, confirmée par les inventaires, permet de saisir, derrière le costume attribué aux diverses classes sociales, l'ébauche de costumes professionnels: le paysan moissonne ou fait les foins en chemise, parfois en braies, la tête protégée par de grands chapeaux de paille. Dans le monde artisanal, on remarque les gants en peau de mouton des maçons, le tablier de cuir porté par le forgeron et aussi par les autres travailleurs du métal, la capuche de toile des bouchers. Il existe même des costumes complets pour les verriers ou les apiculteurs[14].

Généralement étudie à part, le costume militaire est une variante spécifique du costume masculin, née d'une hypertrophie de sa fonction de protection. Il s'est développé et raffiné en fonction du perfectionnement de l'armement[15]. La protection de la tête a connu une grande diversité de casques. Pour le corps, le type qui prédomine largement jusqu'à la fin du Moyen age est un vêtement de cuir garni extérieurement ou intérieurement de plaques de fer clouées. On peut renvoyer pour ce sujet à l'étude des charniers de Visby[16] et à de nombreuses trouvailles archéologiques plus dispersées. La cotte de maille ou maille de haubert, faite d'anneaux de fil métallique entrelacés est utilisée surtout pour de petites

[13] Cf. D. Alexandre-Bidon et M. Closson, L'enfant à l'ombre des cathédrales (Lyon, 1985); D. Alexandre-Bidon, "Du drapeau à la cotte: vêtir l'enfant au Moyen Age (XIIIe–XVe s.)", dans: Cahiers du Léopard d'Or 1, 123–168.

[14] P. Mane, "Emergence du vêtement de travail à travers l'iconographie médiévale", dans: Cahiers du Léopard d'Or 1, 93–122.

[15] F. Buttin, Du costume militaire au Moyen Age et pendant la Renaissance (Madrid, 1971).

[16] B. Thordemann, Armour from the battle of Wisby 1361 (Stockholm, 1939).

pièces de protection de la nuque et du cou. Son emploi pour constituer une tunique entière semble moins diffusé. C'est a fortiori le cas de l'armure complète de plaques métalliques articulées, faite sur mesure et dont la fabrication exige des connaissances techniques de haut niveau. Seuls ont pu l'utiliser les membres de l'aristocratie guerrière. Ce n'est pas le vêtement militaire des armées, des soldats.

Nous touchons ici, à propos du vêtement militaire, aux facteurs fondamentaux de différenciation du costume: la fortune et l'appartenance à une catégorie sociale déterminée. La fortune n'est peut-être pas le facteur essentiel en ce domaine. Les bourgeois ne possèdent pas une garde-robe extrêmement nombreuse et diversifiée. Certes les matériaux sont de qualité: draps fins, de couleurs profondes, pelleteries chaudes. Leurs vêtements se distinguent par leur ampleur et leur longueur de ceux des paysans ou des artisans, mais ce groupe social n'investit qu'une part assez modeste de sa fortune dans le vêtement. Il faut distinguer, bien sûr, la très haute bourgeoisie, en particulier celle qui, enrichie dans le commerce international, par son genre de vie et ses alliances cherche à s'assimiler à la noblesse et parfois y parvient. Quantitativement et qualitativement, la diversification vestimentaire atteint son plus haut degré dans la noblesse et surtout chez les hommes de cette catégorie. Certes, les dames et demoiselles possèdent des quantités très importantes de vêtements, mais ceux des hommes sont, semble-t-il, encore plus nombreux et surtout plus divers: longs ou courts, adaptés aux diverses circonstances de leur existence, armures de guerre mais aussi de joutes, tenues d'apparat, vêtements de chasse, de voyage, de pluie.

La démultiplication des vêtements se traduit même dans le vocabulaire. Aux XIIIe et XIVe siècle, dans les cours princières, "une robe", c'est un ensemble de trois, voire jusqu'à douze vêtements coupés dans le même tissu, superposables ou portables séparément, dont plusieurs sont doublés de fourrure. Dans le système vestimentaire princier, le mieux documenté mais aussi le plus exceptionnel, la fonction de protection du vêtement se trouve hypertrophiée pour constituer un élément de sa fonction de parure. Les vêtements sont taillés parfois dans des soieries richement brochées d'or, ou unies et surchargées de broderies de métal précieux et de joyaux: plus souvent, dans des draps fins aux couleurs fortes[17]. La préférence va à toute la gamme des rouges, depuis le rose jusqu'au violet et à celle des verts. A la fin du Moyen Age, le bleu, dévalorisé sans doute par sa très grande diffusion n'est plus porté que sous forme de soieries dans les milieux princiers[18]. Contrastant avec les draps éclatants, les pelleteries fines, grises et blanches comme l'hermine, le vair ou gris, cèdent progressivement la première place aux fourrures sombres, zibelines, martres, ou agneaux de Calabre noirs[19]. C'est aussi à ces vêtements que sont associés les accessoires précieux, les bijoux en or, très peu diffusés hors des cours princières, et plus souvent en argent doré et en argent, émaillés ou ornés de pierreries.

Des différences considérables se dessinent si l'on compare le nombre et la qualité des vêtements dont disposent à un moment donné les individus appartenant à des groupes sociaux différents. Encore plus frappantes peut-être sont les différences entre les rythmes de renouvellement de ces garde-robes. Dans les milieux populaires, la mention récurrente des sommes données ou léguées par un père pour l'achat d'une robe de mariage en drap de couleur démontre le caractère exceptionnel de cet achat, peut-être effectué une seule fois dans toute une vie. Grâce aux comptabilités princières nous connaissons le rythme différentiel des achats effectués pour la maisonnée princière, variable selon le type de vêtements. Par exemple, les servantes voient renouveler leurs chaussures tous les mois alors qu'elles reçoivent seulement deux robes par an. Le rythme varie aussi selon la qualité des personnages; la plupart d'entre eux ne disposent que des livrées d'hiver et de printemps. Les proches du prince se voient dotés entretemps de cadeaux de vêtements ou de bijoux. Le prince et sa famille multiplient, entre ces achats saisonniers, les acquisitions de nouvelles tenues. Pour la cour d'Anjou, il a été constaté que les princes, surtout les plus jeunes, se montraient plus dépensiers et avides de nouveautés que les princesses.

---

17 M. Beaulieu – J. Baylé, Le costume en Bourgogne de Philippe de Hardi à Charles le Téméraire (Paris, 1955); S. M. Newton, Fashion in the Age of the Black Prince (Woodbridge, 1980).

18 F. Piponnier, Costume et vie sociale: la cour d'Anjou (XIVe–XVe siècle) Paris, 1970.

19 R. Delort, Le commerce des fourrures en Occident à la fin du Moyen Age, 2 vol. (Rome, 1978).

3. L'INTERFÉRENCE DU PHÉNOMÈNE DE MODE

Les historiens du costume s'accordent généralement pour situer dans ces milieux particulièrement favorisés qui gravitent autour d'un prince la "naissance du phénomène de mode" et la situent au XIVe siècle. Cette naissance correspondrait au profond changement survenu dans le costume masculin un peu avant le milieu du siècle, abondamment attesté par les chroniqueurs et par l'iconographie. Il semble qu'aient été perçues de manière un peu confuse par ces historiens deux évolutions concomittentes. D'une part, le fait que la robe masculine ait racourci, ce qui ne constitue pas une nouveauté absolue, et d'autre part l'adoption comme vêtement de dessus du pourpoint ajusté et rembourré, porté auparavant sous l'armure ou sous d'autres vêtements, changement majeur dans l'histoire du costume. De ce fait, le pourpoint n'est plus taillé dans de la toile mais dans des tissus plus somptueux, en particulier des soieries et orné de broderies ou de boutons précieux. Les chausses, de plus en plus largement découvertes, prennent une importance sans précédent. Né dans la classe des jeunes guerriers, ce nouveau modèle vestimentaire y connaît sa diffusion la plus rapide et ses formes les plus outrées, dans tous les pays de chrétienté latine. Il ne se répand dans les autres milieux sociaux que partiellement et avec une extrême lenteur. Il faut attendre près d'un siècle pour voir des paysans représentés au travail en pourpoint et en chausses, d'ailleurs bien moins ajustés que les vêtements des jeunes nobles.

On a voulu voir un changement parallèle quoique moins radical dans l'évolution contemporaine du costume féminin, avec des vêtements épousant plus étroitement le corps et avec l'"invention" du décolleté. Il ne faut pas oublier cependant que, déjà à la fin du XIe siècle, s'était produite une modification très importante dans la vêture de la classe seigneuriale. Peut-être sous l'influence du costume oriental, les hommes se mettent alors à porter de longues robes flottantes, accusées par les moralistes de donner à ceux qui les revêtent une apparence féminine. Auparavant, en effet, les guerriers sont toujours représentés avec des tuniques découvrant largement les jambes. Dans une perspective de long terme, le costume de la classe dominante a donc connu des fluctuations fondamentales, mais on est en droit de se demander s'il s'agit bien là, à proprement parler, d'un phénomène de mode. Ces bouleversements sont profonds; le nouveau modèle mis en place perdure à long ou même très long terme, puisque le costume masculin européen n'est en fait qu'une série de variations sur le thème du vêtement composé de deux parties indépendantes, haut et bas, depuis le XIVe siècle.

Longtemps, en effet, la mode a été considérée par les historiens du costume avec le sens qu'avait pris ce terme dans la seconde moitié du XIXe et au XXe siècle, au moment où des couturiers–créateurs proposaient à une clientèle réduite, très fortunée, des collections de vêtements uniques et sans cesse renouvelés dans leur forme, leur ornementation, leurs matériaux. Il s'agit donc d'un phénomène historique de très court terme que les spécialistes n'ont pas distingué des évolutions dans le long terme.

Observateurs des costumes ethniques ou contemporains, les ethnologues ont analysé des phénomènes de modes dont les manifestations sont moins voyantes que celles de la mode des couturiers et des magazines, qui se développent plus lentement et plus profondément dans le tissu social. Leur problématique, et même certains résultats de leurs enquêtes[20], permettent de voir plus clair dans les phénomènes de mode perceptibles au moins pendant les deux derniers siècles du Moyen Age.

Il n'est possible alors de saisir la personnalité de ceux qui inventent et imposent les nouveautés, ceux que l'on appelle les "leaders de mode", que dans les classes supérieures de la société. Mais nous retrouvons bien là, aux avant-gardes, le type de personnages un peu marginaux, qui n'ont pas, ou pas encore, une insertion sociale bien définie tels que les ont identifiés les ethnologues. Au Moyen Age les jeunes guerriers non encore installés dans la carrière des honneurs ou du pouvoir jouent dans ce domaine un rôle essentiel. Parmi les femmes, déjà au XVe siècle, c'est une maîtresse royale, Agnès Sorel, que l'on voit porter les toilettes les plus osées, les modes les plus outrées. D'après les comptes de René d'Anjou, elle reçoit en cadeau des soieries d'un prix plus élevé que celles dont disposent les princesses de la famille ducale. Les cours princières, où s'empresse une classe chevaleresque sur le déclin, mais encore animée par un idéal de largesse et par le goût du paraître, constituent au XIVe et au XVe siècle un milieu créatif en matière vestimentaire. Les comptabilités nous montrent

[20] Cf. Vêtement et Sociétés 1 (Paris, 1981); Vêtement et Sociétés 2 [numéro spécial de L'Ethnographie LXXX (1984)].

même René d'Anjou inventant de nouvelles coiffures féminines et en faisant réaliser le patron pour le faire parvenir à des dames de son entourage.

Toujours dans le monde des cours, on peut observer, dans la première moitié du XVe siècle, deux tendances vestimentaires marquantes que l'on peut considérer comme des phénomènes de mode proprement dits: la préférence marquée pour les vêtements taillés dans des soieries noires, satins ou velours, et plus secondairement le goût des pelleteries sombres, surtout dans le domaine du costume masculin; et pour les femmes, la mode des coiffures très volumineuses et en hauteur. A ces modes de moyen terme qui perdurent pendant la majeure partie du XVe siècle se superposent des modes de plus court terme, concernant plutôt des détails, des accessoires ou des coiffures qui sont modifiés à un rythme beaucoup plus rapide. A la diffusion de ces modèles hors de l'aristocratie s'opposent un certain nombre de freins: économiques, mais aussi sociaux, renforcés par les interdits réglementaires.

Cela ne signifie nullement que les phénomènes de mode soient réservés à l'habillement de l'élite. Certains éléments filtrent cependant, mais avec de longs retards, par exemple le choix des couleurs; c'est le bleu qui est la couleur la plus souvent citée dans les inventaires paysans bourguignons au XIVe siècle; puis les autres couleurs vives, comme le vert et surtout le rouge. Au XVe siècle, les robes offertes aux jeunes provençales à l'occasion de leurs noces sont presque toujours de drap rouge. Dans le domaine des accessoires, les décors, les formes, sont copiés avec des matériaux de moindre valeur. Les fermaux, qui attachent l'ouverture des robes sous le cou, sont en alliage cuivreux, ou même en argent mais de très petites dimensions, lorsqu'on les retrouve sur des sites archéologiques ruraux. Les appliques de ceinture y reprennent des thèmes identiques à ceux que l'on peut relever sur des représentations sculptées de grands personnages, mais avec un décalage marqué dans le temps.

Les variantes régionales de la mode sont impossibles à préciser pour les classes populaires. Elles sont en revanche évidentes pour les catégories aisées, plus fréquemment représentées par les peintres et miniaturistes. Un exemple particulièrement significatif est offert par les coiffures féminines au début du XVe siècle. La tendance à l'augmentation extravagante de leur volume aboutit à des résultats différents en France, où les coiffes s'étirent plutôt en cornes ou en hauteur, et en Italie septentrionale, où le “balzo” prend une forme pratiquement sphérique[21].

Une région, mais aussi un milieu social précis peuvent voir se développer une mode qui s'exprime avec des moyens parfois peu coûteux, dans la façon de porter un accessoire, de lacer une robe, de draper un carré de toile sur sa tête, dans la préférence marquée pour telle couleur, mais les sources médiévales sont trop lacunaires et trop souvent limitées aux milieux sociaux les plus privilégiés pour permettre de repérer ces pratiques et de suivre leur évolution dans le temps.

* * *

Avec ses lacunes, parfois son silence total, la documentation du médiéviste se prête mal à une étude dans toute la profondeur sociale des modes et de leurs rythmes. Ce que l'on arrive à percevoir déjà, parmi les privilégiés, souligne la complexité de ce phénomène et l'impulsion qu'il a pu donner à la demande, et par suite à la production, de biens de consommation d'ordre vestimentaire.

Textes et iconographie ne suffisent pas pour prendre une vue complète des données matérielles du costume médiéval; cela est évident pour les périodes les plus anciennes, où leurs stéréotypes ou leur laconisme les rendent presque inutilisables. Même pour les derniers siècles du Moyen Age, l'archéologie se révèle très féconde pour suppléer ou pour compléter et préciser ces sources traditionnelles de l'historien du costume. Elle l'est particulièrement dans les régions où les sols permettent la conservation des semelles en bois, des chaussures et vêtements en cuir, parfois même de fibres textiles et de fragments de tissus. Sur les sites plus méridionaux, où seuls nous parviennent des éléments de costume ou de parure faits de métaux, parfois ornés de cabochons de verre, l'observation de l'objet et son interprétation en fonction d'une problématique qui ne se borne pas seulement à l'analyse formelle et stylistique enrichissent, à travers notre connaissance du fait vestimentaire et de ses variations, l'image que nous pouvons nous faire de l'homme médiéval.

---

[21] R. Levi-Pisetzki, Storia del costume in Italia II (Milan, 1964).

Ill. 1: Coupe, couture et filage à domicile. Paris, B. N. ital. 115, f° 43 (Meditationes vitae Christi, Sienne 1330–1340).

Ill. 2: La préparation des fibres textiles, travail féminin. New York, Public Library collection Spencer 33, f° 56 (Boccace, Des clères et nobles femmes, France vers 1470).

Ill. 3: Accessoires vestimentaires vendus par les merciers: ceintures et aiguillettes. Paris, Arsenal 5081, f° 33 v° (Orose, Livre des faits et choses du monde, France fin du XVe siècle).

Ill. 4: Distribution de tissus aux pauvres. Florence, église San Martino dei Buonuomini (deuxième moitié du XVe siècle).

Ill. 5: Vêtements et hiérarchies sociales. Courte mais d'une coupe simple, la robe de l'artisan contraste avec les vêtements traînant à terre ou de façon compliquée portés par les personnages devant qui il s'incline, vraisemblablement des bourgeois. Paris, B. N. fr. 289, f° 311 v° (Valère Maxime, Dits et faits mémorables, France XVe siècle).

Ill. 6: Ressemblances entre costume civil et costume militaire. Paris, B. N. n. a. fr. 3576, f° 117 v° (Compilation d'histoire ancienne, Paris XIVe siècle).

Ill. 7: Les âges de la vie. Réservé au jeune adulte, le vêtement court et ajusté est celui, exceptionnel, du temps de la séduction. Le nourrisson et le vieillard portent les vêtements les plus enveloppants. Paris, B. N. fr. 218, f° 95 (Barthélémy l'Anglais, Livre des propriétés des choses, Paris XVe siècle).

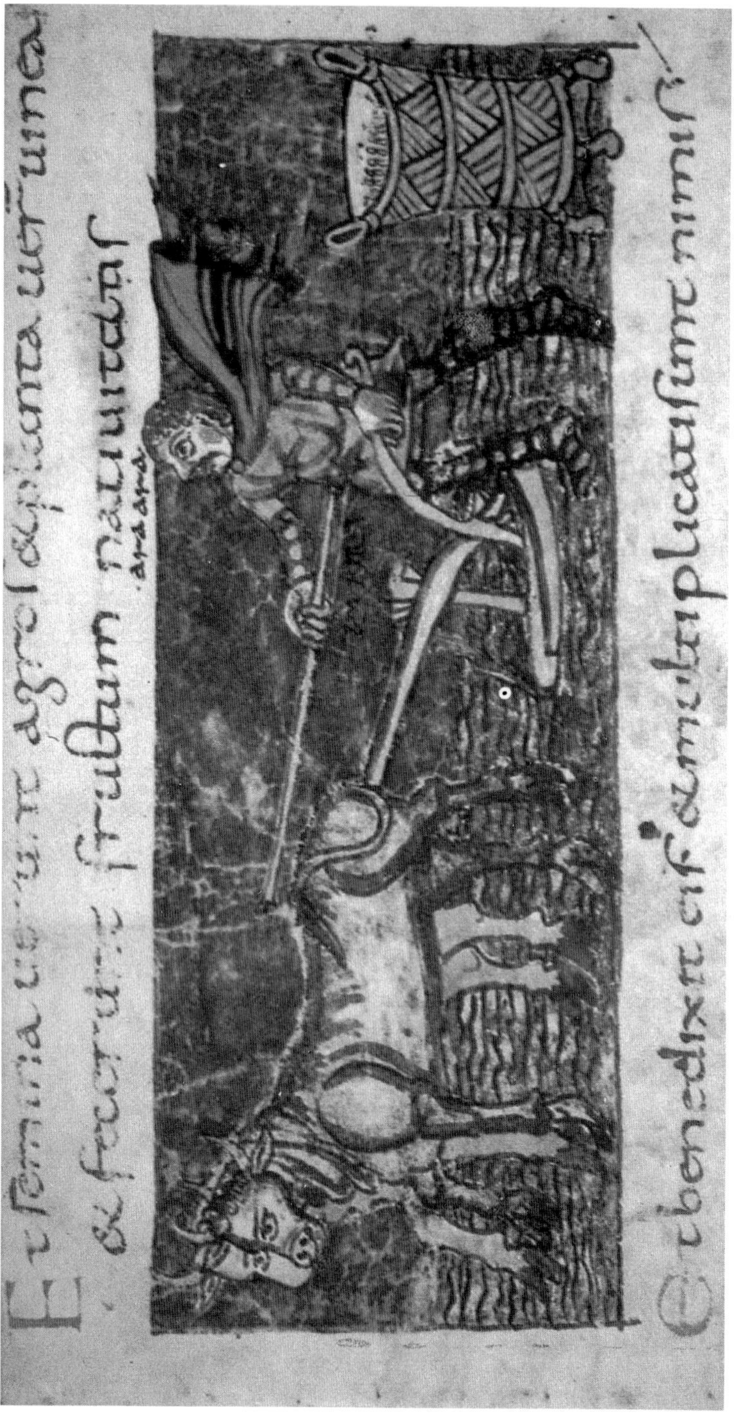

Ill. 8: Paysan carolingien. Le vêtement ne diffère ni par sa forme, ni par son matériau de celui qui est encore porté cinq siècles plus tard. Toutefois, au XIVe siècle, les chausses ont remplacé les jambières retenues par des bandelettes. Stuttgart, Württembergische Landesbibliothek ms. fol. 23, f° 124 r° (Psautier, France septentrionale premier tiers du IXe siècle).

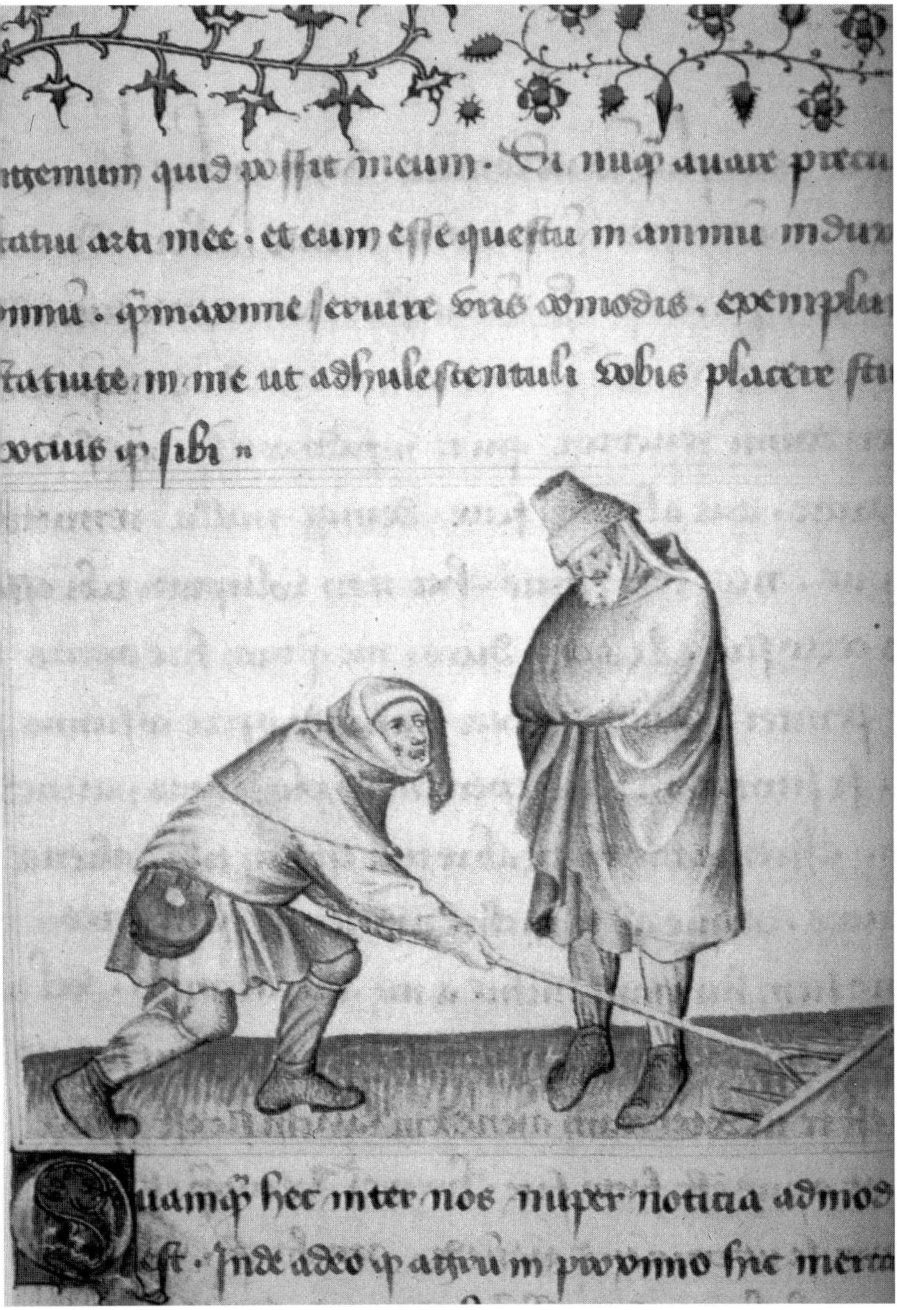

Ill. 9: Paysans en costume d'hiver. Ils portent des robes de drap bleu, des chaperons, chausses et cape de tissu non teint. Paris, B. N. lat. 8193, f° 68 (Térence, Comédies, France 1408–1410).

Ill. 10: Costume d'été pour les travaux agricoles. Lors du battage effectué en plein air, les paysans ne revêtent que leur chemise et leurs braies courtes. Ils se protègent la tête avec de grands chapeaux de paille. Forli, Bibl. comunale 853 (Officium beatae Mariae Virginis, Bologne vers 1385).

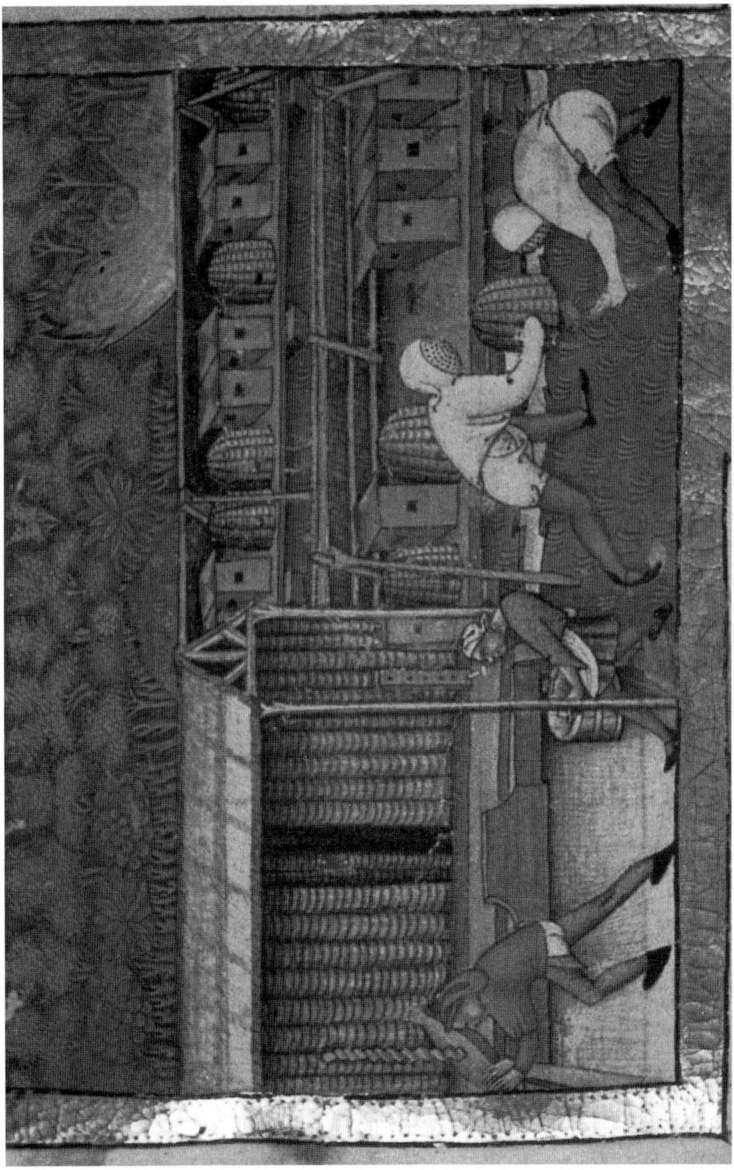

Ill. 11: Apiculteurs au travail. C'est l'un des rares exemples, pour la période médiévale, d'un costume de travail complet. Oxford, Bodleian Library Rawl G 98, f° 48 v° (Virgile, Géorgiques, Milan milieu du XVe siècle).

Ill. 12: Adaptation du vêtement de tous les jours aux divers travaux. A gauche, par adjonction du tablier de semailles, à droite, en retroussant la robe dans la ceinture. Arezzo, église Santa Maria della Pieve (vers 1220).

Ill. 13: Modes masculines au début du XVe siècle. Ampleur, recherche de la coupe et du décor, contraste de couleurs entre la houppelande verte, sa doublure blanche et les chausses dépareillées, l'une rouge et l'autre blanche. Paris, Arsenal 664, f° 198 (Térence des ducs, France 1412).

Ill. 14: Modes et milieux sociaux. Dans les dernières années du XVe siècle, les coiffures féminines épousent étroitement la tête, les décolletés deviennent carrés, les manches s'élargissent. L'expression la plus affirmée de cette mode se lit sur les vêtements de la dame, faits de riches tissus et fourrure. La façon des vêtements de la servante traduit une recherche différente dans la coiffure de toile et l'agencement du corsage. Paris, B. N. fr. 874, f° 132 v° (Ovide, Epîtres, France début du XVIe siècle).

Ill. 15: Coiffures flamandes. C'est dans la miniature flamande que l'on observe l'étirement maximal en hauteur des coiffures féminines. Vienne, Österreichische Nationalbibliothek cod. 1857, f° 14 v° (Heures de Marie de Bourgogne, Flandre 1477–78).

Ill. 16: Le "balzo" d'Italie septentrionale. Milan, Casa Borromeo (XVe siècle).

Medieval Material Culture and the Problem of the Historical Interpretation of Archaeological Evidence: the Example of the Town of 's-Hertogenbosch

HANS LOUIS JANSSEN

I. MEDIEVAL MATERIAL CULTURE

The history of medieval material culture is an interdisciplinary subject. It seems self-evident that for this subject historical as well as iconographical and archaeological sources should be used. In many cases, however, integrating the results of studies from these sources seems to be still a problem. This is caused mainly by unfamiliarity of the individual researchers with the possibilities and limitations of the separate branches of study. This is especially true for the relation between historians and archaeologists.

The purpose of the present paper is, first, to give a theoretical approach of the relationship between archaeology and history. The process of first interpreting facts from archaeological sources and then transforming them into historical information will be focussed on as an essential step in this relation.

Secondly, this theoretical approach will be illustrated by means of the current archaeological research programme in the town of 's-Hertogenbosch.

MATERIAL CULTURE: PROBLEMS OF DEFINITION

The first question to be answered is a very basic one. How do we define material culture? The history of material culture is a fairly young branch of the study of history in Western Europe. This may explain why precise, clear-cut definitions are almost non-existent. Rather the research seems to be dominated by general, rather vague notions.

Two general trends might be distinguished. German scholars, in studying the 'Sachkultur', have concentrated on the study of objects, only recently broadening into the history of daily life in general, including folklore, the history of mentality, popular culture and its social implications[1]. The French scholars of the 'Annales' tradition, following Braudel, seem to consider 'material culture' to be limited to the study of the relation man–object[2].

For this paper it seems to me sufficient to define material culture as the whole complex of material living conditions, which determine the environment of man. These material conditions could vary from man-made objects to man-made physical infrastructures as well as climatological and environmental conditions, to which mankind could passively or actively adapt itself. Within this general definition I think one might roughly distinguish two basic levels of abstraction. The lower level consists of the study of the relation man–object in the widest possible sense of the word. The second, more abstract level consists of structural relations of especially a social and economic nature, resulting from the basic man–object relation.

On the second, higher level of abstraction, conclusions are possible concerning the structural relation of the individual or social groups to the complex of movables and immovables. The so-defined material culture covers a wide field of study. As examples can be mentioned such different aspects as nourishment, clothing, hygiene and state of health, handicrafts, trade and leisure. It is clear that this includes all aspects of consumption, production and technology as well as the functional use of the corresponding goods complex.

ARCHAEOLOGY AS A SOURCE FOR THE STUDY OF MATERIAL CULTURE

For the aspects of material culture covered by archaeology, there exist other sources as well, most important of which are the written ('historical') sources and the iconographical sources. Each of these sources has its specific possibilities and limitations. Although this is not the place to go into this aspect in detail, it may suffice to state that the three groups of sources are complementary to each other and could compensate each other's weak points.

---

[1] Among others Schwarz 1970, Wiegelmann 1980; Kühnel 1982, Hundsbichler 1982, 1987 for the task of the 'Institut für mittelalterliche Realienkunde Österreichs' at Krems.

[2] See, e. g., Pesez 1978, esp. 101–102.

As advantages of the written sources can be mentioned the possibility of creating exact chronological frameworks and exploring the reasons and considerations behind certain decisions affecting material culture. Specific possibilities include detecting diachronic developments of the living conditions and feeding patterns of large communities (for instance by monastic accounts) or in a lesser degree, of individual households (for instance by means of inventories and testaments). As weak points of the written sources can be mentioned the lack of information on concrete objects, which are, in different degrees, the basic advantages of the archaeological and iconographical sources. Obvious strong points of the iconographical sources are the relation of objects to man and their functional and symbolical meaning[3], whilst the archaeological sources are pre-eminently suited to the study of the whole concrete complex of movables and immovables, forming the object side of the man–object relation in daily life as well as some general parameters like infra-structural, physical and environmental conditions.

It is striking that many researchers, especially the historians, do not seem to grasp the importance of the archaeological sources in studying material culture. Only very slowly some researchers, most of them being archaeologists, venture on a generally very restrained and careful historical interpretation of archaeological material[4].

In this respect the study of material culture forms part of a much more general debate on the desirability of an integration between archaeology and history. This debate is characterized by sympathetic, aloof or sceptical historians on the one hand, and disagreeing archaeologists, being very much at variance with each other about the historical meaning of their subject, on the other hand[5].

---

[3] See for instance Vavra 1980.

[4] See, e.g., Pesez 1978, 100, 117–118, 122–128; Fehring 1977, 19–22; Fehring 1980; Stephan 1980a, 38–46; Steuer 1982a; Janssen 1983, 1985; Verhaeghe – Janssen 1984, 14–17, 42–47 for the general importance of archaeological sources. For specific attempts on particular subjects see among others Stephan 1980b; Löbert 1980; Steuer 1982a; Sarfatij 1982; Verhaeghe 1984.

[5] Examples of all attitudes in Hinton (ed.) 1983. A further-going integration of results with preservation of the own identity of both disciplines has been advocated by Dymond 1974. This last attitude is prevailing in Western Ger-

An important role in this archaeologist's debate is played by supporters of the so-called New Archaeology, who take an independent attitude towards the traditional, in their view 'particularistic', study of history. They claim an independent role for archaeology, which in their view could develop from the study of static 'time slices' to statements of dynamics about the past by means of the study and interpretation of the formation and deposition processes, which are responsible for the archaeological record. They are convinced that the study of these formation processes could translate the material culture record into information about human behaviour for long time periods.

To do so they need models to translate the deposition processes into patterns and, if possible, laws of human behaviour. These models are generally borrowed from anthropology, which often results in the extreme viewpoint that what actually happened is uninteresting to find out in view of the overwhelming task of detecting the 'covering laws' of human behaviour. From this belief results the curious and ridiculous misconception that history is not able to study long-term processes or relations between social classes, but can only deal with 'particular' events, or the deeds of single people[6].

Although the voices of the New Archaeologists are sounding louder and louder, their role in Medieval Archaeology in Western Europe is still modest[7]. Spectacular results within this new orthodoxy have not yet been reached and the (rare) studies have been limited to the early Middle Ages, when written sources are extremely rare[8]. The basic problem underlying this debate is that archaeological information has to be processed and interpreted to be able to translate the information about material remains into

---

many [Schlesinger 1974 and Jankuhn – Wenskus (eds.) 1979]. This applies even stronger to Eastern European opinions: Herrmann 1978 and Herrmann (ed.) 1977. In France medieval archaeology is generally considered to be part of history: De Boüard 1975, 5–15.

[6] Hodder 1986; Schiffer 1976, 1987; South 1977; Binford 1983 a. o.

[7] Hodges 1982a, 1983, 1986.

[8] Hodges 1982b. It will be an interesting experiment to observe the operation of a New Archaeological Research Programme, using purely anthropological models in, say, a late medieval town for which the written evidence is abundant. How would the resulting picture compare with the known historical facts and long-term processes?

information about processes of human behaviour. The New Archaeologists try to achieve this goal by using anthropological and geographical models.

Generally speaking such a translation process seems to be having more chance of succeeding, when sufficient written sources, created by the same society which is responsible for the archaeological deposits, are available. As this is the case with most of the medieval and postmedieval period, I think it is of prime importance to work out a satisfactory way of handling the vast complexes of sources both history and archaeology could offer.

In this paper I will focus the attention upon a key issue within this general problem: the necessity to synchronize results during several stages of an investigation. Without such a synchronization, archaeology is in danger of becoming either the mere lackey of history, plundered for supplying simple facts and illustrations to 'serious' historical investigations, or, the other way round, going its own independent way and creating its own 'scientific' truth which bears only a vague relation to historical reality.

In my opinion the best way to prevent these dangers and to reach such a synchronization is to aim at a historical interpretation of archaeological evidence on different levels. In the first part of this paper, a simple model to reach this aim, will be developed[9]. In the second part the model will be applied to some results of the archaeological investigation of the town of 's-Hertogenbosch in the Netherlands.

II. The integration and historical interpretation of archaeological data: a model

The differences of opinion about the desirability of an integration between archaeology and history are strengthened by the fact that historians are unacquainted with the nature and the significance of archaeological evidence, while archaeologists are reluctant to venture on a historical interpretation of archaeological data.

This is a strange situation, if we try to realize which problems we have to deal with. In essence, archaeological data consist of physical material remains of the past, which have been preserved in the soil and which reflect historical events and processes. The primary task of the archaeologist is not only to document and

---

[9] For an earlier version, see Janssen 1985.

analyse these material remains, but as well to interpret them and to detect the historical processes, which they reflect.

It is clear that it is, therefore, necessary for archaeologists and historians to cooperate, especially during the first and the last phase of a research-project.

During the first phase of any decent research-project the central problem(s) is (are) defined and the initial questions are asked. Then the first stage of cooperation between archaeologists and historians is neccessary to ensure that the problem to be tackled is considered as a whole and is fully covered from all angles, making use of all the available general, historical and archaeological information[10].

During the last stage of a research-project cooperation is necessary, because then the (archaeological) results have to be integrated into the general picture. Then it has to be decided how far the new results necessitate modifying or adjusting the old views or even how far these might be torn apart or overhauled as a result of the new investigations.

Between both phases the actual archaeological investigations take place, triggered by the central problem and the initial questions formulated in the first phase. The results have to be processed by the archaeologist before they can be used as historical evidence in the last phase of the project.

The step I would like to concentrate upon now, concerns the end of this intermediate and the beginning of the last phase, as it is one of the most essential aspects of the relation between archaeology and history. Then it is necessary to interpret facts from archaeological sources and to transform them into historical information. In this field especially careless behaviour of archaeologists, too little distinguishing facts from (arbitrary) interpretation, has led to understandable irritation with historians[11].

[10] Compared to this major point, the question which methods are to be followed during the investigation, i. e. an inductivist approach leading from data assembling to working hypotheses or a deductive approach leading from hypotheses to testing them by independent data, is of minor importance. 'New Archaeology', however, is asserting the opposite by pretending the 'hypothetico-deductive' method is the sole possible way of carrying out an archaeological research-project.

[11] See, e.g., W. Janssen 1975 as to the dating problem. Another typical example is quoted by Wenskus 1979, 646–647, who is annoyed, when an ar-

In my opinion archaeological data can be interpreted in three steps, corresponding with three hierarchical, interpretative levels:

A. The level of archaeological facts. Sometimes these can directly be used as historical evidence.
B. The level of archaeological interpretations, deduced from archaeological facts. These archaeological interpretations could be used as historical evidence.
C. The level of the historical interpretation of the evidence, acquired on the first and second level.

Let us examine these levels in more detail:

AD A. THE LEVEL OF ARCHAEOLOGICAL FACTS

Archaeological facts can be divided into two main groups. First, the evidence, recorded during the archaeological fieldwork (usually an excavation) and secondly the results of the processing of the finds and the stratigraphical analysis. Both groups of facts are the result of the technical skill of the archaeologist.

Besides the traditional archaeological techniques such as stratigraphy and typology, the modern archaeologist has at his disposal quite a number of modern methods of documentation and analysis (for instance statistical techniques and computer processing of data) and a battery of affiliation studies (for instance archaeo-zoology and palaeo-ethnobotany) and techniques, derived from the natural sciences (for instance dating methods like C-14 and dendrochronology).

The data-set, resulting from these activities and analyses, is the basic archaeological record, which archaeology contributes as a primary source to history and which has to be recorded in excavation reports. The archaeological record ought to consist of three main groups of archaeological facts, namely the description of the features observed, a qualitative and quantitative analysis of these elements, and a relative, sometimes even an absolute chronology.

On its own these archaeological facts are useful for the historical record, but only to a limited degree, for instance for illustrating purposes and as a (often the only) source for technology. In order to be able to treat them as historical evidence, they have to be

chaeological 'Ergebnis', which he first considered as a hard archaeological fact, turns out to be an impressionistic possible interpretation of an archaeological structure by an individual archaeologist.

interpreted further. This interpretation from archaeological facts to historical evidence takes place on different sub-levels and has also to be carried out by the archaeologist.

AD B. THE LEVEL OF ARCHAEOLOGICAL INTERPRETATIONS

The minimum interpretation ought to be first the identification of an object's or structure's function (for instance, structure x is a farm, church etc. and object y is a pottery chamber pot). Secondly comes the interpretation of the excavation results to a time-space dimension (i. e. from the relative chronology of structures x-y to the building-history of the farm or church or in a wider context the history of a settlement). Thirdly, further archaeological interpretation could consist of the combination of different archaeological interpretations to regional surveys or syntheses for one or more towns, resulting in distribution patterns or typo-chronological developments of artefacts, house- or settlement-types, etc.

It ought to be remarked, that especially in respect to this last kind of interpretation, many excavation reports leave a lot to be desired. Many archaeologists, for instance, do not sufficiently beware of primitive or arbitrary mono-causal explanations, by not realising that often a number of totally different factors could lead to identical archaeological features or that in other cases only a combination of causes could have been responsible for a particular feature or way of deposition. On the other hand the archaeologist (esp. the 'New' variant) has to beware of the danger of too rigorously forcing the facts into the trammels of a pre-conceived model.

Another problem which complicates matters, is that an archaeologist is working with extreme fragmentary material. As it has been beautifully expressed more than once, an archaeologist is working with a sample (what he has excavated) of a sample (what has survived) of a sample (what has been deposited) of a sample (the material culture) of the past. If dangers of this kind are evaded, the results of the archaeological interpretations could be used as historical evidence.

AD C. THE LEVEL OF THE HISTORICAL INTERPRETATION

The third level of interpreting archaeological data consists of the historical interpretation of a new body of historical evidence, consisting of the simple archaeological facts (results of level 1) and archaeological interpretations (results of level 2) derived from them. Essentially this interpretation consists of integrating both levels of archaeological information with the existing historical views (which could already partly be based on earlier archaeological investigations).

It will be foolish and impossible for medieval archaeology trying to reconstruct historical processes and structural relations from archaeological material alone, albeit some 'New Archaeologists' advocate such a course. In that case we would probably end up with two different 'histories', the archaeological one being characterized by large voids and explanatory models which are clashing with the known historical reality. Therefore it will be inevitable to aim at integration of both disciplines from this level of interpretation onwards[12].

In doing so it will be possible to grasp certain economic and social aspects of material culture which are not within reach of history or archaeology alone. As examples could be mentioned the possibility of new insights into, for instance, the productive sector of the economy, such as the production processes in agriculture and small industries, the extent of the arable land and the relative quality and quantities of the products or the stock of cattle.

Another target is the consumptive sector of the economy, where for instance overseas trade-contacts, but also the catchment areas of larger and smaller towns and the diet in different regions could be better understood. Much more difficult are interpretations of archaeological material aimed at problems of material wealth and social status, albeit they are not impossible[13].

III. Putting the theory into practice: town archaeology

In principle, the theory discussed above could be applied to any research-project involving written and archaeological evidence. However, the interpretation of excavation results in studying the

---

[12] Wenskus 1979 and Herrmann 1978 for a discussion of the question on which level integration of history and archaeology is needed. For a (rare) example of this kind of integration see Chapelot – Fossier 1980.

[13] See for instance Steuer 1979, 1982b for the early Middle Ages and Falk – Hammel 1987 for the later Middle Ages.

material culture of a town is undoubtedly the most complicated task one could set oneself in this respect, as a town is the most complicated artefact there is. There are innumerable interacting, conflicting, distorting, reinforcing and twisting factors of a different character at work, generally making causal explanations a difficult task. The problems involved could be described as a hornet's nest threatening to get completely beyond control, unless a number of theoretical concepts is put into action to structure the problem.

THE PROJECT DEFINITION

The first stage is the development of an operational research programme, based on the existing historical and archaeological information from all sources. The programme has to be developed as a cooperation between historians and archaeologists (as it is in fact the first stage of a research programme as mentioned above).

Two premisses seem to be absolutely essential. The first is that one ought to consider the town as a whole. Consequently the archaeologist, excavating parts of it, ought to consider them as parts of a very complex organism. Therefore excavations within a town should not be arbitrary holes in the ground, but ought to be chosen with respect to priorities derived from the study of the town in question as a historical phenomenon and of the mechanisms which underlie its functioning.

This automatically leads to the second premiss, namely that such an approach requires a systematic research-planning, based on a provisional model of the functioning of the town. Such a model could only be formulated after inventarisation and evaluation of the archaeological potential of a particular town has taken place, followed by the development of concrete research- and excavation priorities. It is clear that the study of material culture will figure high on this priority list, although each town will have different accents.

This way only, we could be assured that on the level of archaeological facts useful and well-balanced information will be assembled, so that one-sided, false and biased interpretations will be excluded as much as possible.

It will be clear that the development of a general research plan for a town is only possible when sufficient general and detailed background information is available of an environmental, historical and archaeological nature. Which type of contextual information do we need and/or is available for our functional town model? Let us first consider the contextual historical information.

The historical information from the written sources contains vital evidence which cannot or can only partially be obtained from archaeological sources. First, it contains low-level information which is merely complementary to the archaeological record. As examples can be mentioned the names and location of certain structures, building and destruction dates of houses, fortifications, churches and other structures or inventories and testaments, mentioning the material possessions of certain private persons and institutions.

More important is information, which enables us to interpret specific elements of the archaeological record in a causal way, such as decisions, affecting material life made by public authorities and private persons. Most important of all, however, is background information about the general context such as demographic evidence, the distribution of wealth, the percentages of the poor, the relative importance of trade and certain branches of small industries and the social, economic and political position of certain institutions (like monasteries) and different groups of the population.

The diachronic element within these sources is its more important aspect, as it shows dynamic historical processes over a period of at least some decades. As the sources, and the information they contain, are independent from the archaeological sources, they offer excellent opportunities to contrast both aspects of reality.

The contextual archaeological information could vary widely in character and quantity and might even be completely absent when research is just starting. It could, for instance, consist of information about house constructions and the materials used, room furniture, house-comfort, public space, rubbish disposal and water-supply, but also different aspects of the typo-chronological developments of all sorts of material objects. The same type of information might be available for the environmental evidence: the type of soil, the presence of waterways, the types of vegetation during the period in question, etc.

INTERPRETING THE ARCHAEOLOGICAL EVIDENCE IN A TOWN

Having used these sources to formulate a functional town model and an operational research programme based on it, we come to the stage of excavating and then interpreting the excavation results. To do this, we need as our second operational framework a model for the processing of the excavation results described above as the levels 1 and 2 of archaeological interpretation, to make the results accessible as a historical source.

It is difficult to predict which particular results this general procedure might generate in the field of the study of the material culture of a town. It is, however, my expectation that at some stage during the research of a town our understanding of the archaeological context will have increased to such a degree that diachronic local standards [of (aspects of) material culture] can be identified for the town and its region. One of the aspects of town archaeology which is important here is the enormous mass of material generated already by a few years of archaeological investigations in a town.

In my opinion it ought to be a first priority for town archaeologists studying the town's material culture to search for these local standards. Only when we have mastered a detailed insight into the typological and chronological development of all sorts of material objects, moveable and immoveable, we can distinguish the normal standard pattern from the exceptional. Only then it will be possible to detect not only differences between one particular town and another, but also differences within the town itself. Examples are social and economic differences between different population groups as well as functional differences between certain institutional groups (for instance monasteries) and other social groups within the town. In fact, by using this framework of searching for standards we use the statistical concept of average and spread in a random sample as a model.

As yet this field of study seems to be rather unexplored in the Netherlands and in Western Europe as a whole, albeit some first results from 's-Hertogenbosch were published[14] and comparable research is being carried out in Amsterdam[15]. Specific possibilities to be reckoned with, might be the identification of urban versus

[14] See Janssen 1985, esp. 325–326; 1983c; 1986a and in press.

[15] Verhaeghe – Janssen 1984, 43–44.

rural material culture or the detection of qualitative and quantitative indications of economic prosperity and social status[16]. When tackling the problems of standards, a number of limitations inherent in archaeological material will have to be taken into account. As examples can be mentioned the fact that the conservation situation for organic material differs substantially for different types of soil and that large and luxury objects are underrepresented in the archaeological material.

When such standards have been developed, we reach the stage that new input of archaeological facts from a particular town can be smoothly processed into archaeological interpretations which could act as reliable historical evidence. We then have achieved the second level of our three interpretative levels defined earlier and can embark on the final third level of historical interpretation, consisting of the merging of facts from our new source with the functional model of our first stage of research.

IV. The example of 's-Hertogenbosch

Thus far, I have dealt with theory, on two different levels: the general theory of integration of history and archaeology and the historical interpretation of archaeological evidence, followed by the application of this theory to the archaeological research of towns.

As an example of the possibilities and limitations of a particular case, I would like to present the town of 's-Hertogenbosch in the Netherlands (fig. 1), where I was appointed as the first town archaeologist in August 1977[17].

---

[16] For an example of isolating specific objects which are thought to be characteristic for an elitist life-style within the archaeological material, see Steuer 1982a, 29–39.

[17] 's-Hertogenbosch was in 1977 the fourth town in the Netherlands to appoint its own town archaeologist. Presently there are 8 towns with their own full-time town archaeologist: apart from 's-Hertogenbosch they are Rotterdam (1960), Utrecht (1972), Amsterdam (1972), Maastricht (1979), 's-Gravenhage (1982), Haarlem (1983), Breda (1983). 7 others (Heerlen, Hoorn, Hilversum, Zwolle, Kampen, Delft and Groningen) are covered on a part-time or temporary basis.

CONTEXTUAL EVIDENCE

It would lead too far to discuss at length the most important characteristics of the town. Nevertheless, some basic facts, which determine any subsequent research, ought to be mentioned here.

Nowadays, 's-Hertogenbosch is a town of medium size (ca 90.000 inhabitants), which is the capital of the present Dutch province of Noord-Brabant. The written sources, however, show that during the later Middle Ages, 's-Hertogenbosch was, apart from the city of Utrecht, the largest town in the present Netherlands, finally enclosing ca 115 ha within its medieval town walls, having an estimated population of ca 13.000 inhabitants in the 14th century, which rose to ca 17.000 inhabitants in the 15th century. This made it one of the medium-sized towns in medieval North-Western Europe[18]. Nevertheless, 's-Hertogenbosch was within the duchy of Brabant to which it belonged only the fourth town after the capital Brussels and the towns of Leuven and Antwerp. The historical sources point also to the fact that the medieval prosperity of the town was based on a mixed economy, consisting partly of international trade (with the Rhineland, Flanders, Northern Germany and the Baltic especially), regional trade (the town being the market-centre for the agrarian products of the north-eastern part of Brabant) and a number of small industries, most important of which were metal industries (especially the manufacture of knives and pins), the leather industry and the textile industry.

After the town was conquered by the Protestant Republic in 1629, the monasteries were confiscated and demolished, while the town was cut off from its economic hinterland and treated as a colony. Economic decline and a decrease of the inhabited area set in. After centuries of neglect of the remaining building substance, slum clearance and wholesale demolition of certain quarters of the town followed in the fifties and sixties of this century.

It is only during the last two decades that these renovation areas have been built up at a rapid and increasing rate, the result being that because of modern building techniques large parts of the material past of the town are being destroyed. This 'erosion of history', as the English have beautifully called this process[19], may

[18] Janssen 1983a, 17.

[19] Heighway (ed.) 1972.

be inevitable, but it is even more damaging for the archaeological record than elsewhere in the Low Countries, because of the post-medieval decrease of the originally vast inhabited area. Rescue excavations are the only solution, with an archaeological research programme as its steering element.

This general situation inevitably focussed the archaeological attention to the Middle Ages, especially to the period ca 1200–1400. Consequently, our archaeological research programme is mainly directed at the medieval period.

THE INITIAL RESEARCH PROGRAMME

My primary task as town archaeologist of 's-Hertogenbosch was to respond to the threat of building operations and to prevent the irretrievable loss of archaeological and historical information. In doing so, my main tool is the carrying out of rescue excavations on threatened sites. It is, however, impossible for mere practical and financial reasons to excavate all threatened sites, as the financial position of the municipality is precarious and as we have stretched the town's willingness to pay for archaeological research to the utmost with a permanent staff of two persons and a yearly budget of 100.000 guilders.

Moreover, as has been argued earlier, to excavate every hole in the ground is not the best concept to tackle the complicated problems of the archaeological research of a town. This basic problem has been solved by the formulation, in 1979, of an operational research model, based on the then known historical and archaeological information and directed at the main research problems of this particular town. It consisted of seven main strategic archaeological subjects or fields of study[20].

Each of these strategic subjects has its own research priorities on the basis of which some of the threatened sites are selected for either large-scale excavation, small-scale excavation or merely observation. Together with a number of practical considerations of especially financial character, these research priorities are the basis on which it is decided whether and on which scale investigation will take place.

Between 1977 and 1988 our archaeological policy has resulted in more than 40 rescue excavations and 80 smaller archaeological

[20] Janssen 1980, 1983a.

observations during building activities, carried out within as well as outside the medieval town walls (fig. 2), of which only small parts have been published in preliminary form[21].

The research programme of seven main strategic subjects, divided into a number of priorities and sub-priorities, contains many aspects of the history of material culture. Although an inevitable backlog exists in studying the excavation results because of the political necessity of primarily having to respond to the immediate threat of building operations, one of the main goals for the next few years is the development of local standards for the most important groups of medieval moveable and immoveable material objects.

Presently we have on many fields a fairly good idea of this local standard and its diachronic development during the Middle Ages. This applies especially to the medieval house and its outfit, the churches, the fortifications, town planning and the infrastructure of public space, rubbish disposal and water-supply, but also to the diet, the botanic environment and typo-chronological developments of some groups of material objects. Among this last group, this is especially true for the medieval ceramics and the ceramic building materials[22].

For a number of other moveable artefacts our present picture is less reliable because our sample is generally on the small side, either because the unfavourable conservation situation delivers too incidental results (leather, wood), or because this unfavourable conservation situation affects adversely an already unrepresentative deposit record, because the materials in question generally were not deposited but recycled (glass, metal). Nevertheless, the material is accumulating at such a rate that standards for some of them (especially glass, metal and leather) is within reach during the next few years.

Needless to say, that some materials, which were too valuable to deposit (such as gold, silver) or were almost physically impossible to deposit (such as large furniture) are encountered so rarely (in the case of loss or disaster) that the working out of a standard for these materials is almost out of reach of archaeology.

---

21 See a.o. Janssen (ed.) 1983; Janssen 1986b, 1988 and Boekwijt – Janssen (eds.) 1988.

22 See Janssen 1983c, 1986a, in press, for first versions of these 'standards'.

AN EXAMPLE OF HISTORICAL INTERPRETATION: THE MEDIEVAL HOUSE CA 1175 – CA 1400

For this paper it is not necessary to discuss all aspects of material culture in detail. I would like to confine the discussion to the results concerning one of the seven main strategic subjects: the medieval house during the period ca 1175 – ca 1400. I will focus this discussion mainly upon the second and third level of interpretation of our archaeological record and skip the first level, which essentially consists of the detailed excavation results.

The archaeological evidence

The (first and) second level of interpretation contain the main elements which eventually on the next level will enable us to compose our standard for the medieval house in 's-Hertogenbosch[23]. The discussion of the medieval house will be concentrated on three aspects: 1. Its construction; 2. Roofing-tiles; 3. Floor-tiles.

1. House construction

As archaeological research has shown, the town of 's-Hertogenbosch was founded as a new settlement during the second half of the 12th century (excavation Markt 1977–78)[24]. The first area of settlement comprised a triangularly shaped sand-dune between extensive peat-bogs in the delta of the confluence of the rivers Aa and Dommel. The earliest houses were built on top of this dune and on its slightly sloping flanks[25]. The (fragmentary) remains show that the basic construction of these early houses consisted of dug-in, heavy upright wooden posts, roughly flattened at the bottom, at regular distances of 1,50–2,00 metres apart. These posts supported the main construction, possibly consisting of horizontal wall-plates supporting the roofs. Between the posts ground-sills are present, wooden beams, functioning as a support for a wall of wattle-and-daub construction. These houses were probably fairly small. In one instance, only the rough dimensions of the (two-aisled) house could be determined at 6 metres wide and (more than) 9 metres long (excavation Postelstraat 1978; fig. 3)[26].

[23] See also Janssen in press.

[24] Janssen 1983d.

[25] For house-construction in 's-Hertogenbosch, see Janssen in press.

[26] Janssen – Zoetbrood 1983, 77–78.

On top of the sand-dune the houses were usually surrounded by fences of post and wattle construction, in the lower lying boggy areas by small ditches of ca 2 metres wide. As a rule these houses can be dated to the second half of the 12th and the beginning of the 13th century. They are often associated with agrarian activities.

This type of house construction remained in use until the third quarter of the 13th century. The best preserved example was excavated in 1978 (excavation Postelstraat 1978). In this case, however, it did not concern a house, but a large hall or barn, belonging to a monastic grange of the Norbertinian Priory of Postel (fig. 4). The timber-framed building had three aisles and was 10,20 metres wide and (originally) probably ca 18 metres long. Behind the building an oval fish-pond of ca 4x6 metres was situated[27]. Fortunately the conservation situation was better than in most other cases, so instead of mere post-holes, the wood itself was preserved. This enabled the use of dendrochronology, which fixed the date of felling the trees for the posts somewhere in the autumn of 1248[28]. In this case the wooden posts consisted of roughly hewn trees, more or less cut to a square or rectangular shape up to 40x60 cms (fig. 5a). The posts were dug in and at the bottom more or less flattened. Here again between the posts traces of groundsills were preserved, which functioned as a support for a wall of wattle-and-daub construction.

So far, one major variant on this general standard of building technique has been encountered. It concerns a house which was built of much smaller (18 cms square) pointed wooden posts, which were for the first part dug in, but for the deepest part driven in (fig. 5b). Otherwise, the timber-framed construction was very much in conformity with the general pattern. It was a composite, multi-functional building of 8,60x13,20 metres, dating from the second half of the 13th century and belonging to one of the building phases of the grange of the Norbertinian priory mentioned above[29].

Compared to the general 'standard' of timber-framed buildings described above, the use of bricks and stone as building material during this period can be considered as the exception. So far,

---

[27] Janssen – Zoetbrood 1983, 79–83.

[28] De Vries 1988.

[29] Janssen – Zoetbrood 1983, 83–84.

the (fragmentary) foundations of only one building built in tufa-stone has been excavated near the market-place (Pensmarkt). As a rule, the use of stone and bricks during this early period was limited to public, ecclesiastical and military buildings such as the early 13th century town-wall with its gate-houses[30].

During the last quarter of the 13th century a major change occurred in the construction technique of buildings. The posts of the timber-frame were no longer dug in or driven in, but they came to rest on brickbuilt, square or rectangular blocks. Between these foundation blocks, thin brick-built walls were constructed, generally being only one brick thick and less than half a metre high, which supported the wooden sills, which in their turn supported the walls, which were still of wattle-and-daub construction. The main advantage of this new type of construction was that it prevented the upright posts and the horizontal beams from decaying too quickly.

This innovated timber-framed construction technique had its heyday in 's-Hertogenbosch during the period of ca 1275 – 1325, when nearly every newly built house in the town was constructed in this fashion (fig. 6). From the beginning of the second quarter of the 14th century onwards, the use of this construction technique rapidly decreased in number. The impression is that, if used, it became limited to the houses and workshops of lesser craftsmen.

A new, major and rather abrupt innovation in the development of house construction occurred during the beginning of the 14th century. Everywhere in the town from ca 1300 onwards, but particularly during the second quarter of the 14th century we meet new houses with completely brick-built outer walls. The foundations of these houses consisted of brick-built piers with underground arches springing from them, forming underground arcades supporting the brick walls (fig. 7). The internal construction of floors and roofs was still based on a timber frame.

Most of these houses were rather large, generally being ca 15–20 metres long with varying width, the smallest being 6–8 metres wide, the larger examples generally being ca 10 metres wide. The internal division of these houses seems to be rather uniform. Most of them are provided with a brick fire wall containing the chimney, which separated front- and rear-house at a ratio of one

---

30 Janssen 1983e.

to two-thirds (fig. 8). The ground-floor is generally of loam, while hearths, of loam, brick or roof-tiles are only rarely encountered during the excavation of the ground floor. The floors and roofing furniture of these houses will be discussed hereafter.

The largest house, belonging to this general type, is in many ways, however, an exception to our general standard. It measured 18x11,50 metres, was built in a newly reclaimed, boggy area during the beginning of the 14th century, possibly when the new, extended town walls had not yet been built here. It is a large hall-like structure with two inner walls and a built-in 15th century cess-pit in the south-eastern corner. Unfortunately the house could not be regularly excavated. It came to light during contractor's excavations in 1988 which severely limited the archaeological information to be gained.

During the period when they were built, many of the early 14th century brick-built houses excavated so far were free-standing houses without immediate neighbours. In some cases they were not aligned along the post-medieval street line. When they are aligned, however, the possibility exists, that the street line itself may have been determined by the front line of these earliest brick-built houses. Only the (rather late) example of fig. 8 has an oblique front-gable, clearly indicating an adjustment to an already existing alignment.

2. Roofing-tiles

Apart from the immoveable structures, discussed so far, the moveable finds too provide important information about the medieval house. This is especially true for the roofing-furniture and the floor-tiles[31]. The excavation of the timber-framed as well as the brick-built houses showed a striking uniformity as to roofing-furniture, which could be called the 'standard' for this period, at least during the general period ca 1250–1350. Although occasionally slates were being used for public or more expensive structures, it could be established, that in most cases the roofs had been covered with red-firing flat roofing-tiles, rectangular in shape, on average generally about 27x18 cms wide and ca 1,5 cms thick. On the outside, the lower third is glazed (fig. 9, nrs 5–6). At the back side the tiles are provided with a small heel and a hole, so that

---

[31] See also Janssen 1986a, 80–90.

the tiles hung with their heels on the same battens on which they were also nailed down with iron pegs. These tiles underwent a typological change towards the middle of the 14th century, when the general size decreased a few centimetres and the hole vanished, leaving only one, but now centrally placed heel to the back of the tile. The resulting instability was solved by bedding the tiles in mortar to the boarding of the roof. During the 15th century a drastic reduction in size occurred to ca 24x14x1,5 cms (fig. 9, nr 4), while their use gradually decreased. They finally died out during the 16th century.

The earliest type of roofing-tile occurring in 's-Hertogenbosch, with heel and hole, is common in archaeological contexts in Flanders and the south-western part of the Netherlands up to the Rotterdam area, but so far did not seem to occur in the rest of the present Netherlands. Only the tile type with one centrally placed heel seems to have been produced incidentally in the central part of the Netherlands[32].

On the ridge of the tiled roof, ridge-tiles were used, generally about 36 cms long, about 17 cms high, nearly without exception decorated with small conical knobs as finials. This simple type of decorated ridge-tile was again very common in Flanders and Northern France during this period. At the intersections of two roofs (main roofs as well as dormer roofs) hollow valley-tiles and hip-tiles were used. The tiles have two basic shapes, pointed triangular or roughly triangular with a flat end[33]. The high frequency with which those valley-tiles and hip-tiles occur during the 13th–14th centuries might be another indication for the occurrence of large houses with elaborate roof forms.

The excavations also proved that these roofing-tiles have been produced in the villages Engelen, Empel, Bokhoven, Orthen and Deuteren, which are situated at a general distance of 2–10 kms to the west, north-west and north-east of the town[34].

The massive presence of these tiles in 's-Hertogenbosch during the period of ca 1250 – ca 1350 on timber-framed and brick-built houses alike, came to us rather as a surprise because in

32 Janssen 1986a, 83–84. For production of tiles with centrally-placed heel in Utrecht, see Hoekstra 1981, 54 and De Groot – Hoekstra 1985, 368–370.

33 Janssen 1986a, 84–85.

34 Janssen 1986a, 73–77.

's-Hertogenbosch during the 15th and later centuries the typical red-firing Dutch hollow and convex pan-tiles, besides slates for the more expensive structures, were the rule. As far as we presently know, the massive presence of these flat roofing-tiles from ca 1250–1350 also seems to differ from the situation elsewhere in the Netherlands where variants of the hollow and convex pan-tiles were the rule during this period.

3. Floor-tiles

Generally most ground floors of the 13th–14th century timber-framed and brick-built houses were simply made of loam. Nevertheless during the excavation of these houses fragments of small plain-glazed tiles occur regularly in contexts dating from the period of ca 1325–1400. Unfortunately, so far no tile-floors have been found in situ in medieval houses. All tile-fragments occurred in secondary contexts, such as pits, cess-pits, robber-trenches and ditch-fillings.

A number of sizes are present, but most common were small square tiles, varying between 4,5 and 5 cms, broken along incised lines from larger tiles. The second most common size varies around 8,5 cms square, this size generally belonging to the late 14th century. The shapes include square and triangular tiles. The colours occurring are pale yellow, green, mottled green, brown and black, caused by transparent lead glazes or lead glazes with copper or iron; in the case of red-firing clay sometimes a white slip is occurring underneath the glaze. Originally these tiles belonged to floors, consisting of simple or elaborate mosaics, in which a bewildering variety of geometrical patterns was possible.

Slip-decorated tiles occur, but they are very rare. They are made in the familiar technique of stamping the pattern on the surface of the red-(white-)firing clay and filling the resulting depressions with a white-(red-)firing clay before glazing the surface (fig. 9, nrs 1-2). Tin-glazed painted tiles may also have been used during the 14th century but they were probably very rare. So far only one example has been found in 's-Hertogenbosch (fig. 9, nr 3). Apart from this find, they are known only from Flanders and the town of Utrecht, where they were produced during the 14th century[35].

[35] Janssen 1986a, 85–90. For the tin-glazed painted example, see ibidem 81,

A remarkable fact is that about half of the total amount of all tiles were made of locally available red-firing clay, the other half of white-firing clay. As the tiles of white-firing clay could not be produced locally and were probably imported from the Meuse valley, this suggests a strong accent on imports. These imports are especially numerous during the initial phase, so the most probable scenario is that these tiles were imported from the beginning of the 14th century onwards and that only after some time, from the second half of the 14th century onwards, they were also produced locally.

As none of the tiles have been found in situ, an important question is, where in the house the original tile-floors were situated. Certainly not at ground level, as thus far in all excavations where tiles have been found, the ground floors consisted of loam, the tiles occurring in pits or demolition layers under or on top of the floor. This suggests that the tile-floors in the secular houses in 's-Hertogenbosch were not at ground level, but possibly part of the living rooms on the first or second floor, the ground floor possibly being reserved for all sorts of business, storing and industrial activities.

Towards a historical interpretation

The general results of medieval house construction presented so far can be considered as archaeological results, which correspond to our second theoretical level. If we combine this general picture with other archaeological and historical information, we might even catch a glimpse of the third level of interpretation, that of integrating historical and archaeological information. In 's-Hertogenbosch, however, third level interpretations have barely started up to now, so presently we cannot go further than to formulate a few provisional hypotheses.

Two major aspects of this standard-development which require explanation and a historical interpretation are, for instance, the almost law-like sequence of building and rebuilding of houses in a more modern building technique everywhere in the town at roughly the same period and the remarkable uniformity of the houses and their outfit during each successive chronological pe-

---

fig. 8, nr 3. For tin-glazed painted tiles, see Norton 1984, 145–149; Hoekstra 1981, 55–57; De Groot – Hoekstra 1985.

riod. Both questions cannot yet be explained completely but a few explanatory remarks can be made.

As to the first question, the remarkable general changes of building technique during the early period of ca 1175 – ca 1250, one might wonder whether this might be the result of coercive measures by the public authorities of the town; one might even wonder whether this might be a 'covering law' of the human behaviour of the inhabitants of 's-Hertogenbosch! Although these questions deserve further study, the basic explanation might be much more trivial, if we combine all available written and archaeological evidence.

Archaeology shows that the town has been founded in an uninhabited area. The written sources show that this foundation was probably instigated by the Duke of Brabant, who gave a town charter around 1185 and favoured the inhabitants of the *nova civitas* whereever he could[36]. For this new, planted settlement quite a number of new houses had to be built at roughly the same time. As the dug-in timber-posts of houses, built at the same time, roughly decay at the same rate, it is logical that these houses need rebuilding at roughly the same time.

This way, a sequence of general rebuilding periods may develop all over the town which shows a remarkable contemporaneity, reflecting general changes in building techniques quite clearly. It will be evident, however, that after two or three rebuilding periods, say roughly after 60–100 years, this process will gradually grow blurred and become unrecognizable because of too many other distorting factors (one of them being, for instance, the use of new building techniques better preserving timber). This hypothesis is in accordance with the fact that after the second half of the 14th century the excavations do not longer show a direct link between chronological period and the building technique used. This general hypothesis is an example of an archaeological result, generating new questions of a historical nature.

More concrete remarks can be made as to the second question, i.e. of the remarkable uniformity of the houses and their outfit. This is especially true with the explosion of the completely brick-built houses in the first half of the 14th century. If we place this explosion in its historical context, many points are becoming clear.

---

36 Janssen 1983d, 53–58.

It is a striking fact that the appearance of these large completely brick-built early 14th century houses clearly coincides with an enormous extension of the town-walls. The original town-wall of 's-Hertogenbosch, built during the early years of the 13th century, contained ca 9 ha and enclosed not more than the small sand dune in the middle of the low-lying river-delta. During the 13th and the beginning of the 14th century the town grew very fast from a few hundred to around 13.000 inhabitants, rapidly expanding over the peaty wetlands in the delta. A new town-wall was built during the first half of the 14th century which was completed ca 1360. The walled area grew from 9 ha to 110 ha in one go[37].

The excavations have shown that this enormous operation was accompanied by large-scale reclamation activities of the boggy areas, starting everywhere with an enormous raising of the ground-level with clean sand of ca 1,50 to 2,00 metres thickness. The first building activities on these newly reclaimed grounds generally started with the building of the brick houses, discussed earlier. From a constructional viewpoint the new house-type was excellently suited to an unstable subsoil after raising the ground level. Another factor influencing the sudden massive usage of bricks might have been a shortage of wood, as, during the immediately preceding reclamation period, the forests originally surrounding the town had been felled[38].

Nevertheless, the uniformity of these brick-built houses in the newly reclaimed areas cannot be explained by technical causes alone. It may be expected that economical causes played an important role, so we expect that brick probably will have been rather cheap, as it was produced in the villages surrounding the town and the town-government probably subsidized the costs. Furthermore, it may be expected that the price of building parcels was more or less alike, which may have resulted in the attraction of a uniform, socially elevated, but not excessively rich part of the town population, which may explain these rather uniform houses, to be compared with a modern building estate for the higher middle classes.

There are indications that we might put a historical name to

---

[37] Janssen 1983e.

[38] Janssen 1983e, 69.

many of these structures, i. e. *mansiones*, mentioned in the written sources during the 14th–15th centuries. In these sources, they appear as large town-houses during the 14th century. It may be significant that they are often already called old or old-fashioned during the 15th and 16th centuries, which may account for the fact that none of these large houses has come intact to us to the present day[39].

The archaeological 'standard' for the roofing-tiles further completes our general view of the houses. From it we can deduce that many houses were provided with elaborate roof-forms and dormer windows. The most remarkable aspect, however, is the massive occurrence of very uniform flat roofing-tiles during the period of ca 1250 – ca 1350. In explaining this general phenomenon, we probably encounter the same mechanism as with the house-building. The fast growth of the town meant an enormous amount of houses newly built within a very short period of time. Presumably the brick and tile industries could not make their products fast enough for the consumer's needs. This led to a very uniform and industrial production without much variation with very few luxury elements. As far as fashion and cultural affiliations are concerned, the interesting thing is, that during this period the probably mainly local industries modelled their products to the Flemish examples much more than to the products of the northern and western part of the Netherlands.

The general results concerning the occurrence of floor-tiles in 's-Hertogenbosch add further to our understanding of the medieval house. As the possession of tile-floors is not a bare necessity, their presence is a luxury element, which can be socially interpreted. Unfortunately the social status of tile-floors in general has not yet been systematically studied in the Low Countries. My general impression is that tile-floors, especially the simple plain-glazed examples, were rather common with the reasonable well-off middle classes, although the siip decorated and painted tin-glazed examples seem to have been reserved for the ecclesiastical institutions and very rich individuals. In about half of the 14th century brick-built houses of 's-Hertogenbosch, we find fragments of simple, plain glazed tiles certainly deriving from tile-floors. In these

39 For the meaning of the term 'mansio', see also Spierings 1984, 189 and 193–194.

cases, the social status of the inhabitants seems, to judge from the other finds, to vary from the rich to the moderately well-to-do. Perhaps one may suggest as a historical interpretation that tile-floors of simple geometric design in 's-Hertogenbosch were a modest luxury, available at least to the upper half of the middle classes. During the end of the 14th century a local production came into being in some of the neighbouring villages, which will certainly have helped to make them cheaper and available to the lower middle classes as well.

The general deduction that these tile-floors were situated on the first or second floor, probably as part of the living rooms, the loam ground floor possibly being reserved for business, storing and industrial activities, might tentatively lead to a historical interpretation of these houses as combining the function of business premises (ground floor) and living accommodation (upper floors) for merchants and the better artisans. If this is true, the early 14th century houses can be considered precursors of the dominating 16th century house-type in 's-Hertogenbosch, which has been reconstructed on the basis of architectural investigation of (until recently) still standing buildings and 18th century descriptions[40].

These provisional attempts at third level interpretations show clearly how archaeological results and particularly the 'standards' of the second interpretative level generate new questions and hypotheses of a historical nature, which have yet to be tested by historical research. To reach real third level interpretations of the archaeological results, however, we need the input of historians. For the time being, I can imagine as a general interpretative model on our third level that the remarkable uniformity of the standard pattern of material culture might be explained by the fact, that 's-Hertogenbosch was a new town, founded during the end of the 12th century in the wilderness, which grew very fast, being an economic boom-town during the 13th and first half of the 14th century, expanding rapidly by reclaiming large areas. This way, there might have been no considerable social differentiation to start with, while the new areas attracted again a rather wealthy, socially and economically homogeneous group. Social differentiation may have come only later during the 15th and 16th centuries, when the archaeological results show a material culture with a

[40] Van Drunen 1983, esp. 129, fig. 2, 130–133.

much wider differentiation. Behind all this we can even suspect a sort of modern no-nonsense mentality, with a general high living standard, not much poverty but not much extravagant wealth either.

It will be necessary, however, to have the cooperation of the historians in order to test the validity of these general hypotheses. Moreover, we need many more comparable research-programmes in other towns of the Low Countries and elsewhere in order to be able to determine the general position of the town of 's-Hertogenbosch in relation to other towns. To date, programmes and major results of this kind are still missing in the Low Countries.

Bibliography:

Binford, L. R., In pursuit of the past (London, 1983)

Boekwijt, H. – Janssen, H. L. (eds.), Kroniek Bouwhistorisch en Archeologisch Onderzoek 's-Hertogenbosch 1 ('s-Hertogenbosch, 1988)

Boüard, M. de, Manuel d'archéologie médiévale. De la fouille à l'histoire (Paris, 1975)

Chapelot, J. – Fossier, R., Le village et la maison au Moyen-Age (Paris, 1980)

Drunen, A. H. van, "Het Bossche burgerhuis in het midden van de 16e eeuw", in: Janssen (ed.) 1983, 127–137

Dymond, D., Archaeology and History. A plea for reconciliation (London, 1974)

Europäische Sachkultur des Mittelalters. Gedenkschrift aus Anlaß des zehnjährigen Bestehens des Instituts für mittelalterliche Realienkunde Österreichs (Veröffentlichungen des Instituts für mittelalterliche Realienkunde Österreichs 4 = Sb. Ak. Wien, phil.-hist. Kl. 374) Wien, 1980

Falk, A. – Hammel, R., "Möglichkeiten einer interdisziplinären Auswertung der archäologischen und schriftlichen Quellen", in: Lübecker Schriften zur Archäologie und Kulturgeschichte 10 (1987) 301–308

Fehring, G. P., "Der Beitrag der Archäologie zum 'Leben in der Stadt des späten Mittelalters'", in: Das Leben in der Stadt des Spätmittelalters (Veröffentlichungen des Instituts für mittelalterliche Realienkunde Österreichs 2 = Sb. Ak. Wien, phil.-hist. Kl. 325) Wien, 1977, 9–35

Fehring, G. P., "Quellen, Methoden, Ziele und Problematik eines archäologisch-historischen Forschungsprojektes zur Hansestadt Lübeck", in: Lübecker Schriften zur Archäologie und Kulturgeschichte 4 (1980) 9–15

Groot, H. L. de – Hoekstra, T. J., "Baksels en misbaksels. Resten van een middeleeuws industriegebied", in: Natuur en Techniek. Natuurwetenschappelijk en technisch maandblad 53 (1985) 362–377

Heighway, C. M. (ed.), The Erosion of History. Archaeology and Planning in Towns (s. l., 1972)

Herrmann, J. (ed.), Archäologie als Geschichtswissenschaft. K.-H. Otto zum 60. Geburtstag (Berlin, 1977)

Herrmann, J., "Möglichkeiten und Grenzen der historischen Aussage archäologischer Quellen", in: Ethnographisch-Archäologische Zeitschrift 19 (1978) 1–14

Hinton, D. A. (ed.), 25 Years of Medieval Archaeology (Sheffield, 1983)

Hodder, I., Reading the past. Current approaches to interpretation in archaeology (Cambridge, 1986)

Hodges, R., "Method and theory in medieval archaeology", in: Archeologia Medievale 9 (1982a) 7–39

Hodges, R., Dark Age Economics. The origins of towns and trade AD 600–1000 (London, 1982b)

Hodges, R., "New approaches to medieval archaeology, part 2", in: Hinton (ed.) 1983, 24–32

Hodges, R., "Rewriting history: Archaeology and the Annales paradigm", in: Alltag und Fortschritt im Mittelalter (Veröffentlichungen des Instituts für mittelalterliche Realienkunde Österreichs 8 = Sb. Ak. Wien, phil.-hist. Kl. 470) Wien, 1986, 137–149

Hoekstra, T. J., "Kaatstraat", in: Archeologische Kroniek van de Gemeente Utrecht 1978–1980. Maandblad Oud-Utrecht 54 (1981) 53–57

Hundsbichler, H., "Wege zum Alltag des Mittelalters. Arbeitsweise und Forschungsziele des Instituts für mittelalterliche Realienkunde Österreichs", in: Medium Aevum Quotidianum. Newsletter 1 (1982) 11–18

Hundsbichler, H., "Realienkunde zwischen 'Kulturgeschichte' und 'Geschichte des Alltags'", in: Medium Aevum Quotidianum. Newsletter 9 (1987) 34–42

Jankuhn, H. – Wenskus, R. (eds.), Geschichtswissenschaft und Archäologie. Untersuchungen zur Siedlungs-, Wirtschafts- und Kirchengeschichte (Vorträge und Forschungen 22) Sigmaringen, 1979

Janssen, H. L., "Archeologisch onderzoek in 's-Hertogenbosch 1977–1979. Doelstellingen en resultaten", in: Brabants Heem 32 (1980) 146–158

Janssen, H. L., "Archeologisch onderzoek in 's-Hertogenbosch. Doelstellingen en resultaten", in: Janssen (ed.) 1983a, 10–25

Janssen, H. L., "De vondsten als uitingen van materiële cultuur", in: Janssen (ed.) 1983b, 178–183

Janssen, H. L., "Het middeleeuwse aardewerk ca 1200-ca 1550", in: Janssen (ed.) 1983c, 188–222

Janssen, H. L., "Markt", in: Janssen (ed.) 1983d, 53–63

Janssen, H. L., "De oudste stadsommuring", in: Janssen (ed.) 1983e, 64–73

Janssen, H. L. (ed.), Van Bos tot Stad. Opgravingen in 's-Hertogenbosch ('s-Hertogenbosch, 1983)

Janssen, H. L., "De materiële cultuur van de middeleeuwse stedelijke kloosters in Nederland als probleem van de historische interpretatie van archeologische gegevens", in: J. Andriessen – P. Bange – A. G. Weiler (eds.), Geert Grote en de Moderne Devotie. Voordrachten gehouden tijdens het Geert Grote Congres (Nijmegen, 27–29 september 1984) 201–231. Also in: Ons Geestelijk Erf 59 (1985) 313–343

Janssen, H. L., "Bricks, Tiles and Roofing-tiles in 's-Hertogenbosch during the Middle Ages", in: D. Deroeux (ed.), Terres cuites architecturales au moyen-âge (Textes du Colloque de St. Omer, 7–9 juin 1985), Mémoires de la Commission départementale d'Histoire et d'Archéologie du Pas-de-Calais 22-2 (Arras, 1986a) 73–93

Janssen, H. L., " 's-Hertogenbosch, stadskern en plan Maaspoort. Opgravingen en waarnemingen 1981–1982", in: W. J. H. Verwers (ed.), Archeologische Kroniek van Noord-Brabant 1981–1982 (Bijdragen tot de studie van het Brabantse Heem 28) Waalre, 1986b, 73–78

Janssen, H. L., "'s-Hertogenbosch, opgravingen en waarnemingen 1983–1984", in: W. J. H. Verwers (ed.), Archeologische Kroniek van Noord-Brabant 1983–1984 (Bijdragen tot de studie van het Brabantse Heem 32) Waalre, 1988, 48–61

Janssen, H. L., "Räumliche Entwicklung, Parzellierung und Hauskonstruktionen in 's-Hertogenbosch zwischen ca 1150–ca 1350", in: Jahrbuch für Hausforschung 1988, in press.

Janssen, H. L. – Zoetbrood, P. A. M., "De Uithof en het Refugiehuis van de Abdij van Postel", in: H. L. Janssen (ed.) 1983, 74–88

Janssen, W., "Mittelalterlicher Burgbau am Niederrhein. Zum Verhältnis von archäologischem Befund und schriftlicher Bezeugung", in: Zeitschrift für Archäologie des Mittelalters 3 (1975) 121–128

Kühnel, H., "Ziele der Erforschung der Sachkultur des Mittelalters", in: J. G. N. Renaud (ed.), Rotterdam Papers IV. A Contribution to Medieval Archaeology (Rotterdam, 1982) 119–130

Löbert, H., "Das keramische Inventar einer Abfallgrube des 16. Jahrhunderts aus Göttingen. Studien zum Handel, zur Funktion und zur sozialgeschichtlichen Interpretation frühneuzeitlicher Keramik", in: Zeitschrift für Archäologie des Mittelalters 8 (1980) 7–45

Norton, C., "Medieval tin-glazed painted tiles in North-West Europe", in: Medieval Archaeology 28 (1984) 133–172

Pesez, J.- M., "Histoire de la culture matérielle", in: J. Le Goff – R. Chartier – J. Revel (eds.), La Nouvelle Histoire (Paris, 1978) 98–130

Sarfatij, H., "Dagelijks leven in Holland omstreeks 1300: vijftien archeologische benaderingen", in: Holland in de dertiende eeuw ('s-Gravenhage, 1982) 22–40

Schiffer, M. B., Behavorial archaeology (New York, 1976)

Schiffer, M. B., Formation processes and the archaeological record (Albuquerque, 1987)

Schlesinger, W., "Archäologie des Mittelalters aus der Sicht des Historikers", in: Zeitschrift für Archäologie des Mittelalters 2 (1974) 7–31

Schwarz, D. W. H., Sachgüter und Lebensformen. Einführung in die materielle Kulturgeschichte des Mittelalters und der Neuzeit (Berlin, 1970)

South, S., Method and Theory in Historical Archaeology (New York, 1977)

Spierings, M. H. M., Het schepenprotocol van 's-Hertogenbosch 1367–1400 (Bijdragen tot de geschiedenis van het zuiden van Nederland 69) Tilburg, 1984

Stephan, H.-G., "Stand und Aufgaben der Archäologie des Mittelalters und der Neuzeit in Nordwestdeutschland", in: Wiegelmann (ed.) 1980a, 23–51

Stephan, H.-G., "Überlegungen zur wirtschafts- und sozialgeschichtlichen Interpretation archäologischer Fundmaterialien des späten Mittelalters und der Neuzeit am Beispiel ausgewählter Fundkomplexe des 16. und 17. Jahrhunderts aus Göttingen und Höxter", in: Lübecker Schriften zur Archäologie und Kulturgeschichte 4 (1980b) 120–131

Steuer, H., "Frühgeschichtliche Sozialstrukturen in Mitteleuropa. Zur Analyse der Auswertungsmethoden des archäologischen Quellenmaterials", in: Jankuhn – Wenskus (eds.) 1979, 595–633

Steuer, H., "Zum Lebensstandard in der mittelalterlichen Stadt", in: J. Wittstock (ed.), Aus dem Alltag der mittelalterlichen Stadt. Handbuch zur

Sonderausstellung vom 5. Dezember 1982 bis 24. April 1983 im Bremer Landesmuseum für Kunst- und Kulturgeschichte (Hefte des Focke Museums 62) Bremen, 1982a, 23–41

Steuer, H., Frühgeschichtliche Sozialstrukturen in Mitteleuropa. Eine Analyse der Auswertungsmethoden des archäologischen Quellenmaterials (Abh. Ak. Göttingen, phil.-hist. Kl. 3/128) Göttingen, 1982b

Vavra, E., "Kunstwerke als Quellenmaterial der Sachkulturforschung", in: Europäische Sachkultur des Mittelalters (Veröffentlichungen des Instituts für mittelalterliche Realienkunde Österreichs 4 = Sb. Ak. Wien, phil.-hist. Kl. 374) Wien, 1980, 195–232

Verhaeghe, F., "The late medieval 'crisis' in the Low Countries: the archaeological viewpoint", in: F. Seibt – W. Eberhard (eds.), Europa 1400. Die Krise des Spätmittelalters (Stuttgart, 1984) 146–171

Verhaeghe, F. – Janssen, H. L., "Stadsgeschiedenis en Stadsarcheologie in de Nederlanden", in: Archief- en Bibliotheekwezen in België 53, 1982 (1984) 1–51

Vries, D. de, "De dendrochronologische datering van paalresten afkomstig van de Uithof van de abdij van Postel te 's-Hertogenbosch", in: Boekwijt – Janssen (eds.) 1988, 102–107

Wenskus, R., "Randbemerkungen zum Verhältnis von Historie und Archäologie, insbesondere mittelalterlicher Geschichte und Mittelalterarchäologie", in: Jankuhn – Wenskus (eds.) 1979, 637–657

Wiegelmann, G., "Einführung", in: Wiegelmann (ed.) 1980, 11–20

Wiegelmann G. (ed.), Geschichte der Alltagskultur (Beiträge zur Volkskultur in Nordwestdeutschland 21) Münster, 1980

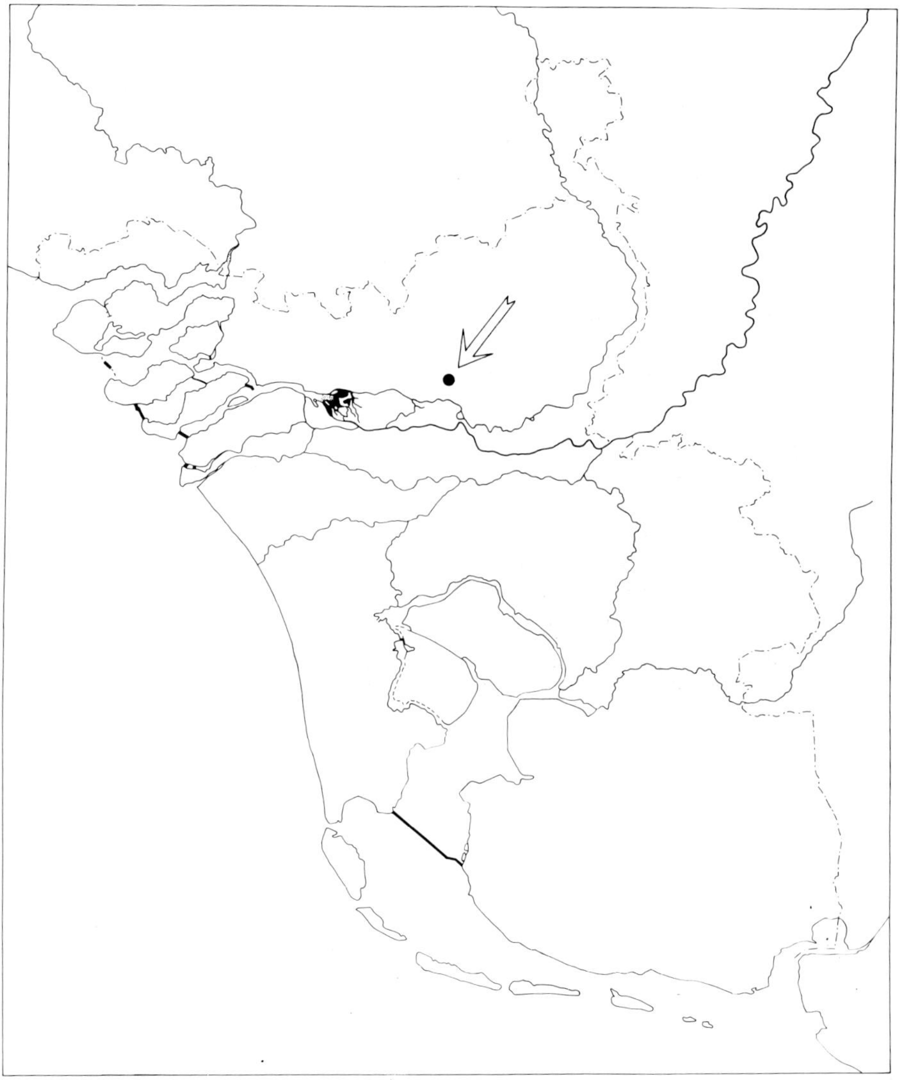

Fig. 1: Map of the Netherlands, showing the location of the town of 's-Hertogenbosch.

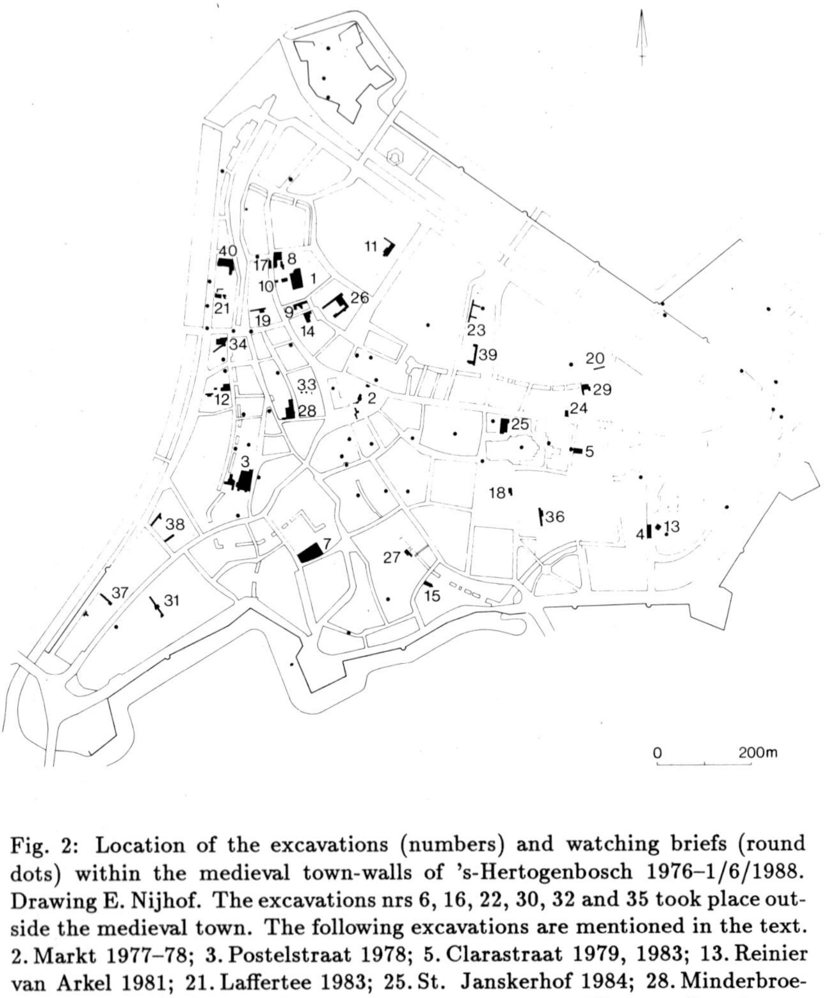

Fig. 2: Location of the excavations (numbers) and watching briefs (round dots) within the medieval town-walls of 's-Hertogenbosch 1976–1/6/1988. Drawing E. Nijhof. The excavations nrs 6, 16, 22, 30, 32 and 35 took place outside the medieval town. The following excavations are mentioned in the text. 2. Markt 1977–78; 3. Postelstraat 1978; 5. Clarastraat 1979, 1983; 13. Reinier van Arkel 1981; 21. Laffertee 1983; 25. St. Janskerhof 1984; 28. Minderbroederskerk 1985/86/87; 33. Pensmarkt 16–18, 1986; 34. Visstraat/Lepelstraat 1986.

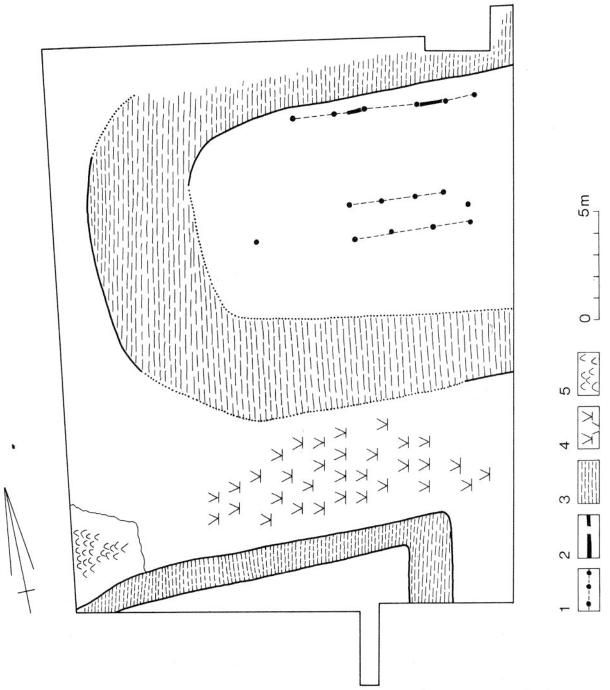

Fig. 3: Excavation Postelstraat 1978, 's-Hertogenbosch. Period I, End of 12th century. Legenda: 1. Postholes; 2. Impression of ground-sills; 3. Ditches revetted with sods; 4. Peaty area; 5. Sand-dune with digging marks of spades. After Janssen – Zoetbrood 1983, 78, fig. 3.

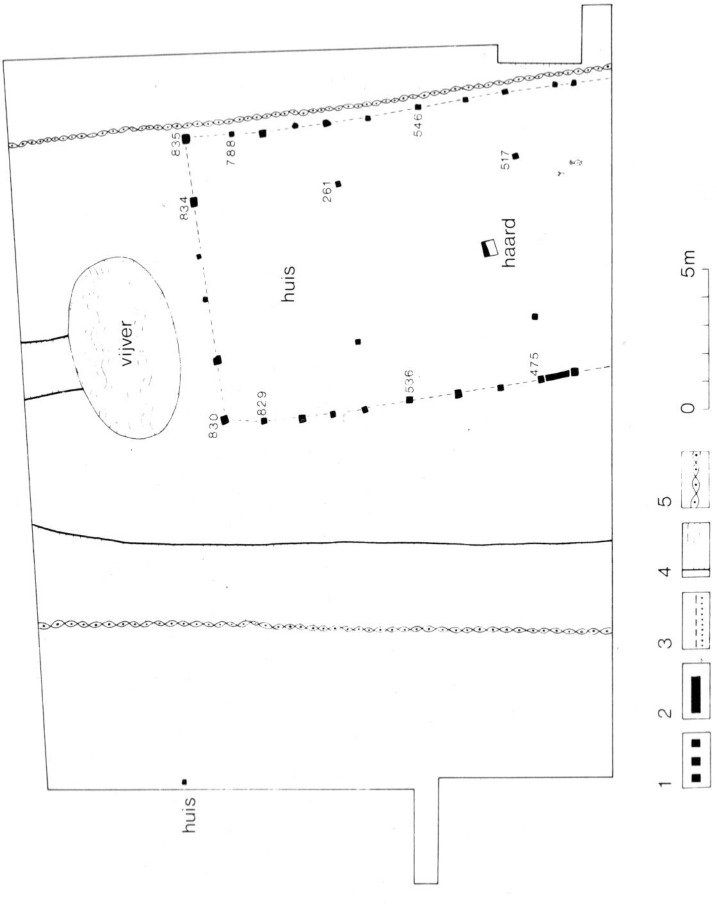

Fig. 4: Excavation Postelstraat 1978, 's-Hertogenbosch. Part of the grange of the Norbertinian Priory of Postel. For its location, see fig. 2, nr 3. Period III. The numbered posts are dendrochronologically dated to 1248. Behind the building a fish-pond. Legenda: 1. Wooden posts; 2. Impression of ground-sills; 3. Reconstruction; 4. Ditches. 5. Campshot of post and wattle construction. After Janssen – Zoetbrood 1983, 81, fig. 8.

Fig. 5a: Example of the base of one of the roughly hewn, dug-in posts of the building of fig. 4. Photograph: Bouwhistorische en Archeologische Dienst 's-Hertogenbosch.

Fig. 5b: Example of the base of one of the pointed posts of one of the buildings of period IV of the Norbertinian Priory of Postel. For location, see fig. 2, nr 3. Photograph: Bouwhistorische en Archeologische Dienst 's-Hertogenbosch.

Fig. 6: Excavation Reinier van Arkel 1981. Example of (fragmentary) brick-built foundation for timber-framed building. Impressions are visible for the attachment of a wall of wattle-and-daub construction. For location, see fig. 2, nr 13. Photograph: Bouwhistorische en Archeologische Dienst 's-Hertogenbosch.

Fig. 7: Excavation Spuistroom 1981. Example of (fragmentary) foundation of completely brick-built house consisting of piers with arches springing from them. Later in the 15th century the house was demolished, the foundation being used for a new house. For location see fig. 2, nr 12. Photograph Bouwhistorische en Archeologische Dienst 's-Hertogenbosch.

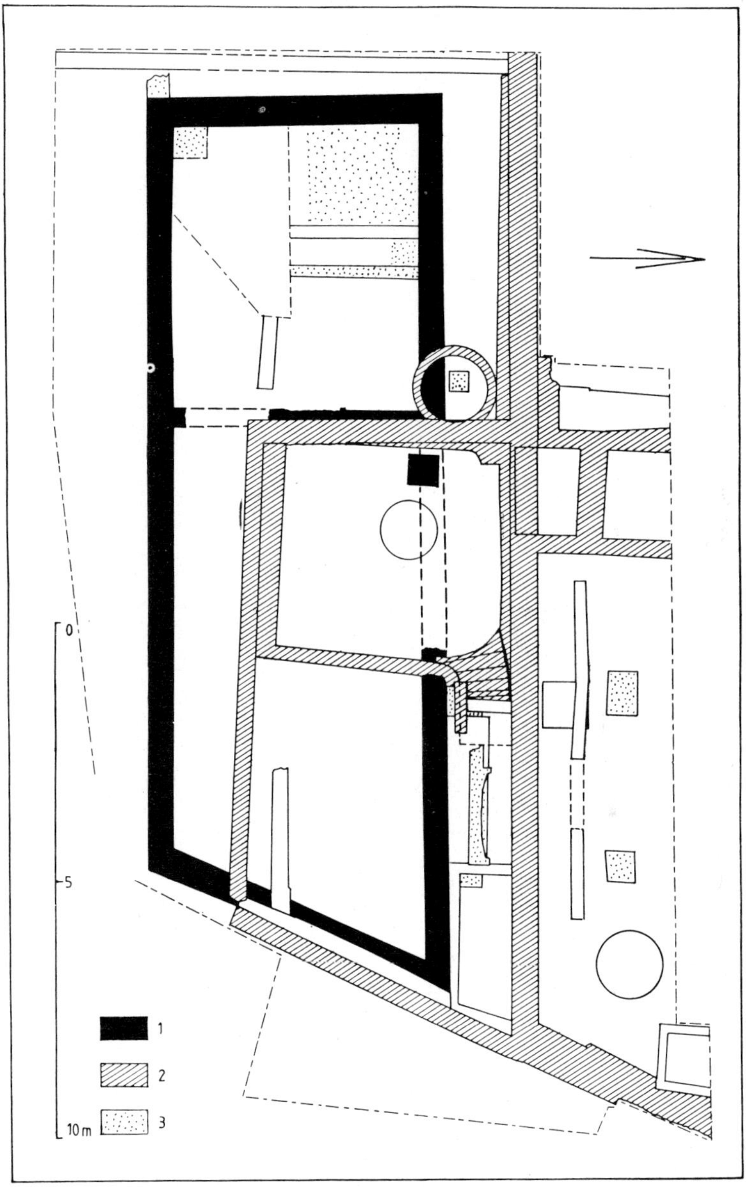

Fig. 8: Excavation Visstraat/Lepelstraat 1986. Example of a 14th century completely brick-built house with fire-wall, separating front- and rear-house. Legenda: 1. Brick-built house, ca 1325–ca 1350; 2. Construction of cellar within first house and construction of neighbouring (timber-framed) houses (second half 14th century); 3. Demolition of all old houses and construction of a large and a small house, having one common wall. For location, see fig. 2, nr 34. Drawing E. Nijhof and J.-E. Dilz.

Fig. 9: Decorated floor-tiles and plain roofing-tiles from 's-Hertogenbosch. Drawing J.-E. Dilz. 1. Reconstructed floor-tile. Red-firing clay decorated with fleur-délis in white slip (20?x3,3 cms). Excavation village church of Engelen 1979. Probably 15th century; 2. Floor-tile, broken along incised lines (6.5 x 6.8 x 2.4 cms). White-firing clay, decorated with diagonally placed squares in red-firing clay. Sewerage activities 1983 Bokhovenstraatje, 's-Hertogenbosch. Probably 15th century. Private collection J. L. F. van den Hurk, 's-Hertogenbosch; 3. Floor-tile, red-firing clay, tin-glazed with painted (man's or woman's) head (ca 8,0/9,0 x 2,3 cms). Secondarily drilled hole. Found in cellar, filled with 14th–20th centuries demolition rubble of Postelstraat no. 52. Date probably 14th century. Private collection M. Baudoin, Rosmalen; 4. Rectangular roofing-tile (24x11,5x1,5 cms). Excavation Laffertee 1983. Probable date 15th century (date of deposition 17th century); 5. Rectangular roofing-tile (28x18x1,5 cms). Excavation Clarastraat 1983. Date probably 14th century (date of deposition ca 1400-1450); 6. Rectangular roofing-tile (28 x 18 x 1,2 cms). Excavation Clarastraat 1983. Date as nr 5. After Janssen 1986, 81, fig. 8.

Kommentar[1]

Jan Peters

Dem von den Veranstaltern erstrebten Tagungszweck, diesmal statt der Behandlung von Einzelbereichen von Alltag, Volkskultur und materieller Kultur einen verallgemeinernden Versuch der theoretischen Standortbestimmung vorzunehmen, haben wir uns angenähert, jedoch will mir scheinen, daß dieses Ziel zu erreichen schwerer ist als vermutet. Das Problem der Beziehung zwischen Alltag(sgeschichte) und anderen Bereichen der Kultur ist doch recht offen. Ich glaube, es handelt sich dabei gar nicht so sehr um bestehende Meinungsverschiedenheiten, die einheitliche Definitionen und Abgrenzungen erschweren würden, sondern darum, ob wir im jetzigen Entwicklungsstadium diesen Versuch wirklich schon unternehmen *können*. Wie auch immer: Der Versuch ist notwendig, auch wenn im Ergebnis nichts annähernd Endgültiges präsentiert werden kann. Wenigstens ein Stück auf dem Weg der Verallgemeinerung weiterzukommen, ist schon viel wert. Alltagsgeschichte und Geschichte der Volkskultur stehen doch noch vielfach unter Legitimationszwang, und da kann man nicht einfach "praktizieren", sondern muß auch eine theoretische Position anbieten. So gesehen hätte es dem Anliegen unserer Tagung vielleicht nicht geschadet, wenn ein konzeptionelles Papier vorgelegen hätte, an das jeder hätte anknüpfen können, denn die Weitläufigkeit des Gegenstandes bedingt vielfältige und unterschiedliche theoretische Ansätze und Interessenslagen der Referenten. Andererseits ist es sicher gut, wenn wir bei der Standortbestimmung behutsam vorgehen und vieles noch in der Schwebe belassen.

Das Anliegen unserer Konferenz wird in erfreulicher, gewissermaßen aber auch in verantwortungsorientierter Weise unterstrichen durch die von Peter Burke geschilderte, fast explosionsartig zu nennende Ausbreitung von Literatur zu unserem Konferenzthema in sowohl europäischen als auch außereuropäischen

[1] Im besonderen zu den Beiträgen von A. Jastrebickaja, B. P. McGuire, P. Boglioni, R. Scribner und U. Dirlmeier.

Ländern. Zugleich hat sich die querwissenschaftliche Kooperationsbereitschaft entwickelt, denn viele Disziplinen haben Alltag und Volkskultur entdeckt. Die wichtigsten Partner dürften Volkskundler und Historiker sein, wenngleich sich zwischen ihnen (oder doch: zwischen bekannten Vertretern dieser Disziplinen) ein recht heftiger Streit um das Thema "Volkskultur" entwickelt hat. In Ansätzen war er hier zu spüren. Ich sehe im Austragen dieses Streits wie auch in der Überwindung einiger Mißverständnisse eine wichtige Voraussetzung dafür, daß die Kooperation zwischen den zur Zeit besonders aufeinander angewiesenen 'Alltags-Partnern' besser funktioniert.

Schon die bisher gehaltenen Vorträge berechtigen zur Feststellung, daß viele Entwicklungen von Alltagsleben und Volkskultur vom Mittelalter bis weit in die Neuzeit hineinführen, oft bis zum Ende des 18. Jahrhunderts. Das hängt wahrscheinlich mit dem Fortbestand relativ gleichartiger gesellschaftlicher Strukturen zusammen. Der Austausch zwischen Mediävisten und Neuzeithistorikern ist offenbar sehr sinnvoll und die Idee der Veranstalter, dieses Element in die Tagung einzubeziehen, sehr zu begrüßen. Ich sehe darin eine inhaltlich geradezu zwingende und wissenschaftsorganisatorisch oft ungenügend bedachte Aufgabe. – Nun zu den einzelnen Beiträgen[2].

Beitrag Adel Jastrebickaja (S. 127–155)

Sie sprechen von neuen Ansätzen in der sowjetischen Historiographie, die sich ja zur Zeit in einem aufregend-interessanten Spannungsverhältnis von Kontinuität und Diskontinuität entwickelt. Es gehe, so betonen Sie, in der neuen Alltagsgeschichte um die "Klärung allgemeiner historischer Gesetzmäßigkeiten, die deren Unumkehrbarkeit bestimmen". Ich frage mich, ob diese Blickrichtung der historischen Wirklichkeit in ihrer Widersprüchlichkeit gerecht wird und ob wir damit gerade dem Alltag näherkommen? Denn wir kennen doch die Umkehrbarkeit der Entwicklung (z. B. die "Refeudalisierung" in Deutschland, etwa von der Mitte des 16. bis zum Anfang des 18. Jahrhunderts). Solche Zeiten haben ja auch die "schöpferische Tätigkeit" der Menschen, von der Sie sprechen, allenthalben beschnitten, auch das Alltagsbewußtsein. Sie

---

[2] Manche der angeführten Zitate wurden in der schriftlichen Fassung der Beiträge anders formuliert.

sprechen im Zusammenhang mit neuen Ansätzen für Alltag und Kultur von der Orientierung u. a. auf die Wirtschaftsgeschichte. Obwohl ich selbst in einem Institut für Wirtschaftsgeschichte arbeite, möchte ich doch hinzufügen, daß die gegebene Institutionalisierung allein nicht automatisch geöffnete Türen zur Alltagsgeschichte bringt. Noch ist es eher eine Ausnahme, wenn, wie in unserem Institut, ein Wirtschaftshistoriker wie Jürgen Kuczynski als Wegbereiter der Alltagsgeschichtsforschung wirkt. Offensichtlich kommt es mehr auf veränderte Einstellungen als auf neue Disziplinen an: Alltags- und Volkskulturforschung ist kein institutionelles Problem.

Beitrag Brian Patrick McGuire (S. 285–313)

As a conclusion you pointed out that a contradiction between the spiritual and the material is possible but not necessary. I would like to add that this is much more a problem of our own recent times, which in a retrospective way we turn into history. Nobody could (and can) live a whole life experiencing that contradiction you mentioned. Men were able to survive by the help of common consciousness, by the ideologists of the society, and by the individual point of view. All this together will always give people some useful explanation, even if it wrongly reflects reality. But in my mind this is not only a question of individual surviving. The problem of thinking in terms of contradiction between the spiritual and the material or in terms of non-contradictional ends and means is at the same time the way of reflecting the social reality in the individual. Here we have the theoretical problem of nature and changing of everyday consciousness. People very often live in the shell of their ideas which don't correspond to reality; they have an inverted idea of reality, but they live very well with it. That is just what Marx pointed out in his characterization of the bourgeoise society. There is no direct or mechanical relation between material conditions and behaviour in society. In your paper you stressed that Bridget had a great influence on the spiritual life, even though she was really well of. But does not "the material" mean more than that, even the whole social and political situation men lived in? Bridget's parents and her husband belonged to a strong nobility leadership in 14th century Sweden. So, what looks like a medieval contradiction between the spiritual and the material covers much more than the contradiction between conscience and the way to handle money.

Beitrag Pierre Boglioni (S. 193–222)

You point out some characteristics of "common people" in the words of Guillaume d'Auvergne and Thomas Aquinas. If they really had common people in mind, they expressed *their* point of view on them, which maybe did not come so near to truth as we might think. For instance their "inability to abstract": Were they really incapable of it? Of course, they had less practice in abstract thinking than theologians, but when they *had to*, a lot of people *could* do it, though in a more pragmatic way. And they had to, when they were in a position of defence, as, e.g., in the role of heretics. Le Roy Ladurie in his book on Montaillou gives us some surprising examples of abstract thinking by common people. And historians of early modern times often are impressed by the high ideological level in endangered religious communities, as, for example, in villages of Reformed Church in Brandenburg. I think, it seems like people finally living up to the consciousness they need. Common people were not definitely unable to develop abstract ideas and they were not more "materialistic" than their sovereigns. But they had to provide against the economic and political pressure they lived under, and *that* made them practical, pragmatic – what Thomas Aquinas or Guillaume d'Auvergne maybe interpreted as "materialistic". So, shouldn't we, to a certain extent, first of all interpret Thomas and Guillaume?

Beitrag Robert W. Scribner (S. 315–343)

The reformation's impact on daily life was, of course, greater there, where readiness to reshape the ideology was more developed, that means in big towns. I want to stress your own words about slowness of penetration of this fact in areas of strongly rooted feudal structures. In Swedish Pomerania for instance there were no "sharp changes" even in the ritual life of common people after the Reformation. The liturgical process was only slightly changed and confessionals were used in villages even in 18th century for private and individual confessions. It is once again the problem of different historical realities at the same time in several regions, and that means: different ways of changing mundane life and everyday consciousness.

Beitrag Ulf Dirlmeier (S. 157–180)

Allgemeine Geld- oder spezielle Haushaltsrechnungen sind, wie Sie überzeugend zeigen, doch immer wieder eine Fundgrube für alltagshistorische Fragestellungen, da (auch wenn Vollständigkeit nicht immer gewährleistet ist) doch nicht so leicht unter den Tisch fällt, was dazumal weniger wichtig schien, uns aber brennend interessiert. Rechnungen orientieren sich an einer Gesamtheit wirklich erfolgter Einnahmen und Ausgaben und sind insofern in ihrer Aussage weniger durch Wertvorstellungen belastet als andere Quellen. Wir aber, jeder von uns, unterliegen immerwährend der Versuchung, mit modernen Termini (und damit mit den Werten unserer Zeit) dem Leben unserer Vorfahren beizukommen. Halten Sie mich bitte nicht für pedantisch oder gar humorlos, wenn ich mir erlaube, an der historischen Gültigkeit einiger von Ihnen verwendeter Begriffe Zweifel anzumelden. Ich glaube, Sie sprechen bei der Ausstattung der Räume von Dingen, die an "wilhelminischen Kitsch" erinnerten, von "Komfort", von dem das Gesinde nicht ausgeschlossen gewesen sei, und vom Grundzug der "Sparsamkeit", der die Haushaltsführung in den von Ihnen untersuchten Häusern geprägt habe. Man sollte, glaube ich, "Sparsamkeit" aus seiner Zeit immer wieder neu bestimmen. War im Zeitverständnis "sparsam", wer alte Kleidung verwertete? War das nicht eher zu selbstverständlich, um tugendhaft zu sein, und war nicht eher "unnormal", wer getragene Kleider einfach wegwarf? War es nicht ganz natürlich, das Gesinde mit äußeren Attributen ("Komfort") so auszustatten, daß es dem Status seiner Herrschaft entsprach? Und sollten wir, wenn wir von sozial und durch die Zeit bedingten Schönheitsvorstellungen ausgehen, nicht auf *unsere* Vorstellungen von "Kitsch" verzichten? Es mag, wie gesagt, kleinlich klingen, wenn derartiges bemängelt wird, aber ich glaube in der Tat, daß Alltagshistorie ganz besonders gefordert ist, um ihr Instrumentarium hier zu verfeinern und ihr Zeitgefühl zu sensibilisieren.

Kommentar

KLAUS TENFELDE

I. Als jemand, der den Begriff des Alltags wegen dessen Unschärfen ablehnt und insofern weitgehend mit den Auffassungen von Hans-Werner Goetz übereinstimmt, der aber zugleich so etwas wie Alltagsgeschichte unter anderem Etikett selbst betreibt, sehe ich mich in der Kommentierung der hier vorgetragenen Einsichten in einem Dilemma. Es bleibt wohl leider so, daß man den Begriff des Alltags ablehnen muß, ohne auf ihn verzichten zu können, denn ganz ohne Sammel- und Residualkategorien kommt eine Wissenschaft, die sich mit an erster Stelle um die Präzision ihrer Begriffe zu bemühen hat, nicht aus. Das zu erkennen, heißt, vor allem im Bereich des "Alltäglichen" in besonderem Maße auf handwerkliche Sorgfalt, soll heißen: begriffliche Sicherheit zu achten. Und so stimmen denn die auch während dieses Kongresses vorgetragenen, eher manchmal hilfsweise herangezogenen Wortkomposita bedenklich. Welche zahlreichen Bedeutungen können sich allein mit dem Wort "Leben" verbinden; Wortverbindungen wie Lebenswirklichkeit, -welt, -kreis, -bereiche, -bedingungen, -formen, -art, -stil oder -führung können, zumal in dieser Häufung, schlechterdings alles bedeuten, und selbst der ursprüngliche Sinn der Genitivkonstruktion, den Hauptbegriff einzuschränken und zu präzisieren, verliert sich in der definitorischen Unendlichkeit. Allein vor dem Begriff des Lebensraums scheint einige, gewiß begründete Scheu zu bestehen, aber auch hier darf man künftig alle Unschuld erwarten.

Ähnlich verhält es sich mit dem Kulturbegriff. Dabei kann ich noch am meisten mit Einschränkungen wie "Handwerkerkultur" oder "Arbeiterkultur" anfangen, weil die schicht- bzw. gewerbespezifische Eingrenzung einen konzeptionellen Entwurf erwarten läßt. Etwas anders verhält es sich mit dem Begriff der "Volkskultur", der mit einigem Recht zumal in der Geschichtsschreibung über die frühe Neuzeit, an ältere Vorbilder anknüpfend, "eingebürgert" worden ist, und zwar in der Regel in der Absicht, Persistenz und Diskontinuität, Kontingenz und innere Widersprüche eines vornehmlich im ländlichen und unteren bis mittleren stadtbürgerlichen Milieu überlieferten Komplexes von Verhaltensweisen und Wertorientierungen offenzulegen und in dessen Verhältnis zur herrschenden und Herrschaftskultur zu untersuchen. Es steht außer jedem Zweifel, daß erst auf diese Weise Konfliktlagen und Wertorientierungen in sehr unterschiedlichen Daseinsbereichen angemessen verstanden werden konnten. Zum Teil wenigstens ähnliche Erfolge sind unter dem Rubrum "Alltagsgeschichte" erzielt worden, wobei sich diese Forschung allerdings bisher ganz überwiegend auf das 19. und 20. Jahrhundert konzentriert hat. Entsprechend sind die Auseinandersetzungen um den Begriff bisher ganz überwiegend von Historikern geführt worden, die ihre Kenntnisschwerpunkte in diesen Zeitfeldern hatten. Man hat allerdings längst die begriffliche Anregung auch in der Forschung über frühere Jahrhunderte aufgenommen. Funktionalhistoriographisch könnte die Adaption des Alltagsbegriffs in der Mittelalterforschung helfen, die hier mit dem Kulturbegriff gelegentlich verbundene, aus der Überlieferung erklärliche und im Hinblick auf das Erfordernis, den Quellenhorizont möglichst zu erweitern, sinnvolle Neigung zur Identifikation des Kulturbegriffs mit "Sachkultur" zu überwinden. So gesehen, bedeutet mittelalterliche Alltagsforschung sozusagen "Realienkunde in der Erweiterung".

II. Die begrifflichen Vorbehalte gegen den Alltag sind meines Erachtens unüberwindlich. Nicht nur, daß der Alltag potentiell unabgrenzbar ist und daß, hier ist die Einsicht von Norbert Elias nach wie vor gültig, das Alltägliche stets nur im Gegensatz zu oder in Gemeinschaft mit einem je spezifizierten, aber häufig nicht genannten Besonderen gedacht werden kann; unüberwindlich erscheint mir insbesondere – im Hinblick auf die vielfältigen Vorschläge zur Ausprägung gar einer "Alltagstheorie" – die für sich entscheidende Überlegung, daß nachgerade jeder historische Begriff neben seiner spezifischen eben auch eine je alltägliche Bedeutung trägt. Das gilt zumal für Begriffe wie Verfassung, Gesellschaft, Mentalität. Oder konkreter: Auch Fürsten und Könige leben in Alltagen, die je für sich handlungsrelevant werden können und insofern erklärungsrelevant sind; "Herrschaft" als Prozeß hat immer eine spezifische, auf Ursprung, Legitimation und Handlung bezogene und eine allgemeine, vielfach auf die Folgen herrschaftlicher Akte bezogene, insofern alltägliche Bedeutung. Gerade in der Mittelalter-Forschung hat wohlverstandene Herrschaftsgeschichte die letztgenannte Dimension immer eingeschlossen, aber gleichwohl die Eigenständigkeit und relative, das heißt: noch mögliche Autonomie der Beherrschten vernachlässigt. Die Alltagsgeschichte kann dies korrigieren, aber sie sollte dabei allgemeine Kriterien der Historischen Methode, auf die ich unten kurz noch eingehen werde, nicht vernachlässigen.

Es ist gewiß richtig, daß sich mit der Alltagsgeschichte ein Perspektivenwechsel in der Historiographie verbunden hat. Aber es erscheint mir keineswegs geklärt, in welcher Richtung nun gesehen wird. Unsinnig erscheint mir ein "Sich-Aneignen der Geschichte", erscheint mir auch eine Sichtweise auf die Geschichte "von unten" oder gar "von innen", insbesondere dann, wenn sich damit Ausschließlichkeit und unbedingter Wahrheitsanspruch verbindet. Der Historiker muß Geschichte immer "von außen" betrachten, und diese Erkenntnis ist offenbar nicht trivial. Sich in die Perspektive der Betroffenen hineinzuversetzen, "zu versenken", wie Jan Peters das genannt hat, kann und darf nicht, auch vorübergehend nicht, zum Verlust einer doch erkenntnisförderlichen Distanz zum Gegenstand des Historikers führen. Es ist schon bemerkenswert und verräterisch, daß Alltagsgeschichte vielfach mit der Forderung nach "Rekonstruktion" der Alltage der Menschen antritt. Geschichte läßt sich, sachlich wie logisch, nicht rekonstruieren; Geschichte zu betrachten, heißt immer, Kriterien der Selektion anzuwenden. Das Problem mag sich, darin liegt ein wichtiger Unterschied, in einer quellenarmen Epoche wie der mittelalterlichen Alltagsforschung anders akzentuieren als in einem vergleichsweise quellenreichen Bereich wie der Sozialgeschichte des 19. und 20. Jahrhunderts. Beinahe jeder Quellenfund zur mittelalterlichen Geschichte, deren Schriftquellen weitgehend erschöpft sind, vermag unsere Kenntnis zu erweitern und zur Erkenntnis beizutragen, gerade darin liegt der innovative Beitrag der Sachkulturforschung und Mittelalter-Archäologie. Das Problem stellt sich, beispielsweise, schon für die spätmittelalterliche Stadtgeschichte und für die Forschung zur frühen Neuzeit anders, ganz zu schweigen von der jüngeren Geschichte, in der die Quellen vergleichsweise reichlich sprudeln und immer auch zahlreiche, sich allerdings wiederholende Aussagen zu dem Forschungsfeld bieten, das mit "Alltagsgeschichte" umschrieben wird. Sicher gibt es auch hier spezifische Mängel, so etwa an Selbstaussagen der Unterschichten. Aber die Frage nach der Relevanz der gewonnenen Erkenntnis in diesem Forschungsfeld läßt sich doch leichter beantworten.

III. Betrachtet man wissenschaftsgeschichtlich die Genesis der Alltagsgeschichte, so fällt auf, daß sie viele Väter und Mütter hatte, innerhalb und außerhalb der Historiker-Zunft. Zunächst ist, wie wiederholt festgestellt worden ist, richtig, daß alltagsgeschichtliche Fragestellungen so neu nicht sind, daß sie beispielsweise im Genre der Kulturgeschichte, der historischen Sittengemälde des späten 19. und frühen 20. Jahrhunderts, so oder so betrieben worden ist, daß ferner neben anderen Wissenschaften die Volkskunde und die historische Nationalökonomie auch zur Kenntnis des Alltags beitrugen, wobei erstere sich immer um einen freilich sozusagen unvollständigen (handwerklichen und bäuerlichen) Alltag bemüht hat. Wichtiger sind die wissenschaftsgeschichtlichen Entwicklungen nach dem Zweiten Weltkrieg. Hier kann man sagen, daß die Alltagsgeschichte vornehmlich mit der Spezialisierung der Arbeiter- und Unterschichten-Geschichte im Zuge des allgemeinen Aufschwungs der Wirtschafts- und Sozialgeschichte seit den 1960er Jahren entstanden ist. Es war eine Familie mit Spannungen, die sich so herausbildete, und deshalb gab es darin auch generationelle Probleme, Abstoßbewegungen der jeweils Jüngeren. Gewiß hat es, wie Jan Peters gezeigt hat, die Alltagsgeschichte innerhalb der marxistisch-leninistischen Geschichtswissenschaft besonders schwer gehabt, aber der Umstand, daß alltagsgeschichtliche Sichtweisen gleichermaßen und parallel in Ost wie West an Boden gewannen, deutet doch darauf hin, daß systemübergreifend allgemeine geistesgeschichtliche Prozesse einwirkten. Daneben spiegelte die Ausformung dessen, was man unter Alltagsgeschichte versteht, im Westen ein Arbeitsmarktproblem, das heißt, ein Problem jener Akademiker, die, in reicher Zahl von der Universität entlassen, nicht eine ihrer Ausbildung angemessene Beschäftigung finden konnten. Darin spielten auch politische Zusammenhänge eine Rolle, wobei sicherlich zu kurz greift, wer Alltagsgeschichte voreilig als "grün" zuordnet und darin absichtsvoll stigmatisiert.

Die Betonung der Alltagsgeschichte erscheint mir nicht als ein oft beschworener "Paradigmenwechsel", sondern vielmehr als weiterer Ausfluß der allgemeineren sozialgeschichlichen Wendung der Geschichtswissenschaft seit den 1960er Jahren. Das gilt nicht nur, aber insbesondere im deutschsprachigen Bereich. Da sich die wissenschaftspolitischen Fronten inzwischen in mehrfacher Hinsicht wieder neugeordnet haben oder noch im Prozeß der Neuordnung befinden, spricht einiges für die Annahme, daß die Alltagsgeschichte ihren Höhepunkt bereits überschritten hat, daß mithin der Boom der vielen Alltage (in Schichten und Berufen, Orten und Regionen, im Absolutismus und Nationalsozialismus und wo immer sonst) in der Abschwächung begriffen ist. Allerdings sind es schon bisher insbesondere die didaktischen und verlegerischen Qualitäten des Alltagsbegriffs gewesen, die ihn am Leben erhielten. Die Neugierde auf das Fremde und Andersartige in der Geschichte läßt sich im Mikrokosmos des Geschehenen leichter befriedigen, und viele Verlage haben das längst begriffen, zumal diese Entwicklung durch den Ausbau von Museen oder durch das historische Ausstellungswesen gefördert worden ist und sich in Katalogen wie in Buchformaten über das geschriebene Wort hinaus visuelle Anregungen erteilen lassen. Ließe sich die Alltagsgeschichte auf mittlere Sicht von diesen Qualitäten verführen, so drohte ihr mit Sicherheit, was Jürgen Kocka einmal als "Verlust von Intellektualität" bezeichnet hat.

IV. Es gibt in der Rezeption von Geschichte offenkundig eine Art historischer Grundströmung. Der zunächst nur ungefähren Neugierde des Geschichtsrezipienten, wie es eigentlich gewesen, hat der Historiker mit Vertiefung und Erklärung, warum es so gewesen, zu begegnen und zugleich zu entsprechen. Damit werden vier Ebenen und Problemfelder von Geschichtsforschung berührt, denen auszuweichen mir wenig nützlich erscheint: das Problem der Repräsentativität, der Relevanz, des Nutzens von Geschichtskenntnis und der generellen historischen Entwicklung.

Jede noch so "unaufhaltsame Annäherung an das Einzelne" (Gerhard Zang) darf nicht zur Vernachlässigung der Frage nach der Repräsentativität der jeweils erhobenen Tatsachen verleiten. Daraus folgt von selbst die Forderung nach Einbettung alltagsgeschichtlicher Erkenntnisse in allgemeine strukturgeschichtliche, klassen- oder geschlechtsgeschichtliche, verfassungs- und politikgeschichtliche Rahmenbedingungen und nach Vergleich mit dort oder anderwärts gewonnenen Erkenntnissen. Die Geschichte der mittelalterlichen Familie ist aus ihrer Sachkultur allein nicht zu begreifen; wesentliche Erkenntnisse liefert beispielsweise die historische Demographie; und unbeschadet beider Wege bleibt immer auch zu fragen, welche Familientypen es gab und wie die gewonnenen Ergebnisse mit dem bisher bekannten Typenkanon übereinstimmen, diesen ergänzen oder anders akzentuieren.

Viel spricht für die Annahme, daß mittelalterliche Familiengeschichte ein Untersuchungsgegenstand ist, der für Gestalt und Funktion der mittelalterlichen Gesellschaft größere Relevanz hatte, als dies etwa in der modernen Gesellschaft der Fall ist. Es kann zwar auch, aber nicht nur um die Rolle der Frau in der Familie, um Kinderaufzucht und familiäre Sozialisation gehen; immer auch ist zu fragen, was die Erkenntnisse im Hinblick auf gesamtgesellschaftliche Zusammenhänge und Entwicklungen bedeuten. Man hat etwa, um bei dem Beispiel der Familie zu bleiben, zeitweilig in der Arbeiterfamilie des späten 19. Jahrhunderts partnerschaftliche Beziehungen und innerfamiliäre Demokratie zu entdecken geglaubt, aber genaueres Hinsehen in weiteren Zusammenhängen veranlaßt eher zu der Annahme, daß gerade in der Unterschichtenfamilie, verglichen mit der des gebildeten Bürgertums, das familiäre Patriarchat am längsten überlebte. So könnte die Unterschichtenfamilie eine eigene, strukturkonservative Sozialisation ausgebildet haben oder, eher, in der vorindustriellen Tradition einer solchen Sozialisationsform stehen. – Es kann mithin, auch im Blick auf die mittelalterliche Familie, nicht darum gehen, schlechterdings alles zu wissen; vielmehr kommt es auf Wertungen an, und diese enthalten immer zuerst eine Art Messung von Bedeutungen.

Solche Bedeutungen stehen unter Gegenwartsbezügen, aus denen sich auch Alltagsforschung über das Mittelalter nicht lösen kann, die sie vielmehr zu reflektieren hat. Dabei ist nicht an sich zu kritisieren, daß Gegenwartsbezüge historische Fragestellungen bestimmen oder in diese einfließen; es kann sehr wohl für die historische Forschung nützlich sein, über die Geschichte der Frau nachzudenken, auch und gerade, weil man zu wissen wünscht, welche Formen die jahrtausendelang so prägende Geschlechtsdifferenz angenommen hat und welche Möglichkeiten es zu ihrer Überwindung jeweils gegeben hätte. Indem ich dies betone, kritisiere ich nicht nur die Möglichkeit, historische Kenntnis als Steinbruch zur Argumentation in einem an sich anders gerichteten Wollen zu benutzen. Solche Versuche, die etwa in der Geschichtsschreibung zur modernen Arbeiterbewegung nicht selten waren, lassen sich, wenn der wissenschaftliche Diskurs funktioniert, offenlegen und beiseite stellen. Vielmehr impliziert wissenschaftliches Fragen in einem weiteren Sinne stets die Reflexion möglicher Gegenwartsbezüge und die Fähigkeit, alternativ zu denken.

Insofern hat sich die jüngere Alltagsgeschichtsforschung über das 19. und 20. Jahrhundert vielfach durch Fortschrittskritik ausgezeichnet. Deshalb ist die erwähnte Etikettierung als "grün" nicht unberechtigt, wie überhaupt in der modernen Gesellschaft fern aller politischen Färbungen fortschrittskritische Akzente an Bedeutung gewonnen haben. Freilich kommt Geschichtswissenschaft ohne irgendeinen Begriff von Fortschritt nicht aus; es kommt vielmehr darauf an, politische und ideologische Orientierungen beiseite zu schieben und Fortschritt idealiter zu definieren, um zu angemessenen Wertungen zu gelangen. In diesem Sinne kann auch Rückschritt Fortschritt sein. Genereller gesprochen, bedarf Geschichte einer konkreten Utopie.

V. Von einer Alltagsforschung über das Mittelalter, die ihrer wissenschaftlichen Neugierde über die Kenntnis des Gewesenen hinaus Erkenntnisziele und Bedeutungskategorien verliehe, könnte auch die neuzeitliche Alltagsgeschichte möglicherweise sehr viel lernen. Damit meine ich insbesondere die außerordentliche handwerkliche Sorgfalt, die Mittelalter-Historiker ihren sparsameren Quellen in der Regel angedeihen lassen, während die Quellenfülle in der Geschichtsschreibung über jüngere Epochen manchmal auch Nachlässigkeiten zeitigt. Seit einiger Zeit lehre ich im Proseminar, nachdem ich mich selbst durch Lektüre jüngerer Veröffentlichungen belehren ließ, die mittelalterliche Realienkunde als eigene Hilfwissenschaft. Daß Gegenstände neben ihren Funktionen Bedeutungen haben können, die über diese Funktionen hinausgehen, sollte auch den Historiker der modernen Industriearbeit interessieren, wobei es darauf ankäme, die These vom Verlust der Symbolgehalte zu prüfen und zu fragen, was ein solcher Verlust in gesellschaftlichen Zusammenhängen bedeutete. Die Präzisierung eines Methodenarsenals im Sinne von Hilfswissenschaften wäre hierzu hilfreich. Um ein Beispiel zu nennen: Das historische Bild findet sich beinahe in jeder Einführung zur neueren Geschichte als Quellengattung vermerkt – und damit hat es sein Bewenden. Nirgendwo findet sich bisher ein ausführlicher hilfswissenschaftlicher Diskurs über die Quellenqualität von, beispielsweise, der historischen Fotografie. Das Handwerk der Mediävisten erscheint manchesmal insofern sehr viel genauer ausgeprägt, wie es ja auch diesem Handwerk keineswegs mehr an Interdisziplinarität gebricht.

VI. Sowohl in der neueren wie in der älteren Geschichte liegt meines Erachtens die wichtigste Chance der Alltagsgeschichte in der besseren Annäherung an das anthropologische Kontinuum. Es ist gar nicht zu verleugnen, daß alltagsgeschichtliche Kritik an den abstrakten Strukturen, die eine Generation von Historikern etwa durch Quantifizierung entdeckten und zu einer eigenen Welt von Begriffen ausformten, einen wunden Punkt getroffen hat. Es bleibe dahingestellt, ob die tendenzielle Rückkehr zu narrativen Darstellungstechniken und solchen der "dichten Beschreibung" für sich bereits erkenntnisförderlich ist. Noch scheint mir im empirischen Nachweis und in der einordnenden Wertung historischer Strukturen, die, den Zeitgenossen keineswegs notwendig bewußt, über längere und oftmals besonders lange Zeiträume menschliches Handeln und Zusammenleben bestimmt haben, der größere Gewinn zu liegen. Aber solche Gewinne lassen sich schlecht vermitteln. In ihrer Aufgabe als gesellschaftliche Aufklärerin versagt die Geschichte allzu leicht, wenn sie sich schon mit der Sprache ihres Diskurses allzu weit von dem entfernt, was in der Gesellschaft verstanden wird und dem gesellschaftlichen und individuellen Bedürfnis nach Geschichte entspricht.

Alltagsgeschichte könnte, wenn nicht den Königweg, so doch eine Möglichkeit bezeichnen, den Bedürfnissen zu entsprechen und doch über den Menschen die Strukturen nicht zu übersehen. Eine extreme Individualisierung der Perspektive ist hierbei nicht nützlich. Philosophen und Psychologen mögen das anders sehen, aber für den Historiker sind Menschen in erster Linie gesellschaftliche Wesen, sind zugleich Produkte, Agenten, Träger und Initiatoren von Gesellschaft. Dieses Problemfeld ist während dieser Konferenz gelegentlich angeklungen, so, wenn über Individuen als Subjekte und Objekte gesellschaftlicher Zustände und Entwicklungen reflektiert wurde oder wenn die Beziehung des Einzelnen und Individuellen zum Allgemeinen und Generellen zur Debatte stand. Es kommt wohl auf die Art dieser Beziehungen an. Sie im Blick zu behalten, ist Vorteil und Aufgabe der Alltagsgeschichte.

Anschriften der Autoren

BOGLIONI PIERRE, Université de Montréal, Faculté des arts et sciences, Institut d'études médiévales, Case postale 6128, Montréal, Québec, Canada H3C 3J7

BURKE PETER, Emmanuel College, GB–Cambridge CB2 3AP

DELORT ROBERT, Université de Genève, Faculté des lettres, Département d'histoire générale, Boulevard des Philosophes 22, CH–1200 Genève

DIRLMEIER ULF, Universität Gesamthochschule Siegen, Fachbereich 1, Mittlere und Neuere Geschichte, Postfach 101240, D–5900 Siegen

GOETZ HANS-WERNER, Universität Hamburg, Fachbereich 08, Von-Melle-Park 6, D–2000 Hamburg 13

McGUIRE BRIAN PATRICK, Center for Europæiske Middelalderstudier, Københavns Universitet, Njalsgade 92, DK–2300 København S

JANSSEN HANS LOUIS, Rijksuniversiteit te Utrecht, Faculteit der Letteren, Lucas Bolwerk 4–7, NL–3512 EG Utrecht

JASTREBICKAJA ADEL L., ul. Rogove 12–55, SU–123479 Moskau

KLANICZAY GÁBOR, Eötvös Loránd Tudományegyetem, Bölcsészettudományi Kar, Pesti Barnabás Utca 1, H–1364 Budapest

KLONDER ANDRZEJ, Instytut Historii Kultury Materialnej PAN, ul. Świerczewskiego 105, PL–00-140 Warszawa

MAZZI MARIA SERENA, Università degli Studi – Ferrara, Facoltà di Magistero, 27, Via Savonarola, I–44100 Ferrara

PESEZ JEAN-MARIE, Centre interuniversitaire d'histoire et d' archéologie médiévales, 18, Quai Claude-Bernard, F–69365 Lyon Cédex 07

PETERS JAN, Institut für Wirtschaftsgeschichte, Akademie der Wissenschaften der DDR, Prenzlauer Promenade 149–152, DDR–1100 Berlin

PIPONNIER FRANÇOISE, École des Hautes Études en Sciences Sociales, Centre de Recherches Historiques, 54, Boulevard Raspail, F–75270 Paris

SCHINDLER NORBERT, Universität Konstanz, Fachgruppe Geschichte, Universitätsstraße 10, D–7750 Konstanz 1

SCRIBNER ROBERT W., Clare College, GB–Cambridge CB2 1 TL

SOSSON JEAN-PIERRE, Université Catholique de Louvain, Faculté de Philosophie et Lettres, Collège Erasme, 1, Place Blaise Pascal, B–1348 Louvain-la-Neuve

TENFELDE KLAUS, Universität Innsbruck, Institut für Geschichte, Abteilung für Wirtschafts- und Sozialgeschichte, Innrain 52, A–6020 Innsbruck

VERÖFFENTLICHUNGEN DES INSTITUTS FÜR REALIENKUNDE DES MITTELALTERS UND DER FRÜHEN NEUZEIT

Nummer 1: Die Funktion der schriftlichen Quelle in der Sachkulturforschung (Sitzungsberichte der phil.-hist. Klasse Bd. 304/4/1976) *272 Seiten, 5 Abbildungen, 8°, brosch.*

Nummer 2: Das Leben in der Stadt des Spätmittelalters (Sitzungsberichte der phil.-hist. Klasse Bd. 325/1977, 2. Aufl. 1980) *274 Seiten, 160 Abbildungen, 8°, brosch.*

Nummer 3: Klösterliche Sachkultur des Spätmittelalters (Sitzungsberichte der phil.-hist. Klasse Bd. 367/1980) *380 Seiten, 57 Abbildungen, 8°, brosch.*

Nummer 4: Europäische Sachkultur. Gedenkschrift aus Anlaß des 10jährigen Bestandes des Instituts für mittelalterliche Realienkunde (Sitzungsberichte der phil.-hist. Klasse Bd. 374/1980) *232 Seiten, 39 Abbildungen, 8°, brosch.*

Nummer 5: Adelige Sachkultur des Spätmittelalters (Sitzungsberichte der phil.-hist. Klasse Bd. 400/1982) *386 Seiten, 71 Abbildungen, 8°, brosch.*

Nummer 6: Die Erforschung von Alltag und Sachkultur des Mittelalters. Methode – Ziel – Verwirklichung (Sitzungsberichte der phil.-hist. Klasse Bd. 433/1984) *230 Seiten, 18 Abbildungen, 8°, brosch.*

Nummer 7: Bäuerliche Sachkultur des Spätmittelalters (Sitzungsberichte der phil.-hist. Klasse Bd. 439/1984) *328 Seiten, 61 Abbildungen, 8°, brosch.*

Nummer 8: Alltag und Fortschritt im Mittelalter (Sitzungsberichte der phil.-hist. Klasse Bd. 470/1986) *240 Seiten, 18 Abbildungen, 8°, brosch.*

Nummer 9: Frau und spätmittelalterlicher Alltag (Sitzungsberichte der phil.-hist. Klasse Bd. 473/1986) *615 Seiten, 53 Abbildungen, 8°, brosch.*

Nummer 10: Terminologie und Typologie mittelalterlicher Sachgüter: Das Beispiel der Kleidung (Sitzungsberichte der phil.-hist. Klasse Bd. 511/1988) *206 Seiten, 40 Abbildungen, 8°, brosch.*

Nummer 11: Handwerk und Sachkultur im Spätmittelalter (Sitzungsberichte der phil.-hist. Klasse Bd. 513/1988) *263 Seiten, 39 Abbildungen, 8°, brosch.*

Nummer 12: Materielle Kultur und religiöse Stiftung im Spätmittelalter (Sitzungsberichte der phil.-hist. Klasse Bd. 554/1990) *272 Seiten, 31 Abbildungen, 8°, brosch.*